로비스트 그들은 우리를 어떻게 세뇌하는가

LOBBYTOMIE, Comment les lobbies empoisonnent nos vies et la démocratie by
Stéphane HOREL

Editions La Découverte, Paris, 2018

Korean Translation © 2021 Book's Hill Publishers
Arranged through Icarias Agency, Seoul

BY TOMIELTM
IE**LOBBY** TELO
YBLO**TOMIE**YL
TIYOMELTOM

로비스트 그들은
우리를 어떻게 세뇌하는가

스테판 오렐 지음 | 이나래 옮김

BTOMIELOBE
IELOYTYTLOI
MTOBILOBY

팬더 교수님
그리고 내 작은 못들,
전화 너머의 이워크와
아주 어린 카푸크를 위해서.

클로딘 모장드르를 기리며
사랑하고, 안아주자.

일러두기

1. 본문 하단에 작성된 각주는 저자의 각주입니다. 번역하는 과정에서 낯선 단어나 해석이
   필요한 부분에 옮긴이의 주를 별도 표기하였습니다.
2. 잡지와 단행본의 제목은 겹낫표(『 』)를, 영화, 노래, 신문 제목은 홑낫표(「 」)를, 웹페이
   지 링크는 화살괄호(〈 〉)를 사용해 표시했습니다.
3. 가독성을 위하여 단체의 대표명을 축약하여 실었습니다. 완전단체명은 공인된 기관을
   중심으로 한글 표기와 함께 '용어 정리'에 원어로 실어두었습니다.

차례

프롤로그

로비단체가 뇌 개조를 할 때, 로비토미*한다고 하죠.
_니콜 페로니(칼럼리스트 겸 코미디언),
2016년 4월 14일, 그녀의 페이스북 게시 영상에서

내 머릿속에 누군가 있어, 내가 아닌 누군가가.
_핑크 플로이드, 「Brain Damage」, 1973년

사회는 모든 공직자로부터 그 행정에 관한
보고를 요구할 수 있는 권리를 가진다.
_「인간과 시민의 권리선언」 15조, 1789년

이렌 프라숑의 핸드백 속 비밀이 근무 중인 경비원에게 공개됐다.
'150밀리그램**'의 의사는 국회의 보안검사대를 익숙하게—이제는 습관
이 다 됐다—통과하며 시운전하는 원자로의 핵에너지처럼 맹렬하게 당
시를 회상했다. 국민들의 원더우먼이자, 영화의 실제 주인공인 이렌 프

---

* 권력자들에게 이해 문제를 진정거나 탄원하는 일을 의미하는 영어 단어, lobby(로비)와
뇌엽절제술이라는 뜻의 lobotomie(로보토미)의 합성어. —옮긴이 주
** 이렌 프라숑이 쓴 『메디아토르 150밀리그램, 얼마나 많은 목숨을 앗아갔나?(Mediator
150mg: combien de morts?)』를 원작으로 하는 영화 「브레스트의 의사(La fille de Brest)」.
한국에서는 「150 밀리그램스」라는 제목으로 번역됐다. —옮긴이 주
a: 모든 출처는 책의 마지막 부분인 447쪽에 모여 있다. 공개되지 않은 문서들은 작가에게 문
의하면 열람이 가능하다.

라숑은 본인이 속한 집단인 의학계에서 배척의 대상이 됐다. 제약산업과의 관계가 선사하는 달콤한 독을 멋대로 해독해버린 탓에 비싼 대가를 치르게 된 것이다.

의료계 종사자들의 이해충돌과 규제기관과의 얽히고설킨 관계 덕분에 세르비에 연구소는 30년 동안 고치에 둘러싸인 것처럼 편안하게 '메디아토르Mediator 150밀리그램'을 판매할 수 있었다. 약 2천 명의 사람들을 죽음으로 내모는 데 충분한 시간이었다. 2009년 스캔들이 터진 지 얼마 되지 않은 당시에는 누구도 그녀의 목소리를 들으려 하지 않았다. 그녀의 말에 따르면 여론의 비난과 관련법 개정에도 불구하고 상황에 근본적인 변화는 없었다. 2015년 10월, 그녀는 유럽생태녹색당 의원들이 주최한 로비단체의 영향력을 주제로 하는 전문가 토론회에 참석했다. 이렌 프라숑은 국회의 복잡한 복도를 내달리면서 침착하게 설명했다. 크게 화를 낼 만도 한데 말이다. "일반적으로 의사는 의학적 근거에 기반해 의료행위를 한다고 여겨집니다. 그렇다면 왜 근거에 기반한 윤리를 실천하지 않는 걸까요?" 그녀는 호전되고 있다고 생각하지만 사실 죽음의 위험에 노출된 사람들이 너무 많다면서, 의료진과 공직자들이 올바른 선택을 할 수 있게 이끌어줄 뿐만 아니라 사회를 비옥하게 하는 윤리에 대한 몇 가지 예시를 짚고 넘어가려 한다.

석면, 즉 발암섬유질은 1898년에 전문가들이 첫 번째 위험신호를 포착했을 때부터 2005년에 유럽연합이 처음 실질적인 조치를 취하기까지 107년이 걸렸다. 원유에 들어있는 발암성분인 벤젠의 경우, 1897년부터 1978년까지 81년의 간극이 있다. 디스틸벤 혹은 디에틸스틸베스트롤은 유산 방지를 위해 임산부들에게 처방됐던 의약품으로, 기대하던 효과는 없었지만 그 영향은 딸에서 손녀에게 이르기까지 3대에 걸쳐 나타났다. 미국에서는 1938년부터 1971년까지, 유럽의 경우에는 1938년부터 1985년까지로 각각 33년과 47년이라는 오랜 시간 동안 시중에 유통됐다. 위의 세 가지 예시와 수백 가지의 다른 사례들에서 얻을 수 있는 교훈은 제법 단순하다. 독성이거나 유해한, 또는 두 가지 모두에 해당하는 제품을 제조하고 판매하는 사업체들이 위험의 원인이라는 것이다. 화학물질의 경우 노출 위험은 점점 커진다. 관련 업종에 종사하는 노동자들부터 인근 주민들과 아이들, 그리고 인류와 환경 전체로 범위가 확장된다. 아주 경미한 노출 수준에도 피해가 나타나는데 특히 아이들의 경우가 그렇다. 피해 규모를 매번 최저로 산정하는 건 그 규모가 시간이 지남에 따라 우리의 예상을 뛰어넘어버리기 때문이다. 결국 공공정책이 가져다줄 이익은 늘 과소평가된다. 미국에서는 화학제품이 시장에 출시되려면 3개월이 걸리지만, 퇴출되기까지는 30년이 걸린다. 때로는 한 세기를 기다려야 할 수도 있다. 이 방관의 시간이 짓누르는 건 결국 우리의 신체다.

뇌 발달 분야의 권위자인 필립 그랑장 하버드 공중보건대 부교수는 이상하다고 해도 과언이 아닌 이 상황을 다음과 같이 묘사하려 했다. "제가 만약 임산부와 아이들을 소량의 살충제―식료품이나 방금 살충제를 살포한 밭 주변 또는 수돗물에서 검출되는 것과 동일한 양―에 노출시키는 프로토콜을 작성했다고 상상해 보세요. 그런 다음 제가 속한 대학의 윤리위원회에 가서 '이 실험을 진행해도 되겠습니까?'라고 물었다고 칩시다. 그러면 위원들은 이렇게 답을 하겠죠. '당신 미쳤어? 임산부와 아이들을 노출시킬 수는 없어. 이 살충제는 독성이라 뇌에 악영향을 미칠 수 있는 위험성이 존재한다고.' 그런데 똑같은 일이 지금 현실에서 벌어지고 있다니까요! 개인적으로 결론을 내리자면, 우리가 저지르고 있는 짓거리에는 일말의 윤리의식도 찾아볼 수가 없습니다. 또, 우리 모두가 피실험체인 이 실험도 윤리적 개념이 결여되어 있고요."

과학자, 역사학자, 보건전문가, NGO, 변호사 또는 기자가 수집한 자료, 즉 '증거'는 넘쳐난다. 의약품, 살충제 또는 담배 등의 유해제품과 그 제품을 판매하고 유통하는 기업이 어떤 피해를 야기했는지 막대한 양의 정보가 상세히 정리되어 있어 현기증을 유발할 정도다. 공중보건 스캔들이 불거질 때나 환경에 대한 걱정이 터져나올 때마다, 머릿속을 끊임없이 맴도는 기시감이 우리를 괴롭힌다. 만들고 공유해봤자 아무 소용도 없이 지식은 여전히 지식일 뿐 사용되지 않으며, 그러다가 더 이상 이해할 수 없는 것으로 전락하고 끝내 알지 못하고 부정하는 대상으로 철저하게 해체되어 버린다. 기억력이 너무 나쁘면 언제나 뒤늦게 교훈을 깨닫는다. 그건 모르거나 몰랐기 때문이 아니다.

수십 년 전부터 기업은 치명적일 수 있는 제품을 계속해서 시장에 판매하려는 목적만을 가지고 지식과 집단지성을 파괴하는 일에 착수했다. 과학을 팔고, 이해충돌을 야기하며, 선전을 퍼뜨린다. 이 위험한 전략의 실행이 거대한 의혹 제조공장의 핵심이다. 시장경제와 현대사회의 주요부문으로 성장한 과학조작은 점차 민주주의의 윤곽까지 다시 그리는 지경에 이르렀다. 그런데도 권력집단은 이처럼 공적 특권이 남용되는 상황을 대수롭지 않게 여기고 있는 것 같다. 하지만 시민들이 제초제, 석유 또는 제과 대기업의 정치적 계획에 휘둘리고 싶어할까? 그럴 가능성은 매우 희박하다. 적어도 시민들이 논의에 참여할 수 있어야 한다. 실제로 시민들이 사회적 선택을 할 권리를 박탈당하면 그들이 요구하는 것, 그들이 진정으로 필요로 하는 것을 이해하지 못하는 전문가들이 심의를 통해 결정을 내린다.

농약 그리고 담배와 화학, 석면, 설탕, 탄산음료에도 로비단체들이 존재한다. 때때로 '로비단체'는 추상적이고, 형태가 불분명한 힘처럼 내세워진다. 마치 '신비한 시장나라'에서 놀러와 법조문 초안에 서식하며 부패하게 만드는 초능력을 타고난 환상의 생명체처럼 말이다. 때로는 입법부도 모르게 법조문을 자기들 입맛에 맞게 수정하는 악한 요정들로도 그려지기도 한다. 하지만 로비단체의 영향력은 전혀 마법이 아니며 로비활동을 하는 기업에는 이름이 있다. 필립 모리스Philip Morris, 엑슨모빌ExxonMobil, 몬산토Monsanto, 코카콜라Coca-Cola다. 대중에게 너무 자주 써먹는, 이 짧게 축약된 이야기에는 또 다른 주역이 등장한다. 바로 전문가들의 수수께끼 같은 언어이자 그들의 전매특허인 '이해충돌'이다.

이해충돌만큼 공론에 자주 등장하는데도 이렇게까지 무슨 말인지 이해할 수 없는 개념은 드물다. 정치계에서는 용납되지 않지만, 지식이 면죄부가 되는 전문가들의 세계에서는 대체로 용인되는 이해충돌은 엄청난 사태, 명백하고 특이한 사건이 벌어진 경우에만 현실에 모습을 나타낸다. 그러면 이때, 사람들은 '모두 다 썩었다'와 같은 표현으로 일반화하며 쉽게 안일한 평가를 내려버린다. 심도 있게 파고드는 방식보다는 '공개적 비난'이 선호되며 시스템을 심층 분석하기보다는 소란스럽지만 빠르게 사그라드는 스캔들이 더 잘 먹힌다. 그러므로 많은 이들에게 이해충돌 문제는 부패의 냄새를 풍긴다. 그러나 부패는 예외적인 상황일 뿐이다. 만약 이 상황이 무언가로 채워져 있는 캐리어라면 그 내용물은 돈뭉치보다는 선입견일 것이다.

　　이해충돌은 대체로 어떤 현상이나 관리해야 하는 상황으로 여겨진다. 하지만 어떤 결과로 생겨난 건지 이해하지 못한다면 이해충돌을 파악하기란 불가능하다. 이해충돌은 경범죄나 중범죄가 아니다. 그저 상황일 뿐이며, 그 상황을 규정하는 방법이다. 하지만 일상어에서 '이해충돌'이라는 표현은 실제로 매우 다양한 상황을 연상시킨다는 것을 알아야 한다. 이해충돌이라 함은 산업에 연루된 과학자, 기업 대표들에 의해 좌지우지되는 전문가 집단, 정부와 대기업 간 결탁, 기업이 후원한 연구, 활동 규제 대상인 업계와 지나치게 가까운 규제기관을 가리킬 수 있다. 이해충돌은 결국 동시에 나타나는 여러 요소들의 집합이다. 이 용어는 주어진 상황 속 한 전문가의 이해충돌 같은 매우 구체적인 문제를 가리키면서 동시에 이해충돌이 중요한 요소로 포함되어 있는 일반적인 문제를 가리킨다. 이 용어는 용어가 통용되는 범위보다 훨씬 더 큰 범위를 가리키면서도 동시에 매우 한정적이다. 결국 이해충돌은 어떤 면에서 보면 제유법이라고 할 수 있는데, 이 수사적 표현은 부분으로 전체를 가리킨다. 이해충돌이란 말을 쓰면서, 실제로는 이해충돌이 나타나고 무르익는 생태계 전체를 일컫는 것이다. 독자들은 이 책을 통해 그 생태계를 탐험하게 될 것이다.

　　상업적 이익은 본래 주어진 자리가 아니라 공공의 이익으로부터 보호받게 될 공간에 자리를 잡는다. 하지만 두 세계는 서로 부딪히기보다는 뒤섞인 것처럼 보인다. 이해충돌에 대해 논의하는 건 이 두 세계의 경계선이 어디 위치하는지, 특히 '민주주의의 새로운 경계는 무엇인지' 자신에게 질문을 던지는 일이다.

로비스트와 나
그들은 우리를 어떻게 세뇌하는가

"내가 어떤 단어를 사용하면,
그 단어는 더도 말고 덜도 말고 딱
내가 선택한 의미만을 갖게 돼…."
험프티 덤프티는 조금 깔보는 투로 말했다.
"문제는 당신에게 단어의 원래 의미를
완전 딴판으로 바꿀 힘이 있냐는 거죠."
앨리스가 말했다. 그러자 험프티 덤프티가 반박했다.
"문제는 누가 주인이냐는 거지. 그게 다야."

_루이스 캐럴, 『거울나라의 앨리스』, 1871년

01

"박사님이라고 불러주세요"

니트조끼는 파스텔 톤이지만 그의 생각은 그렇게 화사하지 않다. 패턴넥타이와 차콜그레이 재킷 사이에 껴입은 단추 달린 파란색 브이넥 니트조끼만큼 이 노인의 영혼과 어울리지 않는 게 또 있을까. 그는 93세의 나이에도 불구하고 아직 정신이 또렷하다. 어쨌든, 당시 미국에서 가장 유명한 텔레비전 쇼 중 하나인 '레이트 나이트 위드 데이비드 레터먼 Late Night with David Letterman' 방송에 출연했던 자신의 입담을 감상하기에 충분할 정도다. "박사님, 무엇이 관건인지 다시 한 번 말씀해주세요." 사회자가 물었다. 초대 손님인 그가 인생의 황혼기에 접어든 사람만이 도달할 수 있는 존재의 비밀 중 하나를 털어놓듯이 여유롭게 자신의 처방을 알려줬다. "실제로 핵심이 되는 개념은 이겁니다. 제가 '박사님'으로 불릴수록 사람들이 절 더 신뢰한다는 거죠." 데이비드 레터먼과 방청객 모두 웃음을 터뜨렸다. 우연하게도 방송이 방영된 해는 1984년이었다. 조지 오웰의 팬이라면 약간의 현기증과 함께 이 우연의 일치를 음미할 수 있을 것이다.

에드워드 버네이즈, 심리학 부당 이득자

대중들에게는 잘 알려져 있지 않지만, 연한 파란색 니트조끼를 입은 이 남자는 수많은 국가원수나 정부만큼이나 역사에 뚜렷하고 지워지지 않는 흔적을 남겼다. 절대 그렇게 보이지 않았지만 방송에서 던진 농담 뒤에는 견해와 생각 그리고 드러나지 않은 이데올로기가 숨어 있다.

에드워드 버네이즈는 1891년 오스트리아 빈에서 태어났다. 그가 가족과 함께 대서양을 건너 뉴욕에 정착한 건 한 살도 채 되지 않았을 때였다. 갓 26세의 나이에 그는 기자 겸 광고제작자로 공보위원회Committee on Public Information 활동에 참여했다. 후대에 조지 크릴 위원장의 이름을 따서 '크릴 위원회'라는 명칭으로 알려진 이 위원회는 우드로 윌슨 전 미국 대통령이 1917년 4월에 발족시켰다. 위원회의 임무는 막대한 양의 공식성명, 브로슈어, 애국주의 영화와 포스터 공세를 퍼부어 미국 여론에 미합중국의 유럽전쟁 참전을 납득시키는 것이었다. 크릴 위원회가 세운 공적 중 하나로 시대를 훌쩍 뛰어넘은 선전물이 하나 있다. 바로 미국을 상징하는 엉클 샘이 짧은 턱수염에 진지한 눈빛을 하고 검지로 정면을 삿대질하는 모습이 그려진 포스터이다. 아래에는 '미합중국군은

당신을 원한다I want YOU for U.S. Army'는 문구가 쓰였고, '당신'이라는 단어
가 진홍색으로 강조됐다. 한 세기가 지난 지금도 모두가 이 포스터를 알
고 있을 정도다.

제1차 세계대전 이후, 에드워드 버네이즈는 전시에 국가 프로파
간다 설계자로 활약한 경험을 양분으로 삼아 사업을 시작했다. 정확히
말해, 바로 이 노하우를 재활용해 서비스로 판매하고 싶어했다. '프로파
간다'라는 개념이 현대에서처럼 부정적으로 인식됐던 건 아니지만, 마
케팅의 선구자로서 그는 평화의 시대인 만큼 프로파간다에 'PR홍보'이라
는 새로운 이름을 붙이기로 결정하였고, 이후 PR의 고안자이자 이론가
로 활약했다. 그는 단어로 현실을 포장해 사람들이 프로파간다에 대해
갖고 있는 인식을 바꿔버렸다. 즉, 새롭게 정의했다. 이 일이 그의 첫 프
로파간다 활동이라고 할 수 있겠다. PR의 등장은 일종의 빅뱅으로, 미국
인들이 '스핀Spin'이라고 부르는 현상의 기원이 되었다. 그 이후로 기하
급수적으로 팽창하는 우주에서 '스핀닥터Spin Doctor'들이 다양한 전략들
을 펼쳤다. 이미지 보호부터 위기 관리, 스토리텔링 광고부터 데이터 왜
곡까지 수많은 뉘앙스로 거짓말이 다채롭게 변주되었다.

PR의 고문으로 일컬어지던 에드워드 버네이즈는 또 다른 독보적
능력을 발휘했다. 그는 정신분석학의 개념을 확실하게 이해하고 있었
다. 심리과정과 무의식을 탐구하는 연구방법인 정신분석학은 1896년 그
의 고향인 오스트리아 빈에서 시작됐다. 정신분석학의 창시자인 지그문
트 프로이트가 삼촌이었으니 그럴 만도 했다. 에드워드 버네이즈는 결
코 고귀한 혈통을 드러낼 기회를 놓치는 법이 없었다―프로이트는 이
미 유명인사였고 그의 유명세는 그 자체로 뛰어난 선전 문구였다. 그는

정신분석학의 아버지라 불리던 삼촌과 애정이 넘치는 관계였으며 삼촌을 진심으로 존경했다. 프로이트의 첫 저서를 영어로 번역한다고 나선 것도, 1920년 미국에서 책을 출판하고 홍보를 담당했던 사람도 그였다. 그의 집요한 열정으로 책이 성공을 거두면서, 프로이트의 사상은 유럽 외의 타국에서 널리 퍼지는 결정적인 발판을 마련하게 된다.

삼촌 이론의 핵심을 너무도 잘 이해하고 있던 에드워드 버네이즈는 정부와 상사회사의 이익을 위해 대중을 설득할 때 무의식, 충동, 억압, 억제, 성욕 등 그에게 친숙한 개념을—말 그대로—이용하려 애썼다. 상담용 카우치가 없는 그의 사무실은 대기업 지도자들로 문전성시를 이뤘다. 에드워드 버네이즈는 '곤궁에 처한 기업들을 위한 정신분석가'로 여겨지길 좋아했다는 소문이 있다.

1920년대 말, 아메리칸 타바코 컴퍼니American Tobacco Company의 최고경영자인 조지 힐이 버네이즈에게 도움을 요청했다. 당시 여성들은 공공장소에서 거의 흡연을 하지 않았다. 그로서는 담배시장에서 절반의 고객을 놓치고 있는 셈이었다. 이 사회적 금기가 사라지기만 하면, 그러니까 여성들이 담배를 더 피우기만 하면 '럭키스트라이크' 담배 브랜드의 매출이 대폭 증가할 수 있는 상황이었다. 에드워드 버네이즈는 프로이트의 제자인 에이브러햄 브릴 박사에게 어떻게 생각하는지 자문을 구했다. 브릴 박사는 여성이 담배를 피우는 것은 지극히 당연한 일이지만 여성의 욕망은 성평등을 쟁취하는 과정에서 억압되고 있다고 분석했다. 당시 125달러였던 이 '상담' 후에 에드워드 버네이즈 사무실에서 남성의 전유물이자 남근숭배의 상징인 담배를 여성해방에 대한 주장이자 상징으로 만들자는 아이디어가 탄생했다. 1929년 그는 한 무리의 여성들을 고용해 부활절 퍼레이드에서 '자유의 횃불'인 담배를 보란 듯이 피우며 뉴욕 시내를 활보하게 했다. 그가 찍게 한 사진들이 모든 언론에 뿌려졌고 다음날 일간지의 일면에 실렸다. 후에 에드워드 버네이즈는 인터뷰에서 그로부터 며칠 뒤 샌프란시스코 및 덴버의 대광장과 보스턴 코먼 공원에서 담배를 피우는 여성들을 봤다는 이야기가 보도되기도 했었다고 과시했다. 몇 주 후 뉴욕의 공연장들은 자발적으로 여성의 실내흡연 금지조치를 폐지했다. 중독에 대한 굴복을 해방으로 전환시킨 위업을 달성한 장본인인 그가 말하길, 담배가 건강에 치명적이라는 사실을 알리는 자료들이 나오기 시작한 건 그로부터 30년이 지난 후였다.

제2차 세계대전 이후 산업화를 거쳐 초가공 식품, 더 나아가 완전히 분말 형태인 식품 붐이 일어나고 있을 때 제너럴밀스 브랜드는 첨가물이 가득하고, 공기층이 많아 폭신폭신한 인스턴트 케이크 '베티 크로커'를 출시했다. 결과는 완전한 실패였다. 에드워드 버네이즈는 여성들을 대표하는 표본인 '포커스 그룹'을 조직해 제품 구매를 망설이는 이유를 조사했다. 그리고 여성들이 어머니로서 케이크를 만드는 데 있어 샐러드 볼에 물을 따라 붓는 것 외의 어떤 노력도 기울이지 않았다는 죄책감을 갖고 있다는 걸 알아냈다. 이러한 정황에서 확신을 얻은 그는 조리법에 계란을 넣는 과정을 추가했다. 이때 계란은 가임기의 아내가 남편에게 건네는 은유적인 선물을 의미한다. 반죽에 계란을 넣는 건『당나귀 가죽Peau d'âne』 보다 더 오래된 사랑의 케이크 레시피다. 그러자 곧바로 판매량이 치솟았다. 봉지에 든 케이크 믹스는 오늘날 슈퍼마켓 매대를 가득 채우고 있다. 에드워드 버네이즈가 내세운 이론에 따르면, 상징은 '프로파간다의 화폐'다.

여론을 요리하는
주방

　　에드워드 버네이즈가 보여주는 모습이 재밌기도 하면서 불안한 느낌을 준다면, 그가 내면에 품은 생각에 전체주의적 동기가 깔려있어서일 것이다. 버네이즈는 1928년에 이제는 고전이 되어버린 그의 저서 『프로파간다』에서 "집단기제와 동기를 이해할 수 있다면 대중이 인식하지 못하는 사이에 우리의 의지에 따라 대중을 통제하고 동원할 수 있지 않을까?"라고 기술했다. 실제로 프로이트의 조카인 그에게 대중은 동물적 충동에 사로잡힐 수 있기 때문에 통제해야 하고, 군중은 욕망에 선동되기 쉬워 방향을 유도해야 하는 존재였다. 통제에 필요한 도구가 바로 월터 리프먼에게서 차용한 개념인 여론 조작이다. 월터 리프먼은 언어 구사력이 뛰어났고, 그와 동일한 분야를 탐구했으며, 훗날 '냉전'이라는 표현을 만들어냈다. 에드워드 버네이즈는 여론 조작을 사회과학과 정신분석학으로 형성된 '과학적 방법'의 결실로 내세웠다. 캐나다 몬트리올에 위치한 퀘벡대학교의 교수 노르망 바야르종은 『프로파간다』 프랑스어 역서의 서문에서 "이는 오히려 PR고문으로서 그가 지향하는 정치적 목적에 대한 과학적(이라고 주장하는) 근거"라고 통찰력 있게 꼬집었다.

　　에드워드 버네이즈의 결코 민주적이지 않은 주장에 따르면, 소수의 엘리트들이 대중을 위해 결정을 내리고 교묘한 설득으로 대중이 이 결정을 받아들이게 만든다. 그는 1928년에 다음과 같이 기술했다. "대중의 여론과 행동을 의식적이고 지능적으로 조작하는 것은 민주주의 사회에서 중요한 역할을 한다. 사회의 이 비밀스러운 메커니즘을 조작하는 사람들이야말로 진정한 권력을 행사하는 보이지 않는 정부를 이룬다. […] 오늘날 프로파간다는 사회적으로 조금이라도 중요한 모든 일에 필연적으로 개입한다. 정치, 금융, 산업, 농업, 자선 혹은 교육이든 간에, 분야를 막론하고 프로파간다는 보이지 않는 정부의 실행조직이다.”

이렇게 해서, 존재의 고통을 이해하고 덜어주기 위해 고안된 정신분석학이 향을 첨가한 스펀지케이크와 담배를 판매하기 위한 목적으로 PR과 한 몸이 되어 사람들에게 피해를 입히게 됐다. 그는 또한 “어떤 제품을 구매하라고 설득하는 것처럼 공동체가 좋은 정부를 받아들이게 만들 수 있다”고도 말했다. 아니, 하지만 이 노인이 파스텔 색깔처럼 아름다운 구상을 했을 리 없다. 게다가 현대인의 시각에서 버네이즈의 저서는 민주주의 탈취를 위한 악랄한 계획서 말고 다른 의도로 이해하기 어려웠으나, 그 자체로도 유명한 요제프 괴벨스라는 이름의 독자이자 숭배자가 있었다. 1933년, 삼촌인 프로이트와 마찬가지로 유대인인 에드워드 버네이즈는 나치당의 선전부장이자 독일의 국민계몽선전부를 신설한 괴벨스가 1923년에 쓴 자신의 첫 번째 저서 『여론정제Crystallizing Public Opinion』에서 큰 영감을 받고 개인서재에까지 뒀다는 사실을 접하고 자괴감에 빠졌다. 그러나 괴벨스만이 아니었다. 버네이즈의 방법은 P&G부터 캘빈 쿨리지 전 미국 대통령까지, 유나이티드 프루트 컴퍼니 United Fruit Company부터 제너럴 일렉트릭General Electric까지 수십 명의 고객들을 사로잡았다. 출발점이자 모범이며 영감의 원천이기도 한 그의 방법은 수십 년을 거쳐 전파되면서 다양한 술책을 탄생시켜 세상을 완전히 뒤바꿔버렸고, 사람들의 아침식사 메뉴까지 뒤흔들어놨다.

우리가 생각하는 미국식 아침식사에는 꼭 계란과 베이컨이 있다

(적어도 1990년 이후부터는 TV시리즈의 영향으로 점차 직장에서 아침식사로 먹는 커다란 도넛 상자에 자리를 넘겨주고 있지만 말이다). 하지만 미국인이 원래부터 아침에 일어나자마자 단백질 함량이 높고 기름진 식사를 했던 건 아니었다. 지금과 같은 모습이 된 건 에드워드 버네이즈의 손길이 닿은 이후부터였다. 1920년대까지 미국인은 오히려 과일과 오트밀 또는 작은 빵으로 가볍게 아침식사를 했다. 비치넛 패킹Beech-Nut Packing사가 베이컨 판매를 늘려야겠다고 결심한 것도 이때다. 비치넛 패킹사의 의뢰를 맡은 버네이즈는 직접 개발한 천재적인 술책을 부린다. 바로 제삼자를 이용하는 방법이다. 이 방법은 해당분야의 권위자면서 해당 이해관계와 표면적으로 어떠한 관련도 없는 인물을 통해 메시지를 전달하는 것이다.

　　에드워드 버네이즈가 자문을 구한 한 의사는 아침식사가 든든하고 단백질이 풍부해야 한다고 말했다. 버네이즈는 이 의견을 글로 쓰게 하고 다른 의사 5천 명에게 보내 견해를 물었다. 거의 모든 의사들이 동의하며 간략한 서명을 덧붙였다. 전략가 버네이즈는 결과를 언론에 보내고, 서둘러 이 내용이 과학적 연구 결과인 것처럼 퍼뜨렸다. 반세기 후 그는 이렇게 회고했다. "전국에서 일간지들이 이렇게 타이틀을 뽑았죠. '4,500명의 의사들, 국민 건강증진 위해 든든한 아침식사 권장. 대부분 아침식사로 베이컨과 계란 추천'이라고요. 그 결과 베이컨 판매가 증가했죠." 제대로 먹혔다. 챔피언의 아침식사*는 하루 중 가장 중요한 식사 시간이 되었으며 베이컨 사업은 장밋빛 미래를 그렸다.

---

* 챔피언들은 아침식사를 든든하게 챙겨 먹는다는 점을 이용한 말장난. 커트 보니것의 동명소설을 원작으로 한 코미디 영화 「챔피언의 아침식사(Le petit-déjeuner des champions)」의 제목을 차용.

"제가 '박사님'으로 불리면 불릴수록 사람들이 절 신뢰한다는 거죠." 에드워드 버네이즈는 이 점에 있어서 핵심을 이해하고 있었다. 그렇다. 주부, 정원사, 콘트라베이스 연주자 그리고 장관까지도 '박사님'으로 불리는 사람을 훨씬 더 신뢰한다. 심지어 박사끼리도 말이다.

소시지를 팔기 위한
박사 옷 세트

에드워드 버네이즈가 인간의 무의식에 침투해 베이컨에 대한 욕망의 씨앗을 심은 지 한 세기가 조금 되지 않은 시점에 벳시 부렌이 등장한다. 그녀의 지위는 수석과학자다. 우리는 매우 긴 프레젠테이션 파일에서 그녀를 만날 수 있었다. 그녀는 93번의 슬라이드에서 두 가지 모습으로 등장한다. 왼쪽 사진의 벳시는 단순한 상의를 입고, 가지런히 자른 앞머리에 어색한 미소를 짓고 있다. 마치 수제 복숭아 칵테일을 강매하려고 준비 중인 종업원처럼 오묘한 표정으로 사선 줄무늬 안락의자 등받이에 기대있는 모습이다. 오른쪽은 보정된 사진으로 벳시 부렌이 여백 없이 화면에 꽉 차 있다. 특유의 어색한 미소는 똑같지만 옷차림이 바뀌었다. 이 사진에서 그녀는 의사 복장을 갖추고 있으며 머리손질이라곤 할 줄 모르는 사람인 양 윤기 있는 앞머리를 옆으로 넘겨 머리핀으로 바싹 고정해 놨다. 더 엄격하고, 더 주의 깊어 보이고, 덜 선정적이고, 덜 멋 부린 티가 나면서 하얀색 가운이 잘 어울리는 모습이다. 꼭 의사처럼 보인다. 슬라이드 제목에 적혀 있는 질문은 '무엇 때문에 그녀에 대한 인상이 바뀌었나요?'이다.

이 코스프레 의상은 '육류정보 네트워크Meatnews Network'라는 이름의 유튜브 채널에 게시되는 비디오를 위한 것으로, 벳시 박사는 열두 편 정도의 에피소드를 진행한다. 이 미니시리즈의 제목은 '육류 과학자에게 물어보세요'다. 그녀는 부엌에 서서 시청자들에게 모든 질문에 대해서, 그리고 아마 하지 않은 질문에 대해서도 답해준다. 예를 들면 '저연령 어린이를 위한 핫도그는 어떻게 만들까?'에 대한 답변 같은 것 말이다. 당황스럽지만 동시에 시청자를 웃게 만드는 이 튜토리얼에서, 그녀는 칼을 이용해 프랑크푸르트 소시지에 세로로 길게 칼집을 낸 다음 창자로 만든 껍질을 벗겨내는 장면을 클로즈업 화면으로 보여준다.

이 작업은 분명 아주 어린 아이도 소시지를 안전하게 한입 가득 먹을 수 있게 해줄 것이다. '식육가공품에는 소금이 얼마나 들어가나요?' 또는 '고기를 얼마나 섭취해야 하며 1회 적정섭취량은 어떻게 알 수 있나요?'와 같은 질문들이 또 다른 에피소드에서 다뤄진다. 유튜브 영상에서 그녀는 전문가처럼 차려입고 마치 벳시 부렌 박사님처럼 소개된다. 더 정확하게 말하자면, '벳시 부렌, PhD, 과학사무국장, AMI 재단'. 이게 꼭 잘못됐다고 할 수는 없지만 그렇다고 정직한 것도 아니다. 평범한 미국 네티즌이라면 박사학위 소지자를 가리키는 'PhD'라는 약어에 안도하고, '재단'이라는 단어가 발산하는 박애의 아우라에 속아 넘어가고, 학술적인 느낌이 드는 약어 'AMI'에 주눅들 것이다. 설사 AMI가 '미국육류협회American Meat Institute'를 의미한다는 걸 알게 된다 하더라도 여전히 무슨 일을 하는 곳인지 아리송할 것이다. '협회'라는 이름 말고는 협회라고 할 만한 게 하나도 없는 이 단체가 미용협회와 동일한 수준의 과학 지식을 갖고 있다는 걸 보여주는 정보가 전무하다. 심지어는 모든 게 반대로 생각하게끔 되어있다.

채식주의자에게 진정한 악몽인 AMI 연간 보고서에는 산더미처럼 쌓여있는 슈니첼, 바베큐 꼬치, 속이 꽉 찬 함박 스테이크를 굽고 있는 장갑 낀 손, 미국 영화의 추수감사절 장면에서나 나올 것 같은 두꺼운 칠면조 넓적다리 삽화가 들어있다. 이 협회는 미국 국세청에 제출한 신고서에서 자신들의 목적을 꽤 명확하게 설명한다. "AMI는 육류 및 가금류 산업을 위해 목소리를 내는 기구들 중 가장 효과적이고, 가장 신뢰할 수 있고, 가장 널리 인정받는 목소리를 내기 위해 전념한다. AMI의 임무는 산업을 대표하고, 산업의 입장을 지지하고, 지속적인 발전을 위한 촉매가 되고, 고객과 공급업체의 요구를 예측하고 이에 대응할 수 있도록 회원들의 능력을 향상시키는 것이다." 2015년부터 '북미육류협회NAMI, North American Meat Institute'가 된 AMI는 사실 미국 육류산업 로비단체다. 미국의 육류산업은 2013년 미국 경제에 약 8,600억 달러—국내총생산(GDP)의 6%에 해당—를 기여했으며 수출에서도 거의 비슷한 규모를 달성한 막강한 분야다.

NAMI 회원기업들은 독자에게 아무 의미도 없을 테지만, 이 명단은 공장형 축산으로 생산된 질 나쁜 고기에 대한 후즈후Who's who 사전이다. 타이슨푸드부터 세계에서 가장 큰 돈육가공업체인 스미스필드에 스타라우스브랜즈까지 있다. AMI는 연간 약 900만 달러로 운영되며, 이 자금 덕분에 직원들의 급료를 지급하는 데에도 아무 문제가 없다. 협회장이자 최고경영자는 2015년에 50만 8,540달러를 받았다. 또한 AMI가 자금을 대는 협회 '재단'에는 벳시 부렌이 과학사무국장직을 맡고 있으며 연간 보상으로 약 13만 유로를 받는다. 또한 AMI는 이 자금으로 '미국핫도그소시지협의회National Hot-Dog and Sausage Council'와 같은 단체들을 유지한다. 이 협의회의 임무는 대중을 위한 인터넷 사이트를 유지하는 것으로, 주요 관심사는 아이들이 소시지를 먹다가 질식하는 일을 막는 것으로 보인다. ⟨hot-dog.org⟩ 사이트에는 '어린아이들은 동전, 구슬, 풍선 같은 다양한 물건들, 그리고 포도, 땅콩, 딱딱한 사탕이나 핫도그와 같은 음식 때문에 질식할 위험이 너욱 높다'고 설명되어 있다.

에드워드 버네이즈라면 분명 이 캠페인의 독특한 상징체계와 관련해 두세 가지를 지적했을 테지만, 소시지로 인한 질식의 위험성에 이상할 정도로 집착하는 건 미국에서 실재하는 문제와 관련이 있다. 미국의 경우, 세 살 이하의 어린이가 음식으로 질식한 사례 중 첫 번째 원인이 핫도그로 그 비율이 17%(포도알로 인한 질식은 7%이다)나 된다. AMI가 유튜브 채널에서 죽음에 이를 수도 있는 사고를 예방하기 위해 한 에피소드 전체를 할애한 것은 실제로 용의주도해 보인다. 이 커뮤니케이션 캠페인은 협회로 하여금 ① 주어진 의무를 다하는 책임감 있는 산업으로 보이게 하고 ② 산업 때문에 생긴 문제에 대해 일종의 결자해지를 하게 해주고 ③ '3세 이하 어린이가 목숨을 걸고서라도 핫도그를 먹어야만 하는가?' 또는 '아예 먹지 않으면 될 일 아닌가?'라는 핵심문제에 관한 관심을 다른 데로 돌리게 해준다. 메시지의 신뢰성은 전적으로 벳시 부렌의 티끌 하나 없는 순백색 가운이 갖고 있는 설득력에 달려있다. 의사가운이 손가락을 문질러 닦는 바람에 피로 얼룩진 정육점 앞치마보다는 더 나은 인상을 주기 마련이다. 즉, 사람들이 하얀 가운을 쉽게 신뢰한다는 말이다. 프로파간다에 의학 권위자(겉보기에)의 인장을 찍는 것은 'PR의 아버지'의 방법과 같은 계보로, 이 방법이 재활용되고 현대화를 거친 뒤 소시지처럼 꽁꽁 묶여 부엌으로 들어왔다는 게 경이로운 일이다.

하지만 1920년 초에 PR이 탄생한 이후 습관적으로 과학을 도구로 사용하게 되기까지 역사 교과서에 실리진 않았지만 분명 무슨 일이 벌어졌다. 차원이 다른 어떤 사건이. 바로, 과학법칙과 과학적 지식생산법칙의 포획, 남용, 재정의라는 긴 과정이다. 이후로는 과학과 과학의 껍데기를 뒤집어쓰고 있는 것으로 나뉜다. 즉, 과학자와 과학자가 아닌 존재다. 이 존재는 과학자와 공주 옷 세트도 들어있는 커다란 코스튬 상자에서 의사가운을 꺼내 입었을지도 모른다. 하얀 가운을 입고 거짓말을 하기 위해서 말이다.

죽음의 상인들과
함께하는 식사

미국의 한 교실에서 곱슬머리를 한 사랑스러운 소녀가 반 친구의 아버지에게 당돌하게 말했다. 양복 차림의 친구 아버지는 차세대를 이끌어갈 어린이들에게 자신의 직업에 대해서 이야기를 해주러 온 것이었다.

"엄마는 예전에 담배를 피웠어요. 엄마가 그러는데 담배를 피우면 일찍 죽는대요."

"정말? 어머니가 의사선생님이셔?" 남자가 육식동물 같은 미소를 지은 채 아이에게 몸을 기울여 물었다.

"아뇨."

"그러면 어떤 분야 과학자시니?"

"아니요." 소녀가 금발을 휘날리며 고개를 저었다.

"그러면 그렇게 믿을 만한 전문가는 아니신 것 같구나."

소녀는 자기자리로 돌아가 털썩 주저앉았다.

이 인간 말종 캐릭터 닉 네일러는 담배회사의 로비스트다. 2005년 상영된 「땡큐 포 스모킹」은 화술의 제왕이자, 역사상 가장 많은 사람들을 죽음에 이르게 한 산업의 대변인인 그의 일상을 보여준다. 영화에서 인상적인 것은 닉과 그의 유일한 친구 둘이 망측할 정도로 파렴치한 말다툼을 벌이는 장면이다. 자칭 '죽음의 상인 4분대'인 세 명이 매주 한 번씩 모이는 점심식사 자리에서 닉은 담배가 연간 43만 5천 명, 즉 하루에 1,200명의 사람을 죽이고 있다고 주장한다. 그러면서 주류절제위원회라는 로비단체에서 일하는 폴리 베일리를 도발한다. "술 때문에 매년 몇 명이나 죽나? 10만 명? 그럼 얼마야, 하루에 270명? 퍽이나 비극적이군." 그가 허공을 바라보며 말한다. 그 후 총기진흥 및 효과적인 청소년 훈련을 위한 협회인 'S.A.F.E.T.Y Society for the Advancement of Firearms and Effective Training for Youth'의 대변인인 바비 제이 블리스 쪽으로 몸을 돌린다.

"총기 피해자는 몇이지?"

"1만 1천 명."

"1만 1천 명? 농담이지? 하루에 30명? 교통사고 사망자 수보다 적군."

마음이 상한 폴리와 바비는 눈살을 찌푸리고 샐쭉거린다.

관련 주제를 연구하고 있거나 어느 정도 알고 있는 사람들에게 소소한 재미를 선사하는 「땡큐 포 스모킹」은 고증이 아주 면밀한 크리스토퍼 버클리의 소설을 원작으로 한다. 이러한 점이 영화에 은근한 깊이를 더하며 담배산업의 술책에 대한 대중영화를 탄생시켰다. 영화 포스터까지도 1917년 에드워드 버네이즈가 프로파간다 초년병으로 첫발을 내디딘 크릴 위원회의 '미합중국군은 당신을 원한다' 포스터를 패러디했다. 엉클 샘 대신, 정장에 넥타이를 맨 담배 한 개비가 정면으로 지포라이터를 내밀고 있다.

닉 네일러는 고용주—쉽게 필립모리스라는 걸 알아볼 수 있다—의 PR과 로비활동을 동시에 관리하고, 암환자의 침묵을 돈으로 사는 뒤치다꺼리도 마다하지 않는 팔방미인으로 활약한다. 단 한 명이 이 모든 일을 동시에 해내는 건 가상의 세계에서나 가능한 일이다. 그럼에도 불구하고 가상에서나 현실에서나 PR과 로비활동이 계속해서 결부되고 뒤섞이고 있다. PR작전과 로비활동의 술책은 절대 멀리 떨어져있지 않다. 로비활동은 철저히 준비된 PR전략 없이는 실행될 수 없다. 현실에서도 마찬가지로 과학과 담배의 위험성을 증명하는 과학적 증거들을 조작하는 것이 음모의 핵심이다. 공식적으로, 닉 네일러는 '담배연구학회'의 대변인이다. 학술적이지도 과학적이지도 않은 이 조직은 전적으로 담배산업의 후원으로 운영된다. 어딘가의 창문이 없는 방을 배경으로 '에르하르트 폰 그룹튼 문트'라는 이름의 담배기업 소속 과학자가 화면에 나오고 닉이 보이스 오버로 "지난 30년간 니코틴과 폐암의 관계를 연구했지만 확실한 결과를 얻지 못했다"고 설명한다. "그 인간은 천재야. 중력법칙도 반박할 수 있을걸." 니코틴에 대한 시나리오상의 오류는 눈감아 주자. 사실 니코틴은 담배 중독에 이르게 하는 원인일 뿐, 폐암을 유발하는 건 담배를 태울 때 발생하는 연소 생성물이다. 그래도 이 오류 외에는「땡큐 포 스모킹」의 거의 모든 것이 사실이니 이 정도는 그 냥 넘어가자.

02

과학조작의 짧은 역사

때는 1952년의 일이다. 에른스트 L. 와인더는 실험용 흰쥐의 등 털을 밀고 담배연기에서 추출한 타르를 발라 그 영향을 관찰했다. 그는 담배의 폐암유발 여부를 밝히는 시대의 과제에 고심하던 담배종이 제조업체, 에쿠스타 페이퍼 코퍼레이션Ecusta Paper Córporation 소속 과학자였다. 만약 담배가 폐암의 원인이라면, 정확히 어떤 성분 때문인지 알아내야 했다. 1953년 말 와인더는 학술대회에서 학술지에 정식 발표하기 전의 예비결과를 소개했다. 담배 연소생성물인 타르가 쥐에게 암을 유발했다는 아주 명확한 내용이었다. 인간의 경우에도 폐암환자의 대부분이 어김없이 골초다. 와인더의 결론은 다른 데이터와 결합할수록 더욱 명백해진다. 담배기업은 자사제품이 암을 유발한다는 결정타를 피하기 어려울 것이다. 그런데, 어렵긴 하지만 그렇다고 불가능한 일은 아니다.

담배업체들의
'암 연구 폰지 피라미드'

1953년 12월 14일과 15일, 미국 주요 담배 제조업체 지도자들이 뉴욕 플라자호텔 회의실에서 비밀리에 회동했다. 이 본격적인 카르텔 공모현장에서 그들은 담배에 대한 진실을 대중에게 숨기기로 결정했다. 이 회합의 주선자인 존 힐에게 자신들의 운명을 맡김으로써 돌이킬 수 없는 선택을 한 것이다. 에드워드 버네이즈의 동시대 라이벌이자 기자 출신인 그는 1927년 동업자와 함께 홍보대행사인 힐 앤드 놀튼을 설립했다. 며칠간 심사숙고한 끝에 존 힐은 기업 수장들에게 열 쪽짜리 '예비 권고사항'을 건넸다. 이 반격 계획은 향후 수십 년 동안 사기, 사실을 왜곡하는 웅변술, 과학의 도구화에 관해 모든 업계에 영감을 주는 토대가 되었다. "담배 제조업체들이 말을 하거나 삼가는 일에 관계없이 사람들이 건강을 염려하고 암을 두려워하는 걸 막을 수는 없을 것이다. 이 무서운 질병의 원인과 그 치료법이 밝혀지지 않는 한, 사람들은 계속해서 두려움의 파도에 휩쓸리게 될 것이다." 상황을 통찰력 있게 꿰뚫어본 만큼이나 해결책도 파렴치하다. 존 힐은 "이 단계에서 모든 활동의 근본적인 목적은 대중에게 다음의 사실을 널리 알려 안심시키는 것이다. 즉, 흡연이 폐암을 유발한다는 증거가 없다고 주장하는 과학적 견해도 존재한다는 걸 대중이 알도록 하는 게 중요하다"고 기술했다. 그러니까 자명한 이치를 부정하는 방법으로, 더 자세히 말하자면 부정을 조직하는 것이다. 이 계획은 빠르게 실행으로 옮겨졌다.

1954년 1월 4일, '흡연이 어느 정도 폐암 발병과 관련이 있을 수 있다는 이론을 대대적으로 알린 최근의 쥐 실험 보고서'에 반박하기 위해 미국의 담배 제조업체 14곳에서 작성한 「흡연가에게 보내는 진솔한 성명서Frank Statement to Cigarette Smokers」가 신문 148종의 지면에 실렸다. 진솔함과 거리가 먼 이 성명서에서 기업들은 독자들에게 "공익을 위해 저명한 박사들과 과학 연구원들이 이 실험이 의미하는 바를 공개적으로 반박했다는 사실을 알린다"고 밝혔다. 기업측 주장에 따르면, 과학자 및 박사들은 다음과 같은 점을 강조한다.

첫째, 최근의 의학 연구에 따르면 폐암을 유발할 수 있는 원인은 여러가지다. 둘째, 폐암 유발 원인에 대해 당국 간 합의가 아직 이뤄지지 않았다. 셋째, 흡연이 그 원인 중 하나라는 증거가 없다. 넷째, 흡연과 폐암간의 연관성을 보여주는 통계수치는 현대 생활의 다른 측면에도 마찬가지로 적용될 수 있는 수준이다. 실제로 많은 과학자들이 통계자료의 타당성 그 자체에 의문을 제기하고 있다. 이 네 가지 근거는 수십 년 동안 각색되고 재활용되어 수많은 제품의 결백을 증명하는 데 쓰이기 때문에 종합적으로 문장을 정리할 필요가 있다.

1) **다중인과성** 질병에는 대체로 여러 원인이 있지만 지금 문제가 되고 있는 그 제품 때문은 결코 아니다.

2) **논쟁** 제품의 유해한 영향에 대해 과학적으로 합의된 내용은 없다.

3) **증거** 과학이 단지 인과관계를 입증하는 과정으로 전락한다.

4) **상관관계** 여러 요소를 혼합해 혼란을 야기함으로써 결론을 낼 수 없게 만든다. 사실 삶 자체가 사람을 병들게 하지 않던가?

이정도 규모의 거짓말을 시작하게 되면 어떻게 빠져나올 수 있을까? 물러서면 법적인 책임을 인정하고 소송의 여지를 주게 된다. 하지만 분명히 짚고 넘어가자면 거짓말의 죄는 결코 가볍지 않다. 20세기에 담배는 1억 명의 생명을 앗아갔고, 21세기에는 그 수가 10억 명에 달할 것으로 추정된다. "담배 기업 경영진은 분명 언젠가는 이 비열한 공작을 털어놔야 할 거라는 걸 알고 있었을 테지만 그 의무를 막연한 미래로 미루길 바랐다." 담배산업에 가장 정통한 전문가 중 한 명인 캘리포니아 스탠포드대학교의 과학역사학과 로버트 프록터 교수가 그의 기념비적인 저서, 『골든 홀로코스트, 담배기업들의 음모Golden Holocaust, Origins of the Cigarette Catastrophe and the Case for Abolition』에서 기술한 내용이다. "마치 이 사람들이 암 연구에 관한 거대한 살상 폰지 피라미드에 동참하고 있는 것처럼 모든 일이 진행된다." '폰지 피라미드'는 새로운 가입자의 자금으로 기존 투자자의 배당을 지급하는 금융사기 수법이다. 그러나 2008년에 그 실체가 드러난, 미국 사업가 버나드 메이도프가 주범이었던 유명한 폰지 사기 사건에서 알 수 있듯 이 시스템은 유입되는 자금이 부족해지면 무너질 수 있다.

1954년 발표된 '진솔한 성명서'에서 담배업체들은 언제나 그랬듯, "공중보건을 지킬 의무가 있는 사람들"과 긴밀히 협력하기로 약속한다. 그런 이유로 업체들은 조직을 하나 설립하겠다고 발표하는데, 훗날 이 조직은 「땡큐 포 스모킹」의 '타바코 연구 아카데미'에 영감을 준다. 원래의 명칭은 담배산업연구회를 의미하는 TIRCTobacco Industry Research Committee였다가 몇 년 후에 은근슬쩍 '산업'을 의미하는 Industry를 빼고 담배연구위원회를 의미하는 CTR Council for Tobacco Research로 명칭을 바꾸었다. 애시 당초 존 힐의 초기 제안에는 '산업'이라는 단어가 없었다. TIRC 사무실은 힐 앤드 놀튼 사무실 바로 위층에 위치하며, 1954년 당시 35명의 직원들이 힐 앤드 놀튼 홍보대행사 소속이었다. 사무실의 위치가 때로는 그 어떤 것보다 많은 이야기를 해주기도 한다. 로버트 프록터는 이렇게 설명한다. "실제로 그들의 목적은 연구를 통해 아무것도 발견하지 못하는 것이었으며, 그런 다음 수백만을 지출했음에도 불구하고 담배의 유해성을 증명하는 그 어떤 증거도 결코 찾을 수 없었다고 주장하는 일이었다." 더 정확히 말하면, 1954년에서 조직이 해체된 1998년까지 이 단체가 성과 없는 연구에 지출한 금액은 3억 달러다. 담배와 폐암의 인과관계를 주제로 TIRC/CTR에서 40년 동안 후원한 학술논문 6,400편 중 단 한 편도 이를 증명하지 못했다. 「땡큐 포 스모킹」 영화 포스터에는 이런 문구가 쓰여 있다. "닉 네일러는 진실을 숨기지 않는다. 단지 걸러낼 뿐이다." 그로부터 고작 15년 뒤인 1969년, 위원회 내부에서 메모가 하나 작성됐다. 이후 계속 기밀로 유지되다가 1990년대 말 소송을 통해 대중에게 공개되면서 널리 알려지게 된다.

메모의 작성자는 멘톨 담배 '쿨'의 제조업체인 브라운 앤드 윌리엄슨의 마케팅이사였다. 꾸밈없는 간결한 내용에, 노골적인 문장들로 구성된 업무계획인 동시에 담배 산업이 한번도 표명해본 적 없는 가장 '진솔한 성명서'였다. "의혹은 우리 제품이다. 의혹이야말로 대중의 마음속에 자리잡고 있는 수많은 사실과 정보에 맞서 경쟁하기 위한 최선의 수단이기 때문이다. 또한 논쟁이 존재한다는 사실을 기정사실화할 방법이기도 하다. 만약 우리가 공공차원에서 논쟁을 만드는 데 성공한다면, 흡연과 건강에 관한 현실을 알릴 기회를 잡는 것이다." 여기서 알 수 있듯, 담배의 유해성에 관해 과학적 논란을 설계하는 것이야말로 담배 산업에서 벌이는 사업의 진정한 본질이다.

"버네이즈가 여론을 조작하려고 애썼다면 힐은 논란을 만들어냈다." 버네이즈와 힐의 평행성을 강조한 사람은 『담배의 세기The Cigarette Century』의 저자이자 하버드대학교 연구원이며, 과학역사학 교수인 앨런 브랜트다. 그는 존 힐이 "담배 제조사 최고경영자들 사이에서 히스테리라고 불리던 담배와 암의 연관성을 해체하기 위해 논쟁으로 비화하기 쉬운 과학적 논의로 두 진영이 대립하고 있다고 우기는" 천재성을 발휘했다고 분석했다. "이 전략은 힐이 담배산업을 위한 업무의 일환으로 고안했으나 이후 상업적인 목적에서 과학 프로세스를 변질시키기 위한 초석으로 자리잡아 20세기 후반에 다양한 전략들을 파생시킨다."

'꽁초 씨'가 보내온 문서

이 페이지는 '지구온난화 토론에서 이기기: 개요'라는 머리말로 시작한다. "과학논의는 여전히 결론이 나지 않은 상태다. 유권자들은 과학계 내부에서 지구온난화에 대한 합의를 이루지 못했다고 생각한다. 대중이 과학적 문제가 해결됐다고 믿게 되면 그에 따라 지구온난화 문제를 바라보는 관점도 바뀔 것이다. 그러니 계속해서 과학적 확신의 부재를 논의의 가장 중요한 쟁점으로 삼아야 한다. [⋯] 우리에게 불리한 방향으로 과학적 논의가 마무리되고 있지만 완전히 끝난 건 아니다. 아직 과학을 반박할 기회의 창이 열려있다(인용문의 원저자가 강조하는 부분이다)." 마치 존 힐이 쓴 글 같지 않은가? '지구온난화'를 '담배의 위험성'으로 대체하기만 하면 그럴싸하다. 하지만 이 내용은 2003년 한 커뮤니케이션 고문이 쓴 메모에서 발췌한 것으로, 작성자인 프랭크 런츠는 에드워드 버네이즈가 고안한 '포커스 그룹'이라는 대표 표본에 심취해 있었다. 이후 그는 미국 공화당의 여론조사 구루*가 된다.

대중들은 잘 알고 있다. 담배와 기후변화 그리고 석면 업계의 기업들이 꾸민 계책 때문에 세 분야의 공공정책이 전부 뒤쳐지고 있는 현실을 말이다. 담배분야의 주모자는 벤슨 앤드 헤지스Benson and Hedges, 브라운 앤드 윌리엄슨Brown and Williamson, 필립 모리스, R. J. 레이놀즈R.J. Reynolds 또는 U.S. 타바코 컴퍼니U.S. Tobacco Company다. 브리티시페트롤륨 British Petroleum, 엑슨모빌, 셸Shell은 기후변화를 맡고 있다. 석면의 경우, 생고뱅Saint-Gobain, 에터니트Eternit, 존스맨빌Johns Manville, 터너 앤드 뉴월 Turner and Newhall 등의 기업을 꼽을 수 있다. 인적비용은 인간이 이해할 수 있는 수준을 초월해 그 규모를 파악하기가 어려울 정도다. 담배 때문에 이미 1억 명 이상의 사람들이 기대수명보다 일찍 삶을 마감했고 매년 흡연으로 인한 암, 심혈관질환, 호흡기질환으로 700만 명이 목숨을 잃는데, 그중 90만 명은 비흡연자로 간접흡연의 피해자들이다. 석면은 향후 몇 년간 역대 가장 큰 대가를 치르게 될 것이다. 지금부터 2050년까지 유럽에서만 40만 명, 그중 프랑스에서만 10만 명의 사망자가 나올 것으로 예상된다. 유럽 위원회 본부인 벨기에 브뤼셀 소재 베를레몽 빌딩부

---

* 구루(Guru)는 산스크리트어로 스승, 대가를 의미한다. ─옮긴이 주

터 프랑스 바르주 사라니쉬르메르 지역까지 해당 구역에 위치한 건물에서 석면을 제거하려면 수십억의 비용이 발생한다. 기후변화는 이제 서막에 불과하며 이 피해로 인류의 대부분이 사라지게 될 수도 있다. 그렇게 되면 지불할 사람이 더 이상 남아있지 않을 테니 피해 비용은 상징적으로 1유로라 할 수 있겠다. 그동안 예상 피해를 정기적으로 상향 조정해 온 UNEP*는 2016년 기후변화에 대처하기 위해 필요한 적응비용만 5천억 달러에 이를 것이라고 추정했다.

그러나 피해 목록은 훨씬, 훨씬 더 길다. 이 목록에 제품 수십 개가 더 추가되어야 하고, 청구서에 수천억 유로를 더해야 할 것이다. 납, 수은 및 기타 중금속 비소, 크롬과 다이옥신, 포름알데히드, 벤젠, 염화비닐, PCB와 TBT, 용매, 과염소산염, 과불화화합물, 디젤, 내분비계 교란물질. 여기까지가 넓은 의미에서 석유화학으로 분류한 화학물질 목록 초안이다. DDT, 아트라진, 네오니코티노이드 또는 글리포세이트 등 집약적 농업을 위한 농약은 그 자체로 한 분야를 형성한다. 세르비에 연구소의 프랑스 특허의약품 메디아토르처럼 제약분야에서 출시한 약품 또한 부작용을 일으키고, 해로운 작용을 하고, 죽음에 이르게 한다. 농식품과 공산업은 비만과 심혈관 질환이 범람하는 통계의 쓰나미에도 설탕, 소금, 기름진 식품, 탄산음료, 육류, 콘플레이크를 팔아치운다.

빅켐, 빅오일, 빅아그라, 빅파마, 빅푸드*…. 유해제품과 시장을 방어하는 행위를 과학으로 위장하기 위해 앞서 말한 모든 분야에서 변장세트에 투자를 단행했으나 대중은 이 사실을 잘 모른다. 모두가 담배산

---

* 본문에서처럼 앞에 '빅'(Big)이라는 접두사가 붙은 단어들은 각 분야의 거대기업을 지칭하며, 일반적으로 부정적인 의미로 사용한다.

업이 개발한 도구함에서 도구를 꺼내 썼다. 상황이나 제품 또는 저지하고자 하는 기관에 따라, 기업들은 '의혹 공장' 전략을 다채롭게 전개하고, 사소한 부분까지 전부 설계한 다음 과학논쟁을 부추겼다. 이 전략들을 당연히 비밀에 부쳐져 있었지만 그럼에도 불구하고 영향력 싸움이 종종 묘사됐다. 1980년대 이후부터 역사학자, 정치학자, 사회학자, 기자, 공중보건 또는 로비활동 전문가들이 프로파간다가 영리목적에서 인간, 환경, 과학, 정책결정을 오염시키는 이 현상을 연구하고 있다. 연구 자료의 출처는 주로 미국이며 대부분이 기업 내부 문서다. 자료를 얻을 수 있는 방법은 소송, 공문접근 요청, 유출 세 가지다.

먼저 유출을 통해 자료가 모이고, 소송을 거치면서 막대한 양이 수집된다. 현재까지 공개된 「시가레트 페이퍼」 또는 「타바코 페이퍼」는 8천 9백만 쪽으로, 통신 내용, 계약서, 청구서, 전략 메모, 회의록을 포함하고 있으며 미국 샌프란시스코 캘리포니아대학교가 관리하는 인터넷 사이트에서 PDF형식으로 열람 가능하다. 본 대학교 의과대학 교수인 스탠튼 글랜츠는 1994년 어느 화창한 봄날 '꽁초 씨'라는 사람에게서 온 소포를 열게 됐다. 상자는 브라운윌리엄슨의 비밀문서로 꽉 차 있었고 그는 이 소포가 얼마나 중요한지 즉시 깨달았다. 그중에는 브라운 앤드 윌리엄슨의 회장이 1963년 "우리 제품은 중독성 강한 약물인 니코틴이다"라고 쓴 메모도 있었다. 4년 후, 미국 46개 주의 검찰총장들이 대표 담배업체들을 상대로 흡연으로 인한 질병 진료비 청구소송을 벌였고, 그 결과 담배기본정산협약 Tobacco Master Settlement Agreement이라는 합의를 이끌어낸다. 담배제조사들은 TIRC/CTR과 같은 조직들을 해체하고 25년에 걸쳐 2,060억 달러를 보상하는 것 외에도 내부 아카이브를 공개해야 했다. 수년 동안 다른 소송을 통해 공개된 문서들도 더해져 전례 없는 데이터베이스가 구축되었다.

「시가레트 페이퍼」라는 이름의 서류무덤을 파헤치는 작업은 학술지 및 학술 서적에 1,000편이 넘는 연구 저작물이 게재되는 결과로 이어졌다. 영국 바스대학교 담배규제연구소처럼 일부 대학에는 심지어 전문 학과도 있다. 그러나 연구 주제는 담배에만 국한되지 않는다. 필립 모리스의 경우, 약 20년 동안 크래푸트푸드의 모회사였던 까닭에 관련 자료에서 농식품가공산업 전략에 관한 귀중한 정보도 찾아볼 수 있다. 또한 살충제 및 플라스틱 제조업체의 고뇌를 엿볼 수도 있다. 담배업체뿐만 아니라 다른 분야에서도 동일한 PR사무소, 변호사, 로비스트를 고용했기 때문이다. 공동방어전선을 펼친 유해제품 제조업체들을 살펴보면 관련 로비조직의 기원을 이해하기 쉽다. 여러 분야를 넘나드는 동일한 인물들의 활약상에서 기후변화 논쟁 위조자들의 자취를 좇는 일도 가능하다.

의혹의
미디어 도서관 개장

2010년에 미국계 과학역사학자 두 명, 하버드대학교의 나오미 오레스케스와 캘리포니아주 NASA♦ 제트추진연구소의 에릭 M. 콘웨이는 훗날 필독서로 자리매김하는 『의혹을 팝니다』를 출판했다. 두 저자는 냉전시대에 자본주의와 공산주의의 대립으로 얼룩진 세계관에 사로잡힌 소수의 과학자들이 기후분야의 전문가도 아니면서 어떻게 기후변화 회의론을 주도하게 되는지 이야기를 풀어나간다. 그중 두 '프레드'의 존재는 독보적이다. 둘은 현역시절 화려한 경력을 자랑하는 은퇴한 물리학자로, 한 명은 우주분야, 다른 한 명은 핵분야 전문가이며, 모두 담배산업과 협업을 한 적이 있다. 1979년부터 1985년까지 프레드 사이츠 박사는 R. J. 레이놀즈의 담배옹호 연구자금지원 프로그램을 이끌었다. 프레드 싱어 박사는 1990년대 중반 당시 간접흡연 규제를 검토하고 있던 EPA*를 공격하는 보고서를 공동집필했다.

의혹을 상품으로 만든 두 프레드는 차례대로 1980년대 초에는 산성비의 실태를, 1980년대 말에는 오존층 파괴에 대한 염화불화탄소(프레온가스)의 책임과 기후변화의 존재 자체를 부정했다. 그들의 주장이 더욱 효과적이었던 이유는 기업경쟁연구소Competitive Enterprise Institute와 미국기업연구소American Enterprise Institute처럼 주로 엑슨모빌이 재정을 지원하는 급진적 자유주의 성향의 싱크탱크*들이 힘을 실어줬기 때문이다. 그중에서도 스타워즈 계획이라는 별칭으로 더 잘 알려진 로널드 레이건 전 미국 대통령의 미사일 방어전략, 전략방위구상SDI을 옹호하기 위한 목적으로 1984년 설립된 조지 C. 마셜 연구소가 가장 든든한 지원군이었다. 두 프레드 박사가 지구온난화 회의론을 펼치기 시작한 건 1988년 IPCC*가 발족하면서 지구온난화에 대한 과학적 합의가 대두되기 시작한 때였다. 나오미 오레스케스와 에릭 M. 콘웨이는 "물리학자에게 담배와 암에 대한 견해를 묻는 건 공군조종사에게 잠수함 설계도에 관해 의

---

* 싱크탱크란 다양한 분야의 전문가들이 모여 정부의 정책이나 기업의 경영전략을 연구하고 그 성과를 제공하는 기관으로, 정책연구소라고도 불린다.

견을 구하는 것과 마찬가지다. 그가 주제와 관련해 뭔가를 알 가능성도 있지만 문외한일 수도 있다"고 서술한다. '박사님'이라고 하면 일단 믿고 보기 때문이다.

기업 중추에 쌓여있던 서류 파일에서 어렵사리 빼낸「타바코 페이퍼」외에도 소송을 통해 얻을 수 있는 문서는 또 있다. 미국 사법부 시스템에는 유럽인들이라면 신기해할 제도가 존재한다. 바로 말 그대로 '발견'이라는 뜻의 '디스커버리' 법이다. 이 법은 소송이 시작됐을 때 상대방의 서류더미에서 낚시를 할 수 있게 해준다. 무언가가 걸려들면 낚싯줄을 잡아당기고, 다른 미끼를 던지고, 잡아당기고, 또 당기는 과정 말이다. 해당 문서는 조사하는 도중이나 판결이 내려진 후 또는 합의에 의해 분쟁이 해결된 이후에 공개 가능하다.

이렇게 세상에 나온 문서는 전 세계 대학 연구원 수십 명의 연구 자료로 쓰이며, 그중 대표적 인물이 제럴드 마코위츠와 데이비드 로스너다. 마코위츠는 존 제이 대학교 및 뉴욕시립대학교 대학원의 역사학 명예교수이며 로스너는 뉴욕 컬럼비아대학교 일반대학원의 사회의료학 및 역사학 교수다. 이 두 남자의 뇌와 하드디스크에는 그들이 '기업에 의한 과학부패'라고 지목한 화학업계의 의혹 공장 전략에 대한 방대한 백과사전적 지식이 담겨 있다. 책에서 그들은 미국 번영의 또 다른 역사와 그 이면을 이야기한다. 허술한 직업적 노출기준 때문에 사망한 노동자들의 역사와 환경오염으로부터 삶의 터전을 지키기 위해 저항한 공동체의 역사, 단 한 번도 삶을 살아보지 못했던 아이들, 그리고 그들의 편이자 인류의 편에 섰다는 이유로 괴롭힘당하던 과학자들의 역사를 말이다. 다 알면서도 돈과 사람들의 건강을 맞바꾸는 선택을 했던 기업들까지도. 두 저자는 "모든 산업분야가 똘똘 뭉쳐 제품의 독성에 관한 정보를 부정하고 말소하며, 그들의 제품이 사람들의 건강을 위험에 빠뜨린다고 주장하는 외부 연구자들의 결과에 이의를 제기한다"고 기술했다. 마코 위츠와 로스너의 책들—특히 『사기와 부인 Deceit and Denial』과 『납 전쟁 Lead Wars』—은 불행히도 아직 프랑스어로 번역되지 않았지만 지식의 길을 걷는 동반자인 두 교수가 자료를 디지털화해 모두가 열람할 수 있도록 하고 있다. 'Toxic Docs'라고 불리는 두 사람의 데이터베이스는 2017년 초 온라인화됐다. 납, 벤젠, 염화비닐, 실리카(이산화규소), 석면 등 아주 다양한 산업 유해물질을 총망라하고 있으며 몬산토와 PCB(폴리염화비닐)에 대한 전례 없는 방대한 양의 자료를 수집해 놨다.

또 다른 데이터베이스로는 '화학산업 아카이브Chemical Industry Archives'가 있다. 소비자 및 환경보호단체인 환경실무그룹Environmental Working Group이 앞서 언급한 디스커버리 법을 통해 획득한 3만 7천 쪽짜리 동명의 자료를 담고 있는 데이터베이스로 훨씬 이전에 구축됐다. 가장 최근 문서로는 4년 동안 창고에 보관되어 있다가 2017년 7월에 공개된 10만 쪽짜리 「포이즌 페이퍼」가 있다. 미디어민주주의센터Center for Media and Democracy와 생명과학자원프로젝트Bioscience Resource Project, 그리고 또 한 사람, 창고 주인 캐럴 밴 스트럼이 곰팡이와 쥐로부터 구해낸 이 문서에는 다우, 몬산토, 펄프 및 제지 생산기업뿐만 아니라 EPA와 같은 행정기관, 미국 산림청 및 미 공군의 내부문서가 포함되어 있었다.

그냥 넘어갈 수 없는 출처가 하나 더 있다. 몬산토를 상대로 제기된 소송의 일환으로 30년 가까이 쌓인 내부문서와 변호사가 신청한 증인들로부터 얻은 수십 건의 진술이 2017년 3월을 기점으로 공개되기 시작했다. 천여 명 이상이 희귀혈액암인 비호지킨림프종에 걸렸고 법정에서 '라운드업'이라는 이름으로 유명한 몬산토의 베스트셀러 제초제, 글리포세이트를 사용한 탓에 피해를 입었다고 호소했다. 이 문서들을 분석한 내용을 바탕으로 여러 기사가 쏟아져 나왔고, 『눈속임Whitewash』이라는 제목의 책도 출판됐다. 저자는 미국 기자 캐리 길럼으로, 15년 동안 로이터통신에서 일했으며 현재는 '미국의 알권리U.S. Right to Know'라는 단체에서 취재를 하고 있다. 또한 『르몽드』에서 '몬산토 문건'이라는 머리말을 달고 연재된 탐사보도시리즈는 스테판 푸카르와 내가 네 개의 손을 모아 쓴 합동작품이다.

막대한 양의 연구거리를 세상에 나오게 한 디스커버리 법은 프랑스와 유럽의 소송절차 개정을 꿈꾸게 만든다. 이외에도 출처는 같지만 다른 경로를 통해 자료가 입수될 때도 있다. 바로 유출이다. 다시 말해 기업 안에서 밖으로 전달된 내부문서를 말한다. 대부분의 경우 직원이 기자에게 넘겨주는 형식이다. 가뭄에 콩 나듯 드물게 발생하는 일인데다가, 파일 하나만 달랑 전달될 때도 있으며, 어떻게 전달됐는지 알 수 없는 경우도 있다. 앞서 언급된 AMI의 미래 전략적 계획을 위한 길고 긴 파워포인트 프레젠테이션처럼 말이다. 또한 자료가 한꺼번에 다량으로 전달되기도 한다. 2014년 5월에 받은 약 170쪽짜리 서류뭉치가 그 예다. 이 문건은 유럽 위원회에서 2년 전 채택한 담배제품지침 개정안에 영향력을 행사하기 위해 필립모리스가 세운 로비계획을 고발하는 내용을 담고 있었다.

마지막 출처는 바로 공공문서 접근 요청이다. 영어로는 'FOIs'라고 하는 정보공개법에 따른 법적절차다. 이 요청으로 일정 조건하에 이

메일부터 회의록까지 행정기관 및 공공기관의 문서를 열람할 수 있다. 미국 기자들은 기사를 쓸 때면 자동으로 정보공개법을 이용한다. 유럽에서는 1049/2001 규정이 동등한 효력을 지니며, 이에 따라 일반인도 유럽 의회, 유럽 이사회, 유럽 위원회의 문서에 접근할 수 있다. 이 '문서 접근요청'을 주로 사용하는 주체는 NGO다. 하지만 나 또한 이 규정을 통해 완전히 합법적으로 확보한 유럽 위원회 내부교신 내용, 소속 공무원과 로비단체 대표 간의 연락 내용에서부터 내분비계 교란물질 규제에 미친 영향력을 조사하고, 2013년에 의사결정과정이 어떻게 정상궤도에서 이탈하는지의 과정을 검증할 수 있었다.

앞서 언급된 두 작가 외에도 다른 작가들 또한 동일 주제로 비전문가도 접근하기 쉬운 책들을 집필했다. 평생에 걸쳐 쌓은 지식, 수집한 자료, 그리고 관찰한 내용을 책으로 엮어보자고 결심한 관계자들의 귀중한 저작물을 빠뜨린 채 간략하게만 언급하고 넘어간다면 정보가 충분치도 않을 뿐더러 부당한 일이 될 것이다. 2008년에 출간된 미국 전염병학자 데이비드 마이클스가 쓴 고전, 『청부과학』은 아직 프랑스어로 번역되지 않았다. 세계 최대 농식품가공업체들의 손아귀에 넘어간 '식품 정치학'을 다룬 영양학자 매리언 네슬레의 서적들 또한 마찬가지다. 이들의 미국인 동료이자, 『뉴잉글랜드의학저널』의 편집장실을 거쳐 간 마르시아 안젤과 제롬 캐시러의 경우, 다행히 프랑스어 번역본을 찾아볼 수 있으며, 제약 산업이 의학계에 행사하는 영향력에 대한 이야기로 역사에 한 획을 그었다.

오늘날 우리처럼 이런 유형의 문서를 검토하고 기사를 내는 기자들은 손에 꼽는다. 특히나 영어로 말이다. 미국의 경우 앞서 언급했던 캐리 길럼 외에도 여러 매체를 통해 화학, 담배, 농약을 주제로 기사를 쓰며 활약 중인 리자 그로스도 있다. 작가가 본업인 샤론 러너는 온라인 탐사보도매체 '디 인터셉트'에 듀폰사의 화학물질 C8(PFOA, 또는 퍼플루오로옥탄산) 유해성 은폐와 관련해 수준 높은 탐사보도시리즈를 연재한다. 일부러 듀폰 바로 뒤에 언급하는 건 아니지만, 프랑스에는 '이해충돌의 뒤퐁과 뒤퐁*' 기자콤비'가 있다. 집약적 농업을 위한 농화학방법을 옹호하는 사이트에서 스테판 푸카르와 내게 붙여준 별명이다. 동료 기자인 그는『르몽드』에 게재하는 기사 외에 기후변화 회의론자에 관한 책과 기업들의 '거짓말 공장' 전략을 다룬 책을 출판했다. 또한 2012년『시카고 트리뷴』의 대규모 취재도 빠뜨릴 수 없다. 「타바코 페이퍼」에서 출발해 1년 이상 진행된 이 취재를 통해, 극도로 유독하지만 모든 사람에게서 검출될 수 있는 불연성 물질을 변호하기 위해 담배 및 화학기업들이 연합하여 쏟아부은 노력으로 어떤 파국이 초래됐는지 그 실체가 낱낱이 드러나게 됐다. 이 탐사보도는 가장 권위 있는 언론인상인 퓰리처상의 2012년 결승후보였다.

지식 상실

왜 이 모든 업적을 나열하는 데 시간을 들이냐고? 답은 매우 간단하다. 우리가 알고 있으니까. '우리'란 사회의 일부분으로서 세상의 움직임

---

* 『땡땡의 모험』에 나오는 쌍둥이 경관. — 옮긴이 주

을 감시하고, 분석하고, 이해하는 직업을 가진 사람들을 말한다. 지금까지 많은 지식을 쌓아온 만큼 확실히 말할 수 있다. 기업의 지도자, 대표들이 거짓말을 하고 있다. 그리고 우리는 그들이 어떤 방식으로 거짓말을 하는지 안다. 우리는 그들의 거짓말이 어떤 결과를 가져올 수 있는지 알고 있다. 그리고 이게 전부가 아니다.

악마의 재능을 지닌 한 미국인 마케팅전문가의 영향으로 담배산업은 의심을 양산하는 공장으로, 지식을 파괴하는 기계로, 무지를 생산하는 설비로 변모했다. 이후 독성제품의 무해성을 주장하고 그간 저질러온 악행을 정당화하기 위해 산업 전체가 자신에게 유리한 방향으로 과학적 사실을 조작하며 '대안적 사실'을 만들기 시작했다. 수십 년 전부터 상당수의 경제 주체들이 거대 기업과 유착해 지식을 남용하고 있다. 사람들의 건강, 자연환경, 생물 다양성을 위협하는 이 대규모 현상에 관한 연구에는 '아그노톨로지agnotology'라는 이름이 있다. 과학역사학자이자 『골든 홀로코스트Golden Holocaust』의 저자인 로버트 프록터가 무지를 뜻하는 그리스어 단어인 아그노시스agnōsis 에서 착안해 만든 신조어다. 이 연구분야는 산업 주체들이 지식 말살을 위해 구사하는 전략을 심도 있게 분석한다.

지식을 구축하는 과정이 아니라면, 과학이란 대체 무엇일까? 과학은 가설, 토론, 실험, 거듭되는 실패, 데이터 대조, 사고의 유기적 구성, 끝없는 토론과 때로는 언쟁을 아우르는 길고 긴 과정이다. 그 과정 동안 무지의 경계를 뒤로 밀어내기 위해서 무던히 노력한다. 과학에서 확신이란 본질적으로 깨지기 쉽고, 필연적으로 불안정하고, 끊임없이 변화하는 약속이다. 과학적 의혹은 그 자체가 주요 에너지원이지만 온전히 기업이 만들어낸 의혹은 지식구축 과정에 사기꾼처럼 교묘히 끼어든다. 그런 점에서 이 의심은 법정에서 유죄가 확정될 때까지 유보하는 의혹과 더 유사하다—이 경우 무죄 추정이 적용되는 건 석면과 디젤이다. 과학적 논쟁을 구실 삼아 무죄추정 원칙을 주장하고, 과학을 무기로 과학을 공격하는 전략은 제품의 무해성이 도마에 올랐을 때 대부분의 기업이 취하는 기본 중의 기본이 됐다. 바로 이들이 무죄추정원칙의 득을 보고 있다.

여기에 음모론은 없다. 자료로 뒷받침되고, 분석되고, 파헤쳐진 현실이며, 20세기를 지나 21세기 초반부터 지울 수 없는 흔적이 남았다. 수십 년 동안 수 톤의 비밀문서가 공개됐지만 그중 하나라도 위에 묘사된 내용과 반대되는 내용을 담고 있던가? 단 한 개의 문서에서라도 자사 제품의 독성을 당국에 알리려는 기업의 열의가 드러난 적 있었나? 위험성에 대한 의구심이 피어올라 물질을 시장에서 퇴출하려는 시급함 비슷한 것이라도 본 적 있던가? 시장점유율을 잃을 걱정보다 건강과 환경에 피해를 미칠 수 있다는 사실에 조금이라도 우려를 표하는 걸 목격한 적이 있던가? 잇따른 질문에 미국 과학역사학자인 데이비드 로스너 교수는 다음과 같이 대답했다. "기업이 자발적으로 제품을 회수한 예가 몇 가지 있습니다. 1980년대 존슨 앤드 존슨과 바이엘은 아이들이 너무 쉽게 열 수 있는 제품의 판매를 중단했습니다. 하지만 거의 항상 그렇듯, 겉보기에 자기통제로 보이는 이 조치는 대대적인 압력의 산물이자, 소송과 당국의 규제 및 금지조치에 대한 우려 때문이었죠. […] 주력상품이 독성물질이라는 걸 확실히 인지한 상태에서 생산을 하는 거라면, 기업은 보통 정부 당국, 소비자 또는 사용자들에게 가능한 한 오래도록 그 사실을 감춥니다."

만약 구매하는 재화의 가격에 지식 말소로 인한 천문학적 액수가 포함된다면, 우리는 지금처럼 소비사회의 번영을 누리지 못했을 것이다. 지식 말소가 초래하는 피해는 고스란히 사회 공동체, 즉 우리에게 돌아온다. 개인은 사회보장분담금도 지불해야 하고, 건강도 잃는다. 개인이 지는 부담은 물리적이고, 금전적이면서 육체적이기도 하다. 공권력은 화학공장 때문에 오염된 강 청소를 맡는다. 보험사는 기후변화로 인해 증가한 태풍 피해 복구비용을 지불한다. 사회보장제도는 담배로 발병한 암 치료비용을 환급해준다. 뇌를 손상시키는 중금속, 농약, 불연성 물질에 노출되는 바람에 아이들의 지능지수는 떨어진다. 제품 가격에 포함되어 있지 않으며, 경제용어로 '부정적 외부성'이라고 하는 이 비용에 의혹 공장 전략이 꼭 들어간다. 해수면 상승으로 인해 수몰위기에 처한 태평양의 군도, 투발루 섬의 가치는 얼마일까? 호흡할 수 있는 완벽한 상태의 폐 한 쌍의 금전적 가치는? 아이의 지능에 대한 값은? 일반적으로 부정적 외부성의 가치를 산정하기는 어렵지만 일부는 그 작업에 전념하고 있다.

두 가지 예를 들어보자. 마침 두 사례 모두 아이들의 정신 및 지능 발달과 관련이 있다. 가장 잘 알려진 독성물질 중 하나인 납은 페인트의 안료로 쓰였고, 1923년부터는 엔진의 노킹현상을 줄이기 위해서라는 이유 하나 때문에 테트라에틸납(TEL) 형태로 연료에 첨가됐다. 하지만 그 해로움은 로마시대 때부터 이미 알려져 있었다. 네로군의 군의는 납이 '정신을 굴복시킨다'고 말한 바 있다. 납은 무해성을 보장하는 최소기준이 존재하지 않는다고 모두가 입을 모아 말할 정도로 독성이 강하며 특히 뇌에 심각한 영향(신경독성)을 미친다. 1976년 미국에서 어린이 3/4

이상의 혈중 납 농도가 혈액 1데시리터당 납 10마이크로그램(10μg/dl), 즉 CDC*의 노출위험기준치보다 높은 수치를 기록했다. 그 이후 1976년에서 1995년 사이, 미국은 점진적으로나마 휘발유와 페인트에서 겨우겨우 납을 제거했으나 프랑스에서 이 과정이 시작되는 건 그로부터 5년이나 지나서였다. 1999년 혈중 납 농도 국가 평균이 1.9μg로 떨어지자, 미국 아이들의 IQ가 전반적으로 5점 가량 상승했다. 달리 말하면 미국 어린이들에게서 IQ 5점을 빼앗아 갔던 주범이 납이었다는 얘기다. 또한, 순전히 실용적인 관점에서 보자면 한 집단의 IQ 하락은 경제적 측면에서 생산성 저하를 의미한다. 오늘날 하나의 기준이 된 CDC와 하버드대 공중보건대학원 연구진의 계산에 따르면, IQ가 5점 감소한 탓에 한 세대당 1,100억에서 3,190억 달러의 비용을 부담한 셈이다.

두 번째 예는 내분비계 교란물질이다. 2015년 다양한 전문분야의 연구자들은 생물의 호르몬계(이른바 내분비계)에 작용할 수 있는 화학물질군 노출로 인한 질병비용을 추정하려 했다. 이 계산은 일부 의심물질만 포함한데다 암은 고려하지 않았기 때문에 과소추정됨에도 불구하고 유럽연합의 보건비용은 GDP의 1.28%인 1,570억 유로였고 미국은 GDP의 2.33%인 3천억 유로 이상이었다. 두 대륙에 있어서 보건비용 지출의 주 원인은 IQ하락과 지적장애였다. 유럽에서 주로 문제가 된 건 유기인 농약이었는데, 그 하나만으로 손실이 1,090억 유로에 달했다. 미국의 경우 가구와 전자기기에 주로 사용되는 내연성물질인 폴리브롬화디페닐에테르(PBDE)가 문제로, 이 때문에 합산된 총 IQ가 1,100만 점 감소하면서 피해 총액이 2,390억 유로로 추정됐다.

이러한 재난들은 셀 수 없을 정도로 많고 서로 관련되어 있어 대표적으로 '그 재난'이라고 불러도 무방할 정도다. 재난의 책임자들은 법률적 관점에서만 익명의 기업일 뿐이다. 집단지성과 과학적 지식파괴에 가담한 기업에는 이름이 있고 로고가 있으며 주소도 있다. 간부들과 경영진은 아이와 반려동물의 사진을 장식해 둔 사무실에서 이와 같은 결정을 내린다. 이 기업들은 매우 유명할 뿐만 아니라 가장 수익성 높은 다국적 기업 차트에 이름을 올리고 있다. 일부는 이미 앞서 인용됐다. 필립모리스, 몬산토, 생고뱅 말이다. 납 카르텔은 제너럴모터스, 듀폰, 스탠다드오일과 에틸 사를 중심으로 구성됐다. 이 책에서는 세계 1위 화학소재 기업인 바스프나 또 다른 독일 대기업 바이엘과 같은 화학 대기업들 못지 않게 코카콜라, 네슬레 또는 맥도날드를 다루게 될 것이다. 이 기업들은 프랑스 경제인연합회 또는 브뤼셀 소재의 유럽사업인연합과 같은 기업인 단체에 속해있다. 또한 직능연합회(기업협회 및 동업조합)를 통해 경제활동 분야별로 자신들의 이익을 보호한다. 로비단체에 대해 이야기하고 있지만 사실 손가락이 가리키는 건 이 기업들이다.

　이쯤에서 어휘에 관한 간단한 설명이 있어야겠다. 영어로 'corporation'이라는 용어는 프랑스어로 업체Entreprise, 회사Société, 다국적 대기업Multinationale을 아우른다. 여기서 파생된 'corporate'라는 형용사도 있다. 'corporate interests' 또는 'corporate influence'라는 표현에 쓰인다. 하지만 딱 대응하는 번역어가 없다. 각각 '업계 이익' 또는 '업계 영향력' 정도로 번역할 수 있겠지만 너무나 무의미하게 들리고 뜻을 다 담았다고 할 수도 없다. 이런 이유 때문에 이 책에서는 '다국적 대기업'보다 훨씬 가볍게 들리는 장점을 가진 '기업firme'이라는 단어를 주로 보게 될 것이다.

　이렇게 해서 우리는 기업의 중역들이 어떻게 거짓말을 하고 그들의 거짓말이 어떤 파국을 야기하는지 알게 됐다. "우리는 필요한 지식 대부분을 손아귀에 쥐고도 사용하지 않는다." 1962년 미국 생물학자 레이첼 카슨이 한 말이다. 프랑스 대중에게는 비교적 잘 알려지지 않은 그녀는 20세기 가장 영향력 있는 책으로 꼽히는 『침묵의 봄』을 집필했다. 환경보호운동과 미국환경보호청의 설립에 기여한 이 책에서 그녀는 DDT가 야생 생태계를 어떻게 유린하는지 묘사하며 합성화학이 인체에 미치는 영향을 통찰했다. 1962년 이후 우리 사회가 수중에 있는 지식을 제대로 활용했다고 하기는 어렵다. 오히려 우리는 아무것도 하지 않았다. 물론 숨 막히는 숙명에 짓눌려 언제나 경제성장 촉진이 건강보호나 환경보존보다 우선시됐다고 주장할 수도 있다. 실제로 정말 그랬다. 하지만 1962년과 현재 사이에는 크나큰 차이가 존재한다. '의혹의 상인들'이 인공적으로 만들어낸 불확실성이라는 덫에 걸려 고민만 하다가는 막대한 피해가 발생한다. 지식이 만들어지면, 지식의 생산자들은 안간힘을 다해 이 지식을 사회로 전달하려고 애쓴다. 하지만 지식은 무시당하고, 무지가 무한히 반복되는 꺼림칙한 심연에 빠져버린다. 이곳에서는 아그노톨로지라는 학문에서 생산된 지식 자체도 무지에 부딪히고 만다. 파리고등사범학교 철학과 연구소장이자 뛰어난 아그노톨로지학자인 마티아스 지렐은 "사회는 자신이 만들어낸 지식을 외면하기에 이른다"고 인정한다.

진실을 알고 나서도 아동용 잠옷조차 신경독성물질로 뒤덮을지도 모르는 기업들을 믿을 수 있을까? 영국 기자 조지 몬비오의 말을 빌리자면, 직접 진실을 밝힌다고 한들 기업을 여전히 신뢰할 수 있을까? 물론 대답은 '아니오'다. 역사학자 데이비드 로스너는 말한다. "제품 안전성에 대해 다 괜찮을 거라며 '케어베어스 선언'을 남발하는 선전 기계들을 믿을 수 없게 된 것이 우리가 얻을 수 있는 가장 중요한 교훈이다. 우리는 절대 경계를 늦추지 말아야 하며, 연구, 진술, 정보의 출처에 관한 질문으로 기업에게 설명을 요구할 수 있어야 한다. 보수적인 정치환경―지구온난화가 실재하지 않는다고 믿는 사람들 또는 정부는 문제일뿐 답이 아니라고 생각하는 사람들이 연방정부를 이끄는 트럼프의 미국처럼―에서는 그러기 쉽지 않지만 말이다. 우리는 지속적으로 직능연합회와 로비단체에서 나온 정보와 사상에 맞서야 한다." 보통 비슷한 질문을 탐구하는 책들은 이런 식으로 결론을 내리지만 이 책에서는 그 결론이 출발선이다. 그렇다. 우리는 기업이 우리에게 거짓말을 하고 있다는 걸 익히 알고 있으면서도 계속해서 기업을 신뢰한다. 왜일까?

03

음모가 도사리는 방

만약 당신이 충치라면 당신의 악몽은 크리스틴 컨스의 모습을 하고 있을 것이다. 도자기 같은 피부를 가진 이 젊은 여성은 아마 지구상에서 가장 단호한 치과의사일지도 모른다. 풀타임으로 단호한 태도를 취하기 위해 일을 그만둘 정도니 말이다. 2010년 그녀는 미국 콜로라도주 덴버에 위치한 공공의료원을 떠나 도서관 컴퓨터 앞에 앉은 채 검색엔진의 검색결과에 빠져 하루하루를 보내기 시작했다. 처음에는 단지 돌보는 환자들의 쇠약상태가 걱정되어 간단한 의학적 의문을 해소하기 위해 검색을 한 것뿐이었다. 충치와 제2형 당뇨병—혈중 포도당 농도가 너무 높은 것이 특징인 대사질병—은 공통분모를 갖고 있다. 바로 설탕이다. 하지만 그녀의 근무지를 포함해 진료소에서 배포하는 질병예방정보 안내서의 그 어느 부분에서도 환자에게 설탕 소비를 줄이거나 끊어야 한다는 조언은 찾아볼 수 없었다. 기막힌 일이었다. 이후로 몇달 간 검색에 매진한 끝에 그녀는 마침내 일리노이대학교 자료실에서 희미한 실마리를 찾아냈다. 문서는 319건으로 총 1,551쪽이었다. 수백만 쪽에 달했던 담배문건에 비하면 별거 아니지만 이제부터 「슈가 페이퍼」라고 불릴 문서의 첫 부분을 구성하기엔 충분한 분량이었다.

슈가 페이퍼와 충치 모의

크리스틴 컨스가 막 손에 넣은 문서는 1971년 사망한 유기화학과 교수 로저 애덤스가 일리노이대학교에 유증한 개인자료다. 이 자료는 그가 설탕 산업의 중역들과 나눈 교신 내용, 회의록, 비밀 보고서 등을 포함하고 있다. 애덤스 교수는 대학 활동 외에도 설탕 로비단체가 구성했고, 겉보기에 그럴듯한 명칭을 가진 두 기구와 긴밀한 협력관계를 맺고 있었다. 1959년부터 세상을 떠날 때까지 그는 설탕연구재단The sugar association의 미국과 국제 지부 과학자문위원이었다. 크리스틴 컨스는 타자기로 작성된 문서들이 들어있는 상자를 샅샅이 뒤져 한 이야기를 찾아낸다. 독자들은 아직 책의 초반임에도 불구하고 파리 브레스트*의 마지막 조각을 입에 넣자마자 후회할 때처럼 약간 메스꺼운 기시감을 느끼게 될 것이다.

1966년 미국 공공기관인 NIDR*은 십 년 내에 충치를 완전히 없

---

* 파리 브레스트는 링 모양의 페이스트리 사이에 충전재로 크림을 채워 넣은 프랑스 디저트로 매우 달고 느끼한 것이 특징이다. ─옮긴이 주

앨 수 있는 방안을 파악하기 위해 심도 있는 연구를 시작했다. 당시에도 이미 설탕은 충치를 유발한다는 가혹하지만 피할 수 없는 진실이 사탕수수와 사탕무 기업들의 길을 가로막고 있었다. 그때 마침 여러 연구를 통해 사카로오스 형태의 설탕이 스트렙토코커스 무탄스 _Streptococcus Mutans_ 를 증식시키고, 이 충치균이 치아를 공격하는 산을 생성한다는 사실이 입증됐다. 몇 년 후 학술지 『플로스 메디슨 _PLOS Medicine_』에 게재된 기사에서 크리스틴 컨스는 다음과 같이 서술한다. "과학적 증거가 명확했기 때문에 설탕산업은 더 이상 사카로오스가 충치유발에 미치는 영향을 부정할 수 없었다. 따라서, 설탕산업은 설탕 섭취량을 제한하는 대신, 그로 인해 야기되는 피해를 줄이는 공중보건 조치로 관심을 돌리는 전략을 채택한다." 다시 말해 원인엔 손도 대지 않고 결과에 직접 영향을 미치는 것이다. 예방이 아닌 치료를 하겠다는 말이다. 기업에 있어 전면적으로 '섭취'를, 그러니까 설탕량을 제한하는 건 수익 감소나 다름없기 때문이다.

그래서 설탕업계는 효소를 이용한 치태 줄이기, 이론적으로는 가능한 충치예방백신 개발 등 다양한 연구를 지원했다. 또 다른 전선에서는 충치 공격을 담당하고 있는 NIDR과 쉽게 아이디어를 주고받으면서 서로 유사한 지식을 갖도록 환경을 조성했다. 이렇게 해서 설탕기업들은 NIDR 책임자들, NIDR에서 동원한 대학 및 정부 연구기관 과학자들과 관계를 맺어 그들의 전문성을 이용했다. NIDR이 '충치 테스크포스'를 구성할 때 기업들은 이를 그대로 베낀 전문가 패널을 발족했다. 패널과 테스크포스 구성인원은 한 사람을 제외하고 동일했다. 패널들이 권고사항을 작성하고 NIDR에 제출하면 동일한 사람들이 공공연구소라는 감투를 쓴 상태에서 검토를 한다. 크리스틴 컨스는 1971년에 마침내 채택된 미국의 충치 박멸 사업과 기업 패널들이 작성한 권고사항들을 꼼꼼하게 비교해 보면서 권고사항의 78%가 충치 박멸 사업에 그대로 포함됐다는 걸 확인했다. 불소 배부, 충치균 증식 억제, 설탕의 해로운 영향을 막아줄 식품첨가물 추가 등의 조치들이 포함되면서 섭취량 제한 조치는 공중보건 10개년 계획의 국가 최우선과제에서 빠져나갔다. 크리스틴 컨스는 국가 '충치' 사업에 대해 "충치라는 부담을 획기적으로 줄이는데 실패한 계획으로, 충치는 예방이 가능한 질병임에도 불구하고 여전히 미국 아동 및 청소년에게 가장 많이 나타나는 만성질환으로 남게 됐다"고 결론을 내린다.

전직 치과의사인 그녀가 밝히는 마지막 정보는 그 중요한 의의만큼 흥미진진한 내용을 담고 있다. 담배산업이 설탕산업으로부터 영향력을 행사하는 일부 요령을 이식받은 게 아닌가 하는 생각이 들 정도이다. 1954년 설립 당시, TIRC/CTR는 9년 내내 설탕산업단체인 설탕연구재단에서 '과학 이사'로 일했던 로버트 호켓이라는 사람을 '과학 부이사'로 고용했다. 크리스틴 컨스가 해당 연구의 공저자로 스탠튼 글랜츠를 등재하기로 결심한 건 우연이 아니다. '꽁초 씨'의 문서가 들어있던 작은 소포의 수취인이었던 이 담배 권위자는 미국 샌프란시스코 캘리포니아 대학교에 「시가레트 페이퍼」 데이터베이스를 구축하여 운영하고 있다. 덕분에 크리스틴 컨스는 계속해서 단호한 태도를 취할 수 있게 됐다. 이후 그녀는 '설탕 없는 진실'을 모토로 2014년 11월에 시작된 연구 및 예방 계획, '설탕 과학'을 이끄는 팀에 박사후 연구원으로 소속되어 있다.

지식남용 대본

이렇게 해서 설탕 로비단체는 강대국의 모든 구강위생 최우선 과제들을 십여 년 이상 뒷전으로 밀어냈다. 이 짧은 일화는 여러 분야를 아우르는 매우 교과서적인 케이스다. '충치 모의' 사건으로부터 반세기라는 시간이 흘렀다. 하지만 비교적 짧은 기간 동안 휘몰아친 이 단순 명확한 이야기는 굵직한 사건들을 통해 아무것도 없는 허허벌판에서 공공정책이 방황하도록 기업이 어떤 수를 쓰는지 보여준다. 보통 다음과 같은 요소들이 등장한다.

- 잠재적으로 유해할 수 있는 제품
- 직접 또는 로비단체라는 채널을 통해 활동하거나, 기업 소속이면서 담배산업 연구소 TIRC/CTR처럼 연구활동을 후원하며 '재단', '연구소', '아카데미', '연합', '포럼' 등으로 불리는 조직에 의탁하는 기업
- 네 가지 유형의 과학자: ① 학계 소속으로, 산업으로부터 독립적이며, 일부는 일회성으로 또는 정기적으로 보건기관 또는 국제기구 패널로 활동 ② 학계 소속으로, 산업과 관계를 맺고 있으며, 일부는 일회성으로 또는 정기적으로 보건기관 또는 국제기구 패널로 활동 ③ '기업소속' 과학자들로 기업 내에서 독성학자, 약물학자, 전염병학자로 풀타임 근무 ④ 과학 컨설턴트로 과학 전문 로비사무소에 고용
- 공적자금 지원 또는 기업 후원을 받는 과학연구

• 정책결정기관 및 규제기관 등의 공권력: 장관 집무실, 행정기관, 공공연구기관 및 공중보건 예방기관, 관련제품 규제담당 기구, 국제기관 또는 의원

공중보건 및 환경 문제에 관해 결정을 내리는 과정에는 세 가지 유형의 관계자가 있다. 바로 기업, 과학자, 공권력이다. 이 세 주체가 문제가 제기된 제품을 둘러싸고 역학관계를 형성한다. 기업의 입장에서는 매출액에 영향을 미칠 수 있는 위협에 맞서 반격을 준비하는 것으로, 비슷한 대본이 반복된다.

첫 번째로, 공적자금으로 연구를 수행하기 때문에 산업과 아무런 관계가 없는 학계 과학자가 한 제품을 지목해 노동자, 공동체, 대중, 야생동물, 대기, 하천에 얼마나 해로운지 보여주는 연구를 발표한다. 드물긴 하지만 공공기관 또는 국제기구가 소집한 전문가 패널이 제품에 대해 열람 가능한 연구들을 일일이 검토한 끝에 모든 연구가 유해성이라는 하나의 결론으로 귀결된다는 걸 확인하고 이를 경고하기도 한다.

두 번째 과정은 다음과 같다. 기업이 당국의 반응을 예측하고 자사 제품의 혐의를 벗기기 위한 설계를 한다. 직접적으로 또는 '연구 위원회' 형식의 조직을 통하여 제품의 유해성을 입증한 연구업적을 과소평가하고, 반박하고, 폄하하고 심지어 때로는 연구저자를 비방하는 연구 및 비평에 자금을 댄다. 계획을 실행하는 건 전문 로비사무소에 고용된 과학 컨설턴트, 학계 과학자 또는 기업 소속과 학계 과학자 혼합 팀으로 다양한 조합이 가능하다. 그 이후 지식생산물이 제대로 된 학술논문 형태로 학술지에 발표된다. 학술지는 신뢰에 대한 보증수표다. 제품의 유

해성을 둘러싸고 인공적으로 만든 웅성거림은 과학자들 사이에서도 합의가 이뤄지지 않고 있다는 인상을 준다. 논란 공장이 풀가동되고 있는 사이 정책결정자들의 대응은 늦어진다.

때때로 공권력은 한참이 지난 후에야 구체적으로 어떻게 제품을 제재할지 계획한다. 규제방안으로 사용제한 또는 시장퇴출이 거론된다. 또는 대중을 대상으로 예방 및 교육프로그램을 시행하기도 한다. 임산부에게 음주를 자제하도록 권장하거나 개개인이 설탕 섭취를 줄이도록 권고하는 방식을 예로 들 수 있겠다. 금지 조치가 내려지는 경우, 대상 제품을 판매하는 기업은 매출액에 막대한 타격을 입을 수 있다. 그러므로 기업은 논쟁을 만들기 위한 연구에 계속해서 자금을 대는 일 외에도 자체적으로 만들어낸 정보가 우선적으로 공직자에게 도달했는지, 직접 수행한 연구가 가장 먼저 의사결정 과정에 스며들었는지 확인해야만 한다. NIDR과 안정적인 관계를 구축한 설탕 로비단체의 예와 마찬가지로 기업과 과학계, 기업과 정책결정자의 원활한 관계가 필수 조건이다. 따라서 전문적이고 지적이며 동시에 인간적인 친밀감을 형성하는 것이 작전의 성공에 있어 핵심 전략요소 중 하나이며, 과학계의 지식과 규칙을 완벽하게 숙지하는 것 또한 중요하다.

케어 베어스 나라의 과학

영리 추구를 위해 과학을 도구로 전락시킨 거대 계획을 탐구하러 더 멀리 떠나기 전에 그래도 과학이 어떻게 기능하는지 정도는 이해해야만 한다. 일반 대중만 모르고 있는 것은 절대 아니다. 당신은 아마 과학적 소양 부족이 정계에 매우 만연한 현상이라는 걸 알고 놀랄 수도 있다. 전화교환원, 화가 또는 목수는 학술지의 역할에 그다지 익숙하지 않을 수 있다. 하지만 국회의원, 장관 또는 유럽 위원 비서실장이 이에 대해 모른다면, 그건 문제다. 많은 이들이 권위 있는 학술지와 그보다 덜 권위 있는 학술지가 있다는 차이를 아는 데 그친다. 이 정도로는 한 주제에 정통한 의견을 갖기에 충분치 않다. 과학적 소양 부족의 이유를 다 쓰려면 책 한 권 분량이 다 필요할 정도다. 물론 전문 행정기관, 규제, 보건 및 환경기관 공무원들은 이 문제와 무관하다. 하지만 이들은 공적자금이 투입된 학계 과학자들의 연구와 해당 연구에서 문제시됐던 기업이 자금을 대고 그들의 컨설턴트가 작성한 비평을 동일시한다. 비교적 탄탄한 과학 교육을 받았고 학위까지 소지하고 있지만 말이다. 이 문제에 대해서는 후에 다시 얘기해보자.

과학적 소양 부족보다 훨씬 더 널리 퍼져 모든 계층의 사람들에게 영향을 미치는 잘못된 생각이 있다. 바로, 과학을 덮어놓고 좋게만 평가하는 것이다. 객관성 보호지역과 진실의 방목지 사이에 위치한 영토는 마치 동화 또는 톨킨의 펜 끝에서만 존재할 수 있을 것 같은 곳으로, 이 '과학 샤이어*'에는 순수한 영혼처럼 티 하나 없는 옷을 입은 박식한 호빗 종족이 살며 그들은 모든 종류의 문화적, 이데올로기적, 개인적 타락에 오염되지 않은 객관적 지식의 생산자다. 이와 같은 과학에 대한 무조건적인 신뢰는 미디어가 수많은 클리셰를 뒤집어 씌워 키운

---

* 『반지의 제왕』과 『호빗』에 등장하는 '가운데 땅' 구역으로, 호빗들이 모여 사는 곳이다.

결과다. 인터뷰를 위한 촬영에서 실험실을 배경으로 과학자처럼 보이는 복장을 입어달라는 요구를 받아본 적 없는 과학자가 있을까. 하지만 대다수는 컴퓨터 앞에 앉아 연구를 지휘하고, 프로젝트를 조정하고, 자금지원 요청에 필요한 서류들을 작성하고 모두와 마찬가지로 주고받은 이메일을 관리하며 저주를 퍼붓는 데 대부분의 시간을 보낸다. 사람들은 '박사님'이라고 불리는 사람들을 훨씬 잘 믿으니까. 이것은 기자들의 잘못이기도 하다.

근사치, 클리셰 그리고 환상으로부터 해방된 과학은 말하자면 앎의 생산 과정이자 지식 구축의 과정이라 할 수 있다. 이 과정은 경계가 정해져있고, 표준화되어 있으며, 자기통제와 집단제어라는 개념 주변에서 확립된다. 이는 오랜 기간이 걸리는 전 지구적 규모의 공동 작업이다. 주어진 인구를 대상으로 농약의 유독성을 규명하고, 해수온도의 변화를 측정하고, 자폐증과 갑상선암의 원인을 판별하는 등 연구의 목적이 무엇이든 간에 기본 시나리오는 대략적으로 항상 동일하다. 과학자는 스스로에게 질문을 제기하고 작업가설을 세운다. 프로토콜을 작성하고 이를 준수해 연구를 추진한다. 현상을 관찰하여 생산된 데이터를 한데 모아 이를 분석하고 해석한다. 마지막으로 데이터, 분석 내용, 결론을 유기적으로 구성하여 논문을 작성한 다음 학술지에 제출한다. 원고를 게재할 학술지는 연구 주제 및 결과의 중요도에 따라 선택한다. 학술지 심사위원회는 해당분야의 전문가이면서 자발적으로 지원한 과학자들로 구성되며, 내부에서 심사자를 지정하는데, 보통은 두 명을 지명해 연구 작업물의 품질을 평가한다. 바로 동료심사라고 부르는 것으로, 이 원칙은 17세기 즈음부터 존재해왔다. 연구저자는 동료의 지적 또는 제안에 따라 필요한 경우 내용을 수정한다. 논문이 학술지에 실리는 순간부터 그 논문은 학술문헌에 속하게 된다.

이후부터는 학술논문으로서 삶을 이어나간다. 즉 다른 과학자들이 해당 논문을 추가로 검토한다. 일부는 비판하고, 확인하고, 데이터를 추가해 해당 논문이 게재됐던 학술지나 아니면 다른 학술지에 자신의 논문을 실을 테고, 다른 일부는 동일한 연구를 되풀이하여 결과를 확인해 보려 할 것이다. 실제로 실험의 '재현성'은 과학의 주요 원리 중 하나다. 한 과학자가 특정한 결과를 얻는다면, 다른 과학자도 동일한 프로토콜을 사용한 경우 같은 결과에 이를 수 있어야만 한다. 이처럼 과학 결과의 막등성은 모든 길이 실제로 로마로 통해야만 인정된다. 지식을 구축하는 데는 사실확인과 오류 검증이 끊임없이 되풀이되며, 과학계가 연구를 이어가기 위해서는 이때 사용된 프로토콜과 방법론 그리고 데이터를 투명하고 철저하게 공개해야만 한다. 또한, 더욱 확실한 결과를 얻기 위한 목적에서 여러 연구의 데이터와 결과를 조합하는 체계적 문헌고찰 연구*와 '메타 분석**'에 논문이 포함되기도 한다. 아니면 공공기관이 소집한 전문가 패널 보고서 내용에 들어갈 수도 있다. 지금까지 늘 일정하게 반복되는 과학 절차가 투명성과 건설적인 비평이라는 두 물결에 흔들리면서도 앞으로 나아가는 과정을 대략적으로 훑어봤다.

그러나 이러한 규칙으로 앎이 생산되는 과정에서 무결성이 충분

---

* 출판 여부와 상관없이 해당 주제에 관한 기존의 연구 자료를 수집하여 철저히 검토하는 연구 방식.

** 체계적 문헌고찰 과정에 포함되는 통계적 절차로, 개별연구의 결과를 종합하는 양적 연구 방법.

히 보장된다고 믿는 것은 순진한 생각일 수 있다. 심지어 토마스 맥개리티와 텍사스대학교의 법학 교수인 웬디 와그너는 '케어 베어스*'적 관점이라고 평가할지도 모른다. 즉, 구체화 단계에 있는 학술연구를 완성하고 다듬는 과정에 사법적, 규제적, 정치적 논쟁의 판이 벌어지고, 경제적 또는 이데올로기적 이해관계를 갖고 있는 외부인이 끼어들어 결과를 오염시킬 가능성을 고려하지 않는다고 말이다. 둘은 『과학 왜곡Bending Science』에서 위와 같은 관점을 "엄격한 동료심사와 업계 규제를 통과한다면 과학계가 보증수표를 찍어준다고 가정하는 것"이라고 주장한다. 그렇게 해서 "일련의 과성을 거친 과학연구는 믿을 수 있고, 대체적으로 후원업체의 경제 및 이데올로기적 영향을 받지 않는 것"으로 여겨진다.

하지만 과학 지식이 발전하는 곳은 현실이지 일상의 저속함에 물들지 않고 정치 및 상업적 이해관계가 침투할 수 없는 다른 차원의 세계가 아니다. 담배, 설탕 그리고 소시지 기업 등 일부 '외부인'들이 과학 절차에 은근슬쩍 비집고 들어가 그들의 입맛에 맞게 방향을 바꾸는 기술에 도가 텄다는 것이 그 증거다. 미국 역사학자 데이비드 로스너는 다음과 같이 경고한다. "후원을 받은 과학은 언제나 수상하기에 우리는 그 과학을 누가 만들고, 누가 돈을 대는지 알고 있어야만 한다. 또한 기업이 만들어낸 과학과 과학적 의견의 비율이 어느 정도인지 더욱 정밀하게 측정해야 한다. 기업의 이해관계가 모여 만들어진 거대한 결합이 현재 동료심사 시스템을 파괴하고, 우리가 두 눈을 뜨고 있음에도 불구하고 환경오염과 지구온난화 그리고 비슷한 주제와 관한 의혹을 만들어내고 있다."

---

* 케어 베어스는 미국에서 제작된 알록달록한 색을 가진 여러 마리의 곰 캐릭터다. 이 책에서는 행복한 일들만 가득한 순진한 동화의 나라, 즉 유토피아를 지칭하는 표현으로 쓰인다.

실험실 관리의
좋은 기준과 나쁜 기준

    과학 지식을 생산하는 파노라마는 아직 한참 미완성이다. 또 다른 형태의 과학은 기업인들의 손에 다 넘어가버렸다. 규제당국과의 협력관계를 통해 만들어진 과학은 관용적 표현에 따라 '규제 과학'이라고 불리며 앞에서 묘사됐던 학술과학과 구분된다. 일반적으로, 시장판매허가 또는 제품 승인을 받거나 두 절차를 모두 갱신하기 위해, 아니면 당국의 구체적인 요구에 부응하기 위해 기업이 공식적인 단계를 거쳐 제출해야만 하는 연구를 말한다.

    의약품이나 건강제품의 경우 임상시험의 형태를 취하며, 환자에게 효능이 나타나거나 뚜렷한 부작용이 나타나지 않는다는 걸 증명해야만 한다. 여러 단계로 수행되는 임상시험은 제약연구소에서 외부에 의뢰를 맡기는 게 관례다. 따라서 의료업계에 종사하는 의사 또는 임상시험 수탁기관, 즉 'CRO Contract Research Organization'와 협업으로 진행된다. 임상시험 데이터는 제약업체가 의약제품 평가를 담당하는 기관에 보내는 'AMM 신청서류' 중 큰 부분을 차지한다. 유럽연합의 경우 EMA◆와 각 회원국의 국가기관에서 서류 평가를 맡으며, 미국에서는 식의약품 연방정부기관인 FDA◆가 담당한다.

    농약이나 대부분의 화학물질도 마찬가지다. 정부 당국은 기업에게 노동자, 국민 또는 환경이 화학물질에 노출됐을 때 아무런 위험이 없다는 걸 연구로 증명해달라고 요청한다. 이 연구 및 데이터는 승인요청 자료에 포함되거나 이미 시장에 출시된 제품을 재검사할 때 쓰인다. 제품 위험성에 경고등이 켜졌거나 인증허가서 갱신을 요청했을 때 불시에 이런 요구가 있을 수 있다. 예를 들면 유럽연합법은 농약 제조업체가 15년마다 활성성분별로 허가를 갱신해야 한다고 명시하고 있다. 유럽의 경우, EFSA◆, ECHA◆, 그리고 때때로 과학전문위원회가 권한을 갖고 있다. 미국의 관할당국은 EPA 또는 앞서 언급됐던 FDA다.

  사람을 대상으로 하는 임상시험 외에도 시험관 세포실험, 실험용 동물 생체실험 그리고 때로는 컴퓨터 시뮬레이션을 이용한 가상실험도 실시한다. 일련의 실험을 통해 물질이 피부나 눈에 자극적인지, 얼마만큼 복용하면 숨을 쉴 겨를도 없이 돌연사를 유발하는 급성독성을 일으키는지, 장기간 동안 질병을 앓게 하거나 서서히 죽음에 이르게 하는 만성독성이 나타나는지, 발암물질인지, 생식기능에 독성을 미치는지, 태아에게 유해한지 알 수 있게 된다. 전부 현행법상 요구되는 사항이다. 이러한 연구는 기업 내부에서 수행되거나 정식으로 권한을 부여받은 외부 실험실에 맡겨지며, 발주처와 재원은 언제나 기업이다. 각 연구는 매우 명확한 기준을 준수해야만 한다. 예를 들면 OECD◆가 정한 국제가이드라인과 '우수실험실관리기준GLP, Good Laboratory Practices'이라는 명칭으로 묶인 지침들 말이다.

  하지만 섣부른 판단은 금물이다. GLP는 대상 물질의 무독성을 보장해주지 않는다. 잘 모르는 사람에게는 이상하게 보일 수 있겠지만 이 기준은 그런 목적으로 만들어진 게 아니다. GLP는 오히려 일종의 품질보증서로, 절차적 표준에 따라 실험이 이뤄졌다는 사실을 보장한다. 규범에는 다양한 가이드라인이 포함되어 있으며 내용은 수천 쪽에 달한다. 실험실 내 위생에서부터 근무자들의 지휘계통, 실험에 사용될 설치류 종과 제공할 사료, 실험 기간과 테스트할 물질의 투약방법까지 가장 사소한 내용을 극도로 자세하게 명시하고 있다. 예를 들어 실험용 동물 우리 관리에 관한 GLP 1번문서가 요구하는 내용은 다음과 같다. "사육장 또는 시험계* 용기들은 사용 중에도 적절한 간격을 두고 세척 및 멸균되어야만 한다. 시험계와 접촉한 모든 기기에는 연구에 영향을 미칠 수 있는 농도의 오염물질이 남아있으면 안 된다. 사육장 패드는 우수 사육 기준에 명시된 지시사항에 따라 교체해줘야만 한다." 또 다른 예로, 116번문서는 물질의 만성 독성과 발암성을 입증해야 하는 연구를 수행할 때 준수해야 하는 절차들을 자세하게 설명하고 있다. 피부노출 실험의 경우에는 일정량이 래트 또는 마우스의 10%에 해당하는 신체 면적에 적어도 하루에 6시간 이상, 일주일에 7일 비율로 24개월 동안 도포되어야 한다. 실험을 성공적으로 완료하기 위해서는 실험실 연구원들이 이 절차를 반복적으로 수행해야 한다. 하지만 이러한 방식은 '연구'라고 부를 수는 없다. 이러한 방식대로라면 연구자가 참신한 문제를 탐구하고 무한한 창의성을 발휘해 답을 찾으려고 노력한다는 건 있을 수 없는 일이다. 그들은 그저 24개월 동안 매일 하루에 6시간씩 2, 6, 12밀리그램을 도포했을 뿐이다.

'GLP'가 세계적으로 실시된 건 1980년 초로, 끔찍한 관행을 종식시키기 위해 만든 조치였다. 1976년 4월, 미국 FDA 소속 검사관들이 상상을 초월하는 규모의 사기행각을 적발했다. FDA는 일반적으로 생각하

---

* 시험계란 시험에 이용되는 동식물 및 미생물 그리고 물리적, 화학적 매체 또는 이들의 구성 성분으로 이루어진 것을 가리킨다. 「만성흡입독성 시험시설 증축 및 설비관련 검증 연구」, 한국산업안전보건공단, 2014년. — 옮긴이 주

는 행정기관의 규모를 뛰어넘은 공룡부처다. 많은 기업들이 당시 가장 평판이 좋은 외부업체에 유독성 실험을 맡겼다. 미국 일리노이주 노스 브룩에 위치한 민간시험기관 IBT는 자그마치 2만 2천 건의 독성실험을 수행한 전력이 있었다. 방문검사 때, FDA검사관들은 마스크를 착용하고서야 IBT 창고에 들어갈 수 있었다. 그곳은 습기와 숨 막힐듯한 악취가 가득했고 수천 마리의 실험용 동물들이 죽어가고 있었다. 설치류의 신에게 버려진 이 장소에는 곧바로 '늪'이라는 별명이 붙었다. 한참을 아연실색한 검사관들은 결국 연구원들의 일지에 반복적으로 등장했던 'TBD'라는 약어가 'Too badly decomposed너무 심하게 부패된'이라는 의미임을 이해하게 됐다. 작은 사육장에서 고통 속에 짧은 생을 마친 셀 수 없이 많은 래트와 마우스는 어떤 데이터도 추출할 수 없을 정도로 '너무나 심하게 부패'된 상태였다. 실험이 끝나기도 전에 많은 생명체들이 숨을 거둔 상태였고 관찰 내용의 대부분이 그저 지어낸 것이었다.

2년 동안의 연방수사, 세상을 떠들썩하게 만든 소송, 전 세계를 몸서리치게 한 잔인함, 유죄선고를 받고 수감된 경영진. 2018년을 기준으로, 60세 이상의 독성학자라면 이 끔찍한 사건을 기억하고 있을 것이다. IBT에서 수행한, 아니 오히려 수행하지 않았다고 해야 맞는 실험을 바탕으로 몬산토의 PCB 중에서도 강력한 독성을 지닌 아르클로르를 포함한 수백 가지의 화학물질과 무려 200여 종의 살충제가 미국과 캐나다에서 승인됐다. 당시 사건을 면밀하게 취재했던 『사이언스』지에 의하면 이 제품들의 초기 승인절차의 일환으로 제출된 1,205편의 핵심 연구 중 단 214편만 연구로서의 가치가 있었고 737편은 그렇지 못했다. 연구를 다시 해야 했다. 적어도 그렇게 할 줄 알았다. 기업들이 어느 정도까지 IBT

의 소행을 인지하고 파악 중이었는지는 소송에서 규명되지 않았다.

특례 과학 조직

이 스캔들 이후, 미국 국회에서 나온 발의를 기점으로 OECD는 신뢰를 회복하고 관행의 범위를 제한해 과오가 되풀이되지 않도록 엄격한 규칙을 제정했다. 'GLP'는 1981년부터 실질적 효력을 발휘하게 된다. OECD는 서문의 첫 문단부터 다음과 같이 설명하고 있다. "이 법률의 기본 원칙 중 하나는 충분히 수준 높고, 엄격하며, 재현 가능한 안전성시험 데이터를 근거로 화학물질을 평가해야 한다는 것이다." 이처럼 OECD는 GLP에 부합하는 연구의 품질은 과학의 주요 원칙인 결과의 재현성에 달려있다고 판단한다. 이 부분이 커다란 모순이다. 이미 살펴봤듯이 재현성 원칙은 연구의 방법론, 프로토콜, 완벽한 데이터 공개가 기본 전제여야 한다. 관찰한 내용 하나하나, 래트 한 마리까지 투명하게 밝혀져야 한다. 어느 것도 숨기지 않아야 다른 이들이 연구를 재현해서 결과를 확인하고, 오류나 이상 현상을 발견하여 결론을 반박할 수 있다. 그런데 기업이 수행한 연구 데이터에 'GLP에 부합' 도장이 찍혀 있어봤자, 기업 비밀이라는 명목으로 보호받고 있기 때문에 대중이나 과학계는 이 데이터에 접근하지 못한다. 일부 데이터가 학술지에 게재될 때는 일부분 또는 요약 형식으로만 공개된다. 데이터 제출 대상인 보건환경 기관 전문가들을 제외하면, 그 누구도 전체를 온전히 파악할 수 없다.

또한 GLP에 따라 수행하는 실험에는 막대한 비용이 든다. 한 실험당 최소 100만 유로 정도다. 일부 플라스틱에 들어있는 성분인 비스페놀A와 같은 물질의 발암성 다세대 연구비용만 2,500만 유로에 달할 수도 있다. 물론 GLP 프로토콜은 OECD 웹사이트에서 얼마든지 열람할 수 있다. 하지만 실제로 이를 수행할 만한 재력을 갖고 있는 건 오직 기업뿐이다.

여기에 윤리적 문제까지 더해진다. 바로 어마어마한 수의 동물들이 희생된다는 것이다. 표본의 규모가 클수록 실험으로 관찰된 내용과 통계가 정확해진다. 그렇기 때문에 물질을 투여할 때마다 약 스무 마리의 개체가 포함된 동물군이 필요하다. 예를 들어 2002년 발표된 비스페놀A의 생식독성 측정연구를 위해 자그마치 래트 8천 마리가 죽임을 당했다. 이런 실험에 이용되는 스프라그 다울리는 번식능력으로 유명한 래트 종으로, 무게, 연령, 성별에 따라 개체당 약 12~80유로에 팔린다. 임신 중이거나 새끼가 딸린 암컷도 판매하지만 훨씬 더 비싸다(암컷과 새끼 합쳐서 100~150유로에 판매된다). 백 마리 이상 주문하는 경우에만 할인폭이 커진다. 따라서 비용이 급상승할 수 있으며 대학소속 연구원들의 연구비로는 감당이 안 되는 수준에 이른다.

다시 말하면, 기업이 자금을 대고 GLP에 따라 수행된 연구는 누구도 독자적으로 재현할 수 없다. 또 다른 주요 과학 원칙인 동료심사를 하지 않는 것도 문제다. 그 결과 외부에서 어떤 확인도 제대로 이뤄지지 않는다. 그런데 농화학기업이 과연 행정부에 자사 농약을 부정적으로 소개하려고 할까? 제약 연구소에서 건강에 미치는 효능보다 부작용 위험이 명백히 더 큰 의약품을 판매하기 위해 신청서를 제출할 일이 있을까? 둘 다 상상하기 어렵다. 의약품, 농약, 화학물질, 식품첨가물 또는 사료용 재료. 과거의 일을 비춰보면 믿을만한 구석이 없는 데다, 보건 및 환경 문제 또한 심각한 수준에 이르렀지만 당국은 여전히 가장 핵심적인 과학규칙과 규범 중 일부를 무시한 데이터를 토대로 의사결정을 내리고 있다. 하지만 유용하고, 기능이 있으며, 제품을 좋은 이미지로 소개한다는 목적이 있는 '규제과학'의 진정한 본성은 뭘까? 당국에 연구와 제반서류를 제출하는 이유는 제품을 승인받고, 무독성을 증명하며, 계속 판매를 하기 위함이고, 유해하다는 비난에 맞서 기관 때로는 법원에 제품을 옹호하려는 것이다. 목적을 달성하고 경제활동을 통해 이익을 얻으려면—이게 상업의 원리 자체 아닌가?—모든 운을 다 끌어와야만 하기 때문에 기업들은 지식 구축에 이바지하는 것에 전혀 관심이 없다. 다수의 경우, 오히려 지식을 파괴하는 데 애를 쓴다. 요컨대 산업적 규모로 무지를 생산해내고 있는 것이다.

'규제과학'과 '후원과학'. 시장판매허가를 위한 비공개 제반서류와 의혹을 고착시키기 위해 쓰인 논문. 경제 주체들이 직접 생산해낸 연구 결과에 관심을 기울이는 건 결국 금전적인 이유 때문이다. 그렇다면 '과학'에 더 이상 무슨 의미가 있을까? 승인을 받기 위해 데이터를 만들어내는 걸 과학이라 부를 수 있을까? 결과가 미리 정해져 있는 연구도 과학이라고 할 수 있을까? 자신의 사업을 위협한다는 이유로 과학자들을 깎아내리는 학술논문을 후원하는데도 여전히 과학이라고 해야 하는 걸까? 상업적 이해관계의 냄새를 풍기는 이 문제에 어떤 이름을 붙이면 좋을까 생각해 보는 것이 무의미한 일만은 아니다. 과학의 일부 기본원칙에 어긋나고 이익을 근거로 하는 증거들을 만들어내는 이상, '특례 과학'이라고 이름 붙여 완전히 구별해야 할 것이다.

04

대안적 과학사실 워크숍

"학계에서 만든 데이터는 우리 제품을 방어하는 데 늘 큰 골칫거리네요." 2001년 4월에 쓰인 이 글의 필자는 윌리엄 헤이덴스다. 2018년 몬산토의 제품안전성평가 전략책임자인 '빌' 헤이덴스는 당시에도 독성학 및 인체위해성 평가를 담당하는 요직을 맡고 있었다. 솔직해서 당황스러운 그의 글은 「몬산토 페이퍼」에 담겨있던 주요 문장들 중 하나다. 「몬산토 페이퍼」란 수천 건에 달하는 몬산토의 비공개 문서들로, 농화학기업인 몬산토와 베스트셀러 제품 '라운드업'의 활성성분인 글리포세이트를 대상으로 제기된 소송에 따라 미국 법원에 의해 2017년 3월부터 공개되기 시작했다. 앞서 언급된 헤이덴스의 소회는 그가 보낸 내부용 이메일에서 발췌한 내용으로, 당시 그는 신경이 곤두선 상태였다. 바로 직전에 한 영국 과학자가 제초제 성분인 프로파클로르 샘플을 요청하며 해당 성분이 유전자 독성을 나타내는지, 즉 DNA를 손상할 위험이 있는지 실험을 진행할 예정이라고 이메일을 보내왔기 때문이다. 독성학 팀을 이끌고 있던 헤이덴스가 동료들에게 깊은 고민을 털어놨던 이유다. 그는 이메일에서 우선 패리 교수가 뭘 하려는지 알아야 한다고 지시하기도 했다. 과학 지식을 자체적으로 생산해 완벽히 제어하는 것이야말로 위험제품 제조업체들의 진정한 꿈이다. 그들의 불행은 다량의 데이터가 그들의 힘이 미치지 않는 곳에서 '생산'되어 농약, 탄산음료, 플라스틱 가공제 또는 용매의 끔찍한 영향을 낱낱이 파헤치는 것이다. 이제 이 데이터가 반박되고, 비판받고, 무력화되고, 공격당하고, 물어뜯겨 신뢰를 잃게 될 일만 남았다. 즉, 사회학자들의 말처럼 기업들은 '불편한 진실'의 확산을 막으려 들 것이다.

오버스펙 용병
드림팀

기업은 끊임없이 저지선을 구축하고 교란작전을 펼치기 위해 주로 과학 컨설턴트들이 모여 있는 전문 사령탑, 즉 제품방어사무소의 힘을 빌리곤 한다. 이 독특한 활동 영역의 선구자는 힐 앤드 놀튼이라는 PR대행사로, 설립자 존 힐튼은 모든 유해기업의 도구상자가 된 의혹 공장 전략을 처음으로 만들어낸 사람이다. 담배산업 이후, 존 힐은 납이나 염화바이닐 혹은 석면처럼 규제의 낌새가 보이는 다른 물질의 변호 의뢰를 맡게 되어 1966년 '과학기술규제센터'를 창설했다. 힐 앤드 놀튼을 필두로 제품방어사업이 번창함과 동시에 미국에서 주요 환경규제가 생겨났으며, 이를 실행하고 감독할 연방조직 및 기구들 또한 모습을 드러냈다. 리처드 닉슨 정권인 1970년대 내내 위와 같은 기관들이 설립됐다. 특히, EPA는 대기, 식수, 하천환경 및 독성물질을 맡았고 OSHA*는 노동부 산하기관으로 노동자의 독성물질 노출문제를 담당했다.

과학, PR 그리고 로비활동을 한데 모아놓고 돈벌이로 이용한 사무소 중에는 1967년 설립된 엑스포넌트Exponent, 1982년 설립 후 2015년 덴마크 그룹 람볼Ramboll사에 합병된 인바이런Environ, 1983년 설립된 더 와인버그 그룹The Weinberg Group, 2010년 인터텍Intertek에 인수합병된 캔톡스Cantox, 1985년 설립되었으며 현재 카드노 켐리스크Cardno ChemRisk로 개명한 켐리스크, 1985년 설립된 그래디언트Gradient가 있다. '가장 순도 높은' 업체들이다. 또한 엄밀하게 말해 제품방어사무소라고 규정하기에는 너무 다양한 활동을 하고 있는 업체들도 존재한다. 과학사건전문 변호사사무소 켈러 앤드 해크먼이 그 예이다. 대중은 잘 모르는 이 초전문적인 사무소들의 특징은 사무소 직원 대부분이 전염병학자든, 통계학자든, 독성학자든 아니면 공학전문가든 박사학위 소지자 또는 과학분야 교수 자격이 있는 컨설턴트라는 것이다. 과학을 만들기 위해서는 하얀 가운을 입는 것 이상의 노력이 필요하다. 그러기 위해서는 과학자들이 있어야 한다.

그래디언트에는 '금속, 위해성 평가, 독성학, 신경독성학, 산업위생' 전문 독성학자들과 '위해성 평가, 전염병학, 생물통계학, 영양, 암 병리학' 분야 '수석' 전염병학자들이 있다. 엑스포넌트는 이런 사무소들 중 가장 규모가 큰 사업체로 절반은 의학 학사학위, 나머지 절반은 박사학위 소지자인 소속 인력 약 1천 명이 90개 분야를 망라한다고 자부한다. 또한 상장기업으로, 매출은 2016년 2억 6,500만 유로에 달했다. 규제의 욕망이 세계로 퍼져나가면서 일부 사무소의 경우 해외 지사를 설립했다.

일례로, 더 와인버그 그룹은 1980년대 말 필립모리스를 도와 영향력을 행사하기 위해 유럽연합법 제정의 허브인 브뤼셀에 자리를 잡았다. 엑스포넌트는 미국에 20개, 유럽에 4개, 아시아에 2개 지사를 운영하고 있다. 담배, 석면, 농약, 벤젠, 납, 설탕을 포함하여 이러한 사무소들이 방어하는 제품 목록은 매우 길다. 그렇다면 고객은? 필립 모리스와 존스맨빌, 다우와 몬산토, 듀폰과 코카콜라 등 대기업이다. 뿐만 아니라 살충제 및 생물공학 분야의 크롭라이프CropLife, 석유 및 석유화학 분야의 미국석유협회, 육류 분야의 북미육류협회 등 분야별로 기업로비단체 또한 포함된다.

제품방어사무소가 활동 및 서비스 범위를 보편적이고 모호하게 정의했기 때문에 누구든 쉽게 속을 수 있다. 그래디언트의 인터넷 사이트에는 다음과 같은 소개가 올라와 있다. "1985년 이래로 그래디언트사는 건전과학을 이용해 국내 및 해외에서 고객들이 환경과 보건에 관한 복잡한 문제를 해결하는 데 도움을 주고 있다. 우리 과학자는 국내에서 인정받은 전문가들로 과학적 해결책을 찾기 위해 지식 발전에 적극적으로 이바지한다." 카드노 켐리스크의 경우, 의뢰받았던 계약서 몇 건을 홍보 목적으로 자사 사이트에 공개해놨다. 그중에서도 눈에 띄는 건 '육가 크롬에 노출된 노동자의 폐암 사망률'에 대한 전염병학 연구다. 해당 연구는 만일 육가 크롬과 노동자의 질병 사이에 '인과관계가 있다면 관련 문제를 해결'하길 바라는 제조업체들이 자본을 댔고, 카드노 켐리스크가 수행했으며, OSHA가 미국에서 시행 중인 노출 제한기준을 계산하는 데 쓰였다.

카드노 켐리스크는 주로 위와 같은 방식으로 상황을 풀어나간다. 하지만 그들의 주장과 현실은 굉장히 동떨어져 있다. 데이비드 마이클스는 "상황은 명확합니다. 크롬 산업은 폐에 치명적인 발암물질인 크롬을 규제하려는 OSHA의 계획을 막거나 늦추기 위해 이를 방어할 과학자들을 고용한 겁니다. 그 목적은 낮은 노출 수준에서도 발암 위험성이 존재하냐는 의문에 혼란의 씨앗을 뿌리는 것이었죠. 이 과학자들은 혼란을 만드는 데 성공했지만, 다른 과학자들이 훨씬 더 설득력 있는 연구를 내놨고 낮은 노출수준에서도 위험성이 증가한다는 걸 증명했죠. 그러자 OSHA는 산업이 바라던 것보다 훨씬 엄격한 기준을 제정했습니다"라고 이야기했다.

2017년부터 조지워싱턴대학교 밀켄연구소 공중보건대학 교수로 재직 중인 전염병학자 데이비드 마이클스는 수년 동안 이런 유형의 컨설턴트들과 최전방에서 대치했다. 그가 바로 2009년부터 2017년까지 OSHA를 이끈 사람이었기 때문이다. 의뢰를 받아 움직이는 컨설턴트들의 수법을 모두 간파하고 있는 그는 '제품방어사무소', '의혹 공장'이라는 표현을 만들어낸 장본인이자 앞서 봤듯이 이를 주제로 한 주요 서적인 『청부과학』의 저자이기도 하다. 그는 책에서 한 챕터를 통째로 할애하여 OSHA의 규제 도입이 피할 수 없는 시대의 흐름이라는 걸 인지한 크롬 제조업체들이 '크롬 연합'이라는 깃발 아래 결속하여 도입 시기를 늦추기 위해 부린 술책을 묘사한다. 크롬은 가죽을 손질하고 밸브류, 향수병 및 립스틱용기 뚜껑 등 금속물체에 '크롬 도금'을 입히는 데 쓰이는 독성이 강한 물질로 용접 작업 때 배출되기도 한다. 육가 크롬의 유해한 영향이 처음 알려지게 된 건 19세기 말로 거슬러 올라가지만 육가 크롬에 노출된 노동자들의 높은 폐암 사망률을 밝힌 연구가 최초로 발표된 건 1950년대 초반이었다. 그럼에도 불구하고 OSHA는 2006년이 되어서야 제한기준을 정했다. 데이비드 마이클스의 설명으로는, 이렇게까지 지체된 건 '크롬 연합'이 자금을 지원한 켐리스크와 엑스포넌트의 공이 컸다. 그는 1996년에서 2006년 사이 적어도 18편의 연구와 보고서가 발표되었으나, "모든 연구가 육가 크롬 노출로 인해 야기된 질병의 위험성을 최소화하고 있다"고 설명한다.

　예전에는 이 사무소들이 어떤 활동을 하는지 더욱 상세하게 알 수 있었다. 1998년 12월, 더 와인버그 그룹은 자사 홈페이지에 다음과 같은 목표를 발표했다. "과학에 근거한 상업적 쟁점과 위기를 해결해 고객들의 사업 가치 인상. […] 우리 전문가들은 객관적 과학을 이용해 기업이 생산 공정을 향상시키고, 규제라는 난관을 뛰어넘고, 법원이나 대중매체에서 자사 제품을 방어할 수 있게 도와드립니다." 더 와인버그 그룹은 '과학 지성이 고객 여러분의 사업을 지켜드립니다 Science minds over business matters'라는 슬로건을 내건 해인 2001년에 "새롭게 부상하는 수많은 문제들이 귀사의 사업에 위협이 될 가능성이 있으므로, 적극적으로 나설 것"을 약속하며 '일반제품 및 화학물질 방어' 분야에 서비스를 제안한다. 그중 한 예가 내분비계 교란물질이다. 그들은 "산업을 위해 대변인 역할을 수행했고, 고객을 도와 문제에 대응하기 위한 상업 전략들을 개발했으며, 해당 물질이 야기할 수 있는 위협을 평가하기 위해 '사전주의의 원칙'보다는 건전과학과 위해성 평가를 장려하기 위해 애썼다."

2016년 캘리포니아대학교의 '담배 마스터' 스탠튼 글랜츠는 동료인 데이비드 마이클스에게 다음과 같이 말했다.

"이 사람들은 과학자가 아닙니다. 이들은 어쩌다 과학계에서 학위를 딴 마케팅 전문가죠. 이 사람들은 고객이 원하는 결과를 만들어 먹고 사는데, 그건 과학이라고 할 수 없죠."

이에 데이비드 마이클스가 덧붙여 말했다.

"제대로 된 정의네요. 과학자들은 세상이 어떻게 작동하는지 이해하려고 애쓰죠. 제품방어 과학자들은 과학프로젝트에 힘을 보태지 않아요. 왜냐하면 연구를 수행하면서 과학으로 세상에 대한 우리의 이해를 넓히려고 하지 않기 때문이죠. 그들은 위험한 제품의 안전성을 논증하려고 애쓰고 그 입장을 규제기관, 대중 앞 그리고 법원에서 고수합니다."

의혹 마켓 놀이

PR대행사의 제품방어를 위한 영향력 전략은 매우 간단하면서 동시에 굉장히 정밀하다. 하지만 자사 사이트에서 완곡한 표현과 에두르는 화법의 장막 뒤로 이 술책들을 숨기려 해도 소용없다. 인터넷에 남아 있는 기록 덕분에 일부 PR대행사가 서비스 범위를 얼마나 솔직하게 소개했는지 찾아볼 수 있기 때문이다. 당시에는 그들의 소행이 오늘날보다 관심을 적게 끌었기에 가능한 일이었다. 담배기업 컨설턴트 마이런 와인버그가 설립한 사무소, 더 와인버그 그룹을 살펴보자. 사이트의 2006년 버전에는 다음과 같이 기록되어 있다. "더 와인버그 그룹은 제품, 시장, 수입원을 보호하고 기업 이미지, 사업, 브랜드에 미치는 피해를 최소화하는 것이 얼마나 중요한지 잘 알고 있습니다. 우리는 제품과 생산 공정을 향한 공격에 대비하고, 위기를 피하고, 민사 및 형사 소송의 영향을 줄이기 위한 상당히 효과적이고 통합적인 접근방식을 개발했습니다. 제공되는 서비스는 다음과 같습니다."

- 위기 및 이슈 관리
- 보건 및 환경 위해성 평가
- 소송 시 과학적 지원
- 과학 대변인 신원확인 및 채비
- 문헌검토 및 분석
- 정책·과학 분석 및 커뮤니케이션
- 전문가 패널 및 의견논문
- 영향전략 구상 및 실행
- 지적재산권 보호

'정책·과학적 분석 및 커뮤니케이션'은 '사회 전반에 걸쳐 높은 신뢰도를 구축하고 있는 전문가 패널을 구성'하는 서비스고, '전문가 패널 및 의견논문'은 '기술 및 정치적 문제점들을 분석해 정책 결정자들과 여론에 정보를 제공하고 영향력을 행사'하는 서비스다. '영향전략 구상 및 실행'은 '편향성이나 이해충돌 기색 없이 효과적으로 대중을 교육하고 정보를 전달할 수 있는 제삼자 전문가 및 대변인의 신원을 확보'하는 서비스를 포함한다. 이 서비스는 학계에서 활동하며, 기업과 표면적으로 종속관계가 없는 과학자의 힘을 빌리는 것이 대행사와 의뢰 기업에게 있어 얼마나 필수적인지 꽤나 잘 보여준다. 한마디로, 신뢰를 줄 수 있는지가 관건이다. "더 와인버그 그룹은 배심원단, 정책결정자, 규제패널위원, 정치인사, 대중에게 과학정보를 능숙하게 전달할 수 있는 전문가 및 옹호자를 파악하고 준비시켜 놓습니다." 더 와인버그 그룹은 의학, 전염병학, 독성학, 화학 등 '적합한 분야에서 유명하고 존경받는 전문가 및 전 규제기관 소속 공무원과의 폭넓은 인맥 네트워크를 구축하고 관리하는 서비스를 제안한다. '우려와 요구사항을 전달해주는 중요한 채널로, 고객과 전문가 사이의 연락책 역할을 수행'하는 서비스도 있다. '과학과 공학분야에서 인정받는 전문가들이 효과적인 방법으로 화학독성, 환경거동 및 생태계 확산, 화학노출, 오염 추정지역과 관련해 과장된 비방에 반박할 수 있도록 준비를 돕는다. 또한 가장 적격인 후보에 대한 철저한 자료를 제공하고 인터넷 보안서버에 변호 및 고소에 투입할 전문가 데이터베이스를 구축한다.' 이상 모두 사이트에서 제안하고 있는 서비스다.

고소 및 소송의 위험성은 매번 언급된다. 미국의 경우, 판사의 의사결정을 기반으로 법이 제정되는만큼 제품방어사무소는 DNA에 각인된 본능처럼 법적 분쟁을 피하고 이를 예측해 대비한다. 판례가 법률의 가장 중요한 원천이기 때문이다. 앞서 봤듯이, 기업과 사무소가 대처하는 방식이나 사용하는 어휘는 사법체계의 언어와 필요조건을 그대로 모방하고 있다. 따라서 증거, 소송 대상 제품, 유죄, 무죄, 합리적 의혹, 의혹을 유보하는 무죄추정원칙이 등장한다. 여기에서 말하는 의혹은 지식구축을 위한 합리적인 연료가 되는 과학적 의혹이 아니라 기업의 '의혹

공장' 전략의 의혹이다. 게다가 제품방어사무소에 고용된 과학 컨설턴트는 변호사처럼 시간당 의혹을 계산해 청구한다. 2016년 보도기관인 공공청렴센터에서 제작한 어마어마한 탐사보도시리즈 「과학을 팝니다」의 일환으로 공개된 견적서에 따르면 가장 최저가에 의뢰할 수 있는 사무소는 그래디언트로, 2008년 기준으로 일반 '분석가'를 고용하는 데 시간당 100달러의 비용이 들었고, 수석 과학자가 280~580달러였다. 모든 것이 사고 팔린다. 그리고 과학 또한 다른 것들과 마찬가지로 돈벌이가 된다.

사무소가 제안하는 가장 정교한 서비스가 하나 더 있다. 바로 학술과학의 규칙과 과정을 차용해 학술지에 논문을 발표하는 것이다. 이 논문들은 종합적 검토 내지 '메타분석' 또는 타 연구에 대한 비평논문의 형태를 취하며 발표 전 동료들에게 심사를 받는다. 과학 컨설턴트가 자신만의 데이터를 생산하기 위해 자체적으로 실험을 진행하는 일은 거의 전무하다. 그의 일은 오히려 고객의 데이터를 유리하게 조합하고 그 외의 데이터를 비판하는 것이다. 컨설턴트의 소속은 의뢰기업의 신원과 마찬가지로 공개되는 게 일반적이지만 항상 그렇지는 않다. 과학 컨설턴트는 학술논문과는 다른 형식 또한 빈번하게 이용한다. 바로 '편집인에게 보내는 편지'다. 학술지의 통신란에 게재되는 이 투고논문은 기한이나 내용 검토에 있어 제약이 적다. 학술지 외에도 당국에 보내는 보고서, 공공의견수렴의 일환으로 규제기관에 제출하는 논평 등의 형식을 취할 수도 있다.

비교적 소규모이긴 하지만 카드노 켐리스크는 2017년 학술문헌에 논문 500편 이상을 발표했다고 밝혔다. 미국 탐사매체 '페어워닝

FairWarning'이 계산한 바에 따르면 엑스포넌트의 컨설턴트들은 2006년에서 2016년 사이 무려 논문 1,850편과 편지형 논문 또는 책의 일부분을 단독 또는 공동으로 저술해 동료심사를 받았다. 그래디언트 직원들의 경우, 2017년에만 90건의 논문을 발표했다. 단 한번이라도 PR대행사에서 발표한 논문이 고객사 제품의 해로운 영향을 입증한 적이 있던가? 데이비드 마이클스는 "이와 같은 PR대행사의 비즈니스 모델은 단순하고 직접적이다. 공중보건과 환경에 대한 보호는 최소화시키고 피해와 질병에 대한 진술에 맞서서 고객업체를 도와준 대가로 이득을 취한다. […] 내가 아는 한, 기업소속 과학자의 재분석을 통해 문제의 발암물질과 암 사이의 관계가 확인된 적은 단 한 번도 없었다"고 설명한다.

연구 교란 개론

영화 「땡큐 포 스모킹」의 닉 네일러가 담배와 폐암의 인과관계의 '부재'를 찾아내기 위해 고용된 과학자인 에르하르트 폰 그룹튼 문트의 재능에 감탄하며 "중력도 반박할 수 있는 천재적인 분이죠!"라고 말하는 장면에서 현실의 풍자를 엿볼 수 있다. 앞서 강조했듯이 TIRC/CTR을 통해 담배 제조업체들이 감수하고 자본을 댄 연구 6,400편 중 단 한 편의 연구도 위원회 설립 이후 50여 년 동안 흡연이 암을 유발한다는 사실을 증명하지 못했다. 흡연의 그 어떤 해로움도 발견되지 않았으니 그들의 입장에서는 쾌거일 수 있지만, 마법도 아니고 존재하던 게 갑자기 사라질 수는 없다. 아무것도 발견하지 않기 위해서는 적절한 도구를 이용하기만 하면 된다. 탁자 위에 연구지원금을 올려놓은 기업들은 다음과 같이 말할 수 있는 기회를 얻는다. "우리가 얼마나 책임감 있는지 아시겠죠? 우리가 지원한 이 연구들을 좀 보세요!" 역사학자이자 담배 전문가인 로버트 프록터는 이를 '연구 교란'이라고 부른다. 교란은 두 가지 형태, '연구 미끼'와 '연구 방해'로 나뉜다.

첫 번째 '연구 미끼'는 문제, 즉 논란이 되고 있는 제품의 유해한 영향에 대한 관심을 다른 쪽으로 유도하는 작업이다. 여기에는 여러 기술이 동원된다. 의도적으로 논점을 흐리는 질문을 제기하는 방법도 그중 하나다. 1959년 TIRC/CTR이 속속들이 공개한 외부연구 후원프로그램을 보면 돈이 꼭 전문 PR대행사 컨설턴트들에게만 흘러들어간 것은 아니다. 주목적은 담배산업과 '고용주-고용인' 또는 '발주처와 계약자' 같은 종속관계가 드러나지 않은 학계 연구원들에게 자금을 후원하는 것이었다. 연구 주제는 유전, 염증, 영양, 호르몬, 신경계 그리고 넓은 의미에서의 환경이 질병의 진행에 미치는 영향이었으며, 이에 비하면 담배는 극히 사소한 원인이었다. 후원한 연구가 담배와 암의 인과관계를 인정할 위험은 전혀 없었다. 그 문제는 애초에 제기되지도 않았기 때문이다. 주제와 어떤 관련도 없었기에 미리 결과를 편향되게 만들 필요조차 없었다. 마찬가지로 계획의 궁극적인 목표인 담배의 무고함을 주장하기 위해 외부 과학자들의 지지를 확보할 필요도 없었다. 대부분이 이 사실을 전혀 몰랐다. 이처럼 TIRC/CTR의 후원프로그램은 수준 높은 과학연구가 세상에 나오는 데 기여했으나, 그 연구에는 담배가 암을 야기한다는 주제만 쏙 빠져있었다.

게다가 지원금 혜택을 받은 연구원들 가운데 하버드, 스탠포드, 예

일 또는 캘리포니아대학교 LA 캠퍼스처럼 미국 명문대 출신 과학자들
도 있었다. 그중 여섯 명은 훗날 노벨평화상을 수상하게 된다. 1980년대
말 간접흡연의 위험성을 입증하는 증거들이 쌓이면서 빅타바코는 위와
같은 방식으로 실내공기연구 '센터'Center for Indoor Air Research를 통해 실내
공기환경연구에 수백만 달러의 자본을 투입했다. 센터가 후원한 연구의
2/3가 담배연기를 제외한 실내공기오염물질에 집중했다.

　　주의를 분산시키는 전술은 기업에 유리한 선택지를 다양하게 제
공한다. 예를 들어, 다른 분야에서 나타나는 독성물질의 아주 미미한 이
점을 부각시켜 전체적인 이미지를 미화하는 수법이 있다.『돼지우리
Cochonneries』에서 기욤 쿠드레는 돼지고기 가공기업이 숙성공정을 가속
하고, 공장의 위생조건을 향상시키고, 고기를 빨간색으로 물들여 식욕
을 자극하기 위해 발암물질인 아질산나트륨을 첨가하면서 거금을 벌어
들인 방법을 이야기해준다. 육류가공업계는 어찌됐든 이 독을 계속 사
용하기 위해서 '장기이식, 심장발작, 뇌동맥류, 하지정맥질환 그리고 심
지어는 갓난아이를 질식시킬 수 있는 질병인 폐고혈압' 약물치료에서
나타나는 아질산나트륨의 이로운 특성을 강조하기까지 했다. 정확하게
사실에 근거를 뒀다는 점에서 맞는 말이긴 하나, 프로파간다식 표현기
법으로 그럴싸하게 포장한 것이나 다름없다. 저자는 "모르핀 소금은 믿
을 만한 진통제다. 하지만 그렇다고 해서 치즈 방부제나 육류 발색제로
사용하는 걸 허가해 줄 이유가 될 수 있나?"라며 비꼰다.

　　'연구 미끼'의 또 다른 유형은 바로 대체할 죄인을 지목하는 것이
다. 수완에 있어서는 담배기업을 따라올 자가 없지만, 주의를 분산시키
는 데 있어서는 설탕업계 로비단체가 왕좌를 차지하고 있다. 1960년대

미국 충치예방프로그램을 좌초시킨 후 설탕로비단체는 자연적 동맹관계이자 업계의 형님 격인 농식품가공업계와 손잡고 불가능해 보이는 일들을 실현시켰다. 원더우먼 치과의사 크리스틴 컨스와 담배 마스터 스탠튼 글랜츠는 이번에도 마찬가지로 설탕연구재단이 여러 미국 과학자들과 주고받은 비밀교신 내용을 분석해 우리가 모르는 역사를 세상 밖으로 끄집어냈다. 1960년대 중반, 심혈관질환 원인에 대한 데이터가 쌓여가고 있을 때, 두 명의 과학자와 두 가설이 맞붙는다. 첨가당의 혐의를 제기한 런던대학교 소속 존 유드킨과 포화지방과 콜레스테롤을 지목한 미네소타대학교 소속 안셀 키즈가 대립했다. 하지만 이 과학적 토론은 설탕업계의 술책으로 철저하게 그리고 장기적으로 균형을 잃게 된다. 설탕의 죄를 사하기 위해 설탕기업들은 '지방 비난극'을 연출하기로 결심한다. 1964년 설탕연구재단의 한 책임자가 유드킨과 '설탕에 대한 부정적 태도'를 물리치기 위한 '대대적인 프로그램'에 착수하자는 제안을 내놓는다. 사용가능한 데이터를 면밀히 검토해야한다는 것 또한 그의 아이디어 중 하나였다. 해당 작업은 영양학 전공자들로 이뤄진 위원회와 함께 수행할 확률이 높으며 실험에 약점이 있는지 확인하고 적절하게 수정해 연구를 복제해야한다는 내용이었다. 그런 다음 그는 "우리가 데이터를 발표하면 비방하는 무리의 주장을 반박할 수 있을 것"이라고 기술했다. 달리 말해, 더 와인버그 그룹이 기업에서 자금을 후원받고 수행한 종합적 문헌검토를 '고객을 변호하는 관점에서 엄선된 논문을 분석한다'고 표현한 것과 마찬가지다.

이듬해 설탕연구재단의 관심은 1942년 하버드대학교 공중보건대학원 영양학과를 설립해 이끌고 있는 프레더릭('프레드') 스테어에게 향한다. 그는 타의 추종을 불허하는 자금 유치 전문가로 농식품가공업 기업들로부터 풍부한 자금을 후원받아 영양학과를 운영했다. 통조림기업의 후계자로 태어나 미국에서 가장 유명한 영양학자 중 한 명이 된 그는 훗날 재직 중 정확히 29조 6,303억 4,700만 달러를 후원받았다고 털어놓는다. 설탕연구재단이 프레드 스테어를 찾아간 것은 우연이 아니다. 그들은 전부터 이미 서로를 알고 있었다. 크리스틴 컨스가 열람한 내부자료에 의하면 '재단'은 1952년과 1956년 사이 그가 이끌던 영양학과에서 발표한 30편 이상의 논문에 자금을 댔다. 스테어는 설탕연구재단의 과학자문위원회에 합류하고 '226계획'에 참여하는 것을 수락했다. 당시 6,500달러(2018년 기준 4만 유로가 조금 넘는 액수)를 대가로 받아 영양학과에 속해있던 동료 두 명과 함께 체계적 문헌고찰을 수행한다. 설탕연구재단 연구소장은 논문이 학술지에 제출되기 며칠 전에 두 연구원의 원고를 훑어보며 글로 만족감을 표현했다. "저희 머릿속에 있던 내용과 완벽하게 일치한다고 말씀드리고 싶네요." 1967년 세계적으로 권위 있는 학술지 중 하나인—따라서 의학업계에 가장 큰 영향력을 행사하는—『뉴잉글랜드의학저널』에 「식이지방, 설탕 그리고 동맥경화증」이라는 연구 한 편이 실린다.

　　연구의 결론은 다음과 같았다. '콜레스테롤이 함유된 음식섭취를 줄이고 포화지방을 제거하는 것이 관상동맥질환을 예방할 수 있는 유일한 식이요법임에 의심의 여지가 없다.' 말하고자 하는 바가 너무나도 명확하다. 설탕은 무죄고, 우리의 적은 바로 지방이다. 이 메시지는 이후 40년 넘게 영양학 분야를 지배한다. 그러나 연구 후원자의 정체는 훨씬 불명확했다. 연구저자들은 미국 국립보건원의 공적자금이든 영양재단 및 낙농업원의 민간자본이든, 논문에 여러 자금 출처를 기재했지만 설탕산업이 후원하고 논문 편집과정에 개입했다는 내용은 그 어디에서도 찾아볼 수 없다.

기업의 역습

'226 계획'의 공격전략의 경우, 말하자면 경계의 양쪽에 발을 걸치고 있었다. 주의를 돌리는 '연구 미끼'이면서 동시에 파괴하는 작업이라는 면에서는 '연구 방해'이기도 했기 때문이다. 제품에 대한 비판적 결과로부터 나온 불편한 진실의 확산을 막는 것이 관건일 때, 성가신 문제로 골치를 썩고 있는 업계에는 두 가지 선택지가 주어진다. 긍정적인 내용의 데이터로 역공을 펼치거나 또는 정면으로 공격하거나. 일반 대중은 어리둥절하겠지만 여러 부정적인 데이터를 인이 박도록 되풀이하면 대체로 동일한 데이터에서 출발해도 긍정적인 결과에 이를 수 있다. 데이비드 마이클스의 표현에 따르면 "이전 연구들을 재분석하고 새로운 연구에 자본을 대 더 나은 결과에 이르게 하는 일"이다. 즉, 동일한 자료로부터 완전히 반대의 결론을 만들어내는 것이다. 모든 게 다 그대론데 모습만 싹 바뀐다. 부정적 결론에 이른 연구가 하나든 여럿이든, 물질과 인구집단에서 발생한 질병의 상관관계를 반박하는 건 누구에게나 가능한 일이다. 마법은 아니고 단지 트릭이다. 한 전염병학자는 어디에서 통계 마술의 속임수와 요령을 캐내야 하는지 너무나 잘 알고 있다. 바로 자신의 전공분야인 전염병학의 방법론이다. OSHA의 전 공무원이자 전염병학자이기도 한 데이비드 마이클스는 다음과 같이 설명했다. "전염병학 연금술을 익히는 건 쉽습니다. 수학천재가 될 필요도 없죠. 가장 성공적으로 재분석된 연구는 보통 발병위험이 낮다는 기대 결과에서부터 출발합니다. 이때, 원하는 걸 보여줄 때까지 데이터를 들들 볶습니다. 노출 측정과 관련한 추정치 또는 가설을 바꾸거나 물질에 다른 방식으로 노출됐던 집단을 연구 대상으로 재설정해보거나 아니면 비교 개체군을 변경합니다. 제대로 하면 상관관계를 긍정하는 결과는 사라지게 될 겁니다!"

기업이 자금을 댄 컨설턴트들과 대학 연구원들은 이처럼 육가 크롬, 염화바이닐 또는 농약에 노출된 노동자 표본에 대한 매개변수를 들쑤시면서 높은 발병률과 사망률을 사라지게 할 수 있다. 실험집단의 규모를 줄이면 질병에 걸릴 확률도 줄어들게 된다. 연구기간을 제한하면 때로는 노출 이후 오랜 시간 뒤에 나타나는 질환—대표적으로 암—의 발병 가능성이 감소하며 따라서 이 수치가 통계에 포함될 가능성도 낮아진다. 다른 속임수도 있다. 일을 하려면 일을 할 수 있는 상태를 전제로 하기 때문에 장애인 또는 중증환자를 포함하는 일반 인구보다 경제활동인구 중 건강한 사람의 수가 더 많다는 점을 이용하는 것이다. 이게 바로 '건강노동자효과healthy worker effect'다. 이 모든 속임수는 '선택편향' 계열에 속한다. 이외에도 '정보편향'이란 물질에 대한 노출 정도와 빈도를 부정확하게 평가하는 경향을 말한다. '혼란편향'은 의혹을 뿌리고 다니는 자들이 좋아하는 도구다.

혼란편향은 요인, 요소, 조건 등이 두 개 이상 동시에 존재할 때 질병에 대한 한쪽의 책임을 부인하는 것이다. 다른 한쪽도 마찬가지로 원인일 수 있기 때문이다. 만약 노동자가 공장에서 두 가지 화학물질에 노출됐다면 방광암의 원인이 저 물질이 아니라 이 물질이라고 단호하게 말할 수 있을까? 만약 노동자가 흡연자라면 폐질환의 원인이 담배가 아니라 석면 때문이라고 확신할 수 있을까? 세 가지 편향은 강의실에 앉아 있는 미래 전염병학자들이 저질러선 안 되는 실수 또는 피해야 할 장애물이라고 배우는 내용인 만큼 더욱 유명하다. 기업의 전략으로 변질된 이 세 편향은 독성고발연구의 신용을 떨어뜨리고, 건강과 환경에 대한 피해를 과소평가하기 위한 재분석과 종합검토에서 아주 탁월한 효과를 나타낸다.

　　최선의 (제품)방어는 바로 공격이다. '연구 방해' 카테고리에서 두 번째 선택지는 출판물 미사일로, 데이터 자체가 잘못됐고 불충분하며 부적절하다는 식의 비판을 퍼붓거나 데이터를 생산한 과학자를 몰아세우는 데 효과적인 무기다. 이때 개인에 대한 공격이 갑작스럽게 매우 폭력적인 대규모 작전으로 돌변해버리기도 한다. 또한, 출판물 미사일은 이러한 데이터를 기반으로 제품을 부정적으로 평가한 기관을 공격할 때에도 쓰인다. 예를 들어 빅타바코에서 '특별 프로젝트'가 예정되어 있었다. 역사학자 로버트 프록터는 이 프로젝트를 '제품 변호인들의 의뢰에 따라 거슬리는 과학연구들을 가루로 만들기 위해 계획한 파괴 작전'이라고 묘사한다. 화학계 이야기를 하자면, 최초로 육가 크롬 문제를 다뤘던 연구자들은 1951년 연구 발표 이후에도 이 사건을 포기하지 않았다. 크롬기업들은 대단히 불쾌해했지만 토마스 맨쿠소와 빌헬름 휴퍼는 계속해서 죽기 살기로 폐질환에 걸린 노동자들을 따라다니면서 데이터를 발표했다. 데이비드 마이클스는 제품방어사무소의 활동을 조사하다가

1996년 크롬 연합과 켐리스크 사무소 컨설턴트들의 비밀 회의록을 구했다. 회의록에 적혀있던 계획들 중 하나는 '반反 맨쿠소 원고'를 작성해 동료심사 학술지에 발표하는 것이었다. 예산은 당시 금액으로 4만 달러였다. 문서에 기록된 내용에 따르면, 켐리스크 사무소는 비판하기에 적합한 전염병학 연구를 일일이 검토하여 OSHA가 이 문제에 더 깊게 관여하지 않도록 설득하는 계획에 힘을 더 보탰다. 시나리오는 간단하다. 경고성 연구가 발표될 때마다 돈으로 반박을 만들어내는 것이다.

인신공격으로 말하자면, 영웅들을 모시는 작은 명예의 전당이 있다. 어빙 셀리코프(석면), 허버트 니들먼(납), 체사레 말토니(염화바이닐) 등 주요인물들을 포함해 거의 완벽한 목록을 작성할 수도 있다. 기업으로부터 무차별 공격을 당했던 이 세 명 모두는 현재 공중보건의 영웅으로 추앙받고 있다. 타이론 헤이즈는 2000년대 초에 흔히 사용하던 살충제 '아트라진'이 개구리의 생식기관 발달을 교란한다는 사실을 발견한 이후부터 신젠타Syngenta의 진노를 사게 된다. 기후변화 분야에서는 이스트앵글리아대학교 소속 벤자민 샌터와 펜실베니아대학교 소속 마이클 만이 엄청난 공세를 받았던 인물들로 잘 알려져 있다.

방해를 받아 노여워하는 경제주체의 사정거리 안에 들어가는 일이 어찌나 빈번해지던지 2012년 미국의 참여과학자모임Union of Concerned Scientists에서 새내기 전문가들을 위해 이런 유형의 공격에 맞서 어떻게 자신을 보호하고 지키는지 현실적으로 설명해주는 간단한 실용 가이드를 출판할 정도였다. 가이드의 머리말에는 "아무리 이상하게 보일지라도 여러분은 축하받을 자격이 있습니다. 여러분이 받는 관심은 여러분의 연구가 오늘날 공론의 중심에 있다는 걸 보여주거든요"라는 풍자가 담겨있다. 미국에서는 노련한 과학자들이 코칭세션을 기획해 후배들이 경력에 오점을 남기지 않고 기업의 공격에 맞설 수 있도록 대비시킨다.

기관으로 말하자면, 최근 IARC*는 교묘하게 조직된 비방의 십자포화에 맞서야 했다. UN으로부터 발암물질의 목록을 작성하는 임무를 맡은 IARC는 세계적으로 권위 있는 기관이다. 따라서 IARC가 내린 결론은 기업에게 마치 유죄판결처럼 들릴 수 있다. 2015년 IARC는 가공육류를 1군인 '인체발암물질'로, 붉은색 육류를 2A군인 '인체발암성 추정물질'로, 그리고 몬산토의 글리포세이트를 '2A군'으로 분류해 강력한 두 업계를 화나게 만들었다. '조직된'이라는 단어가 괜히 쓰인 게 아니다. IARC가 이 마른하늘의 날벼락 같은 결론을 발표하기 며칠 전에 몬산토가 전투계획을 작성하며 사용한 바로 그 단어다. 「몬산토 페이퍼」에 포함된 비밀문서에는 "2015년 3월 10일 즈음 IARC의 결정에 반대하는 항의 조직하기"라고 적혀 있었다.

기정사실 물어뜯기

IARC가 가공육류를 '인체발암물질'로, 붉은색 육류는 '인체발암성 추정물질'로 분류한다? 육류산업의 의뢰를 받아 2008년에서 2015년 사이 엑스포넌트와 데피스태트 소속 컨설턴트들이 발표했던 논문 9편 중 단 한 편도 대장암, 전립선, 신장, 유방암과의 관련성을 언급하지 않았다. 공적자금이 투입된 연구를 통해 2010년 발생한 딥워터 호라이즌 원유 유출사고가 멕시코만의 산호 군집 형성에 악영향을 미친 사실이 입증된다면 어떻게 될까? 시추 플랫폼 소유업체인 브리티시페트롤륨에서 자금을 대고, 자연적으로 유출된 원유가 원인일 수 있다고 주장하는 연구를 재빨리 발표할 것이다. 아질산나트륨이 첨가된 육류가 암을 유발한다고 발표한다면? 돈육가공업체들이 아질산나트륨의 사촌 격인 질산칼륨을 보존제로 사용한 게 기원전 4000년부터라며 '터무니없는 이야기'를 퍼뜨릴 것이다. 현실을 왜곡하고 재구성하는 이 계획에는 수십 년 전부터 수백 개의 기업과 기업에 속한 경영진, 컨설턴트와 중력의 법칙을 반박하기 위해 기업에 고용된 과학자가 연루되어 있다. 그리고 그 위로 에르하르트 폰 그룹텐 문트의 그림자가 드리운다. 어차피 결과는 미리 정해져 있기 때문에, 기업에서 수행한 '연구'가 기업의 공격대상인 연구보다 질병이나 암에 걸릴 위험성, 사망 수치를 '더 적게' 산정할 수밖에 없다고 생각할 수도 있다. 하지만 현실 부정하기, 대속제물 내세우기, 역사 고쳐쓰기를 반복하다보면 실제로는 연구를 하더라도 아무것도 나오지 않는 경우가 빈번하다.

　　의혹 공장, 논쟁과 거짓말 제조소. 부정하는 것과 다를 바 없는 기정사실 물어뜯기를 하는 이들이 많다. 기후변화 회의론자를 주제로 한 스테판 푸카르의 책에는 특히 자연의 법칙을 극구 부정하다 현행범으로 붙잡힌 '지구평면설 기사단'의 멋진 무용담이 들어있다. 영어로 기후변화의 현실과 그 원인이 인간이라는 사실을 부정하는 사람들을 '부인자_deniers_'라고 칭한다. 프랑스어에서 유일하게 대응하는 단어는 의미가 더 무겁다. 바로 '부정주의자_négationniste_'(네가시오니스트)다. 이 용어를 사용한 사람은 로버트 프록터로, 역사학자이자 무지 생산연구인 아그노톨로지의 창시자라는 이력을 가진 그는 진실과 사실 그리고 이를 부정하는 것이 무엇인지 성찰하기에 아주 유리한 입장이었다. 하지만 로버트 프록터만 네가시오니스트라는 단어를 사용하는 건 아니다.『르몽드』의 과학전문기자인 피에르 바르텔레미 또한 '기후변화 회의론자들, 창조론자들 또는 에이즈가 HIV바이러스로 인해 야기되는 것이 아니라고 확신하는 이들'을 네가시오니스트로 불러야 한다고 주장한다. 그는 "단어가 내포하고 있는 매우 강한 역사적 의미에 대해 완벽하게 인식하고 있다"고 말한다. 나치 독가스실의 존재를 부정하는 발언을 가리키기 위해 1987년 사학자 앙리 루소가 만든 단어 '홀로코스트 부인주의-네가시오니즘'은 우리가 처한 상황에도 잘 들어맞는다. 물론 유대인 600만 명을 말살한 사건을 부인하는 것과 과학지식을 부정하는 것은 비교대상이 될 수 없긴 하지만, 그래도 비슷한 점을 비교해 의미를 부여하고, 불편함을 언어로 표현한 것뿐이다. 부정이라는 이 두 소용돌이는 확실히 다양한 특징과 역학관계를 공유한다. 특히 현실을 부정하여 진실을 외면하려는 의지가 적지 않다는 것이 중요한 공통점 중 하나다. 로베르 바댕테르는 프랑스에서 네가시오니즘을 확산시킨 장본인인 로베르 포리송을 '역사의 진실을 은폐한 자'라고 규정했다. 비슷한 표현으로, 아리안 슈맹은 『르몽드』에 실은 기사 중 한 편에서 '거짓말 전문가' 또는 '날조자'라고 일컬었다. 로베르 포리송은 명예훼손으로 기자를 고소했지만 프랑스 법원은 2017년 6월 로베르 포리송의 거짓말이 범죄행위와 다름없으며 기자가 쓴 표현들이 사실과 부합한다고 판단해 아리안 슈맹에게 사실적시로 인한 예외를 인정했다. 그렇다면 진실을 은폐하는 자들을 지칭할 때 편리하게 앞서 나온 표현을 그대로 빌려 쓰면 되지 않을까?

불편한 진실을 여러 현실 중 하나로 치부하려는 시도는 도널드 트럼프 대통령의 임기 초를 떠올리게 한다. 많은 이들에게 비현실적으로 느껴졌던 그때 말이다. 누구도 켈리언 콘웨이의 입에서 생방송으로 역사가 무너져 내렸던 2017년 1월 22일을 잊지 못할 것이다. NBC 채널의 기자가 대통령 취임식에 몰린 초라한 인파를 지적하자, 백악관 고문인 켈리언 콘웨이는 이 수치를 인정하지 않으며 '대안적 사실'을 반론으로 내세웠다. 그녀의 뒤로 보이는 흐릿한 백악관 배경은 마치 대기실에 붙어있는 포스터처럼 말 그대로 지평선을 가리고 있었다. 미래예측 영화에서 곧바로 튀어나온 것 같은 이 장면과 이어지는 사건들로 인해 조지 오웰의 소설 『1984』가 나시금 인기몰이를 하며 잠시 동안 베스트셀러 1위에 등극했다. 문학의 모든 '디스토피아이자 반反 유토피아'가 그렇듯, 『1984』는 전체주의 권력이 지배하고, 유해한 이데올로기를 주입받는 가상의 사회를 묘사한다. 빅 브라더의 통제와 감시 하에 살아가는 윈스턴 스미스는 진리부에서 끊임없이 과거를 수정하고 역사적 사실을 위조한다. 독자들은 『1984』의 중심에서 언어라는 프로파간다 무기에 대한 깊은 성찰을 마주하게 된다. '신어新語'와 당의 슬로건은 단어의 의미를 역전시킨다. "사랑은 증오", "전쟁은 평화", "자유는 예속", "무지는 힘". 1946년 조지 오웰은 다른 글에서 다음과 같이 기술했다. "전체주의는 실제로 과거를 지속적으로 수정하게 만들기 때문에 결국에는 객관적 진실에 대한 모든 믿음의 종말을 요구한다." 전체주의 체제의 특징인 얼기설기 엮은 거짓말과 기업이 역사를 다시 쓰는 작업은 일맥상통하는 부분이 있다. 이 작업에는 기업에서 고용한 작가들이 '연구 미끼'를 작성하고 친위대가 '연구 방해' 공작을 수행한다. 기업이 재정지원을 하는 대안적 과학사실과 영국 작가의 이 고전작품을 연관 짓지 않을 수 없다. 게다가 조지 오웰의 사상은 예전부터 위험한 제품을 방어하기 위한 지식단절 전략을 이해하기 위한 대학연구에 항상 등장하곤 했다.

데이비드 마이클스는 자신의 저서에서 '불편한 진실'을 훼손하고 이 진실 대신 대안적 과학사실을 학술문헌에 끼워넣기 위해 고안된 '비평'과 '논평'에 등장하는 전형적인 어휘를 재미삼아 몇 줄짜리 목록으로 정리했다. 우리 또한 이 재미없는 놀이를 따라해 계략의 중심에 언어적 조작이 있다는 사실을 강조해 봤다. 먼저 '해결책을 강구해야 하는 세계적 위협'으로 규정된 내분비계 교란물질에 대해 WHO*와 UNEP가 2013년 3월에 발표한 보고서에 대해 '비판적 논평'을 담고 있는 논문을 하나 골랐다. 당시 유럽 위원회는 일상소비제품에 가득 들어있으며 환경에 널리 퍼져 생물의 내분비계를 교란시킬 수 있는 합성화학물질류에 대한 규제를 구상 중이었다. 수많은 관련 산업분야들이 동원되어 내분비계 교란물질을 담당한 유럽 위원회 공무원들의 노력을 방해했을 뿐만 아니라 학술지에 자사제품 방어 전략을 펼쳤다.

1년 뒤인 2014년에 WHO와 UNEP가 발표한 보고서를 공격하는 '비판적 논평'이 학술지 『규제 독성학 및 약물학Regulatory Toxicology and Pharmacology』에 발표된다. 저자 열 명 중 다섯 명이 엑스포넌트의 컨설턴트였고 두 명은 그래디언트 소속이었다. 후원업체는 화학 및 농약 로비 단체들로, 미국화학협회, 유럽화학산업협회, 유럽농작물보호협회, 세계작물보호협회, 미국작물보호협회, 캐나다작물보호협회였다. 우리는 간단히 놀이 삼아 이 15쪽짜리 논문 한 편 내내 등장한 비판, 반대, 비방 어조에 속하는 어휘를 수집했다. 하지만 부정적인 단어 및 문장들이 너무 많아 전부 수집하려면 적어도 이 책의 십여 쪽은 필요할 것이다. 그래서 등장 순서대로 추려봤다.

실패하다/실패(24회), 불충분한(24회), 제한/제한된(14회), 무시된(9회), 염려(8회), 적합한/적합성(7회), 편향(7회), 취약한/취약성(6회), 인과관계(6회), 일관성 없는/일관성 없음(5회), 주관적인(5회), 논쟁의 대상이 되는(4회), 이론의 여지가 있는(4회), 결함(4회), 불일치(4회), 부재(4회), 잘못된(3회).

　　학술 토론의 수준을 끌어올리려는 게 아니라 비방이 목적인 이상 농약, 육가 크롬, 프탈레이트, 벤젠을 비롯하여 어떤 화학물질을 다루던 간에 거의 매번 이 용어 모음집을 마주하게 될 것이다. 위의 어휘들은 호환 가능하고, 총칭적인 특성을 갖고 있기 때문에 '부정표현 빙고'도 할 수 있을 정도다.

05

이해충돌 연대기

아서왕과 원탁의 기사들이 안개가 짙게 내려앉은 숲에서 말을 타고 헤매고 있을 때, 갑자기 터무니없이 우뚝 솟아있는 형체가 그들의 앞을 가로막는다. 아서왕 일행은 격렬한 공포심에 사로잡혀 그 자리에 얼어붙는다. 그들의 머리 위로 사슴뿔로 장식된 투구가 불쑥 튀어나와 있다. 그 생명체가 날카로운 목소리로 찢어질 듯이 소리를 지른다.

"안 돼!"

"안 돼! 안 돼! 안 돼! 안 돼!"

안개 속에서 다른 목소리들이 그를 따라 외친다.

"너희는 누구냐!"

"우리는 '안 돼!'라고 말하는 기사들이다."

팬이라면 곧바로 영국의 코미디 그룹 몬티 파이튼의 비범한 영화, 『몬티 파이튼과 성배』와 그들의 독창적인 발상을 알아봤을 것이다. 부정형 말고는 아무것도 표현하지 못하면서 본인이 기사라고 우기는 날강도들을 등장시키다니. 선량한 사람들의 진로를 방해하기로 결심한 적의 무리와 책의 앞부분에 나온 내용 사이에 유사한 부분이 있다는 건 누구도 부정할 수 없을 것이다. 앞서 말한 홀로코스트 부인자를 의미하는 '네가시오니스트'라는 단어 대신 아마 '거부자négateurs'라고 하는 것이 결국엔 가장 적합할 것으로 보인다.

"안 돼!"라고 말하는 기사들

WHO와 UNEP의 내분비계 교란물질에 대한 역사적인 보고서(4장 참조)를 겨냥해 제임스 램과 그의 동료들이 작성한 '비판적 논평'을 접한 독자는, 상황을 잘 모른다면 훌륭한 과학자들이 어중이떠중이가 날림으로 해치운 연구를 혹평한다고 생각할 수도 있다. 하지만 현실은 정반대다. 이 보고서에는 2년 동안 약 스무 명의 과학자들이 동원됐다. 환경화학 분야에서 논문 500편 이상을 집필한 스웨덴인 아케 베리만, 환경 오염물질이 갑상선계에 미치는 영향에 가장 정통한 전문가 중 한 사람인 생물학자 토머스 졸러 또는 내분비계 교란물질이 야생 생태계에 미치는 영향 연구의 선구자이자 브루넬대학교 환경연구소장인 수잔 조블링까지, 이들은 모두 저명한 전문가로 각각의 분야에서 찬사를 받는 인물들이다. 게다가 보고서는 동료들의 빈틈없는 심사를 받았으며 WHO

와 UNEP 공무원들의 감수도 받았다. 또한 과학자 50명 이상이 이 대규모 작업의 진척단계마다 조언을 해줬다. 하지만 제임스 램과 그의 동료들이 과학저널 『규제 독성학 및 약물학』에 발표한 '비판적 논평'은 비판의 수준을 넘어섰다. 그들은 보고서와 보고서에서 다루는 매우 복잡한 문제들을 처단한다. 대개는 단 한 문장만으로 집행해버린다. 아마도 "안돼!"라고 말하는 기사들이 하는 비판 중 일부는 완전히 타당하며 진정한 과학적 토론을 할 가치가 있는 것일지도 모른다. 하지만 정말 그런 경우가 있던가? 실제로는 가장 철저하게 입증된 내용까지 무차별적으로 반박된다. 마치 고둥*Nucella lapillu*처럼 말이다.

예전에 고둥이 트리부틸주석(TBT)의 피해자였던 사실이 증명된 바 있다. 이 물질은 작은 조개류가 밑바닥에 달라붙어 배를 손상시키는 걸 방지하기 위해 사용하는 방오 도료의 성분 중 하나로, 고둥의 내분비계를 교란시킨다. 1980년대 초, 고둥은 글자 그대로 '임포섹스'라 불리는 수컷화 현상 때문에 암컷 고둥이 멸종위기에 처했었다. 수컷의 생식기가 암컷 고둥의 눈 근처에 가깝게 자라나면, 일상의 불편함은 차치하고서라도 암컷은 불임이 되어버린다. TBT를 금지한 이후로 모든 것이 제자리를 찾았고 고둥은 몇 년 만에 개체수가 20배 증가하며 다시 종을 보존할 수 있었다. 비판적 논평에서 램과 동료들은 영국 리틀 햄프턴 부근에서 이 현상을 관찰했던 동물학자 브라이언 모튼의 말을 인용해 다음과 같이 기술한다. "명징한 화학적 데이터가 없기 때문에 여기서 대서양 고둥에 관해 보고된 개체수, 구조, 번식의 변화는 주변 환경의 TBT 수준과 긍정적 상관관계가 없다." 다만, 브라이언 모튼이 쓴 문장의 마지막 부분을 빼며 지적활동에 있어 용서받지 못할 부정행위를 저지른다. "하지만 이러한 변화는 임포섹스 현상 정상화와 관련이 있을 수 있다. TBT 금지 이후 임포섹스가 이렇게 대대적으로 호전됐다는 결과가 입증된 건 처음이다." 램과 동료들은 해당 문장을 누락하고 다음과 같이 주장했다. "심지어 이 경우에도 고둥의 분포와 개체수 증가에 영향을 미친 또 다른 요소들이 존재한다. 고둥은 영양소 비율이 변하거나 붙어있을 지지대를 잃고, 독성 해조류가 증식하고 기름이 유출되면 민감한 반응을 보이는 종이다." 아주 그럴듯한 대속죄인 명단이다.

WHO-UNEP 보고서를 완전히 끝장내려는 전형적 표현이 하나 빠졌다. 바로, '체리 피킹cherry picking'이라는 영어 표현으로 잘 알려진 데이터의 '선별적 수집'이다. 만약 '부정표현 빙고'를 제대로 채우려 했다면 훨씬 호전적인 문장 삼십 개는 더 추가해야 할 것이다. 과학 규칙을 '위반'하고 '공격적인 로비 캠페인'을 실시하며 '대중의 공포와 근심을 증가시켰다'고 논문을 비난하는 문장들 말이다. 비방의 주문과 수사적 표현의 게릴라전 사이에 놓인 이러한 '비판'은 문체연습처럼 보이기도 하지만 실제로는 과학으로 가장한 비방과 매우 유사하다. 이처럼 핵심에서 떨어져 나와 피복이 벗겨진 전선처럼 속이 훤히 보이는 비판은 자신의 진정한 본질을 보여주는듯하다. 그럼에도 불구하고 비방과 다른 점을 말하자면, 학술적 비판은 아무리 부당하고, 근거 없고, 경제적인 동기가 부여됐다고 하더라도 소송의 대상이 될 수 없다. "물어뜯고 또 뜯어라. 그러면 뭐라도 남을 테니." 이 맥락에서 이 유명한 문구보다 딱 들어맞는 건 없는 것 같다. 그리고 이 상황에서 남는 건 바로 의혹이다.

제임스 램과 동료들의 비판적 논평은 내용을 검토해보지 않고 단어만 살펴보더라도 그 유명한「흡연가에게 보내는 진솔한 성명서」가 떠오른다. 이 성명서는 1954년에 존 힐이 담배의 무고함을 밝히기 위해 언론에 발표한 것으로 부정표현에 관한 '주니어 우드척 가이드북'이라고 할 수 있다. 여기에 나오는 네 가지 항목은 다음과 같다.

1) "대안적 설명이 논의되지 않았고 또는 논의된다고 해도 결국 배제된다." 다중인과성 때문에 결론을 내릴 수 없다.

2) "상반된 결과에 대해 논의하는 또 다른 이유는 독자에게 논쟁을 인식시키기 위함이다." 논쟁 때문에 결론을 내릴 수 없다.

3) "서로 관련없는 사실들이므로 한데 모아놓더라도 인과관계가 성립하지 않는다." 절대적인 증거가 없기 때문에 결론을 내릴 수 없다.

4) "영양섭취, 신체활동, 생활습관, 감염원 그리고 심지어는 약물 사용"까지 여러 요소들 사이의 상관관계 때문에 결론을 내릴 수 없다. 고둥에게서 관찰되는 임포섹스 현상도 마찬가지다.

WHO-UNEP 보고서 저자들은 연구를 방어하는 것 외에 다른 선택지가 없었기 때문에 반박에 나설 수밖에 없었다. 하지만 그렇게 함으로써 인공적으로 만들어진 과학논쟁을 더 키우게 된 데다 논쟁에 실체를 부여하게 되고 말았다. 램과 공동저자들이 2015년에 작성한 비평은 해당 문제를 잘 모르는 비전문가, 공무원, 정치인, 정책결정자에게 WHO-UNEP 보고서(2013)에 대해 잘못된 해석을 제공한다. '내분비계 교란물질 과학에 대한 의혹 제조공장'이라는 제목의 논문에서 그들은 비통한 향을 풍기는 블레즈 파스칼의 문장을 빼든다. "모순이 있다 하여 거짓인 것도, 모순이 없다 하여 진실인 것도 아니다." 아케 베리만은 "당시 논문이 발표되고 얼마 지나지 않았을 때에는 뛰어난 전문가인 공동 저자들과 함께 저 또한 2014년에 램과 그의 동료들이 발표한 위협적이고 공격적인 주장들로 엑셀 스프레드시트를 채웠다"고 이야기한다. 그는 그 후로 내분비계 교란물질에 관한 중요 공동연구 프로그램 '스위톡스'를 이끌고 있다. "저희는 형평성과 근거가 없는 주장들 하나하나에 대응하기 위한 반론을 검토하기 시작했지만, 그들의 공격이 과학규범과는 너무나 동떨어져 있었기 때문에 결국 이런 식으로 내응하지 않기로 결심했습니다. 램과 공동저자들이 그저 그들의 고객인 일부 화학산업을 만족시키려 했다는 사실이 명백한 이상, 대응할 만한 가치가 없었으니까요." 그 다음 아케 베리만과 동료들은 규칙에 따라 그들에 대한 공격이 실렸던 학술지 『규제 독성학 및 약물학』에 반격하는 글을 게재했다. 다른 상황이었다면 '결코 이 잡지에 글을 싣지 않았을 것'이었다. "우리의 과학적 기준은 램과 공동저자들보다 훨씬 높습니다." 아케 베리만은 4년이 지나서도 여전히 불쾌해했다. "저는 완전히 비과학적인 공격에서 손 털었습니다. […] 반박이 통하지 않는 토론을 이어가는 건 시간낭비일 뿐입니다. 내분비계 교란물질과 관련한 문제들이 훨씬 더 중요합니다."

　그렇지만 비평과 토론은 과학에서 떼려야 뗄 수가 없다. 진정한 문제제기인지 아니면 지식생산 과정의 한가운데에 투입된 프로파간다 자료인지 어떻게 구분할까? 심지어 과학자들조차 이 문제와 마주하게 된다. 논쟁과 맞닥뜨리면 과학자는 먼저 정당하게 비평할 권리와 익숙한 메커니즘이 실행됐다는 사실을 알아차린다. 문제되고 있는 주제의 전문가만이 논쟁이 인위적으로 만들어졌다는 걸 알 수 있다. 해당분야의 전문가라고 해서 모두 파악이 가능한 일은 아니다. 과학적 소양이 없는 정책결정자에게는 '미션 임파서블'이라고 해도 과언이 아니다.

원점으로 돌아와서, 우리는 이제 의혹 공장이자 논쟁 제조소의 중추에 와 있다. 이 곳에서는 연구들이 상호 모순적인 결론을 내놓고, 인위적으로 논쟁을 만들어 규제에 관한 의사결정을 마비시키기까지 한다. 실제로 정책결정자는 불확실한 것을 혐오하며 해결된 논쟁, 완료된 연구, 과학적 합의, 명료하고 확실한 결론 같은 것들을 요구한다. 법률을 제정하는 건 좋지만, 그러려면 실질적인 위험이 필요하다. 예를 들어 45편의 연구가 제품에 독성이 있다고 결론을 내리고 6편의 연구만 반대 결론을 내놨다고 하면, 정책결정자는 충분한 근거가 있으니 망설일 필요 없이 빠르게 결정을 내릴 수 있을 것이다. 그런데 반박 연구가 6편이 아니라 30편이라면 어떻게 해야 할까? 극단적인 주장, 최종판결 그리고 공격적인 진술을 조합한 연구가 30편이라면? 일반적으로는 거센 의견충돌이 일어나 규제의지를 꺾어버리고 불확실성의 이익은 위험제품생산업체에게 돌아간다. 철학자이자 아그노톨로지학자인 마티아스 지렐은 "실제로는 한쪽에 과학적 결론이 전부 모여 있고 다른 한쪽에는 제품을 판매하는 관계 업체의 반박이 있을 뿐인데, 과학적으로 두 진영이 대립하고 있다고 믿게 만드는 것이 속임수의 전부"라고 요약한다.

투명성은 유료 서비스

기업이 '과학 교란'을 매수하는 이유는 첫째로 학술문헌의 균형을 무너뜨려 기업에 호의적인 방향으로 중심축을 기울게 하기 위해서다.

아니면 대부분 유해한 영향을 지적하는 연구들이 켜켜이 쌓아 놓은 증거로 인해 기울어진 저울을 '바로잡기' 위한 목적에서다. 해당분야에서 고전적인 예를 하나 살펴보자. 바로 간접흡연의 해로운 영향에 관한 것이다. 1998년에 미국 샌프란시스코 캘리포니아대학교의 두 연구원은 관련주제로 15년간 수행된 연구 문헌의 모든 것을 분석했다. 연구 106편 중 39편이 담배가 무해하다는 결론을 도출하고 있었다. 하지만 39편 중 29편이 담배산업과 관련된 과학자들이 작성한 것이었다. 달리 말하면 담배업체와 관련이 있는 연구저자가 작성한 연구논문이 간접흡연의 영향을 부정하는 결론에 이를 확률이 88배 더 높았다. 결과에 이해관계가 얽혀있는 기업이 후원한 연구를 제외했더라면 106편 중 10편으로 극히 적은 비율이었을 것이다.

이제는 바바라 데메넥스의 짧은 이야기를 따라가보자. 프랑스 국립과학연구센터와 프랑스 국립자연사박물관의 생물학자이자 갑상선호르몬 전문가인 그녀의 연구는 전 세계적으로 인정받고 있다. 2001년부터 그녀는 내분비계 교란물질이 호르몬 생성에 미치는 영향을 연구하고 있었다. 호르몬은 태아기와 유아기의 뇌 발달처럼 생명체의 일생에 매우 중요한 십여 가지 역할을 책임진다. 그리고 2017년, 그녀의 팀이 학술지에 발표할 문헌 검토를 교정하고 있을 때 무언가가 그녀의 눈에 띄었다. '아무개 연구원이 어떤 영향을 도출하면 또 다른 연구원 또한 같은 영향을 도출한다'는 문장마다 '그럼에도 불구하고 결과가 그렇게 명료하지는 않다. 또 다른 사람은 영향이 없다고 간주하기 때문이다'라는 문장이 반드시 뒤따랐다. "그 '또 다른 사람'이 누구인지 찾아보면, 매번 컨설턴트나 제품방어사무소 출신이더라고요! 실제로 우리 논문에서 '그럼에도 불구하고'라고 할 때마다 관련 산업에서 낸 논문과 연관이 있었어요. 우스운 일이었죠." 그녀는 큰 소리로 말했다.

　기후변화 과학은 엄청난 조작 공세의 표적이었지만 스테판 푸카르가 '과학자료 편향시키기'라고 부르는 현상을 자력으로 벗어난 것으로 보인다. 『르몽드』 기자인 푸카르는 후드 티셔츠 주머니 속 사정만큼이나 이 문제를 잘 알고 있는 사람으로, 기후변화를 주제로 수많은 연구자들이 막대한 양의 연구물을 출판하고 있기 때문에 자료가 '편향'될 수 없다고 설명한다. 2004년, 하버드대학교 과학역사학 교수 나오미 오레스케스는 『사이언스』에 발표한 첫 번째 조사에서 1993년~2003년 사이에 학술지에 게재된 928편의 논문 중 기후변화의 원인이 인간이라는 것을 완전히 부정한 논문은 단 한 편도 없었다는 사실을 지적했다. 10년 후 다른 연구팀이 새로 계산을 해봤더니, 이번에는 논문 1만 2천 편 중 약 97% 정도가 의견 일치를 봤다. 이런 수치를 상대로 싸움을 하는 건 헛수고라고 해도 과언이 아니며 이는 "안 돼!"라고 말하는 기사에게 있어도 마찬가지다. 적어도 학술문헌에서는 말이다. 반대로 마케팅과 미디어의 영역은 의혹을 전파하기에 더욱 적합했다.

　학술지에 연구 기반을 구축하는 것은 제품방어 전략에 있어 필수불가결한 요소다. 이는 해당 제품을 판매하는 기업의 논거에 과학적 신뢰를 더해준다. 학술문헌에 그들이 후원한 논문을 출판하는 것이 이 조치의 핵심이다. 로비를 인증된 과학으로 변모시키고, 학술적으로 존경할 만한 자료라는 코팅을 입혀 주제를 정확하게 알지 못하는 과학계와 정책결정자의 눈에 옳게 보이도록 만들고 진정한 '과학'이라고 대문짝만하게 써붙여 자신의 프로파간다를 전파시킨다. 학술지에 논문을 발표하면 나타나는 마법 같은 효과다. 출처가 의심스러운 자금을 합법적인 경로에 재투입시키는 돈세탁은 이미 잘 알려져 있다. 환경을 파괴하는 기업이라는 이미지를 친환경 이미지로 세탁하는 '그린 워싱'도 마찬가지다. 따라서 상업적 용도의 로비 자료를 학술논문으로 탈바꿈시키는 과정을 '사이언스 워싱', 즉 '과학 세탁'이라고 불러도 무방하리라. 조금 더 가까이에서 이 '세탁'이 어떻게 작용하는지 관찰해보자. 모두가 의심에 가득 차 자기 자신에게 이렇게 묻게 될 것이다. 학술지는 왜 이런 논문에 지면을 허락해 준 걸까? 도대체 어떻게 동료심사라는 여과장치를 통과하고 과학규범의 필요조건을 속일 수 있었던 걸까?

　　우리는 독자가 과학논문을 한 번도 제대로 본 적 없는 사람이라는 가정에서 출발했다. 따라서 대중이 모르는 역사의 뒤편으로 들어가기 전에 필요한 것을 간단히 설명해 보겠다. 신문기사와 비슷한 점이라곤 없는 학술논문 한 편이 매번 동일한 형식으로 제출된다. 우선 논문저자 목록을 포함하며, 각각의 소속 기관이 함께 명시되어 있다. 이름의 순서는 명확한 규칙과 서열을 따른다. 연구 수행과 '페이퍼' 작성에 가장 많이 기여한 사람들 순으로 나열하며 교신저자는 맨 마지막에 넣는다. 기여가 미미한 사람들은 논문 마지막 부분의 '감사의 글'에 따로 언급된다. 저자가 여럿일 수 있으며, 세 명 이상일 때는 이후 논문이 인용될 때 대개 제1저자의 이름만 기재되고 나머지는 라틴어로 그 외라는 의미를 지닌 'et al.'로 표기된다. 다음에는 제목이 들어간다. 예를 들어, 「수용성 섬유질 비율과 오메가 3와 오메가 6의 비율이 암컷 토끼와 새끼들의 행동에 미치는 영향」처럼 엄청나게 상세한 제목을 붙여 문외한의 눈에는 지나치게 구체적으로 보이는 경우가 대다수다. 그리고 원고 수령일, 동료심사 및 교정 이후 승인 날짜, 온라인 학술지 사이트에 게재된 날짜를 기입해야 한다. 이 세 날짜가 때로는 조사에 귀한 지표가 될 수도 있다. 그 다음 순서는 초록으로, 연구 내용과 결론을 최대 200에서 250자로 소개한다. 아래로는 키워드 목록이 들어간다. 대체로 논문은 여기까지만 읽게 되는데 왜냐하면 과학을 잘 알지 못하는 사람에게는 내용 자체가 난해하기 때문이다. 논문 내용은 서론, 소재와 방법, 결과, 토론, 결론으로 나눠진다. 논문 마지막에 들어가는 두 항목은 우리 문제에 있어서 매우 중요하다. 하나는 '이해관계확인서declaration of interest 또는 disclosure'로 저자는 연구의 민간자본 출처와 경제주체와의 관계를 알린다. '감사의 글'에는 연구에 결정적이지는 않지만 유의미한 기여를 한 사람과 기관, 그리고 그 외에도 출처가 공공기관이든 아니든 간에 지원금 및 보조금까지도 기재한다. 마지막으로 논문은 다소 긴 참고문헌 목록으로 끝난다. 연구를 수행하고 사고를 구축하기 위해 근거로 삼았던 지식의 출처를 항상 정확하게 명시해야 한다.

누구든지 학술지에 실린 논문의 개요를 열람할 수 있다. 초록은 해당 학술지 사이트 혹은 온라인 자료 데이터베이스, 그리고 전문 검색 엔진에서 열람 가능하다. 주 검색엔진에는 구글 스칼라, 펍메드, 스코퍼스 그리고 웹오브사이언스가 있다. 참고문헌도 나오는데 학술지, 저자 이름, 소속, 제목, 초록까지 철저히 코드화되어있다. 정보를 더 얻고 싶으면 대개는 돈을 지불해야만 한다. 정보를 더 얻는다는 것은 논문의 전체 내용을 열람 가능할 뿐만 아니라 '이해관계확인서'와 '감사의 글'을 열람할 수 있다는 의미로, 이 두 항목에는 자금출처, 기업과의 협업, 외부협력과 같은 중요한 정보들이 기재되어 있다. 다시 말하면 제시카 스크라우트와 공동저자들이 작성해 학술지 『샌드위치 상호작용』에 발표한 논문 「작은 오이의 독성이 남피니스테르주에 서식하던 도도새의 중추신경계에 미친 영향」의 후원자를 알려면 먼저 유료화 장벽을 뛰어넘어야 한다.

　　일부 학술 논문의 경우, 어느 정도는 자유롭게 열람이 가능하다고 해도 대부분 유료이며 그 값도 매우 비싸다. 학술지를 구독하지 않은 상태에서 논문 한 편을 보려면 최소 20여 유로를 지불해야 24시긴 동안 온라인 열람이 가능하다. 따라서 일반 대중과 NGO, 소비자 협회, 국회의원 심지어는 기자에게도 가격적인 측면이나 물리적인 측면에서 접근이 불가능하다. 『네이처』지의 경우 1년 구독료가 200유로이며 『영국의학저널』을 지면 구독하는 비용은 340유로이고, 『비교 신경학 전문지』 24부를 받아보려면 1년에 2만 2천 유로라는 터무니없는 가격을 지불해야 한다. 그런데 학술지를 단 한 종류만 읽는 것으로는 충분치가 않다. 자신의 전문분야와 관련이 있는 학술지를 정기적으로 열람해야 한다고 하더라도 한 사람이 혼자서 10종에서 20종을 구독할 수 있는 형편인 경우는 드물다. 따라서 학술지 구독자들은 주로 대학도서관이나 주요 연구기관 부서이며, 이들의 예산에도 수백 종류의 학술지 구독료로 인한 엄청난 지출이 부담으로 작용한다. 하버드대학교는 가장 여유가 없는 곳도 아닌데 2012년 이 항목에만 매년 3,500만 유로를 지불해야 한다며 불만을 터뜨렸다. 학술지 전문 출판사의 경우 엘스비어Elsevier, 스프링거네이처 Springer-Nature, 와일리Wiley 등 대부분이 대기업으로 사업 계획은 그들이 출판하는 논문을 저자가 무상으로 제공하는 데 달려있다. 실제로 연구자는 연구를 해서 보수를 받는 것이지 결코 논문저자로서 보수를 받지는 않는다. 학술출판 시스템의 가혹한 모순이다. 결국 글을 써서 보수를 받는 건 제품방어사무소의 컨설턴트와 기업에 협력한 대학 연구원뿐이다. 다른 이들의 연구를 짓밟거나 유해한 물질을 그럴듯하게 포장하여 소개하는 일로 기업으로부터 보수를 받는 그들은 엄밀히 말해서 연구를 거의 하지 않는다.

제시카 스크루트와 공동저자들의 연구 자금원을 알기 위해 돈을 지불해야만 하는 게 정상인가? 누군가는 반대할 수도 있지만, 자금 정보를 초록과 함께 제공한다면 돈을 지불하지 않고도 쉽게 접근할 수 있지 않을까? 이게 바로 2016년 3월 과학자 60여 명과 CSPI*가 미국 국립보건원 의원장인 프랜시스 콜린스에게 한 제안이다. 미국 국립보건원 의학도서관은 실제로 4대 온라인 학술 데이터베이스 중 하나인 펍메드를 구축하고 있으며, 여기에는 생물학과 의학분야의 학술지 5,600종에서 나온 450만 편 이상의 학술논문이 수록되어 있다. 이 과학자들은 미국에서 가장 중요한 과학 기관의 수장이자 유전학자인 콜린스에게 대부분의 데이터베이스 이용자는 논문의 전체를 읽지 않고 요약을 열람하는 데 그친다는 내용을 전달했다. 실제로 미국 국립보건원 의학도서관은 "펍메드에 포함되는 모든 학술지에 다음과 같은 요구를 할 수 있을 것"으로 기대된다. "모든 초록에 자금출처를 기입하고, 기타 이해충돌 사항이 존재할 시 관련 정보를 제공하라"고 말이다. 이렇게 "업그레이드된 초록은 결정적인 정보를 간략하게 제공해 '이용자'가 연구의 결과와 그 결론의 신빙성을 평가할 수 있게 해 줄 것이다." 같은 날, 미국 국립보건원장은 과학자들의 이 발의를 지지하는 한 통의 편지를 받게 된다. 바로 다섯 명의 상원의원들이 작성한 것으로 모두가 민주당 소속이었다. 그중에는 하버드대학교 상거래법 연구원 및 교수인 엘리자베스 워런도 포함되어 있었다. 기자들의 취재를 통해 경각심을 갖게 된 상원의원들은 더 강력한 투명성에 손을 들어주기 위해 미국 상원로고가 상단에 찍혀있는 종이에 '보건과학분야의 투명성을 상당히 향상시켜줄 수 있는 간단하고 상식적인 조치'를 지지했다. 요구는 정당했고 또 그만큼 단순했기 때문에 거부하기 어려웠을 것이다. 1년여가 더 지난 후인 2017년 4월, 펍메드는 실제로 이해관계확인서를 초록 바로 아래에 삽입하기 시작했다. 이 조치가 일반화되기엔 멀었지만, 처리해야 할 논문의 양을 감안하면 어쩔 수 없는 일이다. 원래 혁명은 두 달만에 이뤄지지 않는다.

정직,
새로운 매카시즘

파리 라스파유대로 93번지, 난방이 제대로 되지 않고 쥐가 돌아다니는 강의실에서 사회과학대 대학생, 박사과정 학생, 연구원 열다섯여명이 문제를 해결하기 위해 정기적으로 만나 머리를 맞댔다. 공적자금의 고갈로 권위 있는 학술기관의 교육환경까지 악화되고 있었다. 2016년 12월 중순, 사회과학 고등연구원에서는 얼음장 같은 외풍이 문 아래로 비집고 들어오는 탓에 점퍼나 가방으로 그 틈을 막아야만 했다. '이해충돌과 공중보건' 세미나의 당일세션은 파리13대학교 강연의 대가인 조반니 프레테가 진행했다. 연구자이자 농업종사자들의 직업병을 판단하는 전문가인 그는 학술지의 '이해관계확인서'란의 이력에 몰두했고 우리에게 자신의 독창적인 생각을 알려줬다. 영상 프로젝터가 삐딱하게 날짜와 참고문헌 이미지를 띄웠다.

앞에서도 거론됐던 이해관계확인서는 실제로 역사가 짧고 비교적 최근에 등장했다. 이해관계의 투명성이 과학계에서 꼭 당연한 것은 아니기 때문이다. 하기야, 한 번도 그랬던 적이 없었다. 이 논쟁을 처음으로 시작한 건 세계 최고의 의학잡지 중 하나인『뉴잉글랜드의학저널』이었다. 혹은 편집장이었던 아널드 렐먼이라고 할 수도 있겠다. 렐먼은 동료들에게 호평 받는 신장내과 전문의였으나『뉴잉글랜드의학저널』을 이끄는데 집중하기 위해 연구계를 떠났다. 그로부터 3년 후인 1980년, 렐먼은 어떤 예감에 이끌려 논문을 작성했다. 그는 논문에서 드와이트 아이젠하워 전 미국 대통령이 임기 말 고발했던 '군산복합체'를 본뜬 새로운 의산복합체의 부상을 경고하며 "의사는 환자의 이익을 대변해야 하기 때문에 경제적 이해충돌, 즉 이 '복합체'와 관련된 어떤 금전적 관계도 갖지 않아야 할 것"을 주장했다. 여기서 복합체는 재택치료, 요양소, 투석 등 폭발적으로 성장하고 있는 의료산업을 의미한다―이 단계에서 제약연구소와 의료기기업체들은 그의 걱정거리가 아니었다. "우리는 정말로 의료행위를 시장에 넘길 수 있는가?" 자본주의를 지지하지 않는 것이 무엇보다도 예민한 문제인 나라에서 그가 단도직입적으로 질문을 던졌다. "현직 의사들은 전문적인 의료 서비스를 제공해서 얻는 것 이외에 의료시장에서 어떤 금전적 이익도 취해서는 안 된다." 1923년 뉴욕 퀸즈의 엘리베이터에서 태어나 19세에 철학과 졸업장을 받고, 20세에 의학 학위를 취득한 아널드 렐먼이 15년 전에 평가한 내용이다. 그는 "의사라는 지위는 기술적인 전문성만큼 윤리적 의무를 바탕으로 만들어진다"고 주장했다.

1984년 아널드 렐먼은 『뉴잉글랜드의학저널』에 학술지 역사에서 처음으로 투명성 규칙을 도입하기로 결심했다. 이후로 연구결과를 소개하는 저자들은 특히 직접고용, 컨설턴트 계약, 주식, 특허관련 협의 등 그들의 연구에 영향을 미칠 수도 있는 모든 상업적 이해관계를 밝혀야만 했다. 렐먼은 이 혁신적인 정책의 정당성을 주장했다. "우리는 다른 상황에서는 받아들여졌을 원고를 단지 이해충돌 때문에 거부하지 않는다. 그럼에도 불구하고 오늘날 의학 연구에서 상업적인 타협이 점점 더 큰 영향을 행사하고 있는 게 자명하기 때문에 독자들이 이 타협에 대해서 알아야 된다." 그는 조리 있는 설명과 함께 한 가지를 강조했다. 바로 기업과의 협업에 동의한 연구자가 '돈에 매수됐다'는 전제는 부당하다는 것이다. 오히려 연구를 구상하고, 수행하고, 그 결과를 해석하는 방식이나 보고하는 방법과 시기에 경제적 특혜가 의식적으로든 무의식적으로든 영향을 미칠 수 있다는 사실을 인정하는 것이 중요하다. 그는 "우리는 이해관계를 밝히는 것이 모두를 위한 일이라고 생각한다"고 마무리했다.

당시에는 기업의 과학 및 데이터 조작을 아는 사람들은 매우 한정적이었고 심지어는 거의 전무했다는 걸 짚고 넘어가야겠다. 담배기업을 대상으로 한 대대적인 소송은 십여 년 후에나 수면 위로 떠오를 것이고, 비밀자료는 여전히 내부에 잠들어 있어 누구도 이 자료를 훑어보거나 사기의 규모를 인식할 수 없었다. 따라서 『뉴잉글랜드의학저널』 조치에도 이해관계확인서를 통해 제품방어용 자료를 학술문헌에 끼워넣는 기업의 전략을 검열하려는 목적은 없었다. 아무도 이 현상의 계획적이고 체계적인 측면을 알지 못했다. 하지만 사익과 공익이 서서히 뒤얽히는 상황이 점점 눈에 띄게 된다. 1980년대는 본격적인 지식생산 기습작전이 벌어지는 무대였고, 기업은 미국에서 학계와 연구기관의 중추에 길을 뚫어 자금을 침투시켰다. 1990년 아널드 렐먼은『뉴잉글랜드의학저널』정책을 사설과 총설논문까지 확장해 더욱 엄격한 규칙을 적용하기로 결단을 내렸다. 그는 "연구논문은 독자가 직접 해석할 수 있는 데이터를 제공한다"고 말했다. 하지만 사설과 총설논문을 주제로는 이렇게 말했다. 저자가 자신의 판단에 따라 학술문헌을 인용하고 해석할 때에도 독자는 저자의 객관성에 기댈 수밖에 없다. 저자가 주제에 관해 재정적이면서 학술적인 이해관계를 동시에 가지고 있을 때, 어쩔 수 없는 질문이 제기되고 객관적이라고 믿었던 마음에 의심의 씨앗이 흩뿌려진다." 그 이후부터『뉴잉글랜드의학저널』에는 기업제품이 언급될 경우, 해당 기업 또는 경쟁사와 관련 없는 과학자가 제출한 논문만 게재되었다. 효과는 확실했다. "아널드는 제출된 원고에 이런 요구사항에 따른 기준을 적용했고, 때로 그 기준을 통과한 논문만으로는 다음 호를 채우는 것이 힘들 정도였어요." 2014년 아널드 렐먼이 사망한 후 그의 후임들이 한 이야기다. 어조만으로는 이 일화가 그들이 마음속에 간직하고 있는 소중한 추억인지 아닌지 파악하기 어려웠다.

이에 따라『미국의학협회지』는 1991년에,『사이언스』는 1992년에 이해관계확인서 정책을 수립했다. 그 후 1993년에『뉴잉글랜드의학저널』은 이 주제의 분수령이 되는 논문을 게재했다. 논문의 저자는 프린스턴대학교 정책철학과 교수에서 하버드대학교로 거취를 옮긴 데니스 톰슨으로, 이후로도 직업윤리와 공직윤리에 대해서 많은 논문을 생산해 냈다. 그는 이해충돌에 대한 정의를 내려 문제의 핵심을 짚는다. "이해충돌이란 환자의 안락 또는 연구의 타당성 같은 일차적 이해에 대한 직업적 판단이 재정적 이득 등의 이차적 이해로 인해 부당하게 영향을 받는 일련의 조건이다." 이후로 이해충돌에 관한 모든 정의는 이와 비슷한 내용을 취한다. 이 주제는 대두되자마자 과학계의 기분을 상하게 만들었다. 케네스 로스먼은 『미국의학협회지』에서 "이해충돌은 과학계의 새로운 매카시즘"이라고 공격했다. 고명하신 미국 전염병학자인 그에게 있어 『뉴잉글랜드의학저널』이 취한 조치는 일종의 검열이었다. "이 정책대로라면 토마스 에디슨은 미래 전기 사용에 대한 사설도 쓰지 못했을 것이다. 오염됐을지도 모르는 그의 사상에 독자들이 영향을 받는 일이 없어야 하니 말이다"라는 게 그의 주장이다. 케네스 로스먼은 '이해충돌'이라는 표현이 함축하고 있는 경멸적 의미를 비난하며, 과학보다는 사법분야에 속하는 어휘를 사용하여 "연구는 그 자체의 공적으로만 평가되어야 할 것"이라고 주장했다. "이해충돌 문제가 제기되어 꼬리표가 붙은 과학자는 연구가 편향적이라는 지적에 자신의 결백을 주장할 수 없다. 편향성은 잠재의식에서 발현될 수 있으며, 누구도 무의식적인 영향에 면역이 있다고는 주장할 수 없기 때문이다." '연구 결과를 고의로 왜곡'한 과학자는 단순하게 말해 '사기'를 저지른 것이나 마찬가지다. 로스먼에 의하면 세 번째로 가능한 시나리오는 '재정적 지원이나 다른 동기 때문에 연구 구상, 데이터 수집과 분석 그리고 해석이 잠재의식에 의해 조작되는 것'이다. 이 경우 '사기가 아니라 무능력이 문제'라고 주장했다. 하지만 자신의 정신구조 속 접근할 수 없는 영역에 대한 완전한 통제가 어떻게 능력이 될 수 있는지에 대한 설명은 없었다.

신뢰할 수 있는 학술지에서 이해관계확인서를 보편적으로 적용할 때까지 치러야 했던 다채롭고 파란만장한 토론의 모든 '라운드'를 여기에서 이야기하진 않겠다. 이 연대기의 가장 주요한 사건들만 살펴보자. 1994년에서 1998년까지 담배 제조업체를 상대로 한 소송이 미국에 날벼락 같은 충격을 선사했다. 과학계는 일부 학술문헌이 자금의 출처를 의도적으로 숨기고 있다는 사실을 알아차렸다. 2000년,『뉴잉글랜드 의학저널』과 『미국의학협회지』가 속한 권위 있는 생물의학학술지 단체의 편집장들은 한층 더 강한 투명성에 찬성하는 입장을 취했다. 1978년 아널드 렐먼이 만든 집단, ICMJE*는 당시 이해충돌부분의 내용을 더 충실히 하기 위해 '의학학술지에 연구 작업물의 수행, 보고, 작성 및 출판을 위한 권고사항'을 재검토했다. 이 작업은 이후에도 주기적으로 반복되었다. 2010년 ICMJE가 만든 이해관계확인서 양식은 현재 수백여 종류의 학술지에서 사용되고 있다. 그렇지만 아널드 렐먼의 후임이 취임 후 2년 만인 2002년에 규정을 완화시킨 건 어쩔 수 없었다. '유의미한' 재정적 이해충돌이 있는 경우에만 저자가 사설 또는 총설논문을 발표하지 못하는데, 이 유의미의 경계는 연간 1만 달러로 책정되어 있다.

하지만 입장은 각각 다르다. 『영국의학저널』의 담배 전문 학술지 『타바코 컨트롤』은 기업 자금으로 수행됐을지 모르는 연구 작업을 발표하는 타당성 자체에 질문을 던진다. 소송을 통해 세상에 공개된 후로 점차 온라인화된 「시가레트 페이퍼」에서 역사학자들과 기자들이 찾아낸 내용에 정신적 트라우마가 생겼기 때문이다. 렐먼의 남다른 대적자 케네스 로스먼이 창설한 학술지 『역학Epidemiology』은 투명성과 관련해 미니멀리스트적 입장을 선택해야 한다고 주장한다. 물론 저자는 모든 잠재적 이해관계를 밝혀야 하지만, 『역학』의 발행인들은 "이해충돌에 관한 정보가 우리의 편집 결정에 영향을 미치지 못하도록 노력할 것"이라고 단언한다.

근본적으로 입장이 다른 두 진영 사이에는 30년간의 문제제기, 논쟁, 대처방안이 쌓여 있다. 한쪽은 상업적인 민간자본과 조금이라도 관련이 있다면 논문을 거부한다. 또 다른 한쪽은 단지 연구의 결과물만 보며 자금의 출처가 어딘지 신경 쓰지 않는다. 각기 다른 입장이 수도 없이 많고, 무의식과 의식의 사이에도 정신구조(뒤에서 다시 탐구해보자)의 수많은 단계가 존재한다. 사무소 컨설턴트가 처음부터 자신의 행동을 인식하고 있는 이유는 그게 그들의 일—제품의 방어—이기 때문이지만 기업이 도움을 요청한 대학 연구원의 경우엔 꼭 그렇지만은 않다. 편향된 연구는 무의식적 또는 의도적인 결과일까? 어느 한쪽이 더 심각한가? 결과가 동일하다면 무슨 차이일까? 대체적으로 결과는 같지 않다. 그리고 이게 바로 가장 큰 문제다.

후원편향 효과로 향하는 작은 오솔길

네슬레를 언급할 때 매리언 네슬레는 항상 다음과 같이 명시하곤 한다. "아무 관계도 없음." 강연에 온 청중들의 웃음보가 터지는 건 당연한 수순이다. 영양학, 식품학, 공중보건학 교수이자 뉴욕대학교 폴렛 고다르 재단 교수직을 맡고 있는 그녀는 세계 최대 식품기업과는 아무런 관계가 없다. 불량식품의 마스터로 여겨지는 매리언 네슬레는 1936년 출생으로, GMO식품산업이 인간의 영양—심지어는 동물까지도—에 미치는 영향을 논하는 책을 저술했고, 그 책 모두가 베스트셀러에 등극했다. 그녀는 학술지에 논문을 발표하는 것 외에도 일반대중을 위한 정보전달용 블로그를 운영하고 있다. 블로그 제목인 '식량정치학Food Politics'에는 첫 번째 'i' 자리에 작은 당근 아이콘이 있다. 그녀는 2015년 3월의 어느 날부터 일 년간 블로그에 엉뚱한 수집목록을 작성하기 시작했다. 구체적으로 말하자면 농식품산업의 후원을 받거나 산업과 관련된 과학자들이 수행한 모든 영양학 연구논문을 열거한 다음 '그 결과가 출자자의 이해관계에 유리한가, 불리한가?'라는 기준에 따라 분류했다. 그녀의 '쇼핑카트'에는 가당음료, 유제품, 달걀, 시리얼, 돈육, 우육, 콩이 함유된 식품, 영양보조식품, 과즙음료, 크랜베리, 호두, 초콜릿, 감자튀김 판매기업 또는 전문협회가 자금을 댄 연구논문 168편을 담았다. 실제로 목록에는 세계 1위의 냉동감자튀김기업 매케인 회장이 이끄는 감자연구교육연합이 포함되어 있었다. 결과적으로, 156편의 논문이 후원업체에게 유리한 결과를 내세웠고 단 12편만이 불리한 결과를 내냈다. 그녀는 대부분의 경우 "기업과 관련 없는 자금을 지원받은 연구의 경우 가당음료가 건강상태에 미치는 악영향의 상관관계를 증명한 반면, 탄산음료산업이 후원한 연구논문은 그렇지 않았다"고 설명했다.

매리언 네슬레의 종합적 검토가 과학 규범대로 수행된 것은 아니지만, 과학 규범을 따른 다른 종합적 검토에서도 같은 결론이 도출된다. 연구의 자금출처와 결과 사이의 직접적인 상관관계를 '펀딩 이펙트'(후원편향효과)라고 부른다. 이 현상은 1980년대부터 관찰되고 있으며, 이 용어를 처음으로 사용한 사람은 터프츠대학교 사회과학대 교수이자 이 문제의 선구자인 셸던 크림스키다. 처음에는 의학분야에 스포트라이트가 집중됐고 이러한 경향이 오래 지속되었지만 결과적으로 현재 확보된 '펀딩 이펙트'에 대한 데이터의 대부분은 제약업계에서 나온 것이다. 이유는 간단하다. GLP를 따른 독성 연구는 비밀리에 규제기관에만 제공되었지만 임상시험은 학술문헌에 상세히 발표되었기 때문이다. 제약업계의 데이터는 기업비밀이라는 명목으로 일부 보호되기는 하지만 의약품의 효과와 부작용 연구에 '펀딩 이펙트'가 존재한다는 사실을 뒷받침해준다.

코크란 연합은 생물의학 연구에 있어 가장 높은 수준의 방법론적, 윤리적 기준을 적용하는 국제기구로, 해당 분야의 '바이블'인 체계적 문헌 고찰을 정기적으로 업데이트한다. 제약분야에서 한 가지의 수치만 인용해야 한다면 다음 수치가 가장 유의미하다. 산업이 후원한 임상시험은 독립적 자본으로 수행된 임상시험보다 호의적인 결과를 낼 확률이 4배 더 높다. 전반적으로 후원편향이 발생할 수 있는 지점은 6군데다. 초반 주제 선정, 프로토콜 구상, 데이터 수집, 데이터 분석과 해석, 마지막으로 학술지 발표다.

오늘날 '펀딩 이펙트'의 현실이 여러 분야에서 드러났다. 이미 앞에서 간접흡연에 대한 연구를 언급했듯, 담배업계는 말할 것도 없다. 빅타바코와 관련된 저자가 쓴 논문이 그렇지 않은 논문보다 물질의 유해한 영향을 부정하는 결론을 낼 확률이 약 90배 더 높았다. 일부 플라스틱에 함유된 내분비계 교란물질인 비스페놀A도 마찬가지다. 학술문헌에 실린 연구 119편이 비스페놀A의 폐해를 지적했는데 그중 산업에서 자금을 후원받은 연구는 단 한편도 없었다. 알라클로르, 아트라진, 폼알데

하이드 그리고 퍼클로로에틸렌 같은 유기화합물도 이 현상에서 자유롭지 못하다. 독립적인 과학자가 수행한 연구의 60%에서 유해한 영향이 있다는 결론을 도출한 반면 산업이 후원한 연구의 14%만이 이를 인정했다. 또한 아트라진 제초제(산업이 자금을 댄 연구의 81%가 해로운 영향을 부정했고, 이에 반해 후원받지 않은 연구의 50%가 해로운 효과를 인정했음), 가당음료(섭취, 체중 증가 그리고 비만의 상관관계를 보고하는 확률이 5배 적음), 탄산음료(기업이 후원한 연구의 경우 호의적인 결론을 낼 확률이 4배에서 8배 더 높음), 인공감미료첨가음료(산업으로부터 후원받은 연구 22편 중 18편이 산업에 유리한 결론을 냄), GMO(일부 GMO 유형에 있어서 종자산업의 이익에 더 유리한 결론을 내릴 확률이 49%) 등이 연루되어 있다.

요약하자면 후원받은 연구의 경우 상업적 이해관계가 없는 출처에서 끌어온 자금으로 수행된 연구에 비해 후원업체에 유리한 결론으로 귀착될 확률이 4배에서 8배(담배는 90배) 더 높다. 그런데 후원을 받았다고 해서 꼭 후원업체에 유리한 결론이 나오는 걸까? 이 통계가 기업이 편향적 결과를 도출하려는 의도를 가지고 있었으며 연구를 수행한 과학자가 자발적으로 산업의 계획에 가담했다는 걸 의미하지는 않는다. 명문대 아무개 교수가 기업자금으로 연구 또는 종합적 검토를 수행했다고 해서 기업 또는 업계의 영향력 전략에 의도적으로 연루됐다는 의미는 아니다. 담배 제조업체의 외부연구프로그램에서 이미 이러한 상황을 관찰한 바 있다. 당시 저명한 연구자들이 천진난만하게 연구자금을 받아 본인이 이용당한다는 생각은 꿈에도 하지 못한 채 과학적으로 매우 유의미한 논문들을 발표했다. INRA*의 연구원이자 소피아농업생물공학연구소장이며 GMO 분야의 '펀딩 이펙트'를 주제로 한 유일한 논문의 공동저자 중 한 명인 토마 기모에 따르면 결과를 편향시키려는 의도를 밝히기 위해서는 세 가지 요소를 충족해야 한다. 그 세 가지는 바로 아직 시작되지 않은 프로젝트, 아직 발표되지 않은 연구 그리고 발표된 연구를 말한다.

연구자가 부정을 저지른 것인지 또는 지시를 따른 것인지를 밝히는 게 논점이 아니다. 결론에 영향력을 행사할 의도가 언제 생겼는지 알 수 없기 때문이다. 설탕의 죄를 사해주고 지방에 덮어씌운 프레드 스테어와 하버드대학교 영양학과 동료들의 경우도 마찬가지다. 과학자 크리스틴 컨스가 설탕연구재단과 그들이 주고받은 연락 내용을 샅샅이 뒤졌지만 과학자들이 주문에 따라 연구를 수행했음을 보여주는 명확한 증거가 하나도 없었다. 매리언 네슬레는 "우리는 그들이 고의였는지, 무의식적인 것이었는지, 아니면 진심으로 포화지방이 훨씬 큰 위협이라고 믿었기 때문에 그랬는지 알 수가 없다"고 지적한다. 따라서 기업에 의뢰를 받아 연구를 수행했던 과학자들이 매수당했거나 또는 연구 결론이 재정적 이익에 영향을 받았는지 알아내는 게 문제가 아니다. 데니스 톰프슨이 이해충돌에 관한 자신의 선구적 논문에서 설명했듯, 그걸 알 수 없기 때문에 규칙이 필요한 것이다.

06

'과학 세탁' 기계처럼

　다니엘 디트리히의 넥타이는 흥미로운 볼거리다. 요란한 색깔뿐만 아니라 넥타이에 인쇄된 커다란 동물무늬도 사람들의 이목을 끄는 데 한몫한다. 안경줄에 매달린 돋보기안경이 이리저리 흔들릴 때마다 넥타이에 그려진 개구리, 곤충, 무당벌레가 커졌다 작아지기를 반복한다. 독일 콘스탄츠대학교 독성학 교수이며 인체 및 환경독성학팀을 이끌고 있는 다니엘 디트리히는 이따금씩 유럽연합 의원들과 위원들에게 내분비계 교란물질의 너무 엄격한 규제에 반대하는 입장을 설명하기 위해 브뤼셀로 향한다. 그가 정치 및 과학 싸움터에 등장해 센세이션을 일으킨 사건은 2013년 여름으로 거슬러 올라간다. 당시 이 문제를 담당하고 있던 유럽 위원회 환경총국은 회원국 소속 전문가들과 2년간의 토론을 거쳐 구상한 내분비계 교란물질 규제안을 다른 부서에 제출하여 승인받을 준비를 하고 있었다. 규제안은 가장 최근의 과학적 지식과 유럽 연합법에 명시되어 있는 사전예방원칙을 근거로 삼았다. 농약 제조업체들은 이 규제안을 거세게 반대하고 나섰고, 5월에는 조직적으로 이메일 전격전을 펼쳐 그들의 이익에 민감하게 반응하는 관료들로부터 유예기간을 얻어내려 애썼다. 이때 전대미문의 두 작전이 동시에 전개되었다.

내분비계 교란물질 규제에 맞선 전문가들의 전투

6월 중순, 56명으로 이뤄진 과학자 집단이 당시 유럽 위원장 조제 마누엘 바호주의 수석 과학고문인 앤 글로버 교수에게 한 통의 서신을 보냈다. 그들은 "제안된 접근법에 따라 독성학과 환경독성학 분야에서 통용되고 있는 과학 및 규제 원칙들을 재정해야 할 수도 있다. 그러나 그 필요성을 증명할 적절한 과학적 증거도 없다"고 염려했다.

그로부터 3주가 지나기 전에 이 서신은 이례적인 방법으로 공개되었다. 14종의 학술지에 동시 공개된 사설이 서신의 내용을 뒷받침했다. 사설 자체도 비범한 제목을 달고 있었다. '과학적 근거 없는 예방 조치가 유럽 위원회의 내분비계 교란물질 규제에 대한 권고사항에 힘을 불어넣고, 충분히 정립된 과학상식과 위해성평가 원칙을 무시한다.' 사설의 공저자인 열여덟 명 중 일부는 앞서 말한 서신의 작성자이기도 했다. 하지만 14종의 학술지 어디에도 이해관계확인서는 첨부되지 않았다. 따져봐야 할 게 많았다. 저자 18명 중 17명이 실제로 화학, 살충제, 의

약품, 화장품 또는 생물공학처럼 많든 적든 간에 규제안의 위협을 받는 업계의 기업과 관련이 있었다. 다수가 규제원칙의 정당성에 언제나 신속하게 대항하는 산업, 바로 담배산업에 협력한 바 있었으며 내분비계 교란물질 전문가는 얼마 없었다. 그중 한 명은 R. J. 레이놀즈의 전 직원이자 컨설턴트인 A. 윌리스 헤이즈이다. 다른 한 명은 독일 함부르크대학교 의과대학 퇴직교수, 한스 마쿼트로 사례를 받고 필립모리스의 외부연구 후원을 위한 과학자문위원으로 활동했다. 또 다른 한 명인 지오바타 고리는 다시 언급하게 될 인물로, 담배 제조업체들을 상대로 컨설팅 서비스를 제공해 수백만 달러를 벌어들였다. 이 이중 작전을 주도한 건 세 명의 독일 과학자들이다. 그들의 국적을 명시하는 이유는 내분비계 교란물질 규제에 맞서 펼치는 로비활동의 전장에서 화학 및 살충제 업계의 독일 대기업인 바스프와 바이엘이 가장 눈부신 활약을 펼치고 있었기 때문이다. 뷔르츠부르크대학교 독성학 교수인 볼프강 데칸트는 당시 농약, 화학, 플라스틱 기업과 기업 소속의 로비단체와 체결한 약 스무 건의 계약서를 공시했다. 뮌헨공과대학교 독성학 및 환경위생 연구소 전 소장인 헬무트 그라임은 이미 화학, 살충제, 석면, 자동차, 향수 등의 수많은 산업에 협력했으며, 2015년에는 몬산토가 글리포세이트 제품을 방어하기 위해 조직한 전문가 패널에 합류했다. 이 이름 또한 앞으로 책에서 빈번하게 등장할 것이다. 세 번째 사람은 바로 직전에 묘사했던 독창적인 넥타이를 맨 그 남자다.

다니엘 디트리히와 기업의 관계는 훨씬 세밀하고 복잡하게 얽혀 있으며 다른 이들보다 오래됐다. 어쨌든 공공분야와도 인연이 깊다. 그의 이력서를 살펴보면 그가 질문을 받을 때면 '너무 오래전'이라며 둘러

대는 불확실한 날짜에 화학산업단체인 유럽 화학물질 생태독성 및 독성센터의 고문을 맡았다는 걸 알 수 있다. 독성학자인 다니엘 디트리히는 2000년부터 2010년까지 다우 유럽, 아스트라제네카 그리고 바이엘 헬스케어와 같은 제약 및 화학 기업의 직원들과 함께 연구논문 네 편을 공동으로 작성했다. 마찬가지로 특기할 것은 2006년 그가 제품방어 전문 대행사 더 와인버그 그룹의 직원으로 알려진 토마스 페트리와 함께 연구의 공저자로 이름을 올렸다는 사실이다. 왜 독자들, 우선은 유럽 정책 결정자들이 이해관계를 확인할 수 있도록 사설 아래에 이해관계확인서를 첨부하지 않았던 걸까? "사설이었으니까요." 2013년 9월 브뤼셀에 다녀온 지 얼마 지나지 않아 전화로 연락이 닿은 다니엘 디트리히가 스스로를 정당화했다. "발행인들의 의견이었어요. 특정 화학제품에 대한 데이터를 발표한 게 아니니까요." 그런데 사설이야말로 『뉴잉글랜드의 학저널』편집장이 기업과 연계한 저자의 게재를 막을 정도로 민감한 내용을 담고 있다고 판단했던 형식 중 하나다. 공저자 18명 또한 문제가 된 학술지 14종의 편집장이자 발행인이었다는 걸 짚고 넘어가야겠다. 다니엘 디트리히가 이끄는 학술지 『화학-생물학적 작용Chemico-Biological Interactions』의 경우 다른 학술지와 마찬가지로 자유롭게 규칙을 정하거나 없앨 수 있었다. 해당분야 전문과학자 약 서른 명이 충격에 빠져 학술지 『환경보건Envrionmental Health』에 반박입장을 내놓았다. 두 편집장, 필립 그랑장과 데이비드 오조노프는 '현대 사회에서 과학의 투명성과 변형'에 대한 신랄한 사설을 게재해 그들을 호위했다. 둘은 "오염물질 규제를 합법화하는 과정에서 과학이 강력한 영향력을 발휘하고 학술연구가 산업의 후원에 의존하게 되면서 숨겨진 의도가 심각한 문제로 대두됐다. 오늘날 과학은 이처럼 보이지 않는 전장의 한가운데 있다"고 기술했다. 문제의 사설이 어떤 이해관계확인서도 포함하고 있지 않았기 때문에 둘은 사설 저자들에게 누락된 내용을 보완할 것을 신신당부한다. 하지만 결코 이뤄지지 않을 것이다. "우리는 이해충돌에 관한 토론이 그 누구에게도 도움이 되지 않을 거라고 생각한다. 이런 토론은 진정한 문제의 관심을 다른 곳으로 돌려버리기 때문이다." 다니엘 디트리히는 "그들 중 누구도 자금을 받지 않았다"고 단언하며 자신을 정당화한다.

누락되거나 불완전한 이해관계확인서는 학술지의 투명성을 입증하는 데에 제1의 장애물이 된다. 2016년 학술지 『연구 무결성과 동료심사Research Integrity and Peer Review』에 게재된 연구논문에 따르면 발표된 임상병리학 논문 중 43~69%가 이해관계확인서를 포함하지 않는다. 하지만 학술지에 규정이 존재하더라도 마찬가지다. 디트리히와 그 외의 적대적인 사설이 실린 학술지 14종 중 12종에는 이해충돌과 관련한 규정이 있었고 그중 8종은 ICMJE의 규정을 준수하고 있었다. 매우 엄격한 정책을 적용하는 가장 권위 있는 학술지들도 이 문제에서 자유롭지 못하다. 심지어 더 심각한 경우도 있다. 논문저자가 신고하지 않은 이런저런 이해충돌을 발행인에게 알려주는 건 대개 경각심을 늦추지 않는 독자들이다. 학술지는 출판 이후 이해충돌을 알려주는 우편물을 받곤 한다. 이 주기는 어느 정도일까? 매년 6천 편의 원고와 최소 6천 개의 이해관계확인서를 받는 『미국의학협회지』의 편집장은 그 주기가 빈번하다는 것을 툭터놓고 인정한다. 때로는 정정문이 실릴 때도 있다. 만일 그런데 정정문이 실린다 해도 누가 읽을까? 거의 아무도 읽지 않을 것이며 게다가 때를 놓쳤다. 영향력을 행사하기 위한 자료는 진작에 '과학 세탁' 기계에 투입돼버렸다. 누락이 됐든 말든 중요치 않고, 정정은 이뤄지지 않으며, 처벌 없이 넘어가는 일이 부지기수다. 완벽한 이미지 세탁이다.

소속 속임수와
무료 컨설턴트

다니엘 디트리히의 내분비계 교란물질 관련 집필활동을 자세히 들여다보자. 우리는 필립 그랑장 또는 『뉴잉글랜드의학저널』의 전 편집장 아널드 렐먼 같은 이들의 기준을 지표 삼아 직업윤리라는 빗방울을 피하는 모든 수단을 살펴보게 될 것이다. 먼저 오해를 불러일으키는 소속 기재부터 시작해보자. 2013년 12월, 독일 과학자 다니엘 디트리히는 학술지 『독성학 서한Toxicology Letters』에 「내분비계 교란, 사실인가 혹은 도시전설인가?」라는 제목의 논문을 발표한다. 정통성을 내세우는 학술지로서는 의외인 이 논문에서 다니엘 디트리히와 세 명의 공동저자들은 내분비계 교란물질이 남성 생식계에 영향을 미친다는 입증된 사실을 질 나쁜 농담으로 취급한다. 그들은 수컷의 여성화나 성기 왜소화가 "특히 남성의 감수성과 상상을 뒤흔들어 놓는다"며 내분비계 교란물질 문제를 두고 "독성학 박사보다는 지그문트 프로이트의 영역 아닌가?"라고 기술한다. 다니엘 디트리히 외 두 명의 저자들은 캔자스대학교와 플로리다대학교 출신임을 내세우고 있으나 그중 한 명의 주요활동이라고는 과학계를 은퇴한 것뿐이다. 그는 3년 가까이 어떤 논문도 발표하지 않았다. 다른 한 명은 크리스토퍼 보거로 1996년부터 사설 컨설턴트로 일하고 있다. 그는 2012년 유럽 위원회 환경총국의 내분비계 교란물질에 대한 중요 보고서의 '비평'을 작성해 미국의 로비단체인 ACC*로부터 보수를 지급받은 저자들 중 한 명이다. 대학에서의 직책이 무보수 명예직이라고 기술했지만 과연 그럴까? 그가 사무실을 차린 뒤 발표했던 37편의 논문은 전부 '응용 약물학 및 독성학'으로 발표됐는데도 왜 그를 전면에 내세운 걸까? 첫 번째 공동저자인 게르하르트 노히넥은 프랑스 니에브르주의 작은 행정구역에 거주하고 인터넷 공급업체 누스Noos의 이메일 주소를 사용하는 일반인처럼 소개됐지만, 사실 그는 링크드인LinkedIn에 써있듯 다국적 뷰티기업 로레알의 과학이사이자 '글로벌 세이프티' 프로그램 책임자다. 사실상 전혀 개인이 아니란 얘기다. 동료심사로 말하자면, '서한/사설' 이중 작전을 이끈 독일 과학자 트리오 중 한 명인 볼프강 데칸트가 수장으로 있는 학술지의 심사위원회에 다니엘 디트리히가 속하지 않았다면 훨씬 엄격한 심사가 이뤄졌을 것이다. 논문의 맨 아래에 기입된 이해관계확인서는 다음과 같이 명시하고 있다. "이 논문에 쓰여 있는 의견은 저자들의 개인적인 의견을 반영하며 위생 및 미용제품들의 안전성 평가를 향상시키기 위한 목적으로 제안된 것이다. 저자들은 이 논문을 쓰는 대가로 어떤 원조나 보상도 받지 않았다. 따라서 그들이 신고해야 할 이해충돌은 하나도 없다." 다니엘 디트리히 외 공동저자 세 명의 진정한 소속이 문제가 되면서 두 주장의 신빙성이 시험대에 오른다.

제품방어사무소에 고용된 컨설턴트가 소속을 숨기는 일은 드물지만 프리랜서 컨설턴트로 일하는 과학자의 경우 그렇지 않다. 심지어는 의뢰를 받지 않고도 자유시간을 할애해 무료로 일하는 희한한 컨설턴트 유형을 꽤나 자주 마주치게 된다. 하지만 이 컨설턴트 또한 직업적 관행으로 시간당 혹은 일당으로 보수를 받는다. 다니엘 디트리히의 세 번째 편집활동 일화에는 이 컨설턴트 유형과 관련해 주목할 만한 예시가 포함되어 있다. 2017년 5월 그는 내분비계 교란물질 노출로 치러야 할 인적비용에 대한 긴 '비판적 검토'를 게재하여 2년 전 발표된 6편의 논문 시리즈를 혹평했다. 이 비용연구는 화학물질이 야기한 질병과 질환으로 사회가 지불해야 하는 비용을 추산한 것이다. 앞부분에서 언급했듯 이 연구에는 여러 분야의 과학자 약 열다섯 명이 참여했고, 뉴욕대학교 의과대학 소아과, 환경의학과, 공중보건학과 부교수인 레오나르도 트라샌드(2장 참고)가 팀을 이끌었다. 참고삼아 말하자면, 이 비용 추정 연구에서 IQ 감소와 지적장애에 유기인 화합물 농약과 내연제가 큰 책임이 있다고 지적됐으며 그에 따른 추정 비용은 유럽연합의 경우 1,570억 유로에 달했고, 미국은 3천억 유로 이상이었다. 이 연구는 임상내분비학의 제1기준이자 미국내분비학회에서 편찬하는 『임상내분비대사학 Journal of Clinical Endocrinology and Metabolism』 및 『랜싯당뇨병 및 내분비학 The Lancet Diabetes and Endocrinology』과 같은 수준 높은 학술지에 실렸다.

과학계에는 논문에 대한 비판을 게재할 때 해당 논문을 게재했던 학술지에 제출해야 한다는 암묵적인 규칙이 있지만 다니엘 디트리히와 공동저자인 그레고리 본드는 덜 유명한 학술지 『독성학 아카이브 Archives of Toxicology』를 선택했다. 그들은 극단적 보수주의 성향을 띄는 싱크탱크, 미국기업연구소 소속의 두 남자가 작성한 네 단락짜리 편집인에게 보내는 편지를 참조하면서 레오 트라샌드 팀이 내린 결론의 타당성에 의문을 제기한다. "그럼에도 불구하고 이 비용 추정치는 미국, 유럽, 세계 대중 언론과 다양한 정치적 포럼에서 널리 인용되고 있다. 지지자들 또한 이 주장을 적극적으로 이용한다. 이들은 일반 대중의 건강에 미칠 영향을 짐작한 다음, 현재의 안전 및 위해성 평가로는 통제할 수 없다며 대중의 우려와 공포를 조장한다." 그 뒤로는 레오 트라샌드에 대한 인신공격과 과학자의 무결성에 대한 비방 그리고 비전문적이라는 비난을 넘나드는 내용이 열다섯 쪽 정도 담겨있다. 참조자료의 선별(앞서 언급한 체리 피킹), 기준 위반, 결함, 불충분한 요소가 잔뜩 언급된다. 여기에 주관적 판단, 허술하고 근거 없는 계산이라는 비난이 덧입혀지면서 가설이 난무하는 잘못된 비용평가라는 결론으로 귀결된다. 게다가 전체적으로 마치 부어라 마셔라 한 저녁식사가 끝나고 얼큰하게 취한 비전문가들이 체크무늬 식탁보의 한구석을 뒤집어 그 위에 끄적거린 계산 같다는 멸시가 기저에 깔려있다.

다니엘 디트리히 일당 중 하나인 그레고리 본드는 자신의 회사명인 '매니투뷰컨설팅'을 거론하며 사설 컨설턴트라는 자신의 소속을 명확히 밝힌다. 반면, 이해관계확인서에는 다음과 같은 정보만 들어있다. "그레고리 본드는 ACC에 컨설팅 서비스를 제공하고 있다. 다니엘 디트리히는 이해충돌이 없다." 대학에서 교직을 맡고, 연구 작업까지 수행하고 있으면서 2013년부터 이 파괴 작업에 시간을 할애하고 있다는 건 다니엘 디트리히로서는 개인적으로 엄청난 투자를 하고 있는 셈이다.

레오 트라샌드는 "본드는 무엇을 위해 돈을 지급받았나? 돈을 받긴 한 건가? 이와 같은 질문들이 아직 그대로 남아있다"고 자문한다. 그레고리 본드는 컨설턴트로서 실제로 의뢰에 따라 돈을 받고 일을 한 것으로 보인다. 이는 컨설턴트라는 직업의 원칙 자체이기도 한데, 그들에게 시간은 금이나 마찬가지다. 백여 편 정도의 참고문헌이 포함된 이 '비판적 검토'를 작성하기 위해선 분명 시간이 필요했을 것이다. 레오 트라샌드는 이처럼 평가한다. "아마 몇 주는 걸렸을 겁니다. 저는 디트리히가 소속된 대학이 그에게 한 달 치 월급을 지급해 이 논문 작성을 지지했다는 사실이 놀랍습니다. 그는 여섯 편의 원고에 실린 단어 하나 하나를 꼼꼼하게 읽었을 테고, 자신이 찾던 결과에 도달할 때까지 그걸 낱낱이 분석했겠죠. 그밖에도 그는 참고문헌에서 엄선한 일부분을 소개해 데이터의 대안적 해석을 뒷받침합니다. 해당분야의 명성 있는 과학자들에게 타당성을 인정받은 데이터입니다. 디트리히는 전염병학 연구를 주도한 적 없고, 공동저자인 본드는 출생 코호트에 대한 연구를 수행한 적이 없는데 말이죠. 더군다나 화학물질의 환경노출에 대해서는 말할 것도 없죠. 이러한 정황상, 이들은 도대체 왜 이 논문을 쓴 걸까 자문하게 됩니다."

2017년 9월, 그레고리 본드는 서면으로라는 조건 아래 몇몇 질문에 답하는 것을 승낙하면서 이렇게 말했다. "이건 매우 복잡하고 미묘한 주제입니다. 그렇기 때문에 저는 해당 논문의 내용과 직접적으로 관련 있는 모든 질문에 이메일로 대답할 의향이 충분히 있습니다. 간결하게 조목조목 답변을 드릴 겁니다. 하지만 기자님께 제 답을 문자 그대로 인용하실 거라는 동의를 받고 싶습니다. 번역에서 어떤 의미도 빠지지 않았다는 확신이 필요합니다.* 제게 부디 어떻게 진행하고 싶으신지 알려주시길 바랍니다." 과학자의 이메일이 이토록 변호사의 서신과 유사한

---

* 이상을 확인함.

경우는 극히 드물다.

"본드 박사님, 친절한 답변 감사드립니다. 확신컨대, 박사님께서 말씀하신 논문의 '내용'에 포함하는 '이해관계확인서'란을 보면 박사님께서 ACC에 컨설팅 서비스를 제공하신다고 되어있는데요. 제가 묻고 싶은 것은 다음과 같습니다. 제공하시는 서비스에도 학술문헌 검토가 포함됩니까? 이 서비스는 단발성으로 제공되는 겁니까? 또는 ACC와의 '포괄 계약Master contract'에 협업 작업이 포함되어 있습니까? 작성하신 비판적 검토에 상당히 많은 시간이 걸렸을 것 같은데요, 여기에 어떠한 자금출처도 명시되지 않았습니다. 이런 유형의 작업, 즉 사설 컨설턴트로서 아무런 후원자금 없이 일을 하시는 경우가 자주 있나요? 답변에 시간을 할애해 주셔서 감사드립니다. 안녕히 계십시오."

본드는 이 질문들에 대답하길 꺼렸다. "오렐 기자님께. 다시 말씀드리지만 디트리히 박사와 저는 이해충돌 및 자금출처를 학술지에 사실 그대로, 철저하게 신고했습니다. 우리는 몇 달 전에 발표한 '편집인에게 보내는 편지'에서 비슷한 질문들에 이미 답한 바 있습니다. 우리는 오히려 트라샌드 박사의 비용 추정을 뒷받침하는 과학적 근거가 타당한가에 집중해야 한다고 생각합니다. 과학이나 트라샌드 박사의 결론과 직접적으로 연관이 있는 질문이라면 기꺼이 대답을 드릴 겁니다. 그레고리 G. 본드, PhD, M.P.H., F.A.C.E.[*]"

---

[*] 미국 전염병학회 회원(Fellow in the American College of Epidemiology). —옮긴이 주

신뢰 생산라인과
자기인용의 극치

그레고리 본드가 '응답 불수리 사유'를 표명한 메일에서 언급했던 '편집인에게 보내는 편지'는 레오 트라샌드의 또 다른 학술 출판물을 물어뜯는다. 이번 연구에서 트라샌드는 이전 비용추정 연구로부터 데이터를 추출해 내분비계 교란물질 노출로 인한 당뇨 발병률과 그로 인해 유럽이 지불해야하는 '비용' 계산에 착수했다. 이 연구에 따르면 해당 환자의 수는 15만 2,481명으로 비용으로 환산하면 연간 45억 1천만 유로에 해당하는 금액이었다. 이 짧은 논문은 2017년 2월 저명한 『영국의학저널』에 속하는 『전염병학 및 공동체건강Journal of Epidemiology and Community Health』에 실렸다. 그로부터 한 달 뒤, '화학물질 노출관련 한계, 불확실성, 엇갈린 해석들과 당뇨병'이라는 제목의 글이 학술지의 투고란에 실렸다. 어김없이 그레고리 본드와 다니엘 디트리히가 작성한 것이었다.

이런 형태를 취하는 논문들이 그러하듯, '편집인에게 보내는 편지' 또한 매우 짧다. 짧은 내용에도 부정표현 빙고의 엑기스는 다 담겨 있다. '실패하다', '선별편향', '별 의미 없는 연관성', '위험성의 다른 요인들', '받아들여질 수 없는', 모든 게 '신랄하고 근거 없는 결론'으로 귀결된다. 규범에 따라 학술지는 비판을 받은 논문저자에게 동일한 형식으로 대응할 수 있는 기회를 제공한다. "이 편집인에게 보내는 편지에 답하느라 몇 주, 아마 한 달을 허비했는데요. 이건 시간낭비라고 하는 게 맞겠네요. 제 급여에는 암묵적으로 과학규범을 지키는 일에 대한 값이 포함됩니다." 살짝 빈정거리는 미소를 지은 레오 트라샌드가 계속해서 완곡어법을 고집하며 말했다. "가장 적절한 대응 방법은 드러내는 겁니다. 과학계 전체에 이 전략의 부적절한 성격을 자료로 증명하는 거죠." 위장한 과학으로 과학을 되받아치면서 과학자들을 공격하고 그들의 시간을 뺏어 연구를 방해하는 것 또한 학술지를 통한 괴롭힘의 목적 중 하나가 아닐까?

레오 트라샌드는 반박글에서 냉소적으로 빈정거리는 태도를 취했다. "이해충돌 논란이 불거진 화학산업 컨설턴트인 본드와 그의 협력자인 디트리히가 잔류성 유기오염물질과 당뇨병의 연관성을 밝힌 스무 편 이상의 다영역 연구와 최소 일곱 편의 전향적 연구를 받아들일 수 없다고 선언하다니. 우리 또한 더 많은 장기 연구가 진행되어야 한다는 데 깊이 동의한다. 전 세계 수천 명의 환자들, 더 높은 참여율, 일정하게 측정되는 수백 가지의 오염물질, 그 밖에 혼란을 줄 수 있는 요소들을 측정할 수 있다면 이상적일 것이다." 하지만 이 모든 조건이 다 갖춰지는 건 불가능하다. 트라샌드도 잘 알고 있다. "산업과 결탁한 본드와 그의 동료인 디트리히가 내분비계 교란물질과 관련해 제기한 의혹 대부분이 가공된 것이라는 사실이 이번 검토 및 기타 논문에서 자료로 증명되었다."

하지만 그레고리 본드와 다니엘 디트리히는 학술지로부터 반박을 하나 더 실어주겠다는 약속을 얻어냈다. 트라샌드가 그의 주장에 동의하지 않는 이들더러 산업의 영향을 받았다고 화살을 돌려 정당한 과학적 질문에 대한 모든 진지한 토론을 피하려 한다는 사실은 실망스럽긴 하나 그다지 놀랍지는 않다. 그들은 레오나르도 트라샌드의 진정한 의도를 무엇이라고 생각할까? "합당한 과학적 토론을 탄압해 싹을 잘라버리는 것"이다. "진정한 과학에는 결과가 어떻든 받아들이는 마음가짐이 필요하다." 둘은 "트라샌드와 그의 동료들이 작성한 답변의 나머지 내용은 그와 공저자들이 만든 또 다른 불명확한 비용 평가에 대한 선전"
으로 이 계산 결과가 다른 연구자들에게 비판받고 있다고 주장한다. 또
한 이 비용 평가에는 다음과 같은 경고 문구가 붙어 있어야 한다고 덧붙
인다. 바로 '*Caveat emptor*', '매수자가 확인해야 할 책임이 있다'는 의미
의 라틴어 문장이다. "우리는 트라샌드와 공저자들의 모순적 행보에 우
려를 표한다. 건강보호와 관련해 이미 잘 정립되어 있는 현대적인 접근
법을 재검토한다는 명목하에 경계 과학을 출판하려 들다니 말이다."

　1980년대에서 1990년대 사이의 이해관계확인서 토론에서는 전
혀 언급되지 않았던 '편집인에게 보내는 편지'는 이처럼 의혹을 뿌리고
다니는 사람들이 선호하는 형식이 됐다. 매우 짧아 많은 노동력을 요구
하지 않고 허용된 길이가 500단어를 넘는 경우가 드물기 때문이다. 글이
때때로 출판 전 동료심사를 받아야 할지라도, 이 경우에는 내부 동료심사
를 받으며 논문보다는 확실히 더 느슨한 확인과정을 거친다. 이렇게 심사
기간이 짧기 때문에 더 빨리 출판될 수 있다. 학술지도 편지형 논문, 사설,
논평 등 기타 형식 논문의 이해관계확인서에 대해 신경을 덜 쓰는 걸까?
그런 것 같다. 수십 년간 투고란을 운영하며 몇몇 실패의 순간을 경험했
음에도 불구하고 같은 실수를 반복한다는 걸 믿을 수 없지만 말이다.

　2016년 7월 중순, '의사과학으로 법을 망치지 마시오'라는 제목의
편지형 논문이 『네이처』에 게재됐을 때, 어떻게 저명한 학술지 내부에
아무런 거름장치가 설치되지 않을 수 있는지 의문이 들었다. 이 논문은
이렇게 시작한다. "우리는 화학제품 안전규제를 수립하기 위한 유럽연
합의 일부 절차가 미디어와 불안을 조장하는 의사과학에 영향 받지는
않을지 우려됩니다." 어디서 본듯한 느낌을 주는 이 논문은 "이해충돌이

상업적 동기와 상관없이 문제를 악화시킬 수 있다"고 주장한다. 특히 "증거의 객관적 평가보다 연구자금의 확보를 더 중요하게 여기는 일부 과학자들"의 경우 더욱 그렇다. 논문저자와 같은 입장을 취하는 사람들이 가장 꺼리는 것은 뭘까? "규제가 불필요하게 구속적인 성격을 띠게된다. 심지어는 손해를 끼칠 때도 있다. 내분비계 교란물질의 잠재적인 위험 때문에 농업분야에서 트리아졸계 살균제를 금지하는 경우가 그 예다." 이 서신을 작성한 여덟 명의 대표자는 다니엘 디트리히다. 그 어떤 이해충돌도 명시되지 않았다. 그런데 이게 누군가? 여덟 명에 포함된 볼프강 데칸트와 헬무트 그라임은 2013년 여름 '앤 글로버 서신' 작전을 함께 주도한 독일 과학자들이다. 콜린 베리는 1937년생 런던 퀸메리대학교 출신의 병리학 명예교수로 지난해부터 몬산토의 글리포세이트 전문가집단에서 활약하고 있다. 다음으로 앨런 부비스는 임페리얼칼리지의 생화학약물학 교수이자 국제생명과학연구소 ILSI의 오랜 협력자이다. ILSI는 농식품 가공과 화학, 그리고 특히 농약산업으로부터 자금을 후원받는데, 이 이야기는 뒤에서 다시 다룰 것이다. 레오 트라샌드가 '서명인 스물다섯 명의 지지를 받아' 자발적으로 작성한 반박글은 급히 『네이처』로 보내져 15일 뒤 게재됐다.

하지만 이번에는 디트리히와 그의 동료들이 한층 더 기발한 창의성을 보여줬다. 『네이처』 웹사이트에 올라와 있는 그들의 논문 아래에는 언론 기사처럼 댓글란이 있었다. 그들은 망설이지 않고 이 공간을 점거해 잘 알려지지 않은 학술지 사이트에 게재된 '더 자세한 내용이 실린 완전판'을 홍보했는데, 바로 다니엘 디트리히가 편집장으로 있는 학술지였다. 다시 말해, 저명한 학술지인 『네이처』—그리고 어마어마한 수의 구독자들―를 광고 플랫폼으로 이용한 것이다. 학술지『화학-생물학적 작용』에 실린 더 자세한 내용은 엄격한 편집 과정을 거치지 않은 것으로 보인다. '더 큰 그림: 유럽연합의 위해성 평가에 의사과학을 허용하는 것은 전문가들과 과학 자체에 대한 대중의 신뢰를 갉아먹는다'라는 제목의, 서투른 영어로 쓰여 있던 이 글은 다시 읽어보거나 교정도 하지 않은 것이 분명했다. 난해한 비유의 홍수 속에는 하느님께서 손발이 묶인 채 강에 던져진 이들 중 무고한 자를 물에 뜨게 해 죄를 가려내실 거라느니, 사전예방원칙이 동종요법과 다소 비슷하다느니 하는 이야기와 중세의 정의, '마술'에 대대적으로 자리를 빼앗긴 과학원칙과 같은 주제들이 뒤죽박죽 섞여있었다.『네이처』편집인들은 댓글을 지워 빠르게 공간의 악용을 막았다. 레오 트라샌드의 즉각적인 신고로 인한 조치였다.

　　지금은 단지 디트리히와 동료들이 게재하는 데 성공했던 편지형 논문이 남아있을 뿐이다.『화학-생물학적 작용』에서 여전히 더 자세한 내용을 찾아볼 수 있듯이 말이다. 그레고리 본드와 다니엘 디트리히가 『전염병학 및 공동체건강』에 투고한 편지형 논문 두 편처럼, 마치 그들이『독성학 아카이브』에 비용연구와 관련해서 발표한 '비판적 검토'나, 『독성학 서한』에 실은 「내분비계 교란, 사실인가 혹은 도시전설인가?」 논문처럼, 그리고 14종의 학술지에 실린 사설처럼 말이다. 내용의 수준이 어떻든 간에, 논문을 게재하기 위해 사용된 방법이 정직하든 아니든, 저자가 숨긴 이해충돌이 무엇이든 작성자의 의도와는 상관없이 논문은 계속해서 공개된 채 남아있으므로 학술문헌과 같은 자격을 주장할 수 있게 된다. 이러한 논문은 초록 상태로 아카이브 데이터베이스에 올라가기 때문에 그 어떤 편집이력도 알 수가 없다. 초록에는 이해관계확인서가 포함되어 있지 않으며 일부 소속 정보는 사람들을 헷갈리게 만든다. 후에 그들이나 또는 사정을 잘 알거나 모르는 다른 저자들이 이 논문을 다른 새로운 논문, 편지형 논문, 사설 등의 참조로 인용한다. 참고문헌 표기법에 사람들은 속아 넘어갈 것이다. 누가 '디트리히, 「EU 안전규제: 의사과학으로 법률을 망치지 말라」, 『네이처』, 2016년 7월 21일, 535(7612) : 355.'라는 출처 뒤에 숨겨진 진실을 알 수 있을까? 누가 이것이 250자 이하의 편지 형태의, 규격에 맞는 논문이 아니라는 걸 알까? 실제로 원본을 열람하러 가는 수고를 할 사람이 누가 있을까? 학술지를 이용해 신뢰를 한 땀 한 땀 만들어내고 자기 인용을 거듭해 신뢰의 고리를 연결하는 것, 이것이 바로 과학 세탁의 목적이다. 오늘날 이 문제를 예방하고 억제하기 위한 명확한 규칙을 갖추고 있는 학술지가 하나도 없다. 내분비계 교란물질에 대한 유럽법률 마련이 지연되는 이유는 주로 존재하지 않는 과학의 두 진영 사이에 가짜 논쟁을 구축해서 얻은 결실, 즉 만들어진 의혹 때문이다. 하지만 반은 현역 과학자, 반은 은퇴한 과학자로 이뤄진 열두 명이 해당 분야 전문 과학자들 사이에서 이뤄진 합의를 부인한다고 해서 그걸 과학적 논쟁이라고 할 수 있을까?

윤리 수호자들의 틈

만약 지구상에 이 사실을 아는 장소가 한 군데 있다고 한다면 그건 바로 과학자들의 꿈의 무대이자 주당 200편의 원고가 도착하는 학술지, 『네이처』의 편집부일 것이다. 적의로 빛나는 '의사과학'이라는 용어에도 베테랑 편집자들이 경계태세를 취하지 않았던 건 어찌된 일일까? 정치 및 규제적 이해관계가 얽히고 설켜 있음에도 논문심사 때 이런 상황을 고려하지 않은 건 왜일까? 특히 이해충돌 상황에 처한 저자들이 태반이었는데도 이것이 명시되지 않은 이유는 뭘까? 이러한 질문에 『네이처』는 "본지의 투고란은 동료심사대상이 아닙니다"라고 일축했다. 담당자들이 주의해야만 문제의 편지형 논문을 막을 수 있다는 것이다. "저자가 재정적 이해충돌을 신고해야 하며 모든 재정적 이해충돌은 투고 원고와 함께 게재된다." 이 말인즉, 저자 여덟 명이 『네이처』에 아무것도 신고하지 않았다는 뜻이다. 제목을 보고도 눈살을 찌푸린 이가 없었단 말인가? 『네이처』의 권유로 저자를 위한 출판지침을 읽다가 '서신의 제목은 본지가 정한다'는 문구를 찾아내 살짝 동요했다. 그러니까 학술연구에서 나온 작업물을 모욕적인 용어를 사용해 규정한 쪽이 『네이처』일 수도 있다는 말인가? 『네이처』 대변인의 답변은 매우 상투적이었다. "투고란에 실리는 제목의 경우, 주어진 공간 내에서 서신 각각의 메시지가 간결하고 명확하게 집약되도록 해야 합니다. […] 그렇게 해서 『네이처』는 여러 분야의 연구원으로 활약하고 있는 전 세계 독자들에게 유용한 정보를 제공합니다. 제목은 저자, 발행인, 편집자가 함께 정합니다." 『전염병학 및 공동체건강』은 왜 그레고리 본드와 다니엘 디트리히 같은 저자들에게 마지막 발언을 할 수 있는 특권을 넘겨줬던 걸까? 게다가 그 마지막 발언이라는 게 어땠는가! '의심스러운 비용 평가', '이론의 여지가 있는 과학'…. 건전한 학술토론에서 쓸모없는 공격성을 표출하는 표현들이다. 독자들은 이렇게 생각할 것이다. 투명성 규칙을 제정하는 건 좋지만 만약 저자가 지키지 않으면 어떻게 해야 하지? 어떤 처벌이 규정되어 있을까? 각 학술지마다 나름의 정책이 있지만 많은 학술지가 ICMJE 출판윤리위원회의 권고사항을 채택해서 사용한다. ICMJE는 학술지 발행인을 위해 표절부터 데이터위조까지 다양한 문제를 단계별로 해결할 수 있게 도와주는 도식을 배포한다. 문제와 맞닥뜨렸을 때는 화살표를 따라가기만 하면 된다. 논문이 출판될 때 신고는 되지 않았지만 이해충돌 의혹이 있는 경우, 원칙적으로는 정정문을 게재하여 독자들에게 알려주는 것으로 일이 마무리되어야 한다. 하지만 출판윤리위원회는 저자들로부터 이해관계확인서를 작성하겠다는 약속을 받으라고 조언한다. 저자들이 이를 거부한다는 가능성은 생각도 하지 않는다. 그런데 과학 경찰이나 학술지 헌병은 존재하지 않는다. 발행인이 결정을 내리기 어려운 문제에 대한 구체적인 해결책을 제시한다 하더라도 출판윤리위원회는 그저 자문포럼일 뿐이다. 일시적으로 학술지에 게재를 못하게 한다든가 문제가 된 과학자를 고용한 조직에 그의 직업윤리 위반을 신고하는 등의 처벌도 마련되지 않았다. 정정문 게재가 징계의 역할을 대신한다. 참회하기 위한 투명성이라니! 아마도 투명성 정책보다 많은 참여를 유도하고 교훈을 주면서 직업윤리를 장려할 수 있는 방법이 있을 것이다. 예를 들어, 데이터 위조나 명백한 표절과 같은 심각한 부정행위의 경우 논문이 철회될 수 있다. 해당 논문은 철회 이후에도 여전히 열람 가능하나 치욕적인 낙인이 찍힌 것과 다름없다. 철회 사실과 이유를 설명하는 안내문이 첨부되기 때문이다.

보다시피 투명성 정책은 어떤 것도 보호하지 않고 보장해주지 않는다. 이미지 세탁도, 과학으로 위장된 비방의 확산도 막지 못하며, 업계 및 제품 방어 목적의 논문 발표 또한 거의 저지하지 못한다. 자금출처가 산업인 것이 명확히 드러난 경우에도 마찬가지다. 이 규칙의 목적은 투명성을 획득해 편향을 식별하려는 것이지 과학지식 생산을 걸러내 후원받은 논문을 분별하는 것이 아니다. 후자가 목적이었던 적은 단 한 번도 없었다고 말할 수 있다. 그 누구도 공적자금이 100% 투입된 연구만 학술지에 게재될 자격이 있다거나 과학자가 아닌 사람의 의견은 배제해야 한다고 요구한 바 없다. 마찬가지로 누구도 영양보조식품산업부터 항공산업까지 학술연구를 상업활동의 근간으로 삼는 '모든' 기업이 비밀스러운 지식파괴 계획의 일환으로 데이터를 조작한다고 암시한 적 또한 없다. 그렇지만 오랜 기간에 걸쳐 쌓인 증거 자료들이 넘쳐나기 때문에 자연스레 의심이 싹튼다. 기업은 주로 학술지의 경계가 느슨해진 틈을 타 과학 세탁을 실행하기 위한 영향력을 행사한다. 그렇다면 학술지의 무책임이라는 문제가 도마 위에 오를 수밖에 없다. 이미 언급되었거나 앞으로 등장할 예시들을 생각해보면, 학술지가 실시한 투명성 정책이 문제 대처에 적합하지 않다는 사실에는 의심의 여지가 없다. 인문학 연구자든 기자든 간에, 소규모 조사마다 다음과 같은 사실을 확인할 뿐이었다. 기업과 관련이 있는 과학자는 그들의 관계를 알리는 걸 꺼린다. 여기에는 여러 이유가 있는데, 뒤에서 다시 살펴보겠다. 기업의 입장에서는 투명해서 좋을 게 하나 없다. 이 주장에는 어떤 음모론도 없다. 비즈니스의 세계를 지배하는 건 비밀이고 은폐는 모든 상업 전략에 있어 성공의 열쇠다.

하지만 무엇이 감춰져 있는지 모를 때는 어떻게 알아봐야 할까? 담배는 「시가레트 페이퍼」 데이터베이스에 등록된 풍부한 내부 기록 덕분에 사건 후에도 수십 건의 이해관계확인서를 검증할 수 있는 유일한 분야다. 그런데 여러 연구를 통해 확인서의 정확성 및 철저함이 기대를 충족하기에는 한참 멀었다는 사실이 드러났다. 유명한 예가 하나 있다. 2003년 5월, 학술지 『영국의학저널』에 게재된 한 연구논문이 같은 주제를 다룬 대부분의 연구논문과는 다르게 간접흡연이 폐암 및 심장질환에 끼치는 위험성이 높지 않다는 결론을 내렸다. 자금출처 목록에 포함된 실내공기연구센터로 담배산업이 간접적으로 포함되었다는 것을 알 수 있었다. 하지만 이해관계확인서에는 저자들이 담배 제조업체들과 오래된 관계를 유지하고 있을 뿐만 아니라 협업을 진행하고 있다는 사실이 누락되어 있었다.

연구 논문에서 가치 있는 정보라면, 사설, 논평, 편지형 논문 또는 견해논문 등 기명논평에서도 마찬가지로 가치가 있다. 하지만 당시 기명논평의 형태를 띤 '비판'과 관련하여 차근차근 모인 정보는 매우 한정적으로, 간혹가다 일화가 발생할 때 단발성으로 관찰될 뿐이었다. 여기에서 '비판'은 다니엘 디트리히가 병적으로 양산하던 대서사시에서 보았던 그 비판을 의미한다. 그럼에도 불구하고 2014년 미국 샌프란시스코대학교와 호주 시드니대학교 연구원들은 논문 59편을 대표 표본으로 선정해 소규모 연구를 수행했다. 이 논문들의 공통점은 바로 공공정책 결정을 뒷받침하기 위한 체계적 문헌고찰(종합적 검토 및 메타분석)의 사용에 단정적 의견을 표명했다는 것이다. 이 문헌검토는 관련된 과학 자료를 분석하여 특정한 순간 하나의 주제를 '사진 찍듯' 정확히 묘사해준다. 예를 들어 공무원은 간접흡연의 위험성에 대한 의견을 형성하기 위해 또는 운전자들에게 적용할 혈중 알코올농도 최대 허용기준을 정하기 위해 문헌검토를 이용한다. 따라서 2014년 수행된 이 연구의 주요 목적은 산업과 결탁한 저자들이 작성한 논문 중 얼마나 많은 비율이 체계적 문헌고찰에 대해 부정적인 판단을 내렸는지 규명하는 것이었다. 59편 중 25편이 부정적인 결론을 도출했으며, 대부분이 사설, 논평, 편지형 논문 또는 견해논문이었다. 비판적 논문의 저자들이 다른 저자보다 2~3배 이상 산업과 깊은 관계를 맺고 있었으나 그중 대부분이 이 관계를 신고하지 않았다는 결과를 발견할 수 있었는데, 논문의 60%에 이해관계확인서가 첨부되지 않았다. 연구자들은 "이 결과는 현재 학술지에서 시행되고 있는 이해관계확인서에 관한 요구조건이 대부분 부적합하다는 걸 보여준다"고 기술했다. 특히 기명논평의 경우가 그렇다. 연구자들에 따르면 "이 논문들은 토론이나 학술문헌에서 공공정책을 수립할 때 체계적 문헌 고찰을 사용하는 것과 관련해 논쟁이 존재한다는 근거로 인용된다." 그만큼 더욱 우려스럽다.

　　이 내분비계 교란물질에 대한 파란만장한 출판물 연대기에서 재차 확인한 결론은 앞서 이야기한 기명논평들이 죄다 상업적 이해를 방어하기 위해 만들어진, 소위 말하는 과학적 논쟁이 존재한다는 걸 증명하기 위해 만들어진 증거물이라는 것이다. 이때부터는 그들이 펼치는 논증의 내용이 아니라 서지 참조에서 각주의 기능이 중요하다. 2017년 초『미국의학협회지』의 두 편집장은 "기명논평은 발행인에게 있어 도전이다. 그리고 일부 학술지는 이해충돌 상황에 처한 저자가 이런 종류의 논문을 쓰도록 허용하지 않는다"고 인정했다.『미국의학협회지』는 여기에서 말하는 '일부 학술지' 중 하나다.

높은 피인용지수와
방조지수

어디까지를 순진함이라고 볼 수 있으며, 암묵적 동조는 어디서부터 시작되는 걸까? 일부 학술지의 태도에 관해서는 오히려 방조라고 말해야 하지 않을까? 심지어는 전력으로 가동 중인 과학적 이미지 세탁기를 작동시키는 데 능동적으로 공모하고 있다고 해야 하지 않을까? 내분비계 교란물질의 위험성에 대한 과학적 합의가 이루어졌는데도 어떻게 전문적인 학술지에 '내분비계 교란물질, 진실 혹은 도시전설?'이라는 제목의 연구논문이 실릴 수 있는 걸까? 하지만 2013년에 학술지 『독성학 서한』에서 실제로 벌어진 일이다. 『독성학 서한』은 유럽 독성학회 연합인 유로톡스의 공식 학회지인데도 말이다. 논란의 여지가 있는 내용이 담긴 논문, 불충분하거나 아니면 아예 제출되지 않은 이해관계확인서…. 출판 전에 이루어지는 동료심사는 종종 느슨하게 이뤄지며 과학 규범의 요구수준에 부합하지 않는다. 출판 이후에는 대부분 정정하기엔 너무 늦다. 특히 국민의 건강이나 환경이 걸려있다면 더더욱 말이다. "기업자금이 투입된 연구에 대한 대응이 빠르게 이뤄진다고 기대하는 것은 비현실적이다. 아무리 빠르다고 해도 효과 없는 약품의 승인을 막을 수 없고, 니코틴에 중독성이 없다고 주장하는 담배 산업 연구로 빚어진 혼란을 해소할 수 없다." 두 과학자가 2014년 이 주제에 관해 사설을 실을 수 있게 지면을 허락해준 학술지 『중독』에서 지적한 내용이다. 실제로 그런 예는 무궁무진하다. 제품이 시장에 출시되고, 정책결정자가 학술 문헌에 투입된 논문을 읽었을 때는 이미 번복이 어렵거나 불가능하다.

학술지의 영향력을 측정하기 위해서 통계자료에 기반한 여러 유형의 지표들이 사용된다. 가장 많이 쓰이는 건 '피인용지수Impact factor'로, 학술지에 게재된 논문이 학술문헌에 인용된 횟수로 계산된다. 학술지의 논문이 다른 학술지에 실릴수록 그 학술지의 피인용지수는 높아진다. '권위 있는 학술지'라고 할 때는 대개 피인용지수가 높은 학술지를 말한다. 하지만 피인용지수가 낮다고 하더라도 권위 있는 학술지일 수 있다. 모든 건 학술지의 주요 주제가 무엇이냐에 달려있다. 2016년 일반 학술지『뉴잉글랜드의학저널』이 피인용지수 7,246으로 1위에 등극했는데 더 전문적인 학술지『전염병학 및 공동체건강』은 피인용지수가 3,608이었다. 하지만 방조지수나 공모지수는 존재하지 않으며, 한눈에 학술지의 친기업성향을 측정하게 해주는 도구를 개발할 방법이 아직 없다. 만든다고 해도 여러 변수를 고려해야만 할 것이다. 논문의 내용 자체에 대한 평가, 논문이 근거로 삼는 참고문헌에 대한 예리한 분석, 저자가 신고하거나 신고하지 않은 이해충돌 조사 등등. 학술지 편집장과 편집 위원들의 소속과 이해충돌에 대한 검토만 되어도 다행일 것이다.

디트리히와 그 동료들의 저작활동으로 다시 돌아가 보자. 먼저 2013년 14종의 학술지에 동시 발표된 사설의 경우, 모두가 해당 학술지의 편집장 또는 부편집장이었기 때문에 저자들은 논문을 출판하기 위한 동의를 구하는 데 전혀 어려움이 없었을 것이다. 그런데 그들 중 압도적 다수인 17명이 산업과 관련 있었다. 다음으로는 본드와 디트리히의 비용연구 비판을 게재한 학술지『독성학 아카이브』다. 이 학술지는 앞서 언급한 14종의 학술지 중 하나였다. 따라서 편집장인 얀 헹슬러와 부편집장인 헤르만 볼트가 해당 논문에 저자로 올라와 있는 것이다. 2008년에 은퇴한 헤르만 볼트는 그때까지도 여러 업계, 그중에서도 화학과 자동차 업계에 협력했다. 또한 독일 독성학자인 그는 2000년대 초반 필립 모리스의 외부연구프로그램의 일환으로 약 45만 달러의 자금을 받은 적이 있다. 마지막으로, 학술지 『독성학 서한』에 발표된 잊을 수 없는 「내분비계 교란, 사실인가 혹은 도시전설인가?」가 남아있다. 이 또한 14종의 학술지 중 하나이며, 다니엘 디트리히가 편집위원회 소속이었다. 편집장인 볼프강 데칸트는 '앤 글로버 서신' 작전을 주도했던 세 명 중 한 명이다. 그는 당시 농약, 화학, 플라스틱, 향수와 향료, 자동차 등 다양한 산업분야에서 약 스무 업체의 고객들에게 컨설팅 서비스를 제공하고 있었다.

보다시피 늘 똑같은 그 사람들이다. 일종의 신뢰생산 라인을 위해 모인 소규모 네트워크로, 모두가 서로를 알고 있다. 소문으로라도 들어봤거나 아니면 실제로 안면이 있다. 이들은 사회적 활동을 활발하게 하고 있어 각각의 개성, 사상, 학파 그리고 정치적 성향에 대해 대략적인 그림을 그릴 수 있을 정도다. 경쟁을 피할 수 없고 협력이 필요한 이 작은 세계에서 서로 노려보고 아첨하며 서로의 논문을 읽고, 이야기를 듣고, 콘퍼런스와 전문가 모임 또는 학회의 칵테일파티에서 마주친다. 기존 회원의 신입회원 지명은 이 세계의 꽃이다. 과학자가 학술지의 편집위원회에 합류해달라는 제안을 받는 건 그의 인맥 네트워크라는 간접적인 수단을 통해서다. 이렇게 해서 어떤 위원회의 경우에는 기업과 연관 있는 학계 과학자와 개인 컨설턴트 혹은 제품방어사무소의 컨설턴트가 회원의 상당한 비율을 차지한다. 기업 직원이 속해있는 것도 흔한 일이다. 철저하게 추려낸 사람들에게 동료심사를 맡겨봤자 편집장과 발행인은 다 알면서도 기업의 과학 세탁에 동참한다. 이렇게 포획된 학술지의 수가 얼마나 될까? 이중 아주 소수의 학술지만이 계속해서 이 책 내내 다시 나타나고 갑자기 등장할 것이다. 가장 '알려진' 학술지는 『독성학 비평』과 『식품 및 화학 독성학회지』다. 이 학술지들 중 하나는 한 단락 이상 더 할애하여 서술할 가치가 있다. 정말 독보적인 모델로, '쾌속 부정 세탁' 기능을 가진 A^+급 과학 이미지 세탁기라고 할 수 있다.

07

유사과학을 위한 기업, 학술지
그리고 연구소

엄격함을 떠올리게 하는 제목, 비교적 낮기는 하지만 무시할 정도
는 아닌 피인용지수(2017년 기준 2,815), 고가의 연간 구독료(기관용 2,525유
로, 개인용 793유로), 극도로 평범한 표지. 왼쪽 상단에 찍혀있는 최대 규모
의 학술지 출판사 엘스비어의 로고, 신뢰의 보증수표나 마찬가지인 개
머루 덩굴에 휘감긴 느릅나무까지. 겉으로 보기에는 나팔과 백파이프로
경계 태세를 취할 필요가 전혀 없어 보인다. 그렇다고 하더라도 학술지
『규제 독성학 및 약물학』이 산업에 '포획'됐다고 말하려면 애초에 자유
로웠던 적이 있어야 하는 게 아닐까.

독극물 상인들의
최애 학술지

『규제 독성학 및 약물학』사이트 홈페이지에는 편집 의도가 간략
하게 소개되어 있다. "본 학술지는 규제의사결정과 이를 좌우하는 과학
지식을 해석하는 논문을 발표한다." 실제로 출판하는 내용에 비하면 간
략하고 특히 지나치게 객관석이다.『규제 독성학 및 약물학』은 2013년
유럽의 내분비계 교란물질 규제에 반대하는 사설을 출판했던 14종의 학
술지 중 하나다. 또한, 2014년 WHO의 보고서를 겨냥해 제임스 램과 그
외의 '비판적 논평'을 출판했던 것도 바로 이 학술지였다. 앞에서 '부정
표현 빙고'(4장 참조)에 넣을 표현을 추출했던 그 논평 말이다.

1986년 개간 이후,『규제 독성학 및 약물학』에 게재된 논문들은
주로 석면부터 농약 그리고 담배까지 여러 물질의 독성을 과소평가했
고, 자료를 근거로 독성을 입증하는 연구를 공격했다. OSHA의 청장으
로 재직하던 시절 이중 일부 물질의 규제담당 관리자로서『규제 독성학
및 약물학』의 출판물과 끊임없이 대립했던 데이비드 마이클스는 2018
년 3월,『규제 독성학 및 약물학』을 "방조 학술지"라고 규정했다. 제품방
어산업이 원하는 결과를 출판하려 할 때, 신뢰할 수 있는 학술지라는 명
성으로 이를 포장해주는 학술지 말이다. 이런 겉모습을 유지할 수 있는
건, 제품방어를 위해 수행된 연구 외에도 정직한 과학자들이 자신들이
세운 가설에 따라 제대로 된 연구를 수행해 학술지에 '신뢰할 수 있는'
과학이라는 인장을 찍어주기 때문이다.

실제로『규제 독성학 및 약물학』은 컨설팅 사무소가 '돈이 목적인'

과학을 위해 선택하는 학술지다. 2016년 온라인 탐사보도매체인 '공공청렴센터'의 훌륭한 취재를 계기로, 지에 제니 저우와 데이비드 히스 기자는 매우 흥미로운 계산을 내놨다. 1992년에서 2015년까지 그래디언트 사무소의 핵심 연구원들이 생산한 종합검토 72편 중 자그마치 반 이상이 『규제 독성학 및 약물학』(18편)과 곧 다루게 될 또 다른 학술지 『독성학 비평』(20편)에 게재됐다는 것이다.

데이비드 히스는 "그래디언트의 과학자가 화학물질이 공중보건에 심각한 위험을 야기한다고 인정하는 경우는 드물다"고 말했다. 이 컨설턴트들이 작성한 149편의 논문 및 편집인에게 보내는 편지 중 "98%는 문제가 되는 물질이 일반적으로 노출되는 수준에서는 무해하다고 간주했다"는 것이다. 일부 논문의 경우, 동료심사 학술지에 게재됐음에도 불구하고 원칙적으로 의무사항인 교정 작업이 전혀 이뤄지지 않았다는 인상을 준다. 확실히 비영어권 저자가 작성한 일부 글은 교정되지 않은 채, 마치 시처럼 무슨 말인지 종잡을 수가 없는 상태로 방치되어 있다. 일반적으로 잘못된 영어로 작성된 글을 번역하는 건 어려운 일이긴 하지만, 지오 바타 고리와 볼프강 데칸트가 2016년 발표한 사설 「유럽연합이 어떻게 추정으로 내분비계 교란물질을 규제할 수 있는가에 대한 깊어지는 불확실성Deepening uncertainty on how the EU may regulate supposable endocrine disruptors」이면 이 문제를 설명하기 충분할 것이다. 게다가 『규제 독성학 및 약물학』의 '초고속' 원고수락은 해당 잡지에 논문을 출판하지 않는 과학자들로 하여금 배꼽을 잡게 한다. 논문을 수리하고, 동료심사를 거치고, 몇 차례 원고를 주고받은 다음 온라인에 게재되기까지의 과정이 평균적으로 최소 3주가 필요하다면, 『규제 독성학 및 약물학』의 경우 보통 며칠이면 충분하다.

　이러한 현실은 2016년 해당 학술지에 게재된 논문 세 편에서 잘 드러난다. 당시 국제연합 산하 IARC는 몬산토사의 글리포세이트 농약 라운드업을 '인체발암성 추정물질'로 분류했는데 세 논문은 이 결정에 반발하는 내용을 담고 있었다. 게다가 이 소규모 표본은 동일한 주제를 다루는 다른 논문들의 내용을 대략적으로 파악할 수 있게 해준다는 장점이 있다. 우선 '위험 식별을 근거로 하는 발암성 분류시스템은 이제 구시대적이며 과학과 사회에 도움이 되지 않는다'는 다정한 제목이 붙은 '논평'은 앨런 부비스, 컨설턴트들 그리고 신젠타 직원들이 작성했다. 2016년 10월 13일에 논평이 처음 접수되고 일주일 뒤인 20일에 교정본이 접수되었다. 그리고 다음날인 21일 수리를 거쳐 22일에 온라인에 게재되었다. 즉, 주말인 21일과 22일을 포함해 총 9일이 소요된 것이다. 그런 다음 IARC의 글리포세이트 평가 책임자들의 답변에 대한 앨런 부비스와 공저자들의 간결한 응수가 이어진다. 2017년 2월 9일 접수를 거쳐, 10일에 수리 이후 온라인 게재가 16일에 완료됐다. 즉, 주말을 제외하고 총 5일이 소요되었다. 마지막 사례는 셋 중 가장 전문적이고 정제된 내용을 담고 있는 논문으로, 엑스포넌트 사무소 컨설턴트인 제임스 버스가 작성한「주요 특정 작용기전으로 산화 스트레스를 지목해 발암물질을 분류하는 방법. 글리포세이트의 경우, 해석의 견고성이 부족함.」이다. 이 논문은 2017년 1월 27일 접수되어 다음 달인 2월 28일 교정되었고, 3월 2일에 수리를 거쳐 3월 6일 온라인에 게재되었다. IRAC 책임자들은 2017년 2월 16일까지 두 달여를 참고 기다린 끝에 '위험 식별을 근거로 하는 발암성 분류 시스템은 과학과 사회 모두에 도움이 된다'라는 제목의 한 쪽짜리 입장을 동일한 학술지에 게재할 수 있었다.

　과학계는 이미 한참 전부터 학술지『규제 독성학 및 약물학』을 '과학 세탁 기계'로 간주하고 학술지로서의 자격을 문제 삼고 있다. 2002년 CSPI와 학계 및 정부 소속 연구기관 출신의 과학자 40여 명은『규제 독성학 및 약물학』을 편찬하는(당시 학술언론이자 출판사였던) 엘스비어그룹에 서신을 보내 해당 학술지의 명백한 이해충돌, 투명성 결여 그리고 출판독립 부재에 관한 우려를 표명했다. 그들의 질책은 혹독했다. "『규제 독성학 및 약물학』의 사설은 일반적으로 반규제 목표를 지지한다. 이 학술지는 산업 연구물 출판을 위한 편리한 도구이며 독립적이고, 완전하고, 의미있는 심사는 생략한 채 논문에 동료심사 학술지가 가진 신뢰를 부여해 준다. 또한, 관련 이해충돌을 늘 고지하지 않는다." 이처럼 해당 학술지는 학술지에 이해관계확인서 제출을 보편화하는 당시의 흐름으로부터 떨어져 나와 있었다. 과학자들은 "동료심사를 받는 신뢰할 만한 학술지 출판사로서의 명성이 위태로워진다"며 조치를 취할 것을 요구하고, 그렇지 않으면 엘스비어는『규제 독성학 및 약물학』출판을 중단해야 할 것이라고 경고했다. 그들은 "『규제 독성학 및 약물학』에 게재되는 연구 주제인 제품 및 부산물을 판매하는 기업과 재정적으로 연관이 있는"편집위원들의 소속에 문제가 있다는 사실을 꼬집는 것도 빼먹지 않았다. 그중에는 변호사도 있었다. '친기업 성향'이 잘 드러나는 대목이다.

　사실 15년 만에 바뀐 것이 하나 있다면,『규제 독성학 및 약물학』과 기업 간의 관계가 더욱 불투명해졌다는 것이다. 편집위원회 구성뿐만 아니라『규제 독성학 및 약물학』사이트에 명시된 정보 또한 비교적 적다. 적혀있는 거라곤 ISRTP*의 공식 회지라는 내용뿐이다. 하지만 이들이 "학술지 동료 심사 절차에 동원할 국제 과학자 600명에게 아낌없이 지원하고 있다"고 주장해도 이 '규제 독성학 및 약물학 국제협회'를 일반적인 학회와 혼동해서는 안 된다. 2009년 이후부터 ISRTP의 후원 업체와 관련한 어떤 정보도 공개되지 않고 있지만, 원래부터 그랬던 것은 아니다. 아카이브에 보관된 자료를 통해 1998년부터 2009년 사이의 기부자 목록을 재구성할 수 있었다. 농식품가공, 화학, 담배, 제약, 소비재, 탄산음료, 농약 등 다양한 분야의 기업들, 코카콜라부터 필립 모리스, 몬산토, 더 와인버그 그룹까지, 주인공들이 다 모였다.*

1998년 ISRTP는 단 100명의 회원이 낸 회비와 후원 업체 16곳의 기부로 모인 216,984달러의 예산으로 운영됐다. 당시 연례총회는 앞부분에서 언급했던, 플라스틱부터 농약과 석유화학, 화장품까지 다양한 업계의 고객들을 변호해주는 거대 로펌인 켈러 앤드 헤크먼 사무실에서 열렸다. 게다가 현재 농업기술 생산 및 유통업자 협회장인 수잔 페렌츠로부터 자리를 물려받아 2017년에 ISRTP의 회장직을 맡게 된 인물도 바로 이 로펌의 변호사였다. 다니엘 디트리히와 함께 논문 「내분비계 교란물질, 사실인가 혹은 도시전설인가?」의 공저자였던 컨설턴트 크리스토퍼 보거 또한 2008년 ISRTP의 회장을 역임한 바 있다. 그는 자신의 연

---

* 농식품가공: 코카콜라, 프리토레이. 농화학 및 석유화학: 미국화학협회, 아르코, 다우 아그로사이언스, 이스트먼 코닥, 인드스펙 케미컬 코퍼레이션, 몬산토, 론 풀랑, 텍사코 그룹, U.S. 보랙스. 제품방어 및 컨설턴트 사무소: 어플라이드 헬스 사이언스, 버독 그룹, 더 사파이어 그룹, 더 와인버그 그룹. 절연재: 오웬스 코닝. 의약: 브리스톨 마이어스 스퀴브, 글락소 웰컴, 호프먼 라로슈, 존슨 앤드 존슨, 머크, 쉐링 플라우 연구소, 스미스클라인 비첨. 소비재: 질레트, 프록터 앤드 갬블. 담배: R. J. 레이놀즈. (출처: IAWM, ISRTP, 「후원업체」, 그리고 ISRTP, 「연례 비즈니스회의」, 1998년 12월 14일.)

구물 39편 중 13편을『규제 독성학 및 약물학』에 발표했다.

　이 학술지는 잘릴 일 없을 것 같은 편집장, 지오 바타 고리가 이끌고 있다. 갓난아이도 안다는 공중보건계의 유명인사이자 전 NCI* 연구원이며, 담배산업의 역사적 컨설턴트인 그는 간접흡연 문제가 터졌을 때 담배업계를 위해 지원사격에 나섰다.「시가레트 페이퍼」에 그의 이름으로 쌓여있던 청구서에 따르면 그는 그 대가로 1980년부터 1999년까지 최소 수백만 달러를 받았다. 게다가『규제 독성학 및 약물학』편집위원회 자체에 빅타바코와 관련된 수많은 인물들이 포진해있다. 2015년 6월을 기점으로 캘리포니아대학교 연구원들이 위원회 캐스팅을 바탕으로 조사한 바에 따르면 45명 중 21명이 빅타바코와 관련이 있다. 여기에 다른 업계 기업과 관련 있는 8명을 추가로 더하면 45명 중 29명이 된다. 그 이후로도 이런저런 변화가 있고 나서, 2018년 2월에 위원회에는 제품방어사무소의 유명인사 4인방(엑스포넌트의 제임스 버스, 그래디언트의 로렌츠 롬베르크, 켐리스크의 창립자인 데니스 파우스텐바흐 그리고 전 더 와인버그 그룹 소속 테리 퀼)이 합류했다. 뒷부분에서 계속 보게 될 눈에 띄는 인물들도 약간 언급해 보면, R.J. 레이놀즈의 전 직원 A. 윌리스 헤이즈, 컨설턴트 마이클 도슨,『독성학 비평』의 편집장 로저 A. 매클렐런 그리고 석면 피해자 가족들과 석면 제조업체가 맞섰던 이탈리아 대규모 소송에서 기업을 변호한 안젤로 모레토 또한 위원회 소속이다. 이 명단을 보면『규제 독성학 및 약물학』에 발표되는 내용이 납득된다. 2013년 1월부터 2015년 6월까지 담배와 니코틴 문제에 관한 출판물이 자그마치 52편이나 나왔다. 캘리포니아대학교 연구원들의 집계조사에 따르면 그중 단한 편도 부정적인 결론에 도달하지 않았다. 그중 50편의 저자들이 담배

업계와 관련이 있었다는 사실 또한 그냥 넘어갈 수 없다. 연구원들은 "규제기관, 법원, 정책 입안자는 이 학술지 또는 산업이 마수를 뻗치고 있는 유사 출판물과 산업으로부터 독립된 학술지의 출판물을 같은 수준으로 신뢰해선 안 될 것"이라고 권고한다. 그러나 최근 몇 년 동안 엘스비어는 우리의 메시지에 응답하지 않고 있다.

밤하늘의 별만큼 많은
산업 위장단체들

『규제 독성학 및 약물학』도 평범한 학술지라고 할 수 있을까? 물론 아니다. 모체인 ISRTP의 실체로 말하자면, 단어의 어감상 그런 느낌이 들긴 하지만 결코 학회가 아니다. 프랑스의 대표적 백과사전인 라루스 사전의 정의에 따르면, 학회란 엄밀히 말해 '회원들이 연구물과 연구 내용을 설명하고, 만나서 토론하는 단체'다. 즉 학회란 한 분야의 석학들이 모여 해당분야의 구심점에서 지식을 발전시키는 학문의 장이다. 거의 모든 학문마다 학회가 하나씩 있다. 프랑스 식물학회부터 프랑스 노어노문학회까지 그 종류도 광범위하며 국내, 유럽, 국제 등 다양한 규모로도 존재한다. 프랑스 과학아카데미처럼 잘 알려진 학회부터, 가스터빈 증진을 위한 기술협회처럼 전문적인 학회까지. 설사 엘스비어와 같은 출판그룹이 경제적인 의미에서 학술지의 소유주라고 할지라도 실제로 대부분의 경우 학술지는 학회의 결과물이다. 학회를 조직하는 건 해당분야의 과학자들이다. 예를 들어 미국신경과학회를 이끄는 회장은 존

스홉킨스 대학교 솔로몬 H. 스나이더 신경과학과 교수이고, 국제무척추동물형태학회는 베를린 훔볼트대학교 비교동물학 교수가 회장직을 맡고 있다. 반면 ISRTP처럼 회장이 독성제품 방어전문 워싱턴 DC 변호사인 경우는 극히 드물다.

과학에서 어휘, 규칙, 관행의 차용은 일상다반사로, 여기에는 금전적인 문제까지 얽혀있다. 그다지 학술적이지 않은 '학회', 후원받아 작성한 논문, 과학을 세탁하는 학술지뿐만 아니라 전문가 패널, 콘퍼런스, 콜로퀴엄, 심포지엄 그리고 워크샵도 잔뜩 있다. 독성제품 기업은 자사제품을 방어하기 위해 조치를 취할 때 과학활동의 그 어떤 양상도 놓치지 않는다. 눈속임을 위해 설치된 배경에서 요란한 제목으로 재주를 부리고, 겉보기에 화려한 박사나 교수 같은 직함들을 앞세워 과학인 체 한다. '무엇 때문에 그녀에 대한 인상이 바뀌었나요?' 벳시 부런의 파워포인트 프레젠테이션에 나온 질문을 다시 떠올려보자(1장 참조). 사람들은 '석유화학 부인', '감언이설 양', '종양 씨'보다는, '친절 박사님' 또는 '아파요 교수님'이라고 불리는 사람을 더 신뢰할 것이다. 과학 전용 공간에 기업 직원, 대학 연구원, 컨설턴트, 규제기관 공무원이 발을 들여놓으면서 더 이상 누가 누구고 무엇으로 변장했는지 알 수가 없다. 기준이 뒤섞이고 장르가 혼합된다. 모든 건 과학 사교공간에서 혼란이 활개를 치도록 설계된다. 설계자들의 궁극적인 목적인 영리 추구를 잊게 만들기 위함이다.

'학술평론Academics Review'을 예로 들어보자. 이 협회 소개는 다음과 같다. "학술평론은 건전과학의 확립을 위해 동료심사의 비할 데 없는 가치를 지키는 데 헌신하는 전 세계 각지의 대학 교수, 연구원, 교육자 및 자격 있는 논문저자들이 모여 만든 단체다. 우리는 거짓말, 섣부른 확언,

동료심사를 받지 않은 이론 및 주장에 반대한다." 사실 이 협회는 생물공학업계 PR의 거물 제이 번이 2010년에 만들었다. 그가 1997년부터 2001년까지 6년간 커뮤니케이션 이사로 일했던 몬산토를 위한 단체였다. 일리노이대학교 어바나샴페인 캠퍼스의 식품안전 및 영양과학과 명예교수이자 '학술평론'의 운영자인 브루스 체시와 주고받은—미국 단체인 '미국의 알권리'가 확보하였다—이메일에서 몬산토가 자금제공업체임을 알 수 있다. 제이 번은 몬산토와 다른 기부자에게서 자금을 끌어왔다. 학술평론 협회와 협회가 표적으로 삼은 생명공학 비판에 맞서 퍼뜨린 정보의 신뢰성과 독립성(그러니까 가치)을 보장하기 위해서였다. 그들이 주고받은 메시지 중에서는 "관건은 몬산토를 무대 뒤쪽으로 빠져있게 해 정보의 신뢰성을 해치지 않는 것이다" 같은 명확히 의도를 드러내는 내용도 있다. 이처럼 프로파간다의 소굴과 페이퍼컴퍼니의 중간지점에서 학술과학에 필적하는(또는 경쟁하는) 위치를 갈망하는 하이브리드 단체는 많다. 이 산업 위장단체('front group'의 가장 적합한 대응어)가 이룬 은하에는 싱크탱크의 수만큼 가짜 학회가 있고 일반적인 로비단체만큼이나 많은 과학단체가 존재한다. 일부 단체의 경우 역사 속으로 사라진 미국담배연구위원회의 방식대로—담배 제조업체는 과거에도 현재에도 여전히 위장단체의 왕좌를 지키고 있다—과학 자료의 제작에 자금을 대고 있다. 다른 단체들은 추락한 산업 이미지를 제고하느라 분주하다. 어떤 단체는 다부문 기업연합에 의해 결성되어 규제 전반에 영향을 미치거나 기업의 이익에 도움이 되는 장치를 설치한다. 그 외의 단체는 모든 걸 동시에 한다.

사칭의 규모를 더 잘 파악하고 싶다면 다음의 간단한 목록만한 게 없다. 순서는 무작위이며, 연합, 협회, 센터, 위원회, 의회council 또는 board, 재단, 포럼, 연구소 또는 학회 등 각 로비단체마다 선호하는 방식의 명칭이 있다. 매케인이 이끄는 감자연구교육연합을 떠올려 보자. 유럽식품정보위원회의 경우 페레로Ferrero, 마즈Mars 혹은 몬델리즈 인터내셔널Mondelēz International의 기부 덕분에 국제버전인 국제식품정보위원회도 존재한다. 하지만 인기 면에서는 '연구소institute'가 단연 압승이다. 공공기관과 혼동할 수 있기 때문으로 보인다.

앞서 살펴봤던 북미육류협회, NAMI는 'PhD' 소지자 벳시 부렌이 이끄는 '미국육류협회재단'으로 대담하게 두 종목 제패를 노린다. 공장식 축산으로 인한 저품질 육류 로비단체라고 하는 것보다 더 교묘할뿐더러 정육점의 이미지를 많이 지운 명칭이다. 좀 고루한 느낌이 나는 이유는, '재단'이라는 용어가 이제 한물갔기 때문이다. 충치예방프로그램을 저지한 로비활동과 포화지방을 겨냥한 음험한 캠페인을 진행한 설탕연구재단 이후로 유행이 지났다. 그러나 유럽 12개국에 지부를 갖고 있는 영양재단 네트워크Nutrition Foundations는 예외적으로 아직 현역이다. 프랑스에도 FFAS*라는 명칭으로 지부가 들어와 있다.

국제망간협회와 니켈협회를 보면, 금속산업은 산하 로비단체의 간판으로 협회라는 용어를 좋아하는 것 같다. 반면, 납 로비단체의 경우 국제납아연연구기구International Lead Zinc Research Organization라는 명칭을 선택했다. 미국석유협회American Petroleum Institute는 1919년부터 석유 및 가스 산업을 대표하고 있으며 그 누구도 이 명칭에 진짜로 속지 않는다. 즉, 미국에선 완전히 로비단체로 알려져 있다─적어도 미국 정치계에선 기정사실이지만 대중의 시선으로 어떻게 보일지는 알 수 없다. 또한 향수기업을 위한 향료성분연구소와 전문가 패널이 있다. 프랑스에는 그야말로 설탕로비의 소산이라고 할 수 있는 사탕무 기업가이자 정치인인 벤자민 들레세르 연구소, 캐나다부터 이스라엘까지 여러 국제지점을 두고 있는 다논연구소, 그리고 양돈연구소가 있다. 코카콜라사의 건강과 웰니스*를 위한 음료 연구소는 그럴싸하지만 미국 국립냉동피자연구소의 위장은 실패라고 할 수 있다.

각 단체의 웹사이트에서 소개란을 클릭해보면 거의 모든 단체가 비영리적 목적으로 설립되어 과학정보의 전파와 교환을 장려해 공정한 지식발전을 위해 노력할 것을 단언하고 있다. 이런 꼼수는 하루 이틀 된 게 아니다. 이미 1976년에 공동유럽연구의료위원회Joint European Research Medical Board— 단어를 다 나열해놔서 번역이 쉽지가 않으니 '유럽공동의학연구이사회'라고 하자—는 "재정적 지원과 모든 편의를 제공해 산업 제품 안전성연구를 추진하지만, 동시에 관련 과학자들의 완벽한 독립성을 보장한다"고 주장한다. '아, 드디어!'라고 하고 싶겠지만 이 단체는 사실 석면을 과학적으로 방어하는 로비단체다.

위장단체 창립자들은 처음부터 센터나 재단 그리고 연구소라는 표현의 벽 뒤에 그들의 목적을 숨기려했던 걸까? 모든 정황이 '그렇다'고 생각하게 만든다. 앞에서 언급됐던 프랑스식품건강기금, FFAS를 다시 살펴보자. 토마스 디페커와 마크-올리비에 데플로드가 그 전신인 프랑스영양재단의 내부 아카이브 일부를 찾아냈다. 이 문건에서 두 연구원은 FFAS가 1974년 식용유 및 마가린 기업들의 주도로 설립됐다는 사

---

* 웰빙(Well-being), 행복을 의미하는 영어단어 Happiness의 합성어로 건강과 행복을 동시에 추구하는 삶의 태도를 의미한다.

실을 알아냈다. 당시, 갑자기 부상한 소비자 운동으로 인해 비난 및 비교 실험의 대상이 되면서 반격을 준비해야 했기 때문이다. 1973년의 문서에는 FFAS의 공식 목표가 표명되어 있다. 기업과 과학자 사이의 연구 교류를 활성화한다. 오늘날 FFAS가 표방하는 목표와 정확히 일치한다. 그 다음 순서로 '숨겨진' 목적—실제로 쓰인 용어다—이 나온다. 바로 "반박의 여지가 없는, 즉 평판 좋은 재단의 연구를 통해 소비자들의 유사과학 공격에 대응한다"는 것이다. 또한 뒷부분에는 좋은 평판을 구축하기 위한 조건이 명시되어 있다. "과학계가 재단의 신뢰를 보장해야 한다."

이해관계확인서에 기입된 불분명한 명칭에는 분명 폭넓은 해석의 여지가 있다. 예를 들면 2016년 과학자 세 명이 학술지 『뉴트리션 투데이Nutrition Today』에 발표한 논문은 저소득층 구매자에게 잔류 농약에 대한 정보를 알려주면 일반적인 방식으로 재배한 과일 및 채소뿐만 아니라 유기농법으로 재배한 상품의 매상에도 악영향을 미친다는 결론을 내렸다. 저자들은 어떤 이해충돌의 여지도 없다고 명시하지만 그 윗줄에는 다음과 같은 정보가 기입되어 있다. "이 연구는 미국 청과 생산자 조직인 '식품 및 농업 연합Alliance for Food and Farming'을 포함한 여러 기부자들의 후원으로 수행됐다." 이름만 그럴듯하게 걸어놓는 것을 넘어서서 일부 위장단체들은 페이퍼컴퍼니의 전형적인 모습을 아주 잘 보여준다. 아니면 그게 정말 실제로 맡은 역할이거나.

기업 자금이 여러 단체를 거치면 자금의 원래 출처를 알 수 없게 된다. 때로는 연구원도 헷갈릴 정도다. 의존증을 야기할 수 있는 물질 및 행동 관련 문제 전문학술지 『중독』은 2014년에 특별한 사례를 보고했다. 이 사례에서 미국의 젊은 연구원은 이런 유형의 음모소굴이 존재한다는 사실에 크게 신경 쓰지 않았던지, 깜빡하고 자신이 병적도박연구소Institute for Research on Pathological Gambling로부터 받았던 연구자금을 고지하지 않았다. 그녀는 이 '연구소'가 도박산업의 후원을 받는지 전혀 몰랐다고 설명했다. 그녀의 진정성을 판단하기란 불가능하지만 이 사례를 인용한 논문 저자들은 복잡한 자금의 흐름이 그녀에게 매우 유리하게 작용했음을 설명했다. 연구자금의 출처였던 병적도박연구소 또한 미국 국립책임도박센터National Center for Responsible Gaming를 통해 자금을 후원받고 있었으며, 이 '센터'는 라스베이거스 카지노컨소시엄의 돈으로 운영되고 있었다. 그래서 이 센터의 사이트에는 이곳으로부터 자금을 지원받아 작성한 논문이 자그마치 170편이나 올라와 있다. 기재된 모든 논문이 도박중독에 관하여 쓰였으며, 병적 도박중독의 영향을 과소평가한다. 저자들이 검토한 논문 30편 중 거의 절반이 감사의 말 또는 각주에 센터의 자금후원을 언급하는 데 그쳤고 단 한 편만 적합한 항목, 즉 이해관계확인서에 이 사실을 기재했다.

영어의 서체표준 덕분에 기업은 위장단체 이름에 들어가는 모든 단어를 대문자 범벅으로 만들 수 있다. 하지만 프랑스어에서는 단어의 머리글자라 해도 더 이상 이런 특혜는 없을 것이다. 이런 단체와 진정한 연구소를 제대로 구별하기 위해서이다. 그러나 INSERM◆이나 이에 상응하는 미국 기관인 NIH◆ 및 다른 공공연구기관들은 계속해서 대문자를 사용할 권리를 보장받을 것이다. 로비활동을 위한 과학자료를 생산해내는 위장단체를 '사이비연구소'라고 부르도록 하겠다. 이 중에서도 ILSI라는 약어로 업계에 더 잘 알려진 국제생명과학연구소International Life

Sciences Institute가 전 종목을 석권한 챔피언이라는 사실에는 이론의 여지가 없다.

국제생명과학연구소가
이해관계혼란을 지휘할 때

만약 이 단체의 명칭이 '과학을 통한 농식품가공업 및 농화학업계의 경제적 이익 방어를 위한 국제기구'였다면 사람들이 조금이라도 신뢰했을까? 정치계와 행정계 공직자들을 이렇게 쉽게 속일 수 있었을까? 이처럼 ILSI는 마치 '인간의 건강과 안녕을 향상시키고 자연보호를 위한 과학을 생산하는 임무를 띤 국제 비영리기구'로 묘사된다. 이 기구에 따르면 "산업, 정부, 학계 과학자들은 공통의 관심사인 화제를 파악하고 다루기 위해 함께 일할 수 있고 그래야 한다." 재정적 관점에서 따져보면, 법적으로 비영리단체인 ILSI의 목적은 엄밀히 말해 영리추구가 아니다. 하지만 연구소의 출자자들은 자선단체 엠마우스 같은 면이 전혀 없다.

ILSI의 역사는 1974년, 미국 콜로라도주 애스펀에 위치한 스키장에서 시작된다. 미국에서 가장 세련된 이 스키장에서 두 남자가 짧게 산책을 즐기며 담소를 나누었는데, 이 대화는 둘의 마음속에 비슷하면서도 완전히 다른 아이디어의 씨앗을 뿌렸다. 훗날 필립 슈빅은 "당시 우리는 사회적으로 무척 다른 유형의 사람들이었다. 내가 완전히 학구파였다면, 알렉스는 산업의 맥을 짚을 줄 알았다"고 회상했다. 종양학자인 슈빅에게 뿌리내린 이 씨앗은 후에 '독성학 포럼'—그로부터 40년 이상 지났는데도 여전히 건재하며 석유화학기업 엑슨의 중역이 맡고 있다— 이라는 꽃으로 피어났다. 그러나 알렉스의 씨앗이 움트려면 4년이란 시간을 더 기다려야만 했다. 그 결과, ILSI는 1978년에 공식적으로 출범했다. 하인즈Heinz, 프록터 앤드 갬블Procter & Gamble, 제너럴푸즈General Foods 또는 크래프트푸즈Kraft Foods와 같은 대형 농식품가공업체들이 함께했으며, 코카콜라가 1991년까지 연구소를 이끌었다. 알렉스 맬러스피나 박사는 코카콜라의 부회장 중 한 명이자 과학규제사무국장이었다. 애틀랜타의 다국적기업 코카콜라가 "농식품가공기업들을 단합하기 위한 의지의 선봉"으로 고안됐다고 표현한 ILSI는 2018년 'PhD' 소지자이자, 네슬레의 과학규제사무국장인 피터 판 블라데렌을 회장으로 맞이했다. 오래도록 찾기 어려웠던 ILSI 회원 명단에는 농식품가공, 화학, 농화학 대기업 및 세제, 약품 기업이 포함되어 있었는데, 가장 기여도가 높은 출자자는 주로 농식품 가공업체였다. 비정부기구 '미국의 알권리'가 찾아낸 한 내부문서에 따르면 2012년 코카콜라는 163,500달러를 출자한 여전히 중요한 관계자였다. 그러나 미국 국세청에 제공된 문서에 따르면 가장 많은 돈이 나온 곳은 농화학업계로, 총 기부금 240만 달러 중 몬산토가 50만 달러를, 업계 로비단체인 크롭라이프 인터네셔널은 107만 8천 달러를 출자했다. 그럼에도 불구하고 ILSI와 수많은 산하지부의 총 예산을 계산하기란 어렵다.

ILSI는 단순한 사이비연구소를 넘어섰다. 워싱턴 DC에 본부를 둔 이 기구는 매우 정교한 국제 네트워크로, 지역 또는 국가 지부를 17개 보유하고 있다. 1986년에 출범한 유럽 지부(연간 예산 460만 유로), 북미 지부(약 650만 유로), 남부 안데스 지부, 한국 지부 등이 있다. 게다가 러시아 인형처럼 사이비연구소 내부에 또 사이비연구소가 있다. 1984년 설립된 ILSI 연구재단(1,100만 유로), 1989년 설립되어 매우 활발히 활동하는 보건과학환경연구소Health and Environmental Sciences Institute(560만), 위원회들(예를 들어 1997년에 설립된 국제생명과학연구소의 국제식품생명공학위원회), 차고 넘치는 주제별 테스크포스(실무진)가 그 예다. 2017년 유럽 ILSI는 '약 800명의 과학자'와 협업했다고 밝혔으며, '탄수화물 식품', '비만과 당뇨' 또는 '에너지 균형'과 같은 주제로 47개의 테스크포스가 구성되어 있다. 오염물질 독성측정도구 또는 식품과 접촉한 자재에 대한 위해성 평가방법 등 더 기술적인 주제를 다루기도 한다. 보고서, 전공논문, 학술지에 게재하는 학술논문 등, 유럽 국제생명과학연구소는 한 해 동안 총 4,208편의 출판물을 냈다고 주장했다. 과학기구라는 지위에 대한 열망이 명백하게 드러나는 부분이다. 2018년 3월 ILSI 유럽지부장은 유럽지부의 H-index 지수가 83에 이른다고 의기양양하게 공표했다. 학술지 피인용지수의 사촌 격인 이 지수는 연구원, 연구팀, 대학의 학술 업적에 대한 생산성(출판물 수)과 영향력(인용 수)을 수치화한다. H-index 83점은 은퇴를 앞둔 고명한 연구자가 받을 만한 점수다.

ILSI의 핵심활동은 온갖 장르가 혼합된 믿을 만한 과학자료를 끊임없이 생산해내는 것이다. 규제기관, 산업, 학계 과학자들이 ILSI가 기획한 워크샵, 패널, 학술대회에 초대받는다. ILSI 홍보문서에는 종종 굵은 글씨로 '삼자'라는 단어가 등장하며, 한가운데에 각각 정부, 산업, 학계를 상징하는 원 세 개가 가운데를 중심으로 살짝 겹쳐 있다. 앞서 봤던 것처럼, ILSI의 국제 회장은 네슬레의 요인이지만 이사회 회장은 미국

퍼듀대학교 PhD 코니 위버 교수가 맡고 있다. 이사진에는 기업 대표들(아지노모토, 카길, 다논, 듀폰, 펩시코, 프록터 앤드 갬블, 신젠타, 몬산토 등)과 임페리얼칼리지 런던, 네덜란드 바헤닝언대학교와 캘리포니아 데이비스대학교가 학계 대표로 균등하게 포함되어 있다. 북미 지부 연간보고서는 특히 미국의 농무부, 식품의약국, 국립보건원 소속 공무원들이 실린 '정부 관계자' 명단으로 시작한다. 모든 게 다 이런 식이다. 그 목적은 영양학 교수가 공공기관 식품안전평가 담당자 옆에 앉은 다국적 제과기업의 과학사무국장 옆자리에 앉는 것이 지극히 자연스러워 보이는 분위기를 조성하는 것이다.

회의와 회담, 더불어 커피 브레이크 및 뒤풀이 식사―호화로운 고급 레스토랑이 아니어도, 그저 한잔 하면서 서로 노고를 치하하고 격려하기 괜찮은 식당이면 충분하다―에서 아이디어를 검토하고 꼼꼼히 분석하기를 반복하면서 보고서, 모노그래프, 학술논문에 담아내는 시간 동안 이 아이디어는 슬그머니 합의된 것처럼 여겨진다. 다만 아이디어를 처음으로 제시하는 주체는 언제나 ILSI다. 진심으로 높은 수준의 지적 활동에 참여한다고 믿고 있을지라도 참가자들은 기업이 장려하는 접근법 및 방법론을 공들여 다듬고 인정한 것이다. 그 다음 규제 시스템에 이 접근법과 방법론을 이식하는 건 식은 죽 먹기다. 이 지적 활동에 기여했던 공무원이 문제를 발견하거나 반대할 가능성은 낮다. 심지어는 공공연하게 아이디어 발안자 역할을 하는 경우도 있을 것이다.

영향력을 행사할 의도가 있느냐 없느냐는 이 책을 관통하는 커다란 주제다. 따라서 ILSI가 내부에서 자신들의 활동에 어떤 의도를 갖고 실제 어떤 용어로 표현하는지 살펴보자. 웬만한 건 「시가레트 페이퍼」에

다 있기 때문에, 연구소 이사회의 연례회의 보고서 발췌본도 찾을 수 있었다. 이 회의는 실제로 1990년 바하마의 파라다이스 아일랜드 리조트에서 열렸는데, 엽서에 나오는 호화로운 건물을 그대로 옮겨놓은 것 같은 곳이다.[*]

알렉스 맬러스피나는 행사의 주최자로서 당면한 문제를 밝혔다. "우리는 규제 문제에 더 많은 시간과 돈을 들여야 할 상황에 직면해 있습니다. 새로운 행정부^{**}가 출범해 더욱 공격적인 식품 규제를 단행할지도 모르는 데다 연방차원에서 정부가 개입하는 영역이 증가하고 있고, 소비자단체 활동가들이 끊임없이 식습관과 건강의 관계를 질문하고, 주요 식재료의 안전성에 문제를 제기하고 있기 때문입니다. ILSI는 미결상태인 문제들을 해결하기 위해 계속해서 과학데이터를 생산하고, 공공기관에 적합한 데이터를 제공하고, 관련 규제를 일관성 있게 만들고, 국제무역을 촉진하기 위해 노력하면서 이 시련을 극복할 준비가 되어있습니다."

ILSI가 규제에 대응하는 일은 드물다. 미리 예측하고 대비하기 때문이다. 게다가 때로는 직접 설계하기도 한다. 간단한 예가 하나 있다. 2008년 EFSA는 농약처럼 먹이사슬에서 찾아볼 수 있는 독성물질의 측정방법을 평가하기 위해 자체 조사에 착수했다. 하지만 ILSI가 '독성학적 역치TTC, Threshold of Toxicological Concern'를 개발하지 않았다면 EFSA가 관심을 갖게 되는 일은 결코 없었을 것이다. 이 방법은 '유럽 살충제 행

---

[*] 몇 년 전부터, 연례회의는 영국 사우샘프턴, 버뮤다에서 열리고 있다. 버뮤다는 4성급 호텔이 넘쳐나는 부유한 섬들이 모여 있는 제도다.
^{**} 1989년 1월에 취임한 조지 부시 전 미국 대통령의 행정부.

동네트워크' 같은 NGO들에게 실제로는 모든 독성물질을 포착하지 못한다는 비판을 받았다.

규제를 당하기보다는 규제를 만드는 데 참여하자. ILSI의 슬로건일 수 있는 이 문구는 사실 보통 '규제기관포획' 또는 '규제포획'이라고 부르는 개념의 정의와 정확히 일치한다. 이 개념은 급진적 자유주의 사상가들의 양성소인 시카고학파의 경제학자, 조지 스티글러에 의해 세상에 나왔다. 1970년대 초 스티글러는 국가와 그 '장치'가 모든 경제분야에 '자원' 혹은 '위협'이 될 수도 있다고 기술했다. 그는 그렇기 때문에 규제가 "산업에 포획"당할 수밖에 없고 "오직 산업의 이익에 유리하게 고안되고 시행된다"고 말했다. 이런 각도에서 보면 ILSI는 거의 완벽한 규제포획도구가 아닌가? 설계된 혼란, 이익을 끌어오는 과학, 갈피를 못잡는 정책 입안자. 가짜 이름을 가진 단체가 이 모든 걸 가능하게 만든다.

볼모가 된 마리 퀴리, 과학 포획

"사물에 이름을 잘못 붙이면 세상에 불행이 하나 더 추가되는 셈이다." 알베르 카뮈의 이 말은 어느 상황에서나 통용되지만, 기업이 언어를 조작하려는 현 상황에 특히 잘 들어맞는다. 사물에 이름을 붙이는 건 사물의 존재를 인정한다는 의미다. 따라서 새로운 이름을 붙이면 사물의 본질 또한 새롭게 정의된다. 이 주제는 프로이트와 그의 정신분석학 이론뿐만 아니라 에드워드 버네이즈를 떠올리게 한다. 1929년에 그는 유해성 때문에 관 뚜껑에 박는 못에 비유되기도 했던 담배에 '자유의 횃불'이라는 새로운 의미를 부여했다(1장 참고).

　　이제 1920년대 말에서 21세기 초로 빨리감기를 해보자. 2013년 『르몽드』 경제부의 한 기자는 그 재치만큼이나 날카롭게 핵심을 파고드는 기사를 냈다. 그는 수압파쇄법이라는 용어가 대중들에게 불러일으키는 공포를 희석시키기 위해 화석에너지산업이 완곡어법을 사용하려 애썼던 흔적들을 수집했다. 셰일가스와 시추기술은 현재까지는 여전히 끔찍한 인상을 준다. 동료 기자인 데니스 코스나르는 "파쇄라는 단어에는 살벌한 느낌이 있다"고 평가했다. 프랑스 석유산업연합의 커뮤니케이션 이사인 이브마리 달리바르는 "골절된 다리가 연상돼요. 암석에 큰 균열을 만들어내는 것 같은 느낌이 나기도 하죠"라고 묘사했다. 그럼에도 불구하고 석유기업이 매장된 가스를 추출하기 위해 불투수성 암석에 뚫는 구멍은 '모래알 크기 정도'라는 게 엑슨모빌의 주장이다. 하지만 파쇄라는 용어의 어감에서는 맛있는 음식이 끓는 가스레인지에서 불꽃이 튀는듯한 소리보다는 엄지발가락으로 소파 다리를 찼을 때 나는 '우지끈' 소리와 그 뒤의 고통에 찬 신음소리가 연상된다. 고인이 된 크리스토프 드 마르주리 토탈 회장 또한 수압파쇄법을 '암석마사지'라는 용어로 대체해보려고 했으며 현재 지디에프수에즈의 회장인 제라르 메스트랄레의 경우, '암석 자극'과 '물분사'라는 용어를 제시했다. 유럽생태녹색당의 야닉 자돗 유럽의원은 "아레바사가 방사성폐기물 '재처리' 대신 재활용이라는 단어를 사용해 문제의 해결책을 찾았다는 착각을 불러일으키려던 것과 같은 맥락이죠. 하지만 실제로 바위를 깨부수긴 하잖아요!"라고 조소했다.

1990년대 말, 화학기업들은 악명 높은 내분비계 교란물질에 '내분비계 조절물질'이라는 새로운 이름을 부여하려 했지만 실패했다. 반면, 새로운 이름 붙이기가 성공을 거둔 사례도 많다. '죽이다'라는 뜻의 라틴어에서 파생한 접미사 '-cide'가 붙는 프랑스 단어 농약, 살진균제, 살충제, 제초제[*]는 '작물보호제'처럼 농업용어로 탈바꿈하거나 '식물병충해방제품', '식물약리제품'으로 대체됐고, 심지어는 '식물'이라는 줄임말만으로도 이롭다는 인상을 주게 됐다. 이렇게 해서 우리는 다시금 사고의 폭을 확장하는 게 아니라 축소하기 위해 조작된 언어, 조지 오웰의 신어를 깊숙하게 파고든다.

기업이 선전에 피나는 노력을 기울이기 시작한 건 1990년대 중반으로 거슬러 올라간다. 과학 자체를 재정의하려는 계획이 이때 처음으로 윤곽을 드러냈다. 담배산업이 주도한 이 계획의 목적은 구매한 과학자료를 정책입안자가 믿고 사용할 수 있는 유일한 과학적 사실로 받아들이게 하는 것이었다. 그 방법은 과학계에서 일반적으로 사용하는 표현을 왜곡해 모두의 머릿속에 각인될 때까지 주입하는 것이다. 이 표현은 영어로 '사운드 사이언스Sound science'라고 하는데, 번역으로 이 표현이 가진 모든 뉘앙스를 살리기에는 어렵다. 일부는 '우수과학'이라 하고 다른 이들은 '건실과학'이라고 하는데 나는 '건전과학'이라고 부르길 추천한다. 미국 OSHA 전 청장인 데이비드 마이클스는 기업에 유리하게 작용하는 건전과학을 재치 있게 표현했다. "사실은 그렇지 않지만, 과학처럼 들리기는sounds 하네요."

---

[*] 각 단어는 pesticide, fongicide, insecticide, herbicide로 접미사가 동일하다. — 옮긴이 주

이미 많이 언급된 내용이라 자세히 다루지는 않겠다. 이 책에서는 큰 줄기만 잡는 것으로 충분할 거라고 본다. 1992년 EPA는 간접흡연을 1군 발암물질로 분류했다. 즉, 인체에 암을 일으키는 물질이라는 의미로, 십수 년 전부터 축적된 데이터를 기반으로 인과관계를 증명했다. 덧붙여 말하자면, "안 돼!"라고 말하는 기사들은 독립적인 연구에 늘 이정도 수준의 증거를 제시하라고 비난한다. 1993년 초, 필립모리스는 PR대행사 APCO 어소시에이츠에 비방선전을 총괄해 달라는 의뢰를 맡긴다. 초반 표적은 EPA였다. 이렇게 해서 TASSCThe Advancement for Sound Science Coalition가 탄생한다. 1994년 88만 달러의 예산으로 운영되던 이 위장단체는 '공공정책결정에 건전과학 활용을 장려하는 비영리연합'을 표방한다. 위장의 에이스였던 담배제조사들은 3M, 셰브론Chevron, 다우Dow, P&G, 제너럴 모터스 등 다른 분야의 기업을 끌어들여 그 안에 자신들의 자금을 감추면 된다는 걸 알고 있었다. 얼마 후, 이 기업들은 간접흡연의 위험성을 지적하는 증거를 공개적으로 반박할 준비가 된 과학자들과 학계 연구원들을 대대적으로 고용했다. 늘 그렇듯 공공장소 금연조치의 시행을 늦추기 위해서였다. TASSC의 유럽 진출은 '실험실 가운 프로젝트'라고 불렸다. 드레스 코드는 완벽한 박사님 복장이지 않았을까?

건전과학의 반대 명제이자 건전과학의 적그리스도라 할 수 있는 단어는 바로 '정크 사이언스Junk science'로 '쓰레기 과학' 또는 '부패과학'이라고 번역된다. 이 표현은 산업의 통제에서 벗어나 학술 또는 규제의 틀 안에서 생성된 과학을 의미한다. 공적자금이 투입되었으며 어떠한 지시에도 구애받지 않는, 질문과 그 결과에서 자유로운 과학 말이다. '쓰레기'라는 오명을 쓰고 있는 이 과학은 고삐 풀린 자본주의에 있어선 악몽이라 할 수 있는 사전예방원칙을 뒤에 달고 다닌다. 정치적 행위, 그중에서도 금지조치를 취하게 만들 수도 있기 때문이다. 2015년 유럽 살충제산업 로비기구인 ECPA 회장은 "우리는 사전예방원칙에 기반을 둔 과학에 반대한다"고 당당히 입장을 밝혔다. 건전과학 진보연합의 수장인 스티브 밀로이 또한 필립 모리스로부터 대가를 받고 필요로 할 때마다 대중에게 마치 수류탄을 투척하듯 쓰레기 과학이라는 표현을 퍼부었다. 자기 자신을 기후변화 회의론자라 칭하고, 자유시상주의 싱크탱크들과 밀접한 관계를 맺고 있으며, 극보수주의 성향의 TV채널 폭스 뉴스의 해설자로 활동하고 있는 밀로이는 '정크 사이언스 닷컴'을 운영하며 욕설, 명백한 악의, 터무니없는 거짓말을 넘나드는 글을 게재했다. 적어도 2012년까지 그는 해당 사이트에서 'DDT, 대규모 생존을 위한 무기'라는 문구가 쓰인 카키색—순면 100%, 200% 보장함—면 티셔츠도 팔았다. 이어서 화학, 살충제, 생물공학, 농식품가공 등 여러 산업이 건전과학과 쓰레기 과학이라는 표현을 자신들의 독성제품 옹호용 도구상자에 포함시켰다. 또한, 과학역사학자인 나오미 오레스케즈와 에릭 콘웨이는 『의혹을 팝니다』에서 어떻게 두 물리학자 프레드 싱거와 프레데릭 세이츠가 바통을 이어받아 기후변화 회의론자 진영에 건전과학을 선전했는지 묘사한다.

25년 넘게 무차별적으로 사용되어 너무나 인이 박인 이 표현은 언급될 때마다 해당 문제에 관심이 있는 사람들을 비롯하여 멀리서 관망하고 있는 사람들에게도 위험신호처럼 들릴 것이다. 건전과학은 무엇보다도 이데올로기의 표지이기 때문이다. 학술적인 경우도 정말 드물고 후원을 받지 않는 경우도 거의 없다. 연구 결과 또한 농약이든, 용매든,

금속이든 아니면 탄산음료든 간에 제품의 위험성을 지적하는 경우가 거의 없어 기업의 입맛에 잘 맞는다. 학술문헌보다 PR영역에서 더 자주 보이는 쓰레기 과학이라는 모욕은 규제의 빛을 바래게 하고 이윤을 더욱 반짝이게 만든다. 과학 용어를 숙지해 그 근간을 뒤흔들고, '사운드'라는 단어가 주는 긍정적인 이미지를 퍼뜨리고, '정크'라는 단어로 융단폭격을 가하면서 기업과 그들의 확성기는 가르침을 주는 현인, 신전의 수호자를 자처한다. 동료 기자 리자 그로스의 표현을 빌리자면 자칭 '과학의 수호자'들이다. 마리 퀴리, 갈릴레오 갈릴레이와 다윈을 볼모로 잡아 '과학에 뿌리를 둔Rooted in science'이라는 블로그에 인용한 몬산토처럼, 기업은 과학 용어와 규칙을 손에 넣었다. 앞 내용에서 규제포획이 단순히 규제의 대상에서 벗어나 규제를 만드는 데 참여하는 과정임을 확인한 바 있다. 기업은 동일한 원리에 따라 과학을 만드는 데 참여하기 시작했다. 즉, 과학에 당하지 않기 위해서 과학을 포획해버렸다.

08

몬산토 페이퍼,
일등석을 타고 떠나는 유령열차 여행

도나는 자신의 흔적을 직접 말소했다. 첫 번째, 그리고 그 다음. 자신의 이름이 나올 때마다 깔끔하게 줄을 그었다. '도나 R. ~~파머~~[4]'는 더 이상 「글레포세이트 노출이 인간과 동물의 성장 및 생식에 미치는 영향. 비판적 분석」 논문의 저자로서 존재하지 않는다. 마무리 단계로 보이는 초고 겉장 하단의 그녀의 소속을 나타내는 4번 각주—~~미주리주, 세인트 루이스, 몬산토~~—도 마찬가지로 삭제되었다. 2010년 11월 18일, 몬산토 수석 독성학자 중 한 명인 그녀는 자취를 감추기로 결정했다. 연구실에서는 글리포세이트, 마트 선반에서는 라운드업으로 불리는 농약은 몬산토의 베스트셀러다. 2012년 초 학술지 『독성 및 환경보건저널, 파트 B: 비판적 검토』에 논문이 발표됐다. 환경노출의 실질적 농도에서 해로운 영향을 뒷받침하는 확실한 증거가 없다고 결론을 내리는 논문이었다. 저자 중 두 명은 엑스포넌트 사무소의 컨설턴트들이었으며, "연구자금을 지원해주고 글리포세이트와 계면활성제 독성에 대한 발표되지 않은 연구보고서를 제공해준 몬산토"에 감사의 말을 전했다. 하지만 논문의 내용 및 편집에 기여한 도나 파머의 공헌은 어디에서도 찾아볼 수 없었다.

여자가 사라지면
유령작가가 깨어난다

도나 파머가 정성스럽게 첨삭한 원고를 첨부해 메일을 보내지 않았더라면, 이 메일이 「몬산토 페이퍼」에 들어있지 않았더라면 우리는 결코 이 사실에 대해 아무것도 알지 못했을 것이다. 이 내부문서들은 비호지킨림프종에 걸린 환자나 유가족이 몬산토에 제기한 소송절차의 일환으로 2017년 초부터 공개됐다. 원고(2018년 기준 3,500명 이상)측은 비교적 희귀질병인 혈액암의 발병원인으로 글리포세이트와 라운드업 제품에 들어가는 계면활성제 노출을 지목한다. 연이은 소송의 기폭제 역할을 한 것은 IARC의 발표였다. 이때 IARC는 글리포세이트를 '인체발암성 추정물질'인 2A등급으로 분류한다. 2015년 3월 20일부터 글리포세이트와 다양한 혼합방식(라운드업은 글리포세이트와 계면활성제의 혼합물로 그 조합이 나라마다 다르다)의 유해성이 도마 위에 올랐다. 권위 있는 기관인 IARC는 오직 출판된 학술연구만을 평가의 근거로 삼았다. 신의 한수가 아닐 수 없다. 글리포세이트의 경우, IARC는 몬산토와 2000년 이후 글리포세이트를 판매한 다른 기업들이 수행한 독성 연구는 고려대상에 넣지 않았다. 2000년은 특허권이 소멸되어 모든 농약회사에서 글리포세이트를 생산해 시중에 판매하는 것이 가능해진 해다. 어쨌든 어떤 규제권한도 없는 IARC의 경우 당국에 제출되는 내부연구 또는 우수실험관리기준에 부합하는 연구에 접근할 수 없었다.

　　IARC의 판결보다 몇 년을 앞선 도나 파머의 이메일, 「몬산토 페이퍼」 조회번호 'MONGLY00919400' 얘기로 돌아가자. 이메일에 첨부된 46쪽짜리 원고에는 'drf', 즉 도나 R. 파머의 이름이 적힌 메모마다 수정사항 또는 코멘트가 어마어마하게 많이 달려있다. 하지만 그녀 말고도 몇 명이나 더 있을까? 최소 두 명이다. 'drf16' 메모에는 '왜 데이비드가 다른 연구도 아니고 여기에 지침을 삽입하라고 하는지 모르겠음. 삭제하거나 다른 연구에도 추가할 것.'이라고 쓰여 있다. 해당 논문의 공저자들의 이름은 에이미, 레베카 그리고 존이며, '데이비드'는 필시 데이비드 솔트미라스를 가리키는 것이다. 그는 몬산토 제품의 독성 평가를 위한 도나 파머의 동료 중 한 명으로 학술논문 작성에도 깊게 관여하고 있는데, 이후 이어지는 이야기에서 다시 보게 될 것이다. 이메일 본문에서 도나 파머는 "유전자독(성)에 한 단락 추가했어요.", "우리가 폴리옥시에틸렌탤로아민 계면활성제POEA, polyoxyethylene tallow amine에 대한 연구 요약도 마찬가지로 복사-붙여넣기 했어요" 같은 문장을 작성했다. 다만, '우리'가 누구인지에 대한 언급은 없다. 학술논문을 작성하되 저자 명단에서 사라지는 것을 유령집필, 말 그대로 고스트라이팅이라고 한다. 기업 직원들이 글, 연구 또는 논문을 작성하면 저자로서 내용을 책임지는 건

기업과는 어떤 종속관계도 없는 과학자들이다. 그렇게 함으로써 그들의 이름이 지닌 위엄과 소속 대학 또는 기관의 명성을 출판물에 부여하는 것이다. 보통 이 과학자들은 핵심의견 선도자KOL, Key Opinion Leaders로, 본인의 좋은 평판과 직업적 네트워크를 이용하여 훨씬 많은 사람들의 의견에 영향을 준다. 이와 같은 산업메시지 세탁은 유료다. 도나 파머의 예시처럼 기업의 직원이면서 이름을 저자 명단에 올리지 않는 사람들을 가리켜 고스트라이터라고 부른다. 하지만 자신의 이름을 판 과학자들을 지칭하는 단어는 아직 존재하지 않는다. 출판윤리위원회 COPE는 이들을 유령저자, 손님저자 또는 선물저자라고 한다. 대외적 간판을 내세우는 것과 비슷하기 때문에 명의대여라고 이해하면 된다. 다만, 대가성 없는 무료 대여였다면 이 표현이 더 잘 들어맞았을 것이다.

자율규제를 적용하는 학문의 세계에서 고스트라이팅은 부정행위로 간주된다. 2009년에 이해충돌 관계에 대한 기초보고서를 발표했던 미국 국립학술원 의학연구소에게 대필행위는 지적 독립성과 연구설명 의무라는 학술무결성의 주요 원칙을 위반한 것이다. 그들의 규정에 따르면 논문 저자가 되려면 네 가지 조건을 모두 충족해야만 한다.

1) 연구 구상 및 설계, 데이터 수집, 분석 및 해석에 실질적으로 기여

2) 지적 내용을 위한 원고 작성 혹은 결정적 수정

3) 출판할 원고의 최종 승인

4) 연구 전체의 정확성 또는 무결성과 관련된 의문을 적절히 조사하고 해결할 수 있도록 연구의 모든 측면에 대한 책임에 동의

이 네 조항에 해당되지 않으면 감사의 글로 밀려나거나 논문에서 빠져야 한다. 어쨌든 원칙은 그렇다. 하지만 실제로는 기업이나 컨설팅 사무소가 모든 명의대여인에게 조금씩 일을 할당해 규정을 지키는 척 한다고 해도 막을 수 있는 방법이 하나도 없다. 게다가 누가 실제로 확인할 수 있단 말인가? 이런 기준에서 보면 도나 파머가 2012년 논문에 개입했던 건 명백한 사실이며, 그렇기 때문에 중요한 의미가 있다. 최종 저자목록에서 몬산토 소속 독성학자인 도나 파머, '데이비드' 그리고 '우리'가 행방불명된 사건에서 직원들이 논문작성에 적극적으로 참여했다는 사실을 숨기려는 몬산토의 의지가 고스란히 드러난다. 반면 몬산토가 재정을 지원한 사실은 오히려 출판된 논문에 대놓고 명시되어 있다. 덧붙여 말하면, 보수를 지급받은 저자는 엑스포넌트 사무소 컨설턴트들로, 이들이 독립성을 주장한들 속을 사람은 아무도 없다. 그렇다면 과연 어떤 이유로 도나 파머는 자신의 이름을 삭제한걸까? 몬산토에서 고스트라이팅은 관행이자 사내 문화인걸까?

여러 실험논문이 증명한 바에 따르면, 이해관계확인서에서 논문이 후원받은 사실을 확인한 독자는 눈앞에 있는 연구물을 평가절하하는 경향이 있으며, 저자에 대한 신뢰 또한 감소한다. 기업은 자신들이 명문대 연구원보다 신뢰도가 떨어진다는 걸 너무나 잘 알고 있다. 캐나다 퀸스대학교 과학철학자이자 의약분야에서 해당 주제에 지대한 관심을 가졌던 몇 안 되는 인물인 세르지오 시스몬도가 설명한 것처럼, "독립성이라는 겉가죽을 뒤집어썼을 때만 편향된 문헌이 진가를 발휘할 수 있다. 제약회사는 자신들이 숨길 게 있다는 걸 알고 있기 때문에 비밀스럽게 고스트라이터를 관리한다. 손님저자를 이용하면 이해충돌과 그로 인한 편향성을 매우 성공적으로 숨길 수 있다." 본래 비밀보장을 전제로 하는 고스트라이팅은 경계를 설정하고 수치화하기 어렵다. 오래된 자료들이 문서로 남아있음에도 불구하고 화학기업이 고스트라이팅을 어떻게 사용하고 있는지는 비교적 알려지지 않았다. 역사학자 데이비드 로스너와 제럴드 마코위츠는 특히 1971년 작성된 납기업 회의록을 주목한다. 회의 주제는 '유명한 과학자에게' 힐 앤드 놀튼 사무소가 작성한 페인트로 인한 아동납중독 보고서의 '저자를 맡아달라고 종용'하는 것이다. 힐 앤드 놀튼은 1950년대 담배 제조업체에 협력했던 그 업체다.

그에 반해 제약업계에서 고스트라이팅은 의약품 임상시험과 함께 매우 흔한 관행이다. 이 주제에 관한 몇 안 되는 수치와 빈약한 정보는 대부분 제약업계에서 나온 것이다. '졸로프트'라는 상품명으로 판매되는 항우울제 설트랄린의 부작용 때문에 화이자Pfizer를 상대로 1990년대 말부터 소송이 제기됐는데 영국 정신의학자 데이비드 힐리가 손에 넣은 관련 문서를 살펴보면 상황을 명확히 파악할 수 있다. 그는 설트랄린 판매의 정점을 찍었던 1998년부터 2000년대까지의 임상시험결과 보고논문의 18~40%가 대필됐다고 판단했다. 이 논문들은 대부분 굴지의 학술지에 발표됐으며 약품의 효능에 대해 전부 긍정적인 결론을 냈고 부작용이 발생할 가능성은 최소화하고 있었다. 일부 논문의 경우, 작성 도중 'TBD'가 찍힌 완성본의 저자가 되어 달라는 제의를 받은 인물들이 명시되어 있다. TBD는 '추후 결정'을 뜻하는 영어 단어 'To Be Determined'의 약어로 IBT 실험실 창고의 불쌍한 쥐들(3장 참조)처럼 '너무 심하게 부패된'이란 의미는 아니다.

제약회사 파크데이비스Parke-Davis나 머크Merck의 관행이 폭로된 건 다른 소송을 통해서다. 파크데이비스와 머크 각각 '가바펜틴'(뉴론틴, 간질치료제 및 진통제)과 '로페콕시브'(바이옥스, 비스테로이드 항염증제)의 판매를 촉진하기 위해 1990년대에 고스트라이팅을 이용했다. 미국에서는 수십여 곳의 전문 기업들이 의학분야 논문작성 서비스를 제안한다. 홈페이지에서 '출판계획' 세트의 '고스트라이팅 옵션'을 화려한 효과로 광고할 필요도 없다. 이 세트에는 가장 적합한 명의대여자를 파악하는 업무도 포함된다. 이 모든 정보를 모았던 세르지오 시스몬도가 신약 임상시험을 보고하는 논문 중 40%가 대필되었다고 추정하는 게 터무니없는 것만은 아니다.

간단한 조사를 위해 일부 연구자들에게 익명의 설문지를 보내 과거에 명의대여를 해줬던 경험이 있냐는 질문을 했고, 대필 원고에 이름을 빌려줬다는 답이 9~24%에 달했다. 하지만 윤리적인 문제 뒤에는 사람의 목숨이 달려있다. 세르지오 시스몬도는 "상업적 목적의 연구는 종종 공적지식이 아닌 사익추구라는 명목 하에 환자들을 위험에 빠뜨린다"고 강조했다. 2004년에 시장에서 철수된 의약품 '바이옥스'의 경우, 이 제품 때문에 미국인 8만 8천 명이 심근경색을 겪었고 3만 8천 명이 목숨을 잃었다.

글리포세이트,
존 몬산토비치 되기

타인이 주고받은 대화를 읽는 건 아주 짜릿한 일이다. 그 타인이 대기업의 중역이나 정책결정기관의 공무원이라면 더더욱 길티 플레저를 느낄 필요도 없다. 소송의 일환으로 내용이 공개된 문서라면 불법의 소지가 전혀 없다. 또한 당국에 문서열람요청을 하여 접근허가를 받는 수고를 마다하지 않은 사람에게도 문제될 게 없다. 일부 국가 및 유럽연합에서는 정보 접근을 위한 법적인 장치가 마련되어 있다. 조직의 편지, 이메일 그리고 내부메모를 훑어보는 건 마치 허락도 받지 않은 상태에서 누군가의 머릿속에 GPS도 없이 내던져진 것과 다름없다. 기업, 기관, 부처 또는 기타 기구 등 각 조직마다 '서신작성규칙'이 있다. 뜻밖에 서신을 읽게 된 사람은 각 서신교환양식을 통해 조직의 생리, 사람들의 관계, 의사결정과정을 속속들이 파악할 수 있다. 예를 들어 유럽 위원회의 경우, '친애하는 동료 아무개씨에게', '파일을 첨부하오니', '애정을 담아'와 같은 매우 철저한 상하관계와 형식주의에 대한 집착이 드러난다. 그에 반해 EPA는 속도가 생명인지라 업무 메일 형식이 더 자유로운 편이다. 인사가 필요할 때는 '아무개씨 안녕'이라던가 서로 인사말은 생략하기도 하고, 때로는 '감사합니다'면 충분하다.

몬산토라는 우주를 유영하다보면 엄청난 워커홀릭 팀을 발견하게 된다. 「몬산토 페이퍼」에 들어있는 수백 편의 내부서신들은 내용이 꽉 차 있고, 가독성이 뛰어나며, 다정한 어조로 작성됐지만 지나침 없이 놀라울 정도로 효율적이다. 즉 엄청나게 전문적이다. 사용하는 단어에서 팀워크, 소속감, 충성도뿐만 아니라 '몬'을 위해 헌신하는 사람들 간의 신뢰관계가 드러난다. 이와 같이 애칭으로 불리는 몬산토는 소속직원들을 잘 대우하는 것처럼 보인다. 최고위직 간부가 받는 임금으로 말하자면 최고재무책임자가 대략 350만 유로, 몬산토의 살아있는 역사이자 최고기술책임자인 롭 프레일 리가 440만 유로까지 받는다.

많은 이들이 몬산토의 붙박이들이다. 도나 파머는 1991년부터 몬산토에서 일하고 있고 그녀의 상관이자 제품 안전성의 '빅 보스'인 윌리엄 '빌' 하이든스는 그보다 딱 1년 전 몬산토에 첫 발을 디뎠다. 이 작은 세계가 어떻게 서로 소통하는지 들여다보면 배울 점이 많다. 문장을 고르고 어떤 문제를 언어로 표현하거나 하지 않는 것 말이다. 단 한 문장이 때로는 또 다른 차원의 문을 열기도 하고 예상치 못한 문제를 불러일으키기도 한다. 2015년 5월 11일 빌 하이든스의 이메일 중, 'IARC의 분류 이후 글리포세이트를 지지하기 위한 행동방침'에서 제안목록의 가운데 글머리 내용인 '몬의 고스트라이터가 작성할 원고'처럼 말이다.

당시는 IARC가 글리포세이트를 '인체발암성 추정물질'인 2A등급으로 분류하고 두 달이 채 안 된 시점이었다. 몬산토는 안팎으로 전투준비가 한창이었다. 같은 날 UN에 서면으로 전쟁이 선포됐다. 여기까지가 사건의 시간적 흐름에 대한 설명이다. 그 다음 글머리에 쓰인 내용은 다음과 같다. "비 몬산토 출신 과학자(예: 커클랜드, 키어, 윌리엄스, 그라임 그리고 아마 키스 솔로몬)가 저자라면 훨씬 더 효과적일 것이다."

고스트라이터라는 단어를 이처럼 조심성 없이 사용하다니, 어떻게 이해해야 할까? 이 단어가 '몬'에서는 일상적으로 사용된다고밖에 볼 수 없다. 문체 또한 당연한 일을 이야기하는 것처럼 가벼운 느낌이다. 마치 해야 할 일을 적어둔 목록에 '나가면서 보일러 끄는 것 잊지 않기'를 추가하는 것처럼 말이다. 하지만 나열된 이름들은 어떻게 이해해야 할까? 기업의 명의대여 후보자 목록인가? 빌 하이든스와 동료들이 연락을 주고받으며 남긴 증거를 더 면밀히 탐구해보려면 더 이전인 2015년 2월 중순으로 가봐야 한다.

당시 몬산토는 IARC로부터 좋지 않은 소식을 예상하고 있었다. 몬산토가 이러한 통찰력을 손에 넣을 수 있었던 것은 주력상품의 발암성 및 유전자독성에 대해 1980년대 초부터 어마어마한 양의 정보를 수집해온 덕분이었다. 독성학팀은 글리포세이트의 '실시할 자유'를 보호하기 위해 이미 행동목록을 작성해두었다. 그중 여럿이 학술논문 생성에 관한 것으로, 빌 하이든스는 이 '풀가동' 작전의 비용을 최소 23만 5천 유로로 추정했다. 몬산토가 만약 계획대로 반격을 위해 각 분야(전염병학, 독성학, 유전자독성, 행동방식, 노출)에 정통한 전문가들을 고용한다고 했을 때 드는 비용이다. "더 저렴하고, 실행 가능한 접근법은 전문가들을 오직 논쟁, 전염병학 그리고 아마 작용기전 Mode of action(IARC 회의에서 나온 내용에 따라 달라짐)에만 투입하고 노출, 독성학 그리고 유전자독성학 분야만 대필하는 것이다. 출판물에 그라임과 키어의 이름을 기재하는 것도 하나의 방법으로 우리가 논문을 직접 작성하면 비용을 최소한으로 유지할 수 있을 것이다. 이 둘은 논문을 편집하고 자신의 이름을 적어넣기만 하면 된다." 이상이 빌 하이든스가 기술한 내용이다. 몬산토의 독성학자인 그가 직접 또는 동료들로 하여금 논문을 작성하게 해 엄격하게 통제하고자 하는 부분에는 글리포세이트에 불리한 데이터가 존재한다. 언급된 두 과학자의 경우 명의대여 후보목록 상위에 이름을 올리고 있었다. 은퇴하면서 사설 컨설턴트로 거듭난 래리 키어는 1974년부터 2000년까지 모든 경력을 몬산토 관련 업무로 채웠다. 헬무트 그라이엄이라는 이름이 친숙하게 느껴지는 건 내분비계 교란물질 사건에서 마주쳤었기 때문이다. 그는 다니엘 디트리히와 2013년 여름 '앤 글로버 서신' 작전을 이끌었던 세 명 중 한 명이었다. 이 두 사람과 2015년 5월에 빌 하이든스의 목록에 언급됐던 또 다른 세 명의 과학자들—데이비드 커클랜드, 게리 윌리엄스와 키스 솔로몬 모두 '글리포세이트 전문가 그룹'에 속하며, 이 그룹은 2015년 8월 최종적으로 결성되어 IARC의 글리포세이트에 관한 의견을 분석하고 일련의 논문을 작성한다. 몬산토는 제품방어사무소 인터텍에 이 전략적 임무를 맡겼다.

인터텍에서 꾸린 팀은 15명으로 이뤄져 있으며, 이 팀에는 인터텍의 부회장 중 한 명인 애슐리 로버츠도 소속되어 있었다. 일 년 후인 2016년 9월 『독성학 비평』(피인용지수 5,182)의 특별부록 형태로 논문들이 발표됐다. 몬산토의 자금지원 사실은 다음과 같이 드러난다. "이 부록의 자금후원은 몬산토사로부터 인터텍을 통해 이뤄졌다." 분명히 말하면, 인터텍을 통해 대금이 치러졌다. 또한 이해관계확인서를 포함했고, 다섯 편의 논문 아래쪽에 비교적 상세한 설명을 덧붙였다. 이렇게 해야 한다고 강력하게 주장한 사람은 바로 학술지 편집장인 로저 매클레런이었다. 산업 독성학계의 살아있는 화석이자 1960년 수의학 학위를 획득한 이 컨설턴트는 오랫동안 햄너Hamner 보건학연구소를 이끌었다. 당시 연구소의 명칭은 화학산업독성학연구소Chemical Industry Institute Toxicology로 지금과 달랐다. 그가 인터텍의 셰르파인 애슐리 로버츠에게 경고한 내용은 운 좋게도 「몬산토 페이퍼」에 포함되어 있다. "저는 이해관계확인서가 가능한 한 명확하고 투명하길 바랍니다. 또한 결국에는 몬산토, 귀사, 그리고 각 저자의 가장 혹독한 비평가들이 이를 읽고 '쳇, 모든 요소를 다 다뤄서 지적할 게 없군'이라고 생각하게 되길 바랍니다." 실제로 이해관계확인서에는 몬산토와 저자 대부분의 계약관계, 특히 래리 키어와 존 아쿠아벨라의 고용주와 피고용인 관계이력이 상세하게 기술되어 있다. 존 아쿠아벨라는 1989년부터 2004년까지 몬산토 소속 전염병학자였다.

하지만 여기에는 큰 단점이 있다. 현실과 조금이라도 타협할 경우, 상세한 설명 때문에 즉시 자신의 발등을 찍게 될 수도 있다. 이해관계확인서에는 "패널 전문가들은 인터텍에 고용됐으며, 인터텍을 위한 컨설턴트로 활동했고, 몬산토와 직접적인 접촉은 없었다"고 명시되어 있다. "몬산토의 어떤 직원이나 변호사도 학술지에 제출되기 전에 패널 전문가들의 원고를 교정하지 않았다." 그러나 이 두 문장은 결코 사소하지 않은 타협을 거쳐 만들어진 결과물이다.

2015년 말, 빌 하이든스와 존 아쿠아벨라는 논문 저자들의 처리방법을 논하는 날카로운 이메일을 주고받았다.

"저자명단에 제 이름이 보이지 않네요."

"존, 당신과 래리가 몬산토에서 일한 경력이 있어서 상부의 결정에 따라 두 분을 패널이나 저자로 내세울 수 없게 됐어요. 이 부분에 대해 이미 이야기가 됐다고 생각했는데요."

"그런 건 줄 몰랐는데요, 빌. 그리고 제 쪽 패널들이 괜찮다고 할 것 같지 않네요. 이런 걸 고스트라이팅이라고 부르는데, 비윤리적인 행위예요. 그럼, 존으로부터."

일을 원만히 수습하기 위하여 빌 하이든스는 그에게 도나 파머와 함께 원격회의에서 얘기를 해보자고 제안했다.

그 후, 존 아쿠아벨라는 충고의 의미로 184쪽에서 인용했던 ICMJE의 네 가지 기준을 복사해 전달했다. "여러분 아시잖아요. 저는 발표나 출판물에 있어 저자를 속이는 일에 가담할 수 없어요. 모두가 기준으로 삼는 ICMJE의 권고사항을 참고하세요."

전염병학자인 아쿠아벨라는 정말 할 수 있는 건 다 했다. 패널 업무는 대부분 8월 안에 수행됐으며 몬산토에 보내진 청구서에는 51시간 45분 동안의 업무가 하나씩 나열되어 있다. 시간당 400달러로 계산하면 총 2만 700달러다.

이틀 뒤 작성된 마지막 메시지에는 빌 하이든스가 원격회의에 대해 언급하고 싶은 내용만 적어놨다. "오해가 있었던 것 같아 유감입니다. 다시 말하지만, 도나와 저는 어떻게 이런 일이 일어날 수 있었는지 모르겠어요. 수요일에 회의를 끝낸 후 애슐리 로버츠와 래리 키어에게 확인해 보니, 당신과 래리는 확실히 패널 전문가로도, 저자로도 고려되지 않을 겁니다."

결국 의견이 일치되어 모든 게 순조롭게 진행되었다. 독성학자인 빌이 대화를 마무리 짓는다. "즐거운 주말 보내세요!"

몬산토 또는 몬산토 소속 변호사가 원고를 검토할 가능성에 대해 말하자면, 이해관계확인서에는 결코 그런 일이 일어난 적 없다고 명시되어 있다. 게다가 로저 매클레런은 다음과 같은 점을 강력히 강조했었다. "몬산토 또는 법정대리인들이 보고서를 교정했다면 이는 고지되어야 합니다." 물론 몬산토 직원들은 구석구석 손을 본 듯하다. 이메일에서 그 증거를 찾을 수 있다. 2016년 2월 8일, 빌 하이든스는 인터텍에 직접 손본 주요 원고를 보냈다. "문서를 면밀히 검토했습니다. 그리고 제 기준으로 남겨야 할 내용과 삭제할 내용을 표시해뒀습니다. 편집을 조금 손보고 두세 군데에 글도 덧붙여 놨습니다." 첨부된 문서에는 윌리엄 헤이든스의 약자인 'wh'가 달아놓은 수정사항이 자그마치 50개나 있었다. 6개월 후, 논문이 게재된 학술지 『독성학 비평』의 부록 제목은 '글리포세이트 발암가능성에 대한 독자적 검토'였다.

가면 벗고 정체를 밝혀,
그 외 저자들도 모두!

빌 하이든스, 도나 파머 그리고 데이비드 솔트미라스로 구성된 고스트라이터 드림팀이 작성한 학술논문은 얼마나 많을까? 한 가지는 확실하다. 대필이 성행하는 「몬산토 페이퍼」에 대해 이야기 하다보면 시스템 전체가 드러난다는 것이다. 2014년 4월, 몬산토는 IARC가 곧 글리포세이트를 검토할 예정이라는 소식을 접하게 된다. 같은 해 9월에 최종회의 날짜가 다음해 3월로 발표됐다. IARC의 문헌검토 작업에 몬산토가 고른 자료를 포함시키려면 재빨리 데이터를 학술출판물로 포장해야 했다. 다른 규제기관들과 달리, 기업이 자금을 댄 '실험실우수관리기준'에 부합하는 연구는 IARC의 고려대상이 아니기 때문이다. 넘어야 할 시련은 또 있다. 바로 IARC 검토목록에 포함되기 위해서는, 내부 메모에 기록되어 있듯 "모든 연구가 2015년 2월 3일 전에 출판되거나 출판 허가가 나야"했다. 따라서 그들에게 주어진 시간은 4개월이었다.

「설치류의 만성/암원성 연구 14편의 결과로 도출된 종양발생률 데이터로 평가한 글리포세이트 제초제의 발암가능성」 원고가 출판을 기다리고 있었다. 이 원고의 공저자는 네 명이다. 첫 번째 이름은 바로 몬산토 명의대여 후보명단에 있었던 독일 독성학자 헬무트 그라이엄이다. 다음으로는 객관성 측면에 있어 조금 신뢰가 떨어지는 인물들이 등장한다. 바로 몬산토 소속 독성학자 중 한 명인 데이비드 솔트미라스, 컨설턴트 한 명, 글리포세이트 판매기업 아다마Adama의 직원 한 명이다. 게다가 데이비드 솔트미라스와 아다마 직원은 '글리포세이트 테스크포스'의 일원이다. 몬산토가 주도하는 이 컨소시엄은 유럽 재승인이라는 미명하에 모인 글리포세이트 판매업체 약 스무 곳으로 구성되어 있다. 논문은 "글리포세이트의 인체발암가능성에 관해서는 걱정할 필요가 없다"고 결론을 내린다. 2014년 11월 6일, 학술지에 원고가 접수되었고 12월 28일에 통과되었다. 그 학술지는 바로 『독성학 비평』이다. 다음 해 여름, 자신의 모든 '글리포세이트 활동'을 요약한 이메일에서 데이비드 솔트미라스는 속마음을 털어놓았다. "나는 그라이엄과 공저자들의 암에 관한 총설 논문(2015)을 대필했다."

헬무트 그라이엄 박사는 결코 유령이 아니다. 2017년 9월 브뤼셀에서 마주쳤을 때의 기억을 되살려보면, 그는 턱에 식사한 흔적을 달고 다니던 나이가 지긋한 남성이지만 그에 비해 상당히 활동적이다. 하나 확실한 건, 여러 업계의 기업들이 그를 신뢰한다는 것이다. 석면, 화학, 향수, 향료, 농약, 플라스틱, 담배 그리고 사이비연구소인 ILSI와는 오랜 인연을 맺고 있다. 2018년 1월 말, 디젤엔진 차량에서 배출되는 극심한 유해가스의 통칭인 질소산화물에 원숭이와 인간을 고의로 노출시킨 실험이 사실로 드러나면서 파문이 일었다. 이 실험 또한 그의 작품이었다. 언론에 의해 곧바로 '몽키게이트 박사'라는 별명을 얻은 그라이엄은 2007년부터 2017년까지 EUGT*의 연구자문협의회 회장직을 맡은 이력이 있다. 문제가 된 실험에 자금을 지원한 건 해당 단체를 후원하던 독일 자동차산업(BMW, 다임러, 폭스바겐)이었다. 당시 조사대상이 무엇이든 간에 결과는 항상 헬무트 그라이엄에 수렴했다. 그가 2017년 초에 은퇴하겠다고 단언했음에도 불구하고 말이다.

2017년 9월의 그날, 그가 브뤼셀에 온 건 소규모 강연에서 내분비계 교란물질에 대해 발언하기 위해서였지만 글리포세이트에 관한 질문이 쏟아졌다. 먼저 2015년 발표된 '설치류 종양' 논문에 대한 질문이다.

"초고는 누가 썼습니까?"

"몬산토 사람들이요. 하지만 일 년 동안 이메일을 주고받으며 다듬어야 했죠. '아니, 이걸 넣어야죠. 그리고 저건 불가능합니다' 등등. 최종적으로는 다양한 연구에 필요한 모든 정보를 제공하는 수준 높은 논문이 나왔다고 생각합니다. 매우 유익하죠. 모든 물질의 암원성 평가의 기준이 됐으니까요."

'메일을 주고받았던 일 년'은 앞에서 몬산토가 내부적으로 서술한 조건과 모순된다. 논문은 독성에 관한 열세 편의 연구논문을 종합적으로 검토하여 두 달 만에 완성됐으며 IARC 회의를 대비해 급하게 제출됐다.

"이전에 몬산토나 다른 기업을 위해 '대필' 작업에 참여했던 적 있습니까?"

"아니요! 절대 아닙니다. 요청을 받았다면 아마 했을 수도 있지만, 그렇지 않았어요."

헬무트 그라이엄에게서 인정해야 할 게 한 가지 있다면 바로 그의 식을 줄 모르는 장난기다.

"말씀대로라면 장기간 작업하셨겠네요. 그 일로 얼마를 받으셨습니까?"

"3천 유로였는데요, 제 아내가 '단 3천 유로 때문에 저 사람들을 위해 일 년이나 일하다니 정말 제정신이 아냐'라더군요."

"맞는 말씀이네요."

헤드런 그라이엄은 사정을 다 알고서 말했을 것이다. 2016년 은퇴할 때까지 그녀는 화학과 화장품 그리고 제약업계 기업들을 고객으로 둔 컨설팅 사무소, '유로톡시'를 공동으로 경영하고 있었다. 하지만 헬무트 그라이엄이 글리포세이트 전문가 패널에 참여해 『독성학 비평』에 발표한 논문 다섯 편의 저자로 이름을 올린 일은 어떻게 된 것일까?

"별도의 계약이었나요?"

"완전히 별개였죠. 직접적으로 몬산토가 개입한 글리포세이트 그룹이 아니라 어떤 캐나다 컨설팅 업체가 조직했던 건데…."

"인터텍이요."

"네, 인터텍이요, 예전에는 '캔톡스'라는 이름이었죠. 이 업체가 회의를 기획했어요. 몬산토로부터 어떤 간섭도 없었고요. 몬산토는 단지 그들이 갖고 있던 정보를 발표했을 뿐이고 우리는 그 자료를 평가에 사용했던 겁니다. 어떤 간섭도 없었습니다."

"이번 여름에 공개된 내부 문서들 말입니다."

"네, 네…."

"몬산토가 교정을 했다고 나와 있는데요." […]

"아닐 겁니다. 그렇지 않을 거예요. 그리고 캔톡스, 아니 인터텍이 그걸 허가했을 리 없고요."

"대가로 얼마를 받으셨습니까?"

"기억이 나질 않습니다. 3천 유로보다 조금 더 됐던 것 같긴 한데, 자세히는 모르겠군요. 하지만 벤츠를 구입할 정도의 금액은 아니었을 겁니다."

"무슨 차를 타시죠?"

"전 차 없습니다. 자전거를 타죠."

다시 한 번 뒤로감기를 해보자. 2015년 2월, 몬산토의 독성학 '빅 보스'인 빌 하이든스는 IARC의 결정에 반대하기 위한 선택지를 일일이 검토했다. 앞에서도 언급했듯, 그는 당시 출판물에 그라이엄과 키어의 이름을 추가할 가능성을 거론했다. 비용을 절감할 방법을 궁리하던 그는 출판물은 내부에서 직접 작성하고 두 과학자들은 "이를테면, 편집을 하고 이름만 적으면 될 것"이라고 분명하게 말한다. 이 뒤에 훨씬 의미심장한 문장이 하나 더 있다. "바로 이 방식으로 윌리엄스, 크로스, 먼로의 논문을 처리했던 걸 모두 기억하고 있죠?" 게리 윌리엄스, 로베르트 크로스, 이안 먼로의 논문—실제로 아예 쓰지 않았거나, 부분만 쓴—의 제목은 「라운드업 제초제와 활성성분인 글리포세이트의 인체 안정성 및 위해성 평가」(2000)다. 이 논문은 2000년 4월 '과학 세탁'을 위해 기업들이 애용하는 학술지 『규제 독성학 및 약물학』에 발표됐다. 2년 후에 있을 글리포세이트 유럽 승인 건 문서평가를 위해서였다.

어쨌든 몬산토는 게리 윌리엄스를 믿을 만한 사람으로 고려했다. 2015년 뉴욕대학교 의과대학 전염병학 교수인 윌리엄스는 인터텍 패널의 일원이 되었고,『독성학 비평』에 발표된 다섯 편의 논문 중 세 편에 저자로 이름을 올렸는데 그중 주요논문에서는 제1저자였다. 몬산토는 마찬가지로 글리포세이트와 관련한 소송에서 그가 제공하는 컨설팅 서비스를 이용했다. 네덜란드 위트레흐트에 위치한 위해성평가과학연구소 소속 로버트 크로스 교수는 2007년 사망했으며, 이안 먼로는 2011년에 세상을 떠났다. 먼로로 말할 것 같으면 캔톡스 사무소의 창립자였다. 그가 죽기 일 년 전 캔톡스 사무소가 인터텍에 흡수되었지만 말이다. 논문에는 어떤 이해관계확인서도 없었으며 몬산토로부터 받은 후원도 명시되어 있지 않았다. 하지만 논문사사는 이 긴 논문을 쓴 당사자가 아닐까 의구심이 드는 이름들로 가득 차 있었다. "노출평가 개발과 여러 논의를 통해 큰 공헌을 한 몬산토 소속 독성 및 타분야 과학자들" 또는 "학술적 지원을 제공한 주요 인물들"이라는 수식 뒤로 다섯 명의 이름이 나열됐는데 그중에는 빌 하이든스와 도나 파머의 이름도 있었다. 논문의 결론은 어땠을까? "라운드업 제초제가 인체에 위해를 끼칠 가능성은 전무하다."『르몽드』에서 게리 윌리엄스는 본인에게 주어진 부분을 작성했다고 단언했으나 다른 두 공저자들도 마찬가지일 것이라고는 보장하지 못했다. 둘에게는 더 이상 질문할 수 없으니 말이다. 몬산토는 이 의의를 공식적으로 반박하고 나선다. "몬산토는 윌리엄스와 공저자들이 쓴 글리포세이트 논문을 대필하지 않았다."

서랍 속, 대기 중인 유령작가

해가 지나면서, 이 논문은 학술문헌에서 660번 이상 인용되며 해당분야의 레퍼런스가 됐다. 이는 높은 신용지수를 받아 다른 논문에서 660회 인용됐으며, 해당 논문에 쓰인 데이터와 결론에 의거해 연구 결과를 도출했다는 의미다. 하지만 2010년대 초, 글리포세이트를 재평가하려는 움직임이 새롭게 유럽전역으로 확산되었다. 실제로 유럽연합법에는 농약의 경우 가장 최신 과학지식에 의거하여 정기적으로 재검토해야 한다는 내용이 담겨있다. 그런데 이번에는 조건이 완전히 바뀌었다. 2009년에 가결된 새로운 규정에 따라 농약의 판매양식이 근본적으로 재정비된 것이다. 그때까지 이런 조항이 없었다는 사실이 기가 막히지만, 새로운 규정은 원칙적으로 암이나 돌연변이, 생식독성을 유발하는 모든 제품과 내분비계 교란물질의 판매를 금지하는 조항을 신설한다. 그리고 새로운 조건이 부과되었는데, 이제부터는 제품 판매승인 또는 재승인을 획득하기 위해 기업이 제출하는 자료에 'GLP' 실험 외에도 출판된 학술문헌에 대한 종합적 검토가 포함되어야 한다는 것이다. 만약 몬산토와는 관계없이 독자적으로 수행된 연구들이 글리포세이트가 암을 유발한다는 쪽으로 기울게 되면 베스트셀러 제초제인 라운드업은 끝장이었다. 곧이어 글리포세이트는 유전자독성을 갖고 있고, 즉 DNA를 손상할 수 있으며 이는 암으로 향하는 첫 단계일 수 있다고 결론짓는 공공연구가 점점 늘어났다. 이러한 상황에서는 편향된 과학자료로 내부에 형성된 확실성을 와해시키는 것에 성패가 달렸다고 할 수 있었다.

2013년 봄, 인상적인 논문 「글리포세이트와 글리포세이트를 주성분으로 하는 농약의 유전독성 연구들에 대한 종합적 검토」가 『독성학 비평』에 발표됐다. 30쪽 분량의 분석에 약 180쪽의 주석으로 구성되어 겉모습은 그럴싸하게 갖춘 제대로 된 연구였다. 그런데 이 논문은 "글리포세이트와 글리포세이트를 주성분으로 하는 농약에는 유전자독성이 거의 없다"고 결론을 내렸다. 연구비 출처는 제대로 고지됐다. 두 저자의 '컨설팅' 서비스에 돈을 지불한 건 글리포세이트의 재승인을 획득하기 위해 모인 유럽 기업 컨소시엄인 글리포세이트 테스크포스다. 첫 번째 저자는 이미 앞쪽에서 만났던 래리 키어로, 몬산토에서 총 28년을 일한 이력이 있다. 지금은 사설 컨설턴트로 활동 중이지만 그의 고객이라곤 몬산토가 유일한 것 같다. 데이비드 커클랜드 또한 코반스에서 은퇴한 뒤 독자적으로 활동 중이다. 그가 몸담았던 코반스는 기업을 위해 임상시험과 독성 실험을 대행해주는 임상시험 수탁기관 중 하나다. 그는 2009년까지 코반스에서 과학 및 규제 컨설팅 최고책임자라는 중책을 맡고 있었다. 하지만 데이비드 커클랜드의 경우 모든 흉계가 합의되고 논문이 이미 작성되기 시작한 다음에야 합류하게 됐다. 몬산토 페이퍼에 남겨진 여러 증거가 이 사실을 뒷받침한다.

2012년 7월, 몬산토 독성학자들은 매우 난처한 상황에 처했다. 몇 달 전부터 데이비드 솔트미라스는 유전자 독성연구를 종합적으로 검토하던 래리 키어의 길잡이 노릇을 하고 있었다. 자신들의 취약성을 인식하고 있던 몬산토 독성학자들의 데이터 생산 통제를 위한 노력이 잘 드러나는 대목이다. 미국 세인트루이스에 위치한 몬산토는 기업에 막대한 부를 안겨준 제품의 발암성을 집단적으로 부정할 것인지 아니면 이를 은폐할 계획을 짤 것인지에 대한 문제로 오래전부터 결정을 망설이고 있었다. 7월 2일자 회의에서 래리 키어는 논문을 출판하기 알맞은『독성학 비평』의 편집장인 로저 매클레런과 '짧게 논의'했다. 회의록에 따르면 그는 이렇게 말했다. "글리포세이트 테스크포스의 구성원들이 수행한 연구와 그렇지 않은 연구의 대립구도가 우려스럽다. 우리 쪽 연구는 아직 출판되지 않았으며 유전자 독성을 부정하고 있지만 저쪽의 연구는 학술문헌으로 출판되어 유전자 독성을 긍정하고 있다. 신뢰도가 높은 그 어떤 학술지에 연구를 싣는다고 해도 그 자체로 문제가 될 것이다." 그리고 그의 말이 씨가 된다.

빌 하이든스의 말에 따르면 글리포세이트의 유전자독성은 래리 키어의 종합검토에서조차 명확해 보인다. "원고 초안에 쓸 연구를 취합해보니 불행히도 유전자독성의 위험성을 보고하는 난잡한 연구모음집으로 변했으며, 일반 대중의 눈에도 그럴듯하게 보일 정돕니다." 그러니 빠르게 출판하기 위해서는 긴급히 방침을 바꿔야 했다. 몬산토 독성학자들은 당시 유일한 저자였던 래리 키어 외에 다른 저자를 고용하기 위해 상부에 예산을 늘려달라 요청했다. 데이비드 솔트미라스는 "래리 키어의 지리적 출신 및 산업과의 연줄을 고려해 유럽에서 신뢰도가 높은 유전자독성 전문가를 섭외했습니다. 데이비드 커클랜드가 1순위 후보입니다"라고 설명했다. 데이비드 커클랜드와는 빠르게 연락이 닿았다. 그는 의뢰를 수락하고 자신의 보수를 알렸다. 십여 일 이상이 소요되는 작업의 경우 하루에 1,400파운드로, 총 1만 7,700유로 정도였다. "실제로 우리 복합프로젝트 비용은 두 배로 늘어나지만 데이비드 커클랜드의 합류로 신뢰를 획득했으니 엄청난 가치를 얻은 셈입니다. 이론의 여지가 있는 유전자독성 출판물의 수가 증가하는 만큼, 예산을 증액할 가치가 충분하다고 봅니다." 그의 말은 과장이 아니다.

이 이야기에서 '고스트'는 바로 데이비드 솔트미라스다. 「몬산토 페이퍼」의 '33번 증거'가 이를 보여준다. 이 특별한 문서는 2012년 2월 29일자 몬산토 원고 승인양식이다. 과학사무국이 출판물의 종합적 검토를 위해 만든 것은 아니고 몬산토 글로벌 규제사무국이 편찬한 문서로, 목적을 설명하자면 다음과 같다. "유럽 글리포세이트 테스크포스의 일환으로 수행된 이 작업은 글리포세이트의 돌연변이 유발성 및 유전자독성에 대한 비난에 맞서 차후 방어를 도모하는 데 아주 유용한 자원이 될 것이다." 한마디로 말하자면 '제품방어'다. 해당 논문의 출판을 제의받은 학술지는 바로 『규제 독성학 및 약물학』이었다. "이 원고는 윌리엄스와 공동저자들이 작성한 논문에서 출발해 글리포세이트의 독성 연구 출판물을 분석한 것이다"라는 간략한 설명 뒤에 제1저자의 이름이 표기되어 있다. '데이비드 솔트미라스, 래리 키어(컨설턴트).' 2013년 발표된 최종 논문에 솔트미라스의 이름도 언급되긴 하나, 오직 귀중한 도움에 대한 감사의 글에서만 그를 찾아볼 수 있다.

2017년 5월에 데이비드 커클랜드와 연락이 닿았고, 수화기 너머의 그는 엄청나게 정중했다. 그에게 명의대여란 '결코 있을 수 없는 일'이다. "저는 단 한 번도 대필에 연루된 적이 없습니다. 지금까지도 그래왔고 앞으로도 제가 모르는 누군가가 작성한, 혹은 제가 아는 사람이 작성했다고 해도 모든 데이터를 확인할 수 없는 논문이라면 제 이름을 논문이나 원고에 절대 올리지 않을 겁니다." 그는 언짢아했다. 몬산토 사내 대화 내용 및 데이비드 솔트미라스와 주고받은 연락을 보면 단순히 저자로 이름을 올리기만 한 게 아니라 수일 동안 실제로 작업을 수행했다. "180쪽에 달하는 주석 부분은 보셨습니까?" 그가 자신의 높은 전문성을 더 구체적으로 나타내기 위해 강조한 부분이다. 몬산토의 메일에서 그의 이름이 언급된 것과, 거기서 고스트라이팅이 연상된다는 사실은 그에게 있어 '뭘 모르는 소리'이며 커피머신 앞에서 하는 시답잖은 농담에 불과하다. "제가 직접 쓰지도 않은 원고에 이름을 올릴 리가 없는 이유를 설명해드릴게요. 만약 누군가가 원고를 대필하면, 그 원고를 제게 보내겠죠. 물론 이때 저는 원고에 쓰인 내용을 교정할 수 있을 겁니다. 하지만 학술지에서 빠진 내용은 알 수 없겠죠. 따라서 무엇이 배제됐고 무엇이 포함됐어야 하는지 알 수가 없는 거죠. 이게 바로 고스트라이팅의 가장 큰 문제점입니다. 내용이 매우 편향적일 수 있으니까요. 원고 교정만 하고 이름을 올리는 사람은 무슨 내용이 빠졌는지, 특히 왜 빠졌는지 알 수가 없을 겁니다. 나는 지켜야 할 명성이 있어요. 저는 학계, 규제기구 그리고 산업분야에서 존경받는 공정한 학술교정자로서 이 세 꼭지점이 이루는 삼각형의 정중앙에 안착하는 데 성공했습니다. 저로서는 이런 위치를 위태롭게 만드는 일을 할 이유가 전혀 없습니다."

명의대여자 캐스팅

기업이 자금을 댄 출판물의 저자가 되어버린 이 과학자들의 보수 차이는 무엇을 말해주는 걸까? 전문성, 명성, 업무량 혹은 교섭능력에 따른 것일까? 데이비드 커클랜드가 제시한 일급 1,400파운드—일반적인 수준이거나 데이비드 솔트미라스에 따르면 그보다도 낮은 수준의 보수―와 헬무트 그라이엄이 받는 연간 3천 유로에서 뭐라도 끄집어 낼 수 있을까? 물론 과학자가 자신의 이름을 팔았다고, 그러니까 본인이 속한 업계에서 시행되는 가장 기본적인 직업윤리를 우롱했다고 솔직하게 인정하는 일은 상상 속에나 있을 법하다. 「몬산토 페이퍼」를 살펴보면 이 농화학기업이 고스트라이팅을 이용했다는 사실과 그 작가들이 누군지에 대해서 한 치의 의심의 여지도 없지만, 취재한 과학자들이 명의대여를 했다는 걸 증명할 방법은 아무것도 없다. 의뢰를 받아 고스트라이팅에 참여한 느낌이 들거나 그렇게 보이는 사람이 한 명도 없다. 하지만 진실은 무엇일까? 기만일까? 그들이 자기 자신과 소소하게 타협한 걸까?

캐나다 과학철학자인 세르지오 시스몬도는 과학자에게 작은 도움을 요청하는 건 제약업계에서 매우 흔한 일이라고 지적했다. 그 결과 "거의 명예저자나 다름없는 많은 저자들이 자신의 역할에 있어 불편한 감정을 느끼는 일이 드물다"고 말이다. 아직까지는 대필 문서와 행위에 대해 우리가 아는 것이 매우 한정적이지만 전략적 목적에서 행해지는 이러한 형태의 역할분담이 제약업계에서만 이뤄지는 것이 아니라는 사실은 충분히 짐작할 수 있다. 저자는 자기 자신이 기여한 부분이 지극히 적다는 사실을 깨닫지 못할 수도 있다. 뿐만 아니라 참여만으로 자신이 담당하지 않은 나머지 부분까지 전부 담보하게 된다는 것조차 모를 가능성이 크다. 고스트라이터와 명의대여자로 역할을 능숙하게 나눈 뒤 교묘히 분담하는 게 바로 고스트라이팅의 비결이다. 『독성학 비평』에 발표됐던 논문 시리즈처럼 다양한 저자들이 참여한 논문의 경우 더욱 적용하기 쉽다. 공저자 15명은 빌 하이든스가 원고를 실컷 수정했다는 걸 인식하거나 최소한 알고는 있었을까? 그럴 가능성은 무척 희박하다. 여기서 가능한 추론은 그 출판물의 명의대여자들이 아무것도 하지 않은 건 아니라는 것이다. 매우 한정적일지라도 자기 몫을 다 한 것처럼 보인 다. 그리고 아무리 사소한들 뭐라도 했다면 기여했다고 볼 수 있지 않을 까?

컨설팅 업체 또는 제품방어사무소가 조합한 저자 패널들, 기업의 후원 하에 컨설턴트들이나 외부 과학자들이 연대 서명한 논문들. '처리 방식'이 여러 의문을 불러일으킨다. 어떤 기업, 업계, 사무소가 연루됐던 간에 '감사의 글' 또는 '이해관계확인서'에서 같은 형식의 문장을 마주하 게 된다. 무작위로 뽑은 예시를 하나 들겠다.

로널드 J. 켄달 앤드 어소시에이츠가 이번 검토에 필요한 다섯 명 의 저자를 고용했다. 이 컨설팅 업체는 바스프와 계약을 체결하게 되는데, 에폭시코나졸 아졸계항진균제가 내분비계에 장애를 일으 키는 현상을 평가할 국제 과학자문패널을 구성하기 위한 목적에 서였다. […] 그들은 독자적으로 전략을 수립해 문헌을 검토했고, 내용을 분석해 데이터를 통합했으며, 미리 제시된 결론을 도출해 냈다. 논문작성과 그 내용은 절대적으로 그들의 책임이다. […] 그 럼에도 불구하고 확인서에는 다음과 같이 명시되어 있다. 바스프 는 보고서의 다양한 버전을 검토하고 의견을 제안할 기회가 있었 다. 이 의견이 존중되긴 했지만 결론은 저자가 직접 내린 것이다. 저자들은 바스프가 전 세계에서 벌이고 있는 규제활동을 지원하 기 위해 이 보고서가 사용될 수 있다는 걸 알고 있다.

논문의 결론은 다음과 같다. "표준사용조건을 준수하고 농업적 목적을 위해 사용한다면 효과적이고 안전하다." 이 논문의 저자 중 한 명의 이름은 헬무트 그라이엄이고 이것이 실린 학술지는 『독성학 비평』이다. 앞의 대화에서 그는 인터텍을 예전 이름인 캔톡스로 기억하고 있었다. 왜냐하면 2007년에 캔톡스 사무소의 창립자 이안 먼로와 함께 몬산토가 자금을 댄 논문의 공동저자를 맡으면서 그 이름으로 알고 있었기 때문이다. 또한 윌리엄스와 크로스, 먼로가 쓴 2000년의 논문도 언급된 적 있다. 그것도 마찬가지로 이안 먼로 및 캔톡스와 연관이 있다. 요컨대, 항상 같은 이름과 마주치게 된다. 학술출판물 검색엔진에 이 이름들을 넣어 주사위를 굴리면 무슨 일이 벌어질지 상상해보자. 게리 윌리엄스와 이안 먼로 조합으로는 식품첨가물, 치아 미백제, 여드름 치료제, 글리포세이트와 관련된 논문 다섯 편이 나온다. 전문성의 범위가 아주 넓다. 고객은 현재 코스메틱스 유럽으로 명칭을 바꾼 유럽화장품협회 COLIPA와 몬산토다. 게리 윌리엄스와 이안 먼로가 아주 오래된 사이였다는 사실은 주목할 만하다. 이 두 사람은 1988년 R.J. 레이놀즈가 구성한 비연소담배 컨설턴트 패널에 속했다. 게다가 담배산업과 밀접한 관계를 맺고 있던 게리 윌리엄스는 '건전과학' 진흥 캠페인에 있어 결코 빼놓을 수 없는 일화인 '런던 원칙London Principles'에도 참여했다. 이번에는 게리 윌리엄스와 로버트 크로스의 이름을 넣어보자. 논문 아홉 편이 나온다. 아지노모토를 위한 아스파탐, 밝혀지지 않은 출자자를 위한 다불포화지방산, 몬산토를 위한 글리포세이트 관련 논문들이다. 위에 나왔던 것과 동일한 치아미백제품 논문이 또 보인다. 그렇다, 로버트 크로스와 게리 윌리엄스 그리고 이안 먼로는 논문 세 편의 공저자였다. 게리 월리엄스와 로버트 크로스의 경우 적어도 첫 공동논문을 발표한 1972년부터 서로 아는 사이였다. 주사위 놀이의 우연성보다 끝말잇기의 개념 연상논리와 유사한 이 놀이를 해보면 몇몇 과학자들의 모습이 매우 뚜렷하게 드러난다는 걸 알 수 있다. 주제는 항상 같다. 기업, 사무소, 논란 제품, 제품을 방어하는 출판물, 그리고 그들의 이름.

09

폐 박사님과 디젤 교수님

불볕더위에도 어두운 색의 정장을 입은 미셸 오비에 교수는 대중을 등지고 있었다. 그는 홀로 최고재판소의 긴 나무의자에 미동 없이 앉아 있었는데, 그가 앉은 의자에 대해 말하자면, 옛날 성당의자를 떠올리게 할 정도로 불편한 의자였다. 2017년 6월 14일, 31번 경범죄 법정. 당시 그의 나이 69세로 은퇴한지 얼마 되지 않았을 때였다. 역사는 그를 국회청문회에서 증인선서를 하고도 위증하여 처벌받은 최초의 프랑스인으로 기억할 것이다. 그로 인해 의학계의 이해충돌 문제가 법정에 등장하게 됐다. 그에게는 징역 6개월의 집행유예와 벌금 5만 유로가 선고되었다.

무의식 기술자

2년 전인 2015년 4월, 호흡기 전문의인 미셸 오비에는 대기오염의 금전적 비용에 대한 상원의원들의 질문에 답하기 위해 파리 대학병원 연합조직인 AP-HP* 원장, 마르탱 이르쉬를 대신하여 파견됐다. 파리 비샤병원 과장인 그는 자주 출연하는 텔레비전 방송에서 했던 주장을 의원들 앞에서 그대로 반복했다. 디젤이 건강에 미치는 영향은 미미하다고 말이다. 상원의 결론은 프랑스에서 연간 실외대기오염으로 680억에서 970억 유로의 비용이 든다는 것이었고, 미셸 오비에는 AP-HP의 호흡기질환 관련 지출은 2백만에서 5백만 유로밖에 되지 않을 것이라고 주장했다. 장중한 프랑스 상원 의사당인 뤽상부르궁을 배경으로 미셸 오비에는 업계의 "경제주체들과 어떤 연결고리"도 없다고 선언했다. 그러고 얼마 지나지 않아『르 카나르 앙셰네Le Canard enchaîné』와『리베라시옹Libération』이 미셸 오비에가 1997년부터 '의료 고문'으로서 석유회사인 토탈로부터 보수를 받고 있으며 2007년부터는 토탈재단 이사회에 참여하고 있다는 사실을 폭로했다. 상원 청문회에서 이해충돌관계 미고지 처벌규정은 법에 명시되어 있지 않았기 때문에 그는 '선서 후 위증죄'로 기소되었다. 수사관들은 가택수색에서 그의 계약서 사본을 손에 넣었다. 한 달에 9일하고도 반나절씩 뭔지 모를 업무를 하며 6천 유로를 지급받고, 추가로 회사차량까지 제공받은 오비에 교수는 공립병원의 주업무 외에 연간평균 십만 유로를 벌었다. 즉, 토탈로부터 '토탈total' 백만 유로에 가까운 금액을 받은 것이다.

공판에서 미셸 오비에는 이십 년 넘게 직장에 업무 외 활동에 대해 신고하지 않았는지 제대로 해명하지 않은 채 다음과 같이 설명했다. "이해충돌 상황에 놓여있냐는 질문을 받았을 때 아니라고 답했는데요, 왜냐하면 의료 고문으로서 제 활동이 다른 활동들과 이해충돌을 야기하지 않기 때문입니다." 외부업체와 협업을 하기 위해선 '겸직 허가'가 필요한데 AP-HP는 실제로 자체기록에서 그 어떤 관련 흔적도 발견하지 못했다. "대기오염 문제에 저더러 '네가시오니스트'라고 하는 건 말도 안 됩니다. 완전히 잘못된 거예요." 그는 말을 고르지도 않고 변론한 다음 대기오염을 주제로 저술한 그의 학술출판물을 증거로 제시하며 반복해 말했다. "완전히 잘못된 거라니까요. 폐암의 원인 90%는 흡연입니다. 이건 과학적 사실이에요." 프랑스에서 매년 대기오염으로 4만 2천 명에서 4만 5천 명이 조기 사망하는 상황에서 그는 과학계의 합의와는 반대로 고집을 부렸다. "당신의 증언이 의혹을 만들었습니다." 검사장은 그를 비난하며 그의 심문 내용을 듣고 아연실색한 상원의원들의 반응을 전했다. "18년 전부터 보수를 받아왔다면 그 사람이 기업의 가치에 동조한다는 걸 확인할 필요도 없죠. 토탈은 미셸 오비에에게 투자를 한 겁니다." 검사장이 강조해서 말했다.

호흡기 전문의인 오비에의 그을린 얼굴 뒤에 아직 자유의지가 남아 있을까? 그는 진심으로 자신이 한 말을 믿는 걸까, 아니면 작위적인 거짓말을 한 걸까? 물질적 쾌락에 그의 신념을 팔아버린 걸까? 아니면 그의 의견이 돈을 불러들였나? 아마 미셸 오비에는 혼자서 답을 찾을 수 없을 것이다. 하지만 기업의 전략가들은 그들에게 있어 가치를 평가할 수 없는 자원인 인간 영혼의 복잡성을 제대로 이용할 줄 안다. 의학 또는 화학 학위논문이 모든 상황에서 정신을 똑바로 차리게 해주는 것은 아니었다. 에드워드 버네이즈 이후, 인플루언서들은 정신분석학과는 달리 바로 사용할 수 있다는 장점이 있는 실험심리학 도서를 많이 읽는다. 과학자와 친밀한 관계를 형성하는 건 매우 까다로운 일이다. 명부에서 '아무개' 박사님을 골라 그에게 단도직입적으로 컨설턴트가 되어 달라느니, 과학자문위원회에 합류해 달라느니, 그가 작성하지 않거나 정말 미미한 부분만 작성하게 될 논문의 저자가 되어달라고 요구하지 않는다. 건물 아래에 포르쉐를 한 대 주차해두면 그것을 부패라고 부른다. 부패를 저지르려고 해도 약간의 접근공작이 필요한데, 하물며 장기간에 걸쳐 지속될 영향력을 형성하는 작업은 훨씬 더 섬세함을 요구한다. 의식의 모든 층과 무의식의 지하층을 터는 것이 진정한 능력이다. 오래전부터 마케팅, PR, 로비활동 강의에서 이 기술을 가르쳐 왔기 때문에 이제는 잘 알려진 작업이지만 말이다. 1978년 출간된 『규제게임. 행정절차의 전략적 이용』이라는 영향력 개론서에서는 다음과 같은 조언을 얻을 수 있다.

로비활동에도 전략이 필요하다. 각각의 적합한 분야에서 가장 인정받는 전문가들을 파악하고 그들을 컨설턴트 또는 고문으로 고용하거나 연구 후원금 또는 그 비슷한 걸 지원하는 게 가장 효과적이다. 이런 일은 섬세하지 않으면 할 수 없다. 전문가가 본인이 객관성과 운신의 자유를 잃었다는 걸 깨달으면 안 되기 때문에 너무 노골적이어도 안 된다. 그리고 이런 유형의 프로그램을 이용하면 최소한, 분야를 선도하는 전문가들이 규제를 받는 기업의 이익과 상반되는 증언을 하거나 글을 쓸 위험을 줄일 수 있다.

그래도 '좋은' 과학자를 구별할 줄 알아야 한다. 1990년대 말, 간접흡연에 반대해 공공장소에서 흡연을 금지하는 조항이 포함된 규제 의지가 유럽에서 싹을 틔우기 시작했고 필립 모리스는 이 싹을 뽑기 위해 '하얀 가운 프로젝트'(박사의 전투복이 부리는 마술)를 계획한다. 목표는 같은 성향의 과학자들, 담배 제조업체와 어떤 접점도 없으면서 안심이 되는 발언을 전파할 의향을 가진 제삼자들의 네트워크를 구축하는 것이다. 담배제조사들의 변호인단, 커빙턴 앤드 벌링은 더 와인버그 그룹의 창시자인 마이런 와인버그에게 제품방어 의뢰를 맡긴다. 사전물색과 선별은 여러 단계로 이뤄진다. 잠재적 컨설턴트 명단은 나라별로 준비되어야 하며, 그 다음에 과학자들과 한 명씩 접촉한다. 담배에 대해서는 언급하지 않은 채로 그들이 실내 대기질 문제에 관심이 있는지 묻는다. 1998년도 지시사항에는 그들의 이력서로부터 정보를 얻어 "금연지지자를 비롯하여 부적합한 이력이 있는 이들을 걸러낸다"고 쓰여 있다. "남은 과학자들에게 어림잡아 열 시간은 읽어야 할 자료와 '간접흡연 반대'에 관한 여러 논문을 포함하는 사료를 보낸다. 사설 컨설턴트로서 진솔한 의견을 묻고, 만약 더 해보고 싶다는 관심을 내비치면 필립 모리스의 과학자가 그들과 접촉한다. […] 그 아이디어란 여러 과학자 그룹이 연구를 생산하고 논쟁을 부추겨 관련국가의 공직자들이 그 정보를 사용하게끔 만드는 것이다." 몇 년 뒤 같은 사무소에서 자사 인터넷 사이트에 '효과적으로 대중을 교육하고 정보를 전달할 수 있는, 그러나 편향성이나 이해충돌 기색이 없는 제삼자 전문가와 대변인의 신원을 확인'(4장 참조)하는 서비스를 제안한다. 일부 독자들은 아마 이 부분을 기억할 것이다.

기업에겐 확신이 필요하다. 기업의 기준에서 경제적 이익을 추구하는 방향은 다르지 않을지언정 가치관이 다른 과학자를 직접 찾아가 섭외하는 위험을 감수할 수는 없다. 일부 과학자들은 다른 이들보다 더 파악하기 쉽기 때문에 모두에게 꼭 이런 전략이 필요한 것은 아니다. 만약 지구물리학자 뱅상 쿠르티요가 프랑스 자동차클럽 회장인 크리스티앙 제롱도와 함께 기후변화에 회의적인 싱크탱크, '지구온난화정책재단'의 과학위원에 속해있다면 이런 소속이 그의 의견에 영향을 미쳤을 거라고 의심할 수 있다. 아니 오히려 그가 기후변화 회의론자이기 때문에 이 위원회의 일원인 것이다. 따라서 선발 절차가 '하얀 가운 프로젝트'처럼 항상 빡빡한 것은 아니지만 기업들은 결코 되는대로 아무나 고르지 않는다. 특히 사교공간인 학술모임과 그 뒤풀이를 이용한다. 모든 정황상 이 목적을 위해 기업이 아고라를 만든 게 아닌가 하는 생각이 든다.

필요와 이에 부합하는 인물상의 만남을 위해서라면, 기업과 학자는 단지 학술적인 관점뿐만 아니라 심리적으로도 찰떡궁합이어야 한다. 실제로 이 두 가지가 들어맞는 일은 허다하다. 영국 의사이자 과학저술가인 벤 골드에이커가 자신의 책 제목과 마찬가지로 '불량 제약회사'라고 이름붙인 세상에서는 "명백한 부패행위의 일환으로 돈을 받았기 때문에 견해를 바꿨다고 볼 수는 없다. 물론 그럴 가능성도 있긴 하지만 대부분의 경우 이 사람들은 단지 이 약품에 대해 생각하고 있던 걸 말할 뿐이다." 치료분야 외에도 학술적 개념과 정치적 개념 사이—때때로 명백한 이데올로기—의 일치는 자주 일어난다. 다시 말해, 산업과 가까운 관계를 맺고 있는 경우에 몸담고 있는 분야에 대한 견해나 과학적 문제접근 방식이 산업의 이해와 부합하는 일이 비일비재하다.

사이비연구소인 ILSI는 특히 여러 실무진과 책임계통을 구성하면서 완전한 과학자 포획터로 거듭나게 된다. 현역 또는 은퇴한 과학자들로 구성한 우리의 OB밴드, 고스트라이팅 사건에서 몇 번이고 이름이 튀어나왔던 그들은 인상적인 공통점을 갖고 있었다. 바로 거의 모두가 과거나 현재에 ILSI 소속이라는 것이다. 혹시 이 단체의 역할 중 하나가 탐색 플랫폼의 구실을 하는 것일까? 이 사교클럽에서 엄청나게 다양한 업계의 기업들이 특정 타입을 찾아 쇼핑을 하고 있는 건 아닐까? ILSI는 내부활동에 보수를 지급하지 않는다. 하지만 회의와 워크샵이 다양한 영리 목적의 사교의 장으로 기능한다면? 이 곳에서 컨설턴트 계약 또는 연구비 지원 제안 등 미래에 대한 투자가 이뤄지고 있는 건 아닐까? 여러 과학자들은 내게 ILSI의 초대를 받아 그들의 연구업적을 소개하고 왔다고 말했다. 어떤 곳인지 한번 가봤다고 말이다. 그러고 나서 다시는 참석하지 않았다고 한다. 암묵적으로 친기업 성향이 깔린 분위기가 꺼려진 데다 그들의 반기업적 입장이 다 알려져 있음에도 불구하고 초대를 한 진정한 이유가 무엇이었는지 이해할 수 없었기 때문이다. 그 초대는 아마 정보수집의 교묘한 형태였을지도 모른다. 그들을 직접 평가하고 작업의 진전상태에 대한 정보를 얻기 위해서 말이다.

핵심 오피니언 리더들의 코민테른

2013년 6월, '앤 글로버 서신'(6장 참조) 작전을 다시 상기해보자. 서명인 56명은 내분비계 교란물질 규제계획에 반기를 들었다. 농약, 화학, 플라스틱 등 관련업계 기업들처럼 그들은 사건을 맡고 있던 유럽 위

원회 환경총국의 사전 예방적 접근법이 과학적 근거가 없다며 비난하고
나섰다. 그들 중 22명은 이런저런 명문대 소속 외에도 과거나 현재에 공
식 과학위원회에 소속됐음을 강조했다. 이 작전을 주창한 세 명 중 한 명
인 헬무트 그라이엄은 알다시피 이 년 후 몬산토의 전문가 그룹 소속이
된다. 헬무트 그라이엄 교수이자 박사는 자신이 맡았던 직책을 나열했
다. 그는 ECHA의 위험평가위원회 현 위원, 독일 MAK 전 회장, 유럽 위
원회 산하기관인 SCHER* 전 회장, SCHER의 전신이자 그가 창립부터
함께한 CSTEE* 전 회원이었다. 서명인들로 인해 SCHER, CSTEE, 스
코엘 그리고 EFSA 소속 패널 등 거의 모든 유럽기관들이 소환됐다.

　　앤 글로버는 직위의 홍수 속에서 우산을 펼쳐들고는 시원하고 즉
각적으로 대응했다. 분자생물학 교수이지만 내분비계 교란물질에 관해
서는 초보인 그녀는 환경총국의 최고위 책임자에게 설명을 요구한 다
음, 기관의 로고가 박힌 공문서 양식에 그 '설명'을 적어 유럽 위원회의
모든 고위직을 참조로 넣었다. 이 메일의 첫 문장은 이렇게 시작한다.
"제가 받은 서신을 첨부해서 보내드립니다. 독성학 분야에서 매우 걸출
하신 수많은 전문가들께서 서명을 하셨는데요, 그중 많은 분들이 과거
에 유럽 위원회 소속 과학위원회였거나 현재 소속 중인 분들이네요."

　　공개적으로 싸움을 걸어온 진정한 이유는 무엇이었을까? 과학적
의견 개진, 시민으로서의 입장표명이나 정치적인 발언, 또는 상업적 이
익보호? 만약 유럽 위원회의 의사결정에 영향력을 끼치려는 의도가 있
었다는 사실에 의심의 여지가 없다고 해도 ─ 실제로 그렇게 주장하기
도 했고 ─ 정확히 누가 이런 일을 계획했는지 단언하기란 불가능하다.
기업의 이익에 실질적인 도움을 주는 작전을 실제로 주도했던 이가 누

구였는지도 알 수 없다. 서신을 쓴 대표자 중 한 명이자 패턴 넥타이를 매는 과학자 다니엘 디트리히(6장 참조)는 2013년 6월 네덜란드의 위트레흐트에서 열린 콘퍼런스가 끝나고 참석자 몇 명과 대화를 나누다 갑자기 서신 계획이 떠올랐다고 말했다. 서신을 작성하고 15일 만에 56명의 서명자를 모은 건 쾌거라고 할 수 있지만 이 부분은 넘어가자. 서신 작전에 연루된 68명의 과학자 중 50명이 산업과 관계가 있었다는 사실을 잊지 말아야 한다.

우리는 세 가지 가설을 세울 수 있다. 그들이 산업과 협업을 진행하면서 현재의 입장을 고수하게 된 것일 수도 있다. 후원편향효과 뿐만 아니라 기업과의 밀접한 관계에서 알게 모르게 영향을 받아 후원자와 비슷한 관점을 갖게 됐고, 자신의 의지대로 입장을 취해야 할 필요성을 느낀 건 아닐까? 아니면 관련이 있는 기업들이 그들 중 일부에게 직접 나서달라고 요구했을 지도 모른다. 몇몇 이름을 추천하는 일도 서슴지 않았을 것이다. 실제로 다수는 '내분비계 교란물질'이라는 주제와 아무런 관련도 없다. 하지만 원래 기업의 편에 서서 발언을 하는 사람 대부분이 이런 식이라는 걸 차차 알게 될 것이다. 그들의 과학적 견해라고 해봐야 오직 상업적 이익과 부합할 뿐이므로 만약 결실을 맺게 된다면 공중보건의 보호막이 얇아지는 결과를 가져오게 될 것이다. 어쨌든 서명인들의 공식적인 지위를 이용하는 건 다분히 의도적이며 자신들의 발언에 힘을 실으려는 의지를 나타낸다. 사용 빈도수를 보면 상위권에 랭크된 전략임이 틀림없다.

이미 언급됐던 논문, 2016년 『규제 독성학 및 약물학』에 발표된 앨런 부비스와 공저자들의 '논평'으로 잠시 돌아가 보자. 이 논문은

IARC가 글리포세이트를 발암성 추정물질로 분류한 것을 두고 구태의연한 방법으론 과학에도 사회에도 도움이 되지 않을 것이라고 비난을 퍼부었다. 열 명의 저자들은 "이렇게 해서 가공육이 머스터드 가스와 같은 등급으로 분류 될 수 있었던 것"이라며 IARC을 비난했다(7장 참조). '이해관계확인서'에는 누구도 대가로 보수를 받지 않았다고 명시되어 있지만 그들 중 절반은 사설 컨설턴트다. 그들은 생각지도 못한 창의력을 발휘해 이해관계확인서를 마음대로 이용했다. "저자들은 다음과 같은 패널, 위원회, 기구에 각각 또는 동시에 속해 있다." 이 문장 뒤로 스물다섯 군데의 기관이 나열되는데, 그중에는 유럽식품안전청, 캐나다 보건당국인 헬스캐나다, 미국 국립과학학술원, 영국 농약자문위원회 또는 심지어 IARC도 포함돼 있다. 전 공무원이자 현 컨설턴트인 네 사람은 미국 환경보호청에서 일했던 사실을 강조한다. 그리고 각각 약어인 ILSI와 ECETOC로 더 잘 알려져 있는 '국제생명과학연구소'와 '유럽 화학물질 생태독성 및 독성센터'는 산업이 후원하는 과학로비의 도구임에도 불구하고 마치 세계보건기구와 동급의 공식기구인 것처럼 목록에 한 자리를 차지하고 있었다. 열 명의 저자들은 이해충돌을 신고한다는 핑계로 자신들의 지위를 열거했는데 이는 거의 공식 보증수표나 다름없었다.

발언에 힘을 싣기 위해 자신의 특출난 자격이나 지위를 뽐내는 것은 권위에 호소하는 논증법이다. 모호함을 감추고 있거나 로비활동과 더 비슷한 이런 작전에서만큼은 잘 통하지 않는 술수다. 빅파마의 세계에서 핵심의견 선도자 혹은 '인플루언서'를 이용하는 건 제약사 마케팅 전략의 핵심이다. KOL이란 '존경받는' 교수이거나 의료기관의 수장이다. 그들은 때때로 미디어에 모습을 드러내는 권위자로서 대단한 명성을 누리고, 동종업계 사람들은 그의 말에 귀를 기울인다. 일부 기업은 KOL을 찾아내는 서비스를 제안하기도 한다. 예를 들면 헬스케어 데이터 분석업체인 트루벤헬스애널리틱스는 "KOL은 접촉하기 어려워졌습니다. 그렇지만 그들은 귀사의 제품 발표 및 신제품 개발의 성공의 열쇠를 쥐고 있습니다"라고 주장한다. 연사 사무국Speakers' Bureau이란 제약업체가 KOL 인력을 이용하기 위해 취하는 조치로, 기업은 KOL을 지도하고 보수를 지불해 이들이 공식석상, 학회, 콘퍼런스 또는 교육 세션에서 의약 (신)제품에 대해 다른 의사들과 이야기를 나누게 한다. 상대방은 대화가 제품에 대한 홍보캠페인의 일환이라는 걸 인식하지 못하며, 또한 이런 식의 소개는 전면광고와 다를 바가 없다는 걸 모른다. '제약업계 판매촉진 이해 및 대처방안 강구'를 위해 국제보건기구에서 편찬한 약 200쪽의 실용서는 "바로 그렇기 때문에 더욱 효과적일 수 있다"고 경고한다. 의료계 직업윤리 규정은 이런 행위를 '동료 판매peer selling'라고 설명한다. 권위에 호소하는 논증은 의학계에서 아주 잘 먹힌다. 심지어는 의료행위에 내재되어 있다고도 할 수 있다. '처방 피라미드' 꼭대기에 사는 의료계 KOL이 '신약이라매우비싸정®'을 처방하고 나면 도시의 일반의나 전문의가 그 처방을 다른 것으로 바꾸는 일은 드물다. 프랑스 의료보험의 추정치에 따르면, 도시에서 의약품에 대한 지출이 증가한 원인의 절반은 병원 처방 때문이다. 비밀문건에서 한 컨설팅 업체가 묘사한 것처럼 이 카스트제도의 '기성세력'과 '신흥세력'들은 기업 입장에서 판촉계획을 위한 가장 좋은 표적이다.

명성 남용

살펴본 바에 따르면 KOL을 이용하거나 권위에 호소하는 논증을 기반으로 설득의 기술을 사용하는 건 제대로 된 방법으로 보기 어렵다. 공인된 방식도 아니며 특히 제약업계 외의 분야에서는 잘 이용되는 것 같지도 않다. 눈에 띄는 차이가 또 있다. 전문성이 꼭 요구되지는 않는다는 것이다. 해당 분야에서 고도의 전문성을 갖추지 않았더라도, 보통 전혀 아는 바가 없어도 과학자들은 화학이나 생물공학 또는 농식품가공 문제에 공식적인 입장을 취한다. 이처럼 권위에 호소하는 논증에서 중요한건 오직 지위다. 사람들은 박사님으로 불리는 사람들을 더 신뢰할 것이기 때문이다. 특히 기후변화에 대한 의혹 공장을 가동시킨 주범은 기후과학 전공이 아닌 과학자들이다. 프랑스 기후변화 부정주의의 저명인사는 클로드 알레그르와 뱅상 쿠르티요로, 두 사람 모두 지구물리학자다. 프랑스에 이 둘이 있다면 미국에는 두 프레드, 프레드 싱어와 프레드 사이츠가 가장 유명하다. 한 명은 천체물리학자고 다른 한 명은 핵물리학자로, 냉전시대의 성층권으로부터 순간이동을 한듯한 둘은 은퇴 이후 석유업계로부터 자금을 지원받아 환경규제에 숨겨진 사회주의에 반기를 들며 편집증적인 십자군을 이끌었다. 활동 중 하나를 소개하자면, 프레드 사이츠는 1998년 기후변화를 반박하는 탄원을 시작했다. 물리학자인 그는 청원서에서 본인이 국립 과학아카데미 소속이라는 걸 강조했다. 약 3만 1천 명의 서명이 모였고, 모두 학위가 있는 과학자라고 소개되어 있지만 역사학자 나오미 오레스케스와 에릭 콘웨이는 "확인절차가 없어서 이 서명들이 진짜인지, 만일 그렇다면 정말 과학자들의 서명이

맞는지 알 도리가 없었다"고 서술한다. 소규모 표본으로 확인 절차를 거친 미국 과학저널『사이언티픽 아메리칸』은 서명인 중 기후 전문성을 갖췄다고 볼 수 있는 과학자는 최대 200명이었다는 결론을 냈다.

그보다 최근에 생물공학분야에서도 사건이 하나 발생했다. 환경에 관련해서는 세계에서 가장 큰 규모의 NGO인 '그린피스'가 2016년 6월 '노벨상 수상자 100인의 성명'을 통해 반인류적 범죄를 저지른다며 규탄을 받았다. 비난의 근거는 이렇다. 그린피스가 비타민 A 함유량을 늘리기 위해 유전자조작농산물 '황금쌀'의 판매를 막고 있다는 것이다. 일부 개발도상국 아이들은 비타민 A 결핍으로 실명과 사망의 위협에 시달린다. 이 사건을 깊숙이 파고들지는 않겠지만 그래도 하나는 얘기하고 넘어가야겠다. 문제가 된 쌀 품종은 아직 개발단계로, 당시에도 아직 완성품이 아니었으며 2년이 지난 후에도 여전히 완성되지 못했으므로 판매까지 가기에 한참 먼 상태였다. 따라서 이러한 비난은 그린피스에 대한 비방 자체가 목적이었다면 모를까 어처구니가 없는 데다 어불성설이었다. 수학자인 필립 스타크의 계산에 따르면 서명한 노벨상 수상자들 중에는 '노벨평화상 수상자 1명, 경제학자 8명, 물리학자 24명, 화학자 33명, 의사 41명'이 있었고 이 정보는『르몽드』에 인용됐다. "과학은 일종의 '내게 증명해봐'지 '날 믿어봐'가 아니다. '눌리우스 인 베르바 *Nullius in verba*', 그게 노벨상 수상자든 아니든 상관없다." 필립 스타크는 영국 왕립학회의 모토인 '말만으로는 그 누구도 믿지 말라'는 문구를 인용하며 트위터에 한탄했다. "과학은 권위가 아닌 근거를 바탕으로 한다. 그들이 농업에 대해 무엇을 아는가? 이 주제에 대해 제대로 된 연구를 추진한 적은 있나?" 이 계획을 이끌었을 법한 사람에 대한 실마리가 하나 있다. 제이 번의 주도 하에 워싱턴에서 기자회견이 열렸던 적이 있었다. 그는 몬산토의 전 커뮤니케이션 부장이자 현재는 생물공학 전문 PR 업체인 '브이플루언스'의 수장이다.

한 과학 분야에서의 학위가 모든 지식에 대한 면허증은 아니다. 식물생물학 전임교수라는 직위가 인체 독성에 관한 전문성을 보장하지 않는다. 훌륭한 소동물 내과전문 수의사라고 해서 심장외과 또는 농학에 정통한 것도 아니다. 과학적 발언으로 위장해 정치적인 입장을 표명할 때 학위, 출신 기관, 공공 전문가 위원회 소속, 명예훈장, 수상내역을 강조하는 걸 통틀어 '명성 남용'이라고 표현한다. 남용이라는 단어를 쓰는 건 대중 또는 청중의 신뢰를 배신하는 행위이기 때문이다. 전달하는 메시지의 본질과 전달하는 사람의 정당성에 대해서도 마찬가지다.

명성 남용만큼이나 널리 퍼져있는 문제는 바로 은퇴 후에도 교수였던 자신의 직위를 계속해서 이용하는 것이다. 더군다나 은퇴 후에는 기업에 간헐적으로든 정기적으로든 컨설팅 서비스를 제공하기 때문에 더욱 유리한 조건이 된다. 은퇴한 교수에게 부여되는 '명예'라는 직함을 자본적 가치로 환원하는 이들이 너무나 많다. 명예교수는 자신의 경력을 마무리하고 기관 내에서 여전히 몇몇 특권을 그대로 누릴 수 있다. 이 직함은 명예교수들로 하여금 애매모호한 상태를 유지하게 해주며 과학 활동을 계속하고 있는 상태로 보이게 해준다. 학계를 10년 또는 15년 전에 떠났다면 계속해서 시대의 흐름을 잘 파악하는 게 어렵다는 것은 두말하면 입 아프다. 하던 얘기를 계속 이어가자면, 헬무트 그라이엄은 2003년에 은퇴했음에도 불구하고 '뮌헨공과대학교 독성 및 환경위생 연구소 전 소장'으로 소개된다. 1937년 출생의 '콜린 베리 경'의 경우,

2002년부터 '런던 퀸메리대학교 병리학 명예교수'다.

이 모델에 따라 미국에서 EPA, FDA, USDA⁺의 전 공무원들로 이뤄진 프리랜서 컨설턴트 소대가 구성되었다. 공공기관에서 민간기업으로, 민간기업에서 다시 공공기관으로 이동하는 회전문 신봉자인 이 공무원들은 경력에 비해 다소 빠르게 사설 컨설턴트가 되었다. 그 결과로 공공기관의 한 가지 직종만 전전했거나 30~40년의 경력 중 정말 잠시 일했던 경력을 염치없이 이용해 자신을 돋보이게 한다. 1931년 출생한 지오 바타 고리는 지금까지는 『규제 독성 및 약물학』의 편집장으로서 주로 언급되었지만, 그는 1968년부터 1980년까지 매우 공식적인 정부기관 미국 NCI에서 일을 했었다. 이후 그는 공직자 이력을 팔아 컨설팅 사업을 시작했다. 그런데, 약 40년 후에 해당 이력이 그에게 암 문제에 관한 정통성을 부여해 오랫동안 담배 산업을 주 고객으로 삼게 해주었다면?

NCI의 탈주병 그룹이 만든 컨설팅회사는 이 모순을 거리낌 없이 이용한다. 사람들을 기만하는 명칭을 내건 상업기업인 국제전염병학연구소International Epidemiology Institute는 자사 홈페이지에 "1994년 NCI의의 수석과학자들이 설립한 탁월하고 매우 숙련된 생물의학 연구기관"이라고 강조한다. 이 연구소는 학술 출판물 수백 편을 낸다. 대부분은 전염병학 연구로, 납, 석면, 벤젠, 의약품, 식품, 담배 그리고 방사선처럼 제품방어사무소와 같은 주제를 다룬다. 연구소의 지도자이자 수석 과학자인 세명 모두 NCI를 떠난 지 20년은 더 지났지만 아직까지도 과거의 소속을 앞에 내세우고 있다.

2018년 2월 6일 그들 중 한 명인 로버트 타론은 미국 하원의 청문회에 소환됐다. 'IARC의 모노그래프 프로그램을 검토하고 글리포세이트에 대한 그의 평가를 듣기위한 자리였다. 그는 동일주제로 『유럽암예방학술지European Journal of Cancer Prevention』에 '글리포세이트에 대한 잘못된 분류'를 비판한 논문을 막 발표한 참이었다. 공동 경영자 중 한 명인 카를로 라 베키아가 편집위원으로 있는 학술지였다. 타론은 '감사의 글'에 2015년에 '몬산토 사내 변호사'에게 IARC의 다양한 업무에 대해 자문해줬다고 고지했다. 국제전염병학연구소는 이 일로 740달러를 받았다. 그는 두 시간 정도의 전화 인터뷰였다고 명시했다. "두 시간 정도 통화를 했다고 해서, 이게 몬산토와 '연결고리'를 만들어주진 않습니다." 폐부를 찔린 그는 원고에도 "저자는 이 논문을 쓰는 데 어떠한 후원도 받지 않았다"는 문장이 써져 있다고 덧붙였다. "하지만 학술지는 이 문제가 이미 다뤄졌다고 판단했는지 그 문장을 빼버렸습니다." 미국 의원들에게 이 컨설턴트는 '로버트 타론 박사, 은퇴함, NCI, 통계·수학자, IEI, 생물통계학과장'이라는 키워드로 인식된다. 공식기관과 함께 나열된 IEI는 틀림없이 비전문가인 의원에게 착각을 불러일으킨다. 몬산토가 IARC을 겨냥해 진행하는 비방캠페인의 일환으로 만들어진 웹사이트에서 화학 로비단체인 ACC 또한 로버트 타론을 같은 방식으로 소개하고 있다. 그 어디에도 IEI가 영리추구기업이며 타론이 2002년 이후로 더 이상 NCI 소속이 아니라는 이야기를 명시하고 있지 않다. '당신은 연방, 국가 또는 지방 규모의 정부기관에 유리하게 증언을 합니까? 당신은 정부기관 외 다른 기관을 위해 증언을 합니까?' 로버트 타론이 두 질문에 모두 '아니오'를 선택했기 때문에 무엇을 명목으로 그날 발언을 했던 건지는 잘 알 수 없다. '증언에 대한 신뢰' 공식 표준양식은 다음 내용을 강조한다. '본인 외에 본인이 대표하는 기관들을 적어주시기 바랍니다.' 로버트 타론은 해당란에 손으로 글을 적었다. '해당사항 없음.'

매우 드문 예가 하나 있다. 심지어 이런 일이 있었다는 사실을 아는 것조차 어려운 예다. 이 일화에는 이제는 친숙한 인물들, 독일 콘스탄츠공립대학교의 독성학 교수인 다니엘 디트리히와 그의 패거리인 전 다우케미컬 직원이자 현재 사설 컨설턴트로 활동하는 그레고리 본드가 재등장한다. 앞장에서 레오 트라샌드가 내분비계 교란물질 관련 질병 비용을 종합적으로 검토한 논문에 대해 이 두 남자가 비판적 논평을 출판했던 사건을 소개한 바 있다(6장 참조). 이 논평은 2017년 5월 20일부터 『독성학 아카이브』 온라인판에 먼저 게재됐다. 그로부터 시간이 조금 지난 후, 어김없이 또 등장하는 단체 ACC의 프로파간다 사이트 〈EndocrineScience.org〉에서 소속 과학자인 다니엘 디트리히의 논문 출판을 홍보하는 공식성명을 다운받을 수 있게 해놨다. 이 보도자료에는 콘스탄츠대학교의 로고가 새겨져 있었다. 여기까지는 특별할 게 전혀 없다. 왜냐하면 보통은 주요 연구작업에 대한 관심을 불러일으키기 위한 목적으로 대학이 연구를 홍보하는 일은 흔하기 때문이다. 하지만 문제가 범상치 않다. 문체에서 비방하려는 목적이 노골적으로 드러나 있다. 특히 공식성명에서 레오 트라산드는 과학자, 임상의사로 구성된 회원 1만 8천 명이 속해 있는 가장 중요한 내분비계 학회인 미국 내분비학회를 자극하고, 유럽의 정책결정자들에게 로비활동을 벌였으며, 논문 결과를 도구처럼 이용해 유럽에서 벌어진 논쟁에 '영향력을 행사한다'며 비난을 받았다. 공식성명은 "보건환경정책 의사결정에 영향을 주기 위해 고안된 연구는 때때로 '정치적 목적에 이용되는 과학'이라고 불리기도 한다. 이 연구는 아마 다른 학술기관이나 산업이 발표한 논문들보다 덜 비판적인 시선을 받게 될 것이다. 이런 경향이 우려스럽다"고 강력히 주장한다. 공식성명에 언급된 다니엘 디트리히는 '개인적 목표와 사익을 추구'하기 위해 현 상황을 이용하는 대학 연구원 및 과학자와 맞서 '과학을 보호'한다고 자부한다. 이때는 유럽의회가 내분비계 교란물질 규제 결정에 대한 투표를 하기 며칠 전이었다.

ACC 사이트에서 이 공식성명을 발견했을 때, 뉴욕대학교 커뮤니케이션책임자 짐 맨들러는 즉시 콘스탄츠대학교 커뮤니케이션 책임자인 마리아 스코프에게 연락을 취했다. 마치 이 이야기를 들려주고 싶어 우리에게 바로 연락했을 때처럼 말이다. 이상하게도 사이트에 올라온 정제된 공식성명과는 전혀 다른 내용이었다. 무슨 일이 있었던 걸까? 실제로 마리아 스코프의 대답에 따르면 이 사이트에 게재된 문서는 공식성명이 아니라고 한다. 그리고 끝이다. 가타부타 설명도 없다. 그렇다면 대학교 로고가 새겨져 있는 문서가 가짜라는 것일까? 메일에서 마리아 스코프는 우리에게 초안을 작성했던 건 다니엘 디트리히고 그녀는 ACC에 이 교정이 안 된 초안을 '실수로' 보냈다고 한다. 하지만 그쪽의 주장대로라면, 도대체 왜 독일의 공립대학교가 미국에 있는 화학 로비단체에 공식성명 초안을 보낸 걸까? 마리아 스코프와의 대화는 이 부분에서 갑작스럽게 끊겼다. 짐 맨들러는 6월 12일에 마리아 스코프에게 상황을 알렸다. 그러자 그녀는 27일에 ACC에 연락을 취했다고 답변했다. 소속 대학의 법적 책임이 걸려있기 때문에 그녀가 문제해결을 위해 엄청난 열의를 보였지만 '실수로' 보낸 명예훼손적 글을 내리는 데에는 15일이나 걸렸다. 이 사건은 뉴욕대학교 의과대학에서도 그 심각성을 인정해

결국 학장인 스티븐 에이브럼슨이 스코프에게 단도직입적인 내용의 서신을 보내 중요성을 강조하기까지 한다. 그는 7월 19일 보낸 서신에서 다음과 같이 썼다. "과학 의견의 다양성을 존중하지만 과학자들의 논쟁에 산업이 영향을 미칠 가능성이 있다는 사실이 걱정스럽습니다. 우리는 최근 수십 년간 미국에서 담배 제조업체들이 어떻게 정보를 조작했고, 담배산업에 고용된 과학자들이 어떤 방식으로 정보를 편향시켰는지 전부 목격했습니다. 오늘날에도 과학자들이 비슷한 역할을 맡아 명백히 발암물질로 규정되는 석면과 같은 물질을 변호하고 있습니다. 이러한 관점에서 우리는 특히 더 신중할 수밖에 없습니다." 우리는 콘스탄츠대학교와 ACC가 각각 또는 동시에 학술적이나 재정적인 관계가 있었는지 명백히 알아내지 못했으며 미국 로비단체인 ACC도 우리 질문에 대답하는 걸 꺼렸다. 그레고리 본드는 우리에게 메일로 "학술지에 고지된 이해충돌 관계 및 자금후원 내용은 사실이며 그게 전부다"라고 단언했다. 전화상으로 만난 다니엘 디트리히는 우리를 경계했다. "원하는 걸 서면으로 작성해서 보내세요. 만약 당신들이 틀렸다면 가만있지는 않을 겁니다." 그러고서 그는 전화를 끊었다.

이름을 빌려주고 신뢰를 판매하는
마스터 계약

이제 다음 통화상대는 중저음의 목소리를 지닌 데이비드 커클랜드다. 몹시 친절하게도, 영국 과학자인 데이비드 커클랜드는 몬산토로부터 어떻게 보수를 지급받았는지 설명해주기로 했다. 그는 2009년 은퇴를 해서 '커클랜드 컨설팅'이라는 컨설턴트 사무소를 차렸는데 자신의 전공인 유전자독성을 살려 홀로 일을 시작했다. 사이트를 반짝이게 장식할 출신 대학이나 학위도 없이 오직 자신의 능력을 앞세워 말이다. 앞서 봤듯이(8장 참조) 그는 마지막으로 중요 임상시험위탁기관 중 하나인 코반스 유럽지부에서 과학 및 규제 컨설팅 부사장직을 맡을 때까지 민간분야에서만 경력을 쌓았다. 2012년에 몬산토는 그와 직접 접촉했다. 라운드업의 활성성분인 글리포세이트의 유전자 독성의 막바지 문헌 검토 작업을 하고 있던 래리 키어(그리고 그의 유령 공저인 데이비드 솔트미라스) 구조 작전에 그를 파견하기 위해서였다. 몬산토는 일당으로 1,400파운드(약 1,700유로)를 지불할 준비가 되어 있었다. 그의 서명은 출판물에 '독자적 연구'라는 인장을 찍어줄 테고, 몬산토가 필요로 하는 게 바로 이것이었다. 데이비드 커클랜드는 몬산토 직원이 아니며 과거에도 그런 적이 없었다. 즉 신뢰의 값이었다.

따라서 과학을 조작하기 위한 다중적 조치의 정중앙에는 과학자 그리고 과학을 논할 자격이 자리를 잡고 있다. 공공분야에서 빠져나와 컨설턴트가 된 사람들은 데이비드 커클랜드처럼 프리랜서로 민간분야에서 연장전을 뛰는 전문가들이다. 하지만 학계 교수와 연구원, 현역 또는 은퇴한 의사도 소속 기관에 알린다는 조건으로 소속 기관 내에서나 또는 그 밖에서 어느 정도 산업과 자유롭게 관계를 맺는다. 미셸 오비에가 하지 못했던 일이다. 유사과학 자회사부터 대안적 과학 사실 워크숍까지, 우리는 의혹 공장을 견학하면서 과학자가 산업과 관계를 맺는 여러 방법을 보고 지나왔다. 이를 바탕으로 실제로 일어날 수 있는 다양한 협업유형을 간단하게 요약해 보겠다. 여기에서 중요한 건 기업 소속 과학자나 제품방어사무소의 과학 컨설턴트가 아니다. 오히려 실제로는 더 이상 소속이 없다고 할 수 없는 '무소속 과학자'가 문제다. 특별한 기준이 있는 것은 아니고 책에 등장한 순서에 따라 작성했으며, 다음과 같이 분류할 수 있다.

- 기업 또는 산하조직의 과학자문위원(설탕산업의 로저 애덤스와 프레드 스테어, 필립모리스의 한스 마쿼트, ILSI의 앨런 부비스, 독일 자동차산업의 헬무트 그라이엄)
- 연구비 수혜자(담배업체들이 TIRC/CTR을 통해 자금을 댄 연구논문 6,400편)
- 총설논문 작성 또는 문헌검토 연구비 수혜자(설탕산업의 프레드 스테어)
- 사설 컨설턴트(빅타바코를 고객으로 둔 지오 바타 고리, ACC와 그레고리 본드, 몬산토와 래리 키어와 데이비드 커클랜드)
- 학계활동 외 컨설팅 서비스(볼프강 데칸트와 고객사 약 스무 업체)
- 학계활동 외 자문 서비스(유럽 화학물질 생태독성 및 독성센터와 다니엘 디트리히)
- 논평, 학술문헌 검토, 재분석 논문저자
- 편지형 논문, 사설, 기타 의견 논문저자
- 기업 직원들과 함께 논문을 작성한 공동저자(다우 유럽, 아스트라제네카, 바이엘 헬스케어와 다니엘 디트리히)
- 법정에서 전문가 증인으로 활동(석면 제조업체를 변호한 안젤로 모

레토, 몬산토의 글리포세이트를 변호한 겔리 윌리엄스)

- 기업이 자본을 대고 운영하는 조직의 이사(ILSI의 앨런 부비스)
- 제삼자(학술지『학술평론』과 브루스 체시)
- <u>고스트라이터가 쓴 출판물의 명의대여인</u>
- 특정 주제로 결성된 전문가 패널 합류(2015년 몬산토를 위해 인터텍이 조직한 글리포세이트 패널)
- KOL
- 연사 사무국

이렇게 협업에 이름을 붙일 수 있는 건 우리가 지금까지 기업의 관점에서 상황을 관찰했기 때문이고, 이는 대부분 집요한 역사학자, 기자, 치과 의사들이 기업의 내부문건에 접근할 수 있었기 때문이다. 다시 말해 일반적으로는 계획이 숨겨져 있지만 때때로 출자자의 요구와 의도가 내부문서에서 명확하게 드러난다는 뜻이다. 데이비드 마이클스 전 OSHA 청장의 말을 인용하면, 이런 기업은 과학을 통해 우리가 세상을 더 잘 이해하게 되는 일에 어떤 노력도 하지 않는다. 다만 과학을 생산하는 이들 중 일부를 포섭해 과학을 포획하는 데 가담한다. 시장에 자사 제품을 계속해서 유통하는, 지극히 경제적인 계획에 참여하는 것이다. '어떤 대가'를 치르더라도 말이다.

일부 과학자들은 공공연하게 기업과 관계를 맺거나 기업으로부터 보수를 받는다. 둘 다에 해당하는 경우도 있고 둘 중 어느 것과도 관계없는 이들도 있다. 앞에서 학술지의 이해관계확인서가 요구하는 투명성이 완전히 무시되는 사례를 봤다. 규제기관이 수집한 이해관계확인서

양식(후에 다시 언급하겠다)을 포함한 다른 유형의 자료출처와 마찬가지로 학술문헌에서 정확한 임무가 드러나는 일은 드물다. 보수 금액도 결코 명시되어 있지 않다.

그들의 진정한 직업적 정체성은 무엇일까? 스카우트처럼 한번 과학자는 영원한 과학자다 이건가? 그들은 과학계의 계절노동자이며, 컨설턴트이자 로비스트이고, 명의대여자이자 신용판매자이며 사실을 못 살게 구는 사람이면서 과학 트롤인가? 계약에 관한 것이든 아니든, 과학자와 기업 또는 기관 사이의 관계는 전적으로 합법이다. 이들의 관계는 문제의 일부분일 뿐이다. 비록 일부가 그렇다는 걸 배제할 수는 없지만 이 사람들은 부패한 게 아니기 때문이다. 하버드대학교 의과대학 교수인 데이비드 블루멘탈이 진술한 것처럼 "이는 합의를 이룬 성인 간의 합법적 관계로, 다만 그들이 추구하는 이익이 넓은 의미에서 사회의 이익과 일치하지 않고 이 의사들이 맡은 환자들의 필요에 부합하지 않을 뿐이다." 하지만 그 관계 때문에 과학계 전체가 부패되어 버렸다.

2000년대 초반에는 빅파마의 세계에서 이런 관계가 어떤 식으로 이용되고 얼마가 지불되는지 정보가 매우 한정적이었다. 이후 여러 소송과 법 제정을 거쳐 꽤 많은 걸 안다고 할 수 있게 됐다. 호주 기자이자 학술연구원 레이 모이니헌은 2008년 미국 기준으로 구두 발표에 회당 평균 2천 유로(당시 환율로 환산), 자문활동 또는 임상시험 수행을 하는 데 시간당 250유로까지 책정된 가격을 언급했다. KOL이라면 누구에게나 동일하게 적용되는 금액이다. 실제로 'FDA에 영향을 행사하기 위한 사노피Sanofi의 전략적 제삼자 이용'에 대한 2011년 미국 국회 보고서에는 3년간 연설/컨설팅 서비스를 제공해 16만 5천 유로를 지급받은 미국 듀크대학교 의과대학 교수의 예가 실려있다. 그런데 이 의사가 『월스트리트 저널』 기자들의 눈에 띈 건 다른 서비스 때문이었다. 그는 FDA에 사노피의 효자상품인 혈전방지제 '로베녹스'(에녹사파린)의 일반의약품 판매를 늦춰달라고 요구하기 위해 미국 흉부외과의사협회의 이름으로 FDA 공공의견수렴에 참여했다.

FDA에 영향력을 행사하는 임무를 띠고 있던 사노피의 이 '연사'는 로비스트로서 자발적으로 행동한 일일 수도 있다. 이처럼 전면에 발표된 행동이 꼭 실상을 그대로 반영하는 것은 아니다. 모호한 계약으로 아주 다양한 활동을 위장할 수 있다. 예를 들어 연구보조금(영어로는 'grant'라 하는데 의미가 넓어 자금조달, 보조금 또는 지원금을 의미한다)으로 컨설팅 활동을 가릴 수 있다. 2010년도로 넘어오면서 석면의 영향을 과소평가한 논문을 잇달아 쓴 저자들은 연구를 수행하는 데 있어 'grant'를 받았다고 명시했다. 실제로 그들은 시간당 300~500달러의 보수를 지불받았고 심지어 원고는 기업이 과학자들에게 접근하기 전부터 작성해 놓은 것이었다. 거짓말이 폭로된 다음에도 4종의 학술지에 발표된 논문 11편 중 단 한 편도 철회되지 않았다. 로버트 프록터는 담배를 주제로 한 자신의 책에서 "일부 사람들은 자기 자신을 팔아버린다. 전부는 아니지만 꽤 많은 숫자가 그렇게 한다. 그리고 값을 너무 잘 받아서 일단 한번 편익이라는 기차에 올라타게 되면 뛰어내릴 용기를 내는 사람은 드물다"고 기술했다.

일부 금액이 여전히 수수께끼로 남아있는 건 사실이다. 석면기업들과 관계를 맺은 두 과학자는 마찬가지로 소송절차에서 전문가 증인으로 참석하여 조지아퍼시픽 Georgia Pacific 으로부터 보수를 지급받았다. 그들 중 한 명은 무기한계약으로 85만 달러를 받았다. 소송으로 인해 공개된 자료에는 더욱 명확하고 자세한 내용이 들어있다. 2004년 컨설턴트 데이비드 개러브랜드는 시간당 400유로를 요구했지만, 법정 진술과 증언에 대한 대가로는 그 이상을 청구했다. 하루 업무시간의 절반인 세 시간 반에 1,700유로를 말이다. 납 페인트, 석면 제조업체와 담배산업 전문가로서 그의 매출은 연간 100만 달러에 달했다. 헬무트 그라이엄은 자신이 평균 보수보다 낮게 받았다고 단언했지만(8장 참조), 사실은 소속된 과학자 자문위원회의에 참석하면 하루당 참가비를 받는다고 설명했다. 화학산업 싱크탱크인 유럽 화학물질 생태독성 및 독성센터의 회의에 참석하면 약 1천 유로 정도를 벌고, 유니프락스Unifrax(생고뱅이 석면사업을 매각했다) 컨설팅 일당으로 1,250유로를 받는다. 그러나 그는 "저는 돈 문제에 관해서는 잘 몰라서요"라고 말한다.

　심각한 목소리를 내던 데이비드 커클랜드와의 통화로 돌아가자. 각각의 기업이 자사 기준대로 계약서를 만들지만 이 영국인은 기업 150곳과 계약을 맺고 있는 만큼 계약서가 실제로 어떻게 적용되고 있는지 잘 알고 있다. 일부는 제품마다 계약서를 작성하지만, 많은 곳에서 비용절감이나 실용성을 위해 마스터 계약(일 년, 이 년 또는 삼 년 단위로 하는 계약)조건으로 협상하는 걸 선호한다. 그는 몬산토와 체결한 계약이 바로 그 예라고 설명했다. "기업은 제게 다양한 물질에 대해 여러 질문을 하러 올 수 있습니다. 새로운 계약체결로 인한 행정적 문제를 겪지 않아도 되고요." 기업들이 정한 최대 금액이 1년에 1만 달러라고 하면, 계약서에는 이 금액을 넘어서면 추가 조항에 대해서 논의하게 된다는 내용이 들어가 있다. 이는 마스터 계약의 일환으로 그의 업무시간을 계산한다는 의미일까? "일지를 굉장히 자세하게 적습니다. 그리고 고객에게 청구서를 보낼 때 제가 무슨 일을 했는지, 시간이 얼마나 걸렸는지를 명시합니다." 어쨌든 그는 회계사나 변호사들이 하듯 단순한 서비스를 제공하는 것이며 세무감사 때 이 기록이 필요하다고 순진하게 설명했다. 또한 그의 일일 청구금액(몬산토 연구의 경우 약 1,700유로)이 간혹 2천 유로 이상 부르기도 하는 미국보다 낮은 수준이라고 단언했다. 그런데 글리포세이트에 관한 인터텍 패널 참여의 경우 별도의 계약서를 체결해야 했다. "찾아볼게요. 특별히 글리포세이트라고 명시되어 있던 것 같은데…. 아, 아니네요! 실제로는 좀 더 포괄적이네요." 그는 큰 목소리로 읽었다. "계약목적: 커클랜드 박사는 주로 과학 및 기술적 데이터와 의견을 구성하고 제출하는 일을 주 업무로 인터텍에 고용된다."

후원편향 효과가 업무에 미친 영향력에 대한 문제를 거론하자 데이비드 커클랜드는 그 원리가 뭔지 잘 모른다고 털어놓았다. 그래서 그에게 통계적인 것이라고 설명을 해 주었다. 자금 출처가 결과에 영향을 미친다고 말이다. "아뇨, 전혀요!" 그는 충격을 받고서는 경력을 통틀어 결코 그런 일을 본적이 없었다고 단언했다. 그렇지만 후원 없이도 편향 효과가 존재하는 훨씬 더 불가사의한 세계가 있다. 이게 바로 보답의 음험한 영향력이다.

10

보답의 함정

안토니오 투르바가 쓰러지자 서류가방의 내용물이 땅으로 쏟아졌다. 낯선 행인이 그를 도와주었다. "그를 불편하게 했던 건 바로 이 신사의 정중함이었다. 공직자로서의 청렴함에 집착하는 투르바 씨는 누구에게라도 빚지는 기분을 느끼는 것을 원하지 않았기 때문이다. 공손하고 겸손한 성격에도 불구하고 그는 그가 오랜 세월에 걸쳐 유지했던 권력의 중요성을 알고 있었다. 또한 이 특권이 얼마나 불안정하고 취약한 것인지도 말이다. 그의 가장 큰 걱정거리는 제대로 이 특권을 행사하는 것이었다. 강박에 가까운 청렴결백이 바로 여기에서 기인했다. 누군가가 그를 무례하다고 판단하거나, 불공평하거나 편애하는 사람으로 의심할 수 있다는 생각만으로도 그는 오싹해졌다. 그는 사소한 의심이라도 시작되는 것을 피하려고 곰처럼 살았다. 그는 선물, 초대, 일방적 도움을 무엇보다도 불편해했다. 최소한의 호의조차 수락하지 말자는 것이 그의 신조였다. 호의가 부패의 첫걸음이기 때문이다. 호의를 받지도 베풀지도 않는 이유는 호의를 받은 사람은 이를 돌려주려는 경향이 있기 때문이다. 이게 바로 악순환이다." 하지만 솜씨 좋은 낯선 사람은 결국 안토니오 투르바를 궁지에 몰아넣을 것이고 그의 무결성도, 지성도 속수무책으로 당하게 될 것이다. 신세진 느낌을 갖게 하는 것. 이탈리아 작가이자 기자인 디노 부차티의 새로운 소설 속에서 발레리오 키노세팔로스 백작이 원하는 바를 이루는 건 목표 대상에게 '이 감정'을 불러일으켰기 때문이다. 그리고 산업은 개인적인 차원에서 잘 통하던 방법을 산업 차원의 영향력 전략으로 확장시켰다.

보수를 받지 않는다면
상품은 다름 아닌 당신

상호성의 원리라는 이 기본적인 심리학 기제를 처음으로 적용한 분야는 바로 제약산업이다. 호화로운 선물과 쪽빛 하늘 아래서 학회 명목으로 열린 행사, 고급 미슐랭 레스토랑 그리고 골프 리조트에서 개최하는 심장학술대회는 오랫동안 '나는 의사다' 패키지에 포함되어 있다. 하지만 주말에는 번지점프, 송로버섯 채집 등 늘 하던 일과 해야 하는 일을 반씩 마치면 공식적인 일정은 끝이다. 프랑스에서 '이러한 관행을 없앨 것으로 기대되는 선물방지법'은 1993년 1월에 가결되었지만 즉각 개정됐다. 다음 해부터 30유로 이하의 '약소한' 선물은 다시 허용됐다. 메모장, 펜, 휴대용 계산기, 우산, 로고가 박힌 손목시계가 계속해서 의사들에게 비처럼 뿌려졌다. 제약회사는 때때로 미친 것 같은 창의력을 보여주는데, 선물에 대한 아이디어도 마찬가지이다. 내 개인소장품 중에는 비아그라 모양의 액체비누통과 거대 진드기 모형이 떠다니는 지르텍 모양 스노우볼이 있다. 홍보물 광기는 감사표시 외에도 의사에게 상표를 인지시키려는 목표도 갖고 있으므로, 의사는 자연스럽게 무의식 속에서 카지노 네온사인처럼 반짝거리는 로고가 붙은 약을 처방하게 될 것이다. 이런 흐름은 2004년에 새로운 법이 제정되며 저지됐다. 제약회사 대표들은 의사에게 검진을 받으러 가서 판촉물을 이용해 자신의 입장을 강조하는 일을 그만둬야만 했다. 하지만 선물은 다양한 형태로 변주되었는데, 빅파마는 계속해서 어마어마한 금액을 지불해 의사들의 의리를 부추겼다. 전략가들은 아마 매우 빠르게 에드워드 버네이즈의 저서를 읽었을 것이고 사회심리학에 통달했을 것이다. 그들은 비가시적이고 무의식적인 영향력일수록 더욱 효과가 있다는 사실을 누구보다도 잘 알고 있다.

　　약소한 선물은 오랫동안 별로 중요하지 않은 것으로 간주됐다. 그런데 전 제약사 영업사원이었던 대학교수는 다음과 같이 말했다. "제약업계측 선물의 핵심은 뇌물로 인식되지 않는 뇌물이라는 데 있습니다." 금액이 얼마인지는 중요치 않다. 병원 직원휴게실 탁자에 놓인 슈게트 과자봉지부터 식당에서의 점심식사까지, 은혜도 모르는 사람이나 사이코패스가 아니라면 사람들은 선물에 항상 감사인사를 하고 보답해야 한다고 느낀다. 사회는 일정 부분 주고받는 행위를 통해 진화했다. 그리고 기업은 제품의 판매를 촉진하기 위해 이 원리를 남용하고, 악용하고 있다. 이 주제에 관한 모든 연구가 별것 없이도 감사한 마음을 갖게 하는 데 충분하다는 결과를 보여준다. 2010년 펜실베니아대학교 의료윤리학 교수 세 명은 약소한 선물의 힘을 인정하지 않는 의사들이 가장 영향을 받기 쉽다고 강조했는데, 그 이유는 방어기제가 약해지기 때문이다. 그들은 "음식, 아첨, 호의는 강력한 설득수단으로 특히 이 세 가지가 합쳐지면 더욱 그렇다"고 설명했다. 그런 다음 1940년에 이미 의사결정을 할 때 상대방의 판단력을 흐리게 만들기 위해 음식을 이용하는 것이 일반적인 수법이었다고 명시했다. 수십여 년이 흐른 뒤, 미국에서 재정적 특혜—대부분 20달러 이하의 가격이었던 식사—를 6만 건 이상 대접받았던 의사 28만 명을 대상으로 한 분석에서 다음과 같은 결론에 도달했다. 밥을 한 번 얻어먹으면 판촉된 의약제품의 처방이 늘어나게 된다는 것이다. 게다가 미국에서는 이미 2000년대 초반에 '공짜 점심 사절 No free lunch'이라는 운동과 함께 이 문제가 수면위로 떠오르기 시작했다.

일부 과학자들은 석면 전문가 증인들보다 가격이 훨씬 싸다. 심지어 완전히 거저라고 할 수 있다. 주목할 만한 건, 농산품가공 및 농화학산업의 사이비연구소인 ILSI는 활동에 참여한 사람들에게 보수를 지급하지 않는다는 사실이다. 단지 그들의 비용만 처리해줄 뿐이다. ILSI가 규제의 진행상황에 따라 구성하고 발전시킨 주제별 업무팀(테스크포스와 전문가팀)의 종류가 다양하다 보니 과학을 위해 가장 공정한 활동을 해야 하는 과학자들은 너무나 많은 선택지에 곤란해한다. 또한 ILSI에는 평의원회, 이상회, 과학자문위원회 등 요직에 마음이 있는 사람들을 위해 과도하게 많은 행정부처가 존재한다. 앨런 부비스가 2018년에 맡았던 직무들을 예로 살펴보자. 임페리얼칼리지 생화학약물학 교수인 그를 앞장에서 봤던 건(뒷장에서도 또 보게 될 테지만)『규제 독성학 및 약물학』에 그가 IARC의 "과학에도 사회에도 도움이 되지 않는" 고루한 방법론에 대해 논문을 발표했을 때였다(7장 참조). 앨런 부비스는 2018년에 마즈의 간부와 함께 ILSI 유럽이사회 부회장이자 화학기업인 다우유럽 소속 독성학자와 함께 ILSI의 과학자문위원회 부회장을 맡고 있었으며, 보건환경과학연구소HESI 이사회 일원이었다. 미국 세무문서에 따르면 그는 HESI 업무에 주당 두 시간씩 할애하고 있었다. 이에 더해 '위해성 평가를 위한 동물실험을 대체할 현명한 방안 마련을 위한 프레임워크' 프로젝트위원장 활동도 있었으며 최근까지도 '20세기 위해성 평가' 프로젝트위원장을 맡고 있었고, 이 프로젝트에서 신젠타의 티모시 패스투어와 가깝게 지냈다. 이런 감투들은 돈도 안 되면서 업무량은 엄청 많다. 그가 임페리얼칼리지의 교사이자 연구자 직책을 맡아 영국 여왕으로부터 보수를 지급받는 시간을 이용해 이 업무들을 처리하고 있기에 가능한 일이다.

앨런 부비스는 질문에 매번 대답하는 친절한 사람이다. ILSI 업무는 그에게 있어 대학 업무의 연장선상 그 이상도 이하도 아니다. 그는 과학 학술활동에 기여하는 것뿐이다. 앨런 부비스는 ILSI에 대한 묘사가 그 단체를 왜곡한다고 생각한다. 그는 대학 연구원과 산업종사자만큼이나 정부 대표들도 그 일에 참여하고 있다고 설명했다.

"우리는 우리가 하고 있는 일에 대한 대가를 받지 않습니다. 여비는 이코노미 클래스 요금이면 충분합니다. 우리는 집이나 소속 기관에서 개인 시간을 할애해 일을 합니다. 저는 이를 통해 제가 위해성 평가 접근방법 구축에 기여한다고 생각합니다." 적어도 그에게 ILSI는 과학

로비단체가 아니다.

"ILSI에 대한 오해가 있는 것 같습니다. ILSI는 비영리단체로 돈을 버는 활동을 하지 않습니다. ILSI의 규칙 중 하나는 로비활동에 연루되지 않는다는 것으로, 헌장에 들어있는 내용입니다."

"네, 그런데 ILSI의 연구결과가 로비활동을 목적으로 사용되고 있어요."

"ILSI가 아니에요!"

"음, 'ILSI 회원기업들이 생산하는'이라고 하죠."

"목표를 달성하기 위해 가장 적합하고 합리적인 전략이라고 판단한 누군가가 연구 결과를 이용하는 거겠지요. 사실 그 어떤 과학지식도 로비로부터 안전하다고 할 순 없습니다."

자기 자신과 평판, 소속 기관의 명성을 기꺼이 내어주는 과학자는 ILSI처럼 신뢰를 구축하려는 단체들에게 천금과도 같은 가치를 지닌다. 유수의 연구기관이나 명문대학교(임페리얼칼리지를 말한다. 이곳에서 알렉산더 플레밍이 페니실린을 발견했다. 2018년에는 세계 명문대학교 평가에서 8위를 차지했다)의 교수 및 연구자들이 이런 부류에 해당된다. 규제기관에 잘 자리잡은 이들이다. 나머지는 전부 보너스다. (앨런 부비스는 EFSA의 여러 과학패널과 영국의 다양한 위원회 회원으로 활동했고 2018년에는 UN 산하 전문가 위원회 두 곳의 회장직을 동시에 또는 번갈아가며 맡았다. 앨런 부비스는 대영제국의 훈장을 받은 장교로, 그의 이름 뒤에는 항상 대영제국훈장을 의미하는 약어 'OBE'가 적혀있다.)

프로파간다용 제삼자

이런 종류의 협업을 선호하지 않고 단 한 번도 기업에서 자금지원을 받아본 적 없는 과학자와 차를 마시던 어느 날, 나는 그에게 왜 그의 동료 중 일부가 그토록 값진 업무시간을 무료로 할애하는지 아냐고 물었다. 베테랑 독성학자의 경우 상업시장에서 받는 평균 일당이 1,400유로라는 걸 떠올려 보자. 그렇게 해서 그들이 얻는 건 무엇이었을까? 그는 럼을 넣은 디저트를 한입 가득 넣으려다 말고 사슴 같은 눈을 크게 뜨고는 말했다. "모두 사랑받고 싶어 하니까." 즉 인정욕구와 소속감 때문이었다. 학계에서의 대접은 과학자로 하여금 배신감을 느끼게 하지만 이와 달리 전문가 모임에서 과학자는 떠받들어지고, 주목을 받는다. 그곳에는 몇 번째인지 모를 연구자금 지원양식을 채우고, 떠들썩한 공항 홀에서 수업을 준비하고, 담당하는 박사과정 학생의 논문을 검토하거나 중요도가 다 다른 메일로 가득 친 메일함을 비우려고 애쓰는 데 열중하는 것보다 더 욕구를 충족시켜주는 전망이 있다. 실제로 이런 활동을 통해 일반적인 직업 환경에서는 결코 가질 수 없는 가치를 얻을 수 있다. 무언가의 '장'이 되는 기회는 많은 이들의 자아를 충족시킨다. 제공하는 즐거움과 받는 기쁨이 존재하는 경험이다. 게다가 한편으로 이런 모임의 환경과 배경은 과학자들이 참석한 '진짜' 학술회의에서 영감을 받았기 때문에 과학자들이 자신이 어디에 있는지 빠르게 잊도록 만들어졌다.

이 협업은 과학자의 관점으로 보면 자신의 이름을 빌려주고 시간을 내어주는 일이다. 기업인에게 있어서는 자신의 메시지에 신뢰를 더

하고 자신의 프로파간다를 퍼뜨리는 일이다. 그 프로파간다는 모임 내 인사 뿐만 아니라 일반 대중까지 노린다. 여기서 프로파간다라는 용어는 가볍게 사용되지 않았다. 기업들이 최대한 많은 수의 사람들을 공략하기 위해 기울인 이 노력은 위키피디아에 '사용할 수 있는 모든 수단을 동원해 하나의 개념, 의견, 이데올로기 또는 견해를 선전하고 선전대상자들의 선택을 유도하기 위해 적용된 설득기술의 총집합'으로 명시되어 있다. 2000년대 이후로 프로파간다가 우선시하는 영역이 있다. 바로 인터넷과 SNS다. 그중에서도 인터넷 유저 대부분이 첫 번째로 접하는 정보 출처는 2004년에 등장한 페이스북Facebook이다. 이 현실을 설명하기에는 곤란할 정도로 선택지가 너무 많기 때문에 뒤따르는 예시도 무작위로 선택했다.

'GMO 답변'이라는 멋진 신세계에 오신 걸 환영합니다. 〈https://gmoanswers.com〉 사이트는 수천 번은 봤을 이미지 뱅크의 사진으로 군더더기 없게 꾸며져 있다. 식탁에 둘러앉은 가족들, 콩을 한 움큼 들고 있는 손, 질서정연한 밭, 완벽한 모양의 사과를 베어먹거나 신비한 충격에 한 대 맞기라도 한 듯이 놀라운 표정으로 요구르트 한 팩을 응시하고 있는 여성의 사진들 말이다. "GMO에 대해 회의적이시라고요? 이해합니다. 그래서 여러분들의 질문에 대답해드리려 합니다. 200명이 넘는 전문가들이 이 사이트에 동참했습니다. 명문대학교, 기업단체, 회원기업 대표 출신의 무소속 전문가들입니다. GMO에 관해서 알고 싶은 게 있다면 물어보세요." 기업들이 다른 곳에서 지체 없이 그들의 로고를 꺼내드는 것에 반해 이 홈페이지에는 그 무엇도 눈에 띄지 않으며, 사이트 출자자명단을 부각시키기 위한 그래픽 효과도 없다. 바스프, 바이엘, 다우

애그로 사이언스, 듀폰, 몬산토, 신젠타를 포함한 생명공학정보위원회 Council for Biotechnology Information의 회원기업들은 소개란의 흰 바탕에 아무런 특징도 없는 까만 글씨로 명시되어 있다. 사이트에서는 다음과 같이 설명하고 있다. "해당 사이트에서는 소비자의 질문에 답변하는 무소속 전문가의 보수를 지급하지 않습니다. 전문가들은 개인 시간을 할애하여 자신의 전문분야에 대한 답변을 합니다. 이렇게 하는 이유는 대중이 GMO를 더 잘 이해하고 우리 먹거리가 어떻게 재배되는지 이해하도록 돕는 일이 그들의 가슴을 뛰게 하기 때문입니다. 무소속 전문가들이 강연 또는 미디어에서 'GMO 답변'의 입장을 발표하는 일이 종종 있습니다. 이 경우 전문가의 교통비를 지원해 줍니다."

'GMO 답변' 데이터베이스는 344명의 무소속 전문가—이 표현을 계속해서 강조한다—들이 회원으로 등록되어 있다. 하지만 이 목록에서 기업이나 로비단체의 직원이 아닌 사람, 방패막이 역할을 하는 단체에 연관되지 않은 극소수의 사람들을 따로 구분해내려면 아마 시력을 포기해야만 할 것이다. '생명공학 대가족'이 전부 이 사이트에서 미소 짓고 있기 때문이다. 몬산토 수석독성학자 빌 하이든스, 데이비드 솔트미라스 그리고 '도나 파머 박사'처럼 말이다. "라운드업이 인체에 유독한가요?"라는 질문에 도나 파머 박사의 대답은 '그렇습니다'가 아니다. 진짜 무소속 전문가 중에서 브루스 체시가 다시 등장한다. 그는 몬산토 커뮤니케이션 담당자가 만든 사이트, '아카데믹스 리뷰Academics Review'의 관리를 담당하고 있다(7장 참조). 이 사이트의 '오해와 진실' 메뉴에는 단조로운 주장들이 나열되어 있다. "GMO 농작물은 생물다양성을 지킬 수 있다", "GMO는 생산성을 증가시킬 수 있다", "GMO는 토지침식을 감소시킬 수 있다", "GMO는 물을 절약하도록 도와줄 수 있다", "GMO는 대기질을 향상시키는 데 도움이 된다", "GMO는 살충제 살포를 최소한으로 줄여줄 수 있다" 이정도면 광고 전단에 적힌 마술로 병을 치유해준다는 말을 믿는 것이나 다름없다. 'GMO 답변' 사이트는 마케팅 회사가 관리한다는 사실을 주목해야 한다. 이 일로 연간 300만 달러 가까이 되는 보수를 지급받는 케첨Ketchum의 고객들 중에는 미국의 육류산업 사이비연구소인 NAMI도 있다. 미국 세무행정 문서에서 확인할 수 있는 내용이다.

'공론을 조종하는 것.' 스위스 홍보사무소, 제드코Jedco 자문위원회 소속 컨설턴트 두 명은 2005년에 발간한 짧은 백서에서 자신들이 이름 붙인 '사전예방적 위치선정'을 다루며 이런 종류의 작전을 성공시키기 위해 필수적이라고 생각하는 요소들을 설명했다. "고객님 대신 공개토론을 담당할 명망 있고 신뢰도 높은 제삼자를 고용하십시오. 권위 있고 믿을 만한 제삼자가 당신을 대신하여 공개토론을 해야 합니다." 실질적인 조언도 있었다. '정보를 모니터링하고 적합한 미디어를 통해 전달하여 더 많은 대중에게 객관적인 공감대를 형성해야 한다.' 간단히 말해서 겉보기에 더 공정하거나 또는 더 '박사님'처럼 보이는 제삼자를 통해 메시지를 전달하라는 것이다. 우리의 연구 초반부터 함께 해온 에드워드 버네이즈의 유산은 오래된 것이 아니다. 그는 1920년대에 4,500명의 의사에게서 '건강에 좋음' 인증을 받아 아침식사로 베이컨 붐을 일으키며 '제삼자'라는 개념을 만들어낸 장본인이다(1장 참조). 이러한 맥락에서 기업들은 독성제품 문제에 관해 '공론을 조종'하기 위해 수많은 의혹 본거지에 의지하게 되었다. 2010년대 말 기준 현역인 세 군데를 하나씩 빠르게 검토해보자. 과학미디어센터, 센스 어바웃 사이언스 그리고 미국 과학건강위원회다.

언제든 사용 가능한 인용

영국에 위치한 과학미디어센터Science Media Center는 전적으로 제삼자 원리를 기본으로 한다. 비교적 영미권에서 잘 알려진 이 사이트는 2000년에 설립되어 당대의 학술적 관심사에 따라 이른바 '사용할 준비가 되어있는' 전문가 인용구를 제공한다. 적용하기만 하면 되므로 편리하다. 일종의 게으른 기자들을 위해 차려진 밥상이랄까. 비교적 효율적인 방법이라고 할 수 있다. 이런저런 제목에서 여러 과학자의 문구가 빈번하게 인용되지만 SMC가 '과학자 + 코멘트' 패키지의 제공자라는 사실은 명시되어 있지 않다. 예를 들면 2015년 3월 20일에 IARC가 글리포세이트를 '인체발암성 추정물질'로 분류했다고 발표하자 과학미디어센터는 앨런 부비스의 "제가 보기에는 이 보고서는 걱정을 불러일으킬 만한 게 아닙니다"와 콜린 베리의 "증거의 비중이 발암성을 우려할 정도가 아닙니다" 발언 인용을 제안했다. '이해관계확인서'에서 앨런 부비스는 몬산토와 컨설턴트 계약을 맺은 바 없으며 지원금을 받지도 않았다고 단언한다. 대신 영국 및 국제 무대에서 활약하는 몬산토 전문가 그룹에 참여한 이력을 나열해놨다. 글리포세이트 제조사인 몬산토가 거액을 기부하는 ILSI에서 그가 맡은 업무에 대해서는 일언반구도 없다. '콜린 베리 경이자 런던 퀸메리대학교 전염병학 명예교수'인 그는 어느 것도 공개하지 않지만 영국의 수많은 규제기관, 유럽연합, WHO에서 일했다는 사실은 강조하고 있다. 2002년에 은퇴한 콜린 베리는 또 다른 살충제 아트라진에 대한 문헌검토의 공동저자였다는 사실을 숨긴다. 2015년 7월에 그는 몬산토의 글리포세이트 전문가 패널에 합류하게 된다.

　과거와 현재(16만 6천 유로)를 통틀어 과학미디어센터 자금의 1/3은 족히 되는 금액은 화학, 농화학, 석유, 농산품가공, 소비재, 화장품, 제약, 플라스틱 등 다양한 업계의 기업들로부터 나온다. 더욱 충격적인 건, 스프링거네이처와 엘제비어 출판사 그룹도 고액기부자 명단에 있다는 것이다. 영국 바스대학교 사회학 교수인 데이비드 밀러는 과학미디어센터가 보유한 전문가의 정체에 관심을 기울였다. 그는 "가장 많이 인용된 전문가 백 명 중 스무 명은 박사학위 소지자나 연구기관 또는 학회 소속 과학자들이 아닌, 로비스트거나 기업 리더였다"는 사실을 확인했다. 홍보 산업을 파헤치는 사이트 〈Spinwatch.org〉의 창시자인 이 교수에게 문제는 "그들이 주장하는 바처럼 과학을 진흥시키는 게 아니라 친기업 성향의 과학을 홍보한다는 데 있다." 과학미디어센터는 여러 국가에 여러 언어로 활동한다.

　또 다른 수상쩍은 단체의 이름은 '센스 어바웃 사이언스'로 마찬가지로 영국에 기반을 두고 있다. 화학제품에 대한 '오해'의 분석을 위해 2014년 발간된 이 단체의 소책자에서 어김없이 앨런 부비스와 콜린 베리를 찾을 수 있으며, 이들은 과학적 합의와는 달리 합성물질 노출의 위험을 과소평가한다. 『디 인터셉트』 기자인 리자 그로스의 위대한 취재에서 '자칭 건전과학 수호자들'의 본거지의 역사를 되짚은 바 있는데, 몬산토 문건에서도 그 이름이 등장한다. 앞서 봤듯이, 몬산토는 2015년 초

IARC의 발표가 있기 한 달 전부터 '산업 파트너를 대상으로 한 정보전달/사상전파/연루' 작전을 계획하고 있었다. 두 번째 단계인 '사상전파'에는 우선 몬산토 로비단체인 크롭라이프 인터네셔널과 유럽농작물보호협회가 나열되어 있었다. 그 다음으로 'GMO답변'과 브루스 체시가 활동하는 '아카데믹스 리뷰' 및 '센스 어바웃 사이언스' 사이트가 포함되어 있었다. 마지막 두 사이트 모두 프로파간다 소굴인 '유전자 바로알기 프로젝트Genetic Literacy Project' 사이트와 동일선상에 놓였다. 해당 프로젝트의 수장인 존 엔타인은 "이데올로기가 아니라 과학"이라며 강조했는데 아마 두 단어의 순서를 뒤바꿔 말한 것으로 보인다.

본거지의 최고참은 바로 미국의 미국 과학건강위원회ACSH, American Council on Science and Health다. 1978년에 설립된 단체로 현재는 거의 화석이라고 해도 될 정도다. 자금출처는 불투명하고, 프로파간다 팀과 함께 일한다. 단체 내에 자문위원회가 있으나 구성원이 많아도 너무 많아 오히려 세상의 열쇠를 누구에게 맡겨야 할지 고민할 때 펼쳐보는 인명부 같다는 느낌을 준다. ACSH의 쇼윈도에 비춰지는 얼굴 중에는 어김없이 콜린 베리와 브루스 체시가 있다. 엑스포넌트의 제임스 램, ILSI 활동에 연루된 신젠타의 고참 팀 파스투르, 홍보기업 케첨의 부회장도 포함되어 있다. '총잡이 할아버지' 프레드 싱어, 자유주의 싱크탱크 케이토연구소의 회원이자 『사탄 가스The Satanic Gases』의 저자인 패트릭 마이클스를 비롯한 기후변화 회의론의 핵심인물도 보인다. '과학은 산업의 음모가 아니다'라는 문구가 적힌 티셔츠도 살 수 있다. ACSH는 출자자의 신원을 밝혀야 하는 상황에서는 곧잘 모르쇠로 일관하면서 '소비자 보호를 위한 친과학단체'를 자처한다. 2012년 잡지 『마더 존스』가 수집한 자료에 따르면 ACSH에 자금을 지원하는 기업은 코카콜라, 신젠타, 셰브런, 바이엘크롭사이언스, 프록터 앤드 갬블, 3M, 맥도날드, 알트리아(필립 모리스)다.

또 다른 책에도 ACSH에 관한 흥미로운 이야기가 담겨 있다. 이 단체는 대중의 '암 공포증'을 해소하기 위해 엘리자베스 웰런과 그녀가 하버드대학교 재학 당시 영양학과 교수였던 프레드 스테어가 설립했다. 설탕 대신 지방의 위험성을 지목해 설탕연구재단으로부터 돈을 받았던 바로 그 프레드 스테어다. 사십여 년 후에도 ACSH는 여전히 공포를 파는 장사꾼들의 극단적 비관론을 비방한다. 연구자, 기관, 기자를 비롯해 누구도 악의적이고 신랄하며 때로는 모욕에 가깝기까지 한 글을 피해갈 수 없다. 『르몽드』를 겨냥한 글로 예를 들자면 "비주류 정치집단만을 위한 쓰레기 언론이며, 『르몽드』의 사이비들은 우리가 IARC를 헐뜯기 위해 공공연한 선전캠페인을 벌이고 있다고 주장한다"고 작성한 바 있다.

이 프로파간다 본거지는 제삼자를 자처해 자기 자신을 제삼자로 이용하는 전략을 펼친다. 이 본거지가 최종적으로 만들어내는 것은 바로 '반향실효과'다. 국제환경단체 지구의 벗Les Amis de la Terre은 이런 유형의 프로파간다 전략에 대해 다음과 같은 결론을 정리했다. "SNS, 신문, 블로그와 같은 플랫폼을 통해 확산되는 논점은 신뢰의 단계를 끌어올려 훨씬 더 유명한 미디어까지 도달한다. 결과적으로 산업에 의해 만들어졌거나 산업에 이익을 주는 메시지들이 겉보기에는 다양하고 독립적인 출처들로 인해 허울뿐인 진실성을 얻게 된다."

기발한 기부방법, 후원

기업은 과학자가 고마운 마음을 느끼게끔 유대 관계를 만들고 두 세계 사이에 의리라는 굴레를 씌울 기회를 만든다. 그 기회로는 자문위원회 또는 실무진에 참여하라는 제안, 협의회에서 연구작업을 소개해달라는 권유, 상과 부상, 전문활동 후원 같은 방법이 있다. 기업으로서는 이 모든 걸 동시에 진행하는 가장 빠른 방법은 바로 학회나 전문가 단체의 활동에 끼어들어 후원을 통해 그들이 '감사한 마음'을 느끼도록 압박하는 것이다. 크고 작은 영향력을 발휘하는 다양한 규모의 협회들이 하늘의 별만큼이나 많다. 그 주위로 동일 분야의 전문가들이 출판물을 통해서가 아니라 직접 얻은 결과에 대해 논의하고 동료들의 결과를 검토하기 위해 모여든다. 후원을 받지 않는 단체는 드물다. 중소 학회(대규모 학회는 이보다 더하다)의 주 활동은 비회원들도 참석할 수 있는 연간 회의 또는 강연을 기획하는 것이다. 이는 학술활동에 있어 중요한 교류의 시간이기도 하지만 사업공모의 일환으로 컨소시엄을 구성하기 위해 토론과 언쟁을 하는 등 협업체계를 구축할 수 있는 기회다. 또한 삶에 재미를 더하는 사적인 관계를 구축하는 계기이기도 하다. 종종 소규모 관광여행을 가기도 하고, 저녁식사를 함께하거나 때로는 파티에 가기도 한다. 과학자들도 사람이므로 그들의 페이스북 페이지에도 식탁에 둘러앉아 찍은 기념사진이 올라와 있다. 친근하게도 잔은 다 채워져 있고 눈은 적목현상으로 빨간 모습이다. 그런데, 스폰서가 없으면 강연도 없다. 그들의 저녁식사 영수증에 청구된 금액은 과학을 포획한 값인 것이다.

학회가 콘퍼런스 전에 미리 만들어 놓은 전용 사이트에는 대개

'스폰서' 메뉴가 있다. 여기에 실버, 골드, 플래티넘, 다이아몬드 등의 용어로 등급이 나눠져 있다. 무작위로 예를 하나 들어보자. 프랑스영양학협회Société Française de Nutrition는 매년 그래왔듯 2017년 12월에 낭트에서 프랑스어권 임상영양학 및 신진대사협회와 함께 '프랑스어권 영양학의 날' 행사를 기획했다. 이 협회는 "3일 동안 영양학 전문가 2천 명이 모여 의견을 교환하고 영양학을 발전시킬 것"이라고 설명했다. "산업에게는 이 전문성 높은 청중들 앞에서 신제품과 혁신을 선보일 아주 좋은 기회다. 절대 놓쳐서는 안 되는 이 행사는 60회 이상의 세션과 150명 이상의 연사들을 자랑하지만 후한 기부자들의 원조 없이는 개최가 불가능할 것이다. 이 기부자들 모두 후원자 명단에 이름이 기재된다. 이 명단에는 각자의 로고가 악수하는 형태의 그림으로 표시되어 있다. '실버등급 후원자'(세전 5천 유로)는 단 한 업체로 과일주스산업자연합이다. '골드등급 후원자'(세전 1만 유로)는 일곱 업체로 영양연구정보센터(Cerin, 사이비 유제품 연구소), 페레로, 다논 연구소(진짜 연구소가 아니다), 아지노모토와 펩시코, 코카콜라가 회원으로 있는 감미료 단체인 국제감미료협회, 네슬레와 네슬레 보건과학, 그리고 보조식품 개발사인 발비오티스Valbiotis다. 백스터Baxter, 프레지니우스 카비Fresenius Kabi, 샤이어Shire 등의 제약사와 락탈리스Lactalis 같은 유제품업계의 네 업체는 '플래티넘등급 후원자'(세전 2만 5천 유로)다.

유독 후원을 받는 세션이 몇몇 있다. '영양연구정보센터 워크샵', '성인을 위해 어떤 유제품을 추천할 수 있을까? 영양부터 건강까지' 세션이나 페레로의 커뮤니케이션 부장이자 '공공관계활동, 위기 커뮤니케이션 및 사회적 책임' 담당자인 조안 위송이 진행한 '어린이 영양 섭취기준을 위한 새로운 데이터' 워크샵 등이 그 예다. 소규모로『영양 및 식이요법연구지Cahiers de nutrition et de diététique』라는 학회지도 출판하는 프랑스 영양학협회는 이번 콘퍼런스를 계기로 각각 2만 유로에 해당하는 상을 여섯 개 수여했다. 그 외에도 형편이 어려운 젊은 연구원들에게 영양학 콘퍼런스 참여경비를 제공했다. 합하면 어마어마한 금액임은 확실하다. 협회장인 모니크 로몽에게서 가까스로 얻은 수치에 따르면 협회자금 30만 유로의 1/3은 '기념일 행사'와 후원자들에게서, 1/2은 학회지 수익금에서 나온다고 한다. 학회지 수입의 65%는 판매와 정기구독으로, 35%는 광고로 이뤄지는데 이 광고주 목록을 얻는 건 불가능했다.

학회가 기업에게 제공하는 '후원 기회'를 소개하고 싶다는 유혹을 뿌리치지 못했기에 간략히 나열해 보겠다. 기업 홈페이지로 연결되는 링크와 로고를 웹사이트에 띄우는 것, 콘퍼런스 팜플렛의 광고 페이지, 참가자 증정 가방에 들어 있는 안내서와 광고판, 포스터, 네임택 목걸이 줄에 새겨진 로고, 펜, 메모장, 에코백, 좋은 자리에 위치한 널찍한 부스 그리고 두 번째, 세 번째, 네 번째 신청자 할인, 커피브레이크, 환영회, 테이블에 비치된 종이냅킨, 만찬행사에 제공되는 와인과 치즈들(비용 증가에 일조한다), 500~10,000유로의 현금까지. 이 모든 것들이 브론즈/실버/골드 혹은 그 외 등급의 후원금에 포함되어 있다. 주최기관들은 다른 제안도 받아들일 수 있다. 기업들은 연사를 선택해 해당 연사가 행사 전체를 이끌도록 할 수 있다. 게다가 장학금, 보조금, 상, 부상도 있다. SOT♦는 해당분야에서 가장 중요한 학회로 매년 아스트라제네카 여행장학금을 수여하고, 콜게이트파몰리브Colgate-Palmolive로부터 후원을 받아 다양한 연구 보조금을 지원한다. 또한 코반스Covance, 호프만라로슈Hoffmann-

La Roche, 노바티스Novartis 및 프록터 앤드 갬블의 후원으로 대학생을 지원한다. SOT는 2015년에 1,250만 달러를 보유하고 있었다. 약 스무 개의 후원단체 중에는 코카콜라, 다우케미컬, 엑슨, 옥스퍼드대학교 출판부와 제약실험실도 있다.

SOT가 수여하는 가장 영예로운 상의 수상자 목록에는 확실히 석연치 않은 구석이 있다. '의약제품을 포함한 약품 위해성 평가와 규제에 큰 기여를 한' 사람에게 수상되는 아널드 J. 리먼 상은 2018년 연구업적을 세계적으로 인정받은 미국 국립환경보건과학원장인 린다 번바움에게 수여됐다. 그런데 2017년 수상자는 제품방어업체 그래디언트의 컨설턴트인 로렌츠 롬베르크였으며, 2016년 수상자는 ILSI 유럽이사회 부회장 앨런 부비스였다. 여러 유형이 혼합됐다는 점에서 꽤나 이상한 이 수상목록에는 다수의 컨설턴트가 포함되어 있으며 심지어 1998년 수상자는 '몽키게이트 박사'이자 앞서 봤듯 몬산토, 바스프 등 여러 산업 중에서도 자동차 산업과 긴밀한 관계를 맺고 있던 헬무트 그라이엄이었다.

정말 작은 규모의 협회들은 의존관계의 포로가 되어 꼼짝도 못 하게 되기 쉽다. 대규모 학회는 학회와 후원자 사이의 경계가 잘못 그어진 경우가 많다. 그들의 영향력과 전문가적 명성으로 기업의 로비활동을 지지하며 때로는 '과학 세탁 기계'로 변모하는 것도 개의치 않는다. 환경독성화학회Society of Environmental Toxicology and Chemistry는 대륙마다 지사를 두고 있는 주요 단체들 중 하나다. 이 단체 또한 업계의 후원자금 덕분에 돌아간다. 쉘, 신젠타 또는 유니레버Unilever 같은 업체뿐만 아니라 제품방어사무소 엑스포넌트 등의 파트너사가 있고, 사이비협회의 부속협회인 보건환경과학위원회나 화장품업체전문가협회처럼 '관련 단체'를 갖고 있다. 2016년 2월 초, '내분비계 활성물질의 환경유해성 및 위해성평가 접근방법'에 대한 환경독성화학회 펠스톤워크샵®이 개최됐다는 내용이 환경독성화학회의 뉴스레터에 올라와 있는 것을 확인했다. 보자마자 눈살이 찌푸려졌다. 이 맥락에서 등록상표를 의미하는 ®기호는 왜 붙어 있는 걸까? 게다가 내분비계 교란물질 대신 내분비계 활성물질이라는 단어를 사용하다니 완곡한 표현을 좋아하는 화학농약기업과 연루된 것이 아닌지 의심스러웠다. 플로리다 펜사콜라해변 근처의 힐튼호텔에서 과학자 48명이 5일간 이 세미나에 참여했다. 참여한 과학자들 27%는 국가 연구원이었고 대학 연구원들도 비슷한 비율이었으며 산업 대표들은 21%, '무소속 컨설턴트'들이 25%를 차지했다. 교묘하게 배합된 칵테일 같다. 여기서 경제적 이해관계는 적다. 요약하자면, 이 세미나는 두 가지 사명을 가지고 있다. 첫 번째는 다양한 연구 사례로부터 그들이 참여하고 있는 '진지한 학술적 논쟁'의 일부 양상을 도출하는 것, 두 번째는 규제기관, 산업정책결정자(원문 인용), 공권력이 심사숙고하여 정보를 기반으로 한 의사결정을 내릴 수 있게 도와주는 것이다. 그런 다음 빠르게 '합의'에 도달해 현행 시스템이 충분히 제 몫을 다하고 있고 따라서 법률을 제정할 필요가 전혀 없다는 결론에 이르게 된다. 물론 이는 산업의 입장과 일치하지만 유럽연합의 판단과는 전혀 달랐다. 이듬해 초, 환경독성화학회의 동료 심사 학술지 중 한 곳에 논문 다섯 편이 연달아 실렸다. 그 학회지의 편집장은 람볼 컨설팅업체의 컨설턴트로 근무하고 있었다. 각 논문의 하단에 쓰인 조항은 다음과 같은 내용을 명시한다. "논문에 나타난 견해와 진술은 저자의 개인적 의견으로 저자가 소속된 단체의 입장과 다를 수 있다." 그리고 어떤 이해관계확인서도 실리지 않았다.

여기에서도 바스프, 바이엘, 다우, 듀폰, 신젠타 등 대표 농업기업 직원들이 어김없이 등장한다. 따라서 컨설턴트 목록에서 크리스토퍼 보거트의 이름을 바로 알아볼 수 있다. 그래디언트의 컨설턴트이자 2012년 유럽 위원회의 내분비계 교란물질 보고서를 공격해 ACC로부터 보수를 지급받았던 그 사람이다. 그런데 펜사콜라해변이든, 다른 곳이든 간에 일주일을 한가롭게 보낼 수 없는 사람들이 있다면 바로 컨설턴트들일 것이다. 어디에서 자금을 끌어오는 걸까? 48명의 비행기 표와 호텔 숙박비, 식사비용은 누가 계산했을까? 환경독성화학회로부터 돌아온 대답이 너무 길어 페이지 밑에 따로 적을 수밖에 없었다.* 이 정보를 왜 온라인과 논문에 밝히지 않느냐고 묻자 상대방이 조금 거북해하는 게 전화 너머로 느껴졌다. "정보를 투명하게 밝혔다면 좋았을 거라는 걸 인정합니다. 분명 단순누락된 겁니다." 5일 동안 여흥으로 워크숍에 함께한 게 아니라 보수를 지급받고 참여한 컨설턴트들에 대해 묻자 그들에게는 암묵적으로 '무소속 전문가'로서 환경독성화학회 공방에 참석해달라는 요구가 있었다는 설명이 돌아왔다. "컨설턴트였던 참가자 각각의 고객들을 전부 밝히기란 불가능합니다." 그녀는 세부사항에 대한 우리의 우려를 이해한다며 '지시사항과 절차를 재검토해 투명한 관리 사

---

* 산업: 알키페놀 및 산화에틸렌 연구위원회, 미국화학협회 ACC, 바이엘 크롭사이언스, 콜게이트 팜올리브, 크롭라이프 아메리카, 크롭라이프 인터내셔널, 내분비계정책포럼(ACC와 크롭라이프 아메리카가 구성한 컨소시엄), 유럽화학산업협회 CEFIC, 유럽농작물보호협회 ECPA, FMC 농업솔루션(듀폰), 세계실리콘협의회, 몬산토, 노바소스/테선데를로 컬리, 신젠타. 변호사 사무소: 버거슨 앤드 캠벨. 컨설팅 사무소: 인트린직 환경과학. 임상시험수탁기관: 스미더스 비사이언트, 워터본 인바이런멘탈, 와일드라이프 인터내셔널. 공공기관: EPA, 호주 CSIRO, 영국 Defra, 오스트레일리아 Melbourne Water, 일본 환경성.

실을 확인할 것'이라고 단언했다. 그러나 일 년 후에도 '누락'된 내용은 수정되지 않았다. 환경독성화학회 펠스톤워크샵®에는 12만 5천 달러의 금액이 쓰였다.

오늘 영향을 준 한 명의 잠재의식이
영향을 받지 않은 두 명의 잠재의식보다 값지다

"후원자의 장점은 다음과 같다. 주최자가 아니다, 문제가 생겼을 시 직접적으로 정체가 드러나지 않는다, 영향력 있는 네트워크를 통해 토론을 확장하고 새로운 동맹을 영입한다, 신뢰라는 자산을 증대시킨다, 영향력 있는 인물 또는 오피니언 리더들에게 접근할 방법을 확보한다, 엄격하고 높은 검증기준이 요구되는 환경에서 독립적으로 토론 및 출판을 지원하는 것처럼 여겨진다." 여기에서 바로 내부문건의 솔직함이 적나라하게 드러난다. 앞에서 언급한 백서에서, 제드코 컨설팅의 두 컨설턴트는 마치 스폰서십이 고객들의 이익만을 생각한 제도인 마냥 소개한다. 또한 그들은 제드코가 담배와 석유산업 관련 싱크탱크를 대상으로 이미 고인이 된 마거릿 대처나 전 프랑스 교육부장관 뤽 페리처럼 화제의 인물들을 초청하는 '콘퍼런스 오찬' 기획에 가담했던 경험을 얘기했다.

이 모든 일은 비용이 많이 들지만 그만한 가치가 있다. 스폰서십이라는 책략은 담배업계에서 이용할 만큼 이용했다. 역사학자 로버트 프록터는 자신의 저서에서 랜드세일링부터 5종경기까지, 어떻게 스포츠계가 수십 년간 서서히 뇌물에 젖어들었는지 이야기한다. 예를 들어 필립 모리스는 1973년 여성테니스협회 창립을 후원하면서 미국 여성 테니스 분야를 완전히 재구성했는데, 그 과정이 엠마 스톤이 주연을 맡은 영화 「빌리진 킹: 세기의 대결」에서도 드러난다. 더 최근에는 보스턴 대학교 소속 공중보건분야의 연구자 두 명이 2011년에서 2015년 사이 탄산음료의 제왕 코카콜라와 펩시코가 후원한 단체들을 집계하려 했다. 이 기간 동안 두 기업은 탄산음료 섭취를 줄이고 영양을 향상시키기 위한 29건의 보건법안에 맞서 로비활동을 했다. 미국인들은 2009년 기준 평균 46리터의 탄산음료를 마셨다. 2012년에 성인인구의 35%가 비만이고, 69%가 과체중 또는 비만이었으며 의료비의 20%가 비만과 관련이 있었던 국가에서 말이다. 이 로비활동으로 코카콜라는 연간 600만 달러, 펩시코는 300만 달러 그리고 두 기업의 로비단체인 미국음료협회가 100만 달러를 지출했다. 로비활동으로 인한 지출이 정점에 달한 시점은 2009년으로, 당시 정부가 소다세 도입을 계획하고 있던 시기다. 그동안 두 기업은 미국에서 의사협회, 재단, 심지어 정부단체를 포함해 96개의 국가기관을 후원했다. 연구자들은 "기관들은 기업의 마케팅 전략에 본의 아니게 기여하는 파트너가 될 수 있다"고 서술했다. 기업의 관점에서 이런 후원의 이점은 '브랜드의 인기 증가, 브랜드에 대한 긍정적 연상, 기업 이미지 향상, 제품의 사회적 영향력' 등 다양하다.

업체들이 후원대상에게 어떤 영향력을 행사하는지 정확하게 측정하기란 어렵다. 그럼에도 불구하고 연구저자들은 강력한 영향력을 행사하는 NAACP*가 코카콜라의 돈을 받아 한 프로젝트에 자금을 댔고, 그 대가로 탄산음료 일인분 용량을 제한하는 법안을 반대했다고 밝힌다. '세이브더칠드런'의 경우 2010년 소다세 지지를 철회했는데, 코카콜라와 펩시코로부터 500만 달러를 받은 지 일 년 후의 일이었다. 저자들은 사회심리학자이자 설득 분야의 베스트셀러 저자인 로버트 치알디니를 인용한다. "받은 것을 돌려주려는 인간의 욕망은 빚을 졌다는 느낌만 아니었어도 거절했을 요청에 긍정적인 답변을 하게 만드는 가공할 힘을 갖고 있다." 연구의 말미에 저자들은 이렇게 서술한다. "이상적으로는 보건단체들이 탄산음료업체가 제공하는 후원을 거절하고 대체할 자금원을 찾아야 할 것이다. 돈을 받은 단체는 이해충돌을 야기해 후원업체에 무의식적으로 편향성을 띨 수밖에 없다. 우리는 가정폭력, 기아, 그리고 소수 집단의 지위 향상을 위해 일하는 자선단체에 자금을 대왔던 담배업체 이야기에서 교훈을 얻을 수 있다. 오늘날 대부분의 단체가 담배업계의 돈을 거부한다. 탄산음료 제조업체를 상대로도 같은 방식으로 대처해야 할 것이다." 그들의 마지막 문장에 물음표는 없다.

　　대중과는 훨씬 가깝고 과학계와는 거리가 있지만, 여전히 과학문제가 얽혀있는 석유기업은 이제 문화를 노린다. 30년 동안 기후변화 의혹공장을 가동했지만 결국 기후변화의 원인으로 지목된 데다, 일부 환경오염 문제까지 터진 탓에 실추된 이미지를 회복하기 위해서이다. 빅오일은 박물관과 오페라에 발을 들이기 위해 아트 워싱Art Washing작업을 계획했다. 현상에 대해 관심을 가지고 자료를 찾다 보면 현상에 반발하는 입장도 자연스레 알게 된다. 이 논쟁은 2010년대 초 운동단체 '아트 낫 오일Art Not Oil'을 시발점으로 영국에서 시작됐다. 2015년에는 음악계 유명인사 약 백 명 정도가 로열오페라하우스의 경영진에게 공개서한을 보냈다. 모차르트의 돈 조반니 공연을 영국 전역에 설치된 커다란 스크린에서 생중계하는 것을 반대하기 위해서였다. 이 문화적 사건을 'BP 빅스크린'이라고 부르는데, 석유기업인 브리티시페트롤륨BP이 공연을 후원했기 때문이었다. 예술가들은 'BP의 로고가 로열오페라하우스의 국제적 명성에 오점을 남긴다. BP는 딥워터 호라이즌 호의 폭발사고로 야기된 멕시코만 원유 유출사고의 책임이 인정되어 45억 달러라는 역사상 가장 비싼 벌금을 지불해야 했다. 하지만 그들은 여전히 기후과학자들의 경고와 현지 주민의 권리를 무시한 채 새로운 유전을 찾아 오일샌드를 조사하고 있다. BP의 주요 활동과 정치계 로비활동이 2도 이상 기온이 치솟은 미래로 우리를 열심히 밀어넣고 있다'고 주장했다. 제21차 UN 기후변화 협약 당사국총회가 다가오던 이듬해에는 대영박물관이 BP의 자금을 받아들여 호된 비난을 받았다. 배우 엠마 톰슨과 마크 러팔로, 『시녀이야기』의 작가 마거릿 애트우드, 영장류학자인 제인 구달, 조제 마누엘 바호조, 앤 글로버와 같은 과학자들이 목소리를 내어 세계에서 가장 큰 박물관 중 하나의 수장으로 막 임명된 신임관장에게 BP와의 관계를 단절하라고 요구했다. BP사와 26년의 제휴관계를 끝낸 지 얼마 되지 않은 테이트미술관처럼 말이다. "BP사의 사업계획은 안정적인 기후와 양립불가하므로 기업은 효과적인 기후정책에 반대하는 로비활동을 펼치기 위해 영향력을 행사한다." 그동안 런던 과학박물관은 셸사와의 관계를 끊어낼 수밖에 없었다. 그들이 기후변화를 다룬 전시 내용에 개입했기 때문이다.

기후변화 대응단체인 '350.org'는 마찬가지로 2017년 1월의 '화석연료 기업에게서 루브르박물관을 해방시키자' 운동을 필두로 이 아트워싱에 반기를 들고 나섰다. 프랑스의 가장 유명한 예술기관들 또한 석유기업의 후원으로 예산에 오점을 남겼기 때문이다. 이번에는 토탈 사가 블랙리스트에 올랐다. 이를 계기로 출판된 350.org와 다국적기업관측기관Observatoire des multinationales의 보고서에는 프랑스 석유기업인 토탈이 루브르뿐만 아니라 퐁피두센터, 케브랑리박물관, 대퍼미술관, 현대미술관인 팔레 드 도쿄, 프랑스 국립도서관, 오페라극장, 아비뇽 페스티벌 또는 퐁텐블로 궁전의 재정적 파트너임을 폭로하는 내용이 포함되어 있었다. 경제, 사회, 환경 시사를 다루는 정보 사이트 '바스타!Basta!' 또한 토탈의 전 최고경영자이자 명예회장인 티에리 데스마레가 오랫동안 루브르의 이사회에 속했으며 이는 '프랑스 문화기관에서 매우 만연한 관행'이라고 고발했다. '이런 식으로 오르세미술관 이사회에는 코카콜라 유럽지부 회장이 속해있고 로댕박물관 이사회에는 볼로레Bolloré 회장 뱅상 볼로레의 아들이자 커뮤니케이션 자문그룹 하바스Havas의 최고경영자인 야닉 볼로레가 포함되어 있으며 팔레 드 도쿄의 이사회에는 프랑스 전력회사 엔지Engie의 임원이 소속되어 있다.' 공권력이 몰락하고 그 여파로 자금조달 체계가 붕괴되는 일이 없었더라면, 문화예술기관들이 과학연구가 그랬던 것처럼 예술분야에서 계속해서 살아남기 위해 민간기업의 후원으로 발길을 돌리는 일도 없었을 것이다.

다음 녹취록을 들어보자.

로비스트와 사회

그들은 사회를 어떻게 장악하는가

제발 말해줘.
우리가 뭘 배웠는지 말이야.
_ 슈퍼트램프, 「The Logical Song」, 1979년

11

이건 공공연구 탈취다

유럽 위원회 본부에서 몇 백 미터 떨어진 곳에 위치한 거리에는 상업, 산업 그리고 과학이라는 이름이 붙어 있다. 이 세 거리는 모두 시끄럽고 항상 막히는 중심가인 법률 거리와 수직으로 맞닿아있다. 상업, 산업, 과학이 법률에 막혀 있는 이러한 배치에서 조지 오웰의 세계관이 떠오른다면 지나친 비약일까? 2016년 4월 4일 뷔테니스 안드류카이티스는 유럽연합의 상징이 인쇄된 종이에 편지를 쓴다. 이는 서한, 아니 오히려 12개의 별이 그려진 푸른 유럽연합 깃발 위로 올리는 탄원서다. 유럽연합 건강총국장인 안드류카이티스는 2015년 가을, EFSA가 글리포세이트에 내린 긍정적 평가를 절대적으로 신뢰하고 있었다. 그러나 국제연합 UN으로부터 발암물질 분류 임무를 부여 받은 IARC에서는 세상에서 가장 많이 사용되는 이 제초제를 인체발암성 추정물질(2A등급)

로 판단했다. 집행위원인 안드류카이티스는 "시민 대부분이 이 갈등을 우려하고 있습니다"라고 글을 이어나갔다.

그런데 이러한 차이를 설명할 수 있는 이유는 단 하나뿐이다. 두 기구가 동일한 학술 데이터를 근거로 삼지 않았기 때문이다. IARC는 동료평가를 거쳐 학술문헌에 게재된 연구들만 검토하고, 몬산토나 다른 농화학기업들이 수행한 내부연구는 제외했다. EFSA의 경우 글리포세이트 테스크포스 유럽에서 제작한 문건을 주요 출처로 삼았는데, 이 테스크포스는 약 스무 개의 기업이 유럽연합 영토 내에서 제초제의 재승인을 획득하려는 목적으로 모여 만든 컨소시엄이다. 해당 문건 안에는 출간 문헌의 요약본 및 기업이 출자한 수십여 편의 독성 연구 논문이 들어 있으며 이 자료들은 기밀이란 명목 하에 보호받는다. 즉 대중들은 접근이 불가능하다. 안드류카이티스는 편지에 "투명성이라는 기준은 사유재산 보호 및 진행 중인 의사 결정 과정의 비공개와 같은 사회의 요구와 똑같이 중요하게 다뤄져야만 합니다"라고 썼다. 논란이 불거지고 몇 달이 지난 뒤, 비로소 기업들이 행동에 나섰다. "현재 유럽의회에서 해당 논의가 진행되고 있는 만큼 신뢰를 높이기 위해서는 글리포세이트 테스크포스가 먼저 능동적으로 EFSA에 제공한 연구들의 전문을 발표하길 바라며 이 편지를 마칩니다."

이 열람실은
감시를 받고 있습니다

하루가 채 지나기도 전에 유럽 몬산토 규제업무 전략책임자인 리처드 가넷이 답신을 보냈다. 이후 기업들은 '예외적으로' 요청받은 정보의 '게시'를 수락한다. 다만 수 주간의 협상 끝에 민주주의 사회에서는 비교적 생소한 조건을 들고 나왔다. 그리고 2016년 8월 말, 연구 71건이 공개됐다. 하지만 연구실 기술자들의 이름과 같이 '민감한' 정보들은 쏙 빠져있는 데다 평일 9시~12시, 14시~18시에 '열람실'에서 단 1달 동안만 열람할 수 있도록 제약을 뒀다. 또한 사전에 빈 시간을 확인하여 온라인으로 신청해야 하며 네 명 이상이 동시에 열람할 수 없다. 입장 전 허가증과 신분증을 제시해야 하고 동의서에 서명을 해야 한다. 그 규칙의 내용은 대략 이러했다.

보안요원이 방문객을 접수처부터 열람실까지 안내한다. 글리포세이트 테스크포스는 회원들이 요청하면 방문객의 신원을 공개할 권리가 있다. 8번 조항: 열람실은 보안요원 두 명이 지키고 있으며, 이들은 현행 열람실 규칙의 내용을 이행한다. 10번 조항: 방문객은 오직 컴퓨터에서 읽기 전용 모드로만 연구를 열람할 수 있다. 게다가 연구 열람 외에 다른 컴퓨터 기능의 경우 사용이 제한된다. 인터넷, USB, 인쇄 장치를 포함해 컴퓨터의 모든 응용프로그램은 비활성화된다. 11번 조항: 방문객은 열람실 입장 시 전자기기, 카메라, 휴대전화 또는 다른 통신 및 녹음 장치를 소지할 수 없다. 방문객은 열람실에 들어오고 나갈 때마다 언제든 불시에 소지품을 검사하는 데 동의한다. 휴대폰 또는 기타 모바일 무선기기, 노트북, PDA, 음성녹음기, 카메라, CD, DVD, USB 등의 모든 기기들은 따로 안전하게 보관되며 열람실 퇴실 시 반환된다. 12번 조항: 방문객은 열람실에 있는 동안 손으로 메모할 수 있다. 13번 조항: 방문객의 모든 행동(입실/퇴실)은 어떠한 사유가 있든지 기록되며 절차에 따라 서명을 받아야 한다.

'방문객'들은 이 대처가 형편없다고 평가했다. 유럽녹색당의 미셸 라바지 프랑스 의원은 "코미디가 따로 없다"며 으르렁거렸다. 그녀는 소수의 녹색당 의원들과 함께 NGO '유럽기업감시'와 손잡고 몇 주 동안 EFSA를 상대로 글리포세이트 테스크포스의 문서들을 공개하라고 투쟁한 인물이다. 결과적으로 모두가 헛수고를 한 셈이다. 이런 조건 속에서 20만 쪽 분량의 자료를 분석할 수 없다는 건 세 살배기 어린 아이도 안다.

대개 이런 식으로 규제가 만들어진다. 글리포세이트든 농약이든, 가소제 또는 화장품 재료든 간에 전 세계 각국 정부가 내리는 판단은 기업이 선별해서 제공한 데이터뿐만 아니라 기업의 기밀 데이터를 근거로 한다. 이 데이터들은 앞서 말한 'GLP 연구', 즉 1981년 OECD가 제정한 '우수실험실관리기준'에 따라 실행된 연구를 말한다. GLP는 일정 품질, 정확성 그리고 재현성 수준을 확실히 보장해주는 가이드라인이다. 앞서 언급한 내용을 떠올려보자면, 여러 기업을 고객으로 둔 가장 거대한 규모의 연구실 임원들이 법정에서 유죄선고를 받게 만든 끔찍한 사건 이

후에는 연구 가이드라인을 제정해야 한다는 목소리가 높았다. 임상시험 수탁기관CRO(앞부분에서 CRO의 역할 중 하나를 이미 언급한 바 있다)의 책임하에 진행된 수백여 건의 독성 실험이 무효 판단을 받은 이유는 그 결과가 일정부분 지어낸 것이었고 상당 부분 위조된 것이었기 때문이다(3장 참조). 하지만 거의 40년 전에 제정된 이 체계가 '글리포세이트 사건'으로 풍비박산 나게 된 것이다—적어도 여론의 눈에 비치는 상황은 그렇다.

따라서 제품의 판매 허가 또는 재허가 요구를 뒷받침하는 독성연구실험은 관리기구와 전문가들이나 접근 가능할 뿐, 기업비밀을 명목으로 대중에겐 공개된 바 없다. 연구 내용과 이른바 '미가공' 데이터는 기밀이기 때문에 재현성이라는 주요 과학원칙을 준수하기란 불가능하다. 즉, 어떤 대학 연구원도 이 연구 프로토콜을 재현하여 동일한 결과가 나오는지 확인할 수 없다. EFSA와 비슷한 다른 기구들도 마찬가지지만 그이유는 조금 다르다. 기업들이 데이터를 제출한다고 하더라도 관리기구에는 자체적으로 연구—제조업체들의 실험을 재현하는 것이든 독자적인 연구를 하는 것이든—를 수행할 기술력과 자금력이 없다. 따라서 하는 일이라고 해봐야 문서에 기록되어 있는 결과를 검토하는 정도에 그친다. 데이터가 유효하고 내용 전체가 온전히 제공됐다는 보장이 없다. 부정적인 결과가 도출된 경우, 기업들이 해당 연구를 누락하는지 알 수 있는 방법 또한 전무하다. 문제가 있거나 기업의 목적에 피해를 줄 수 있는 데이터가 은폐되고 삭제된 사례는 많다. 역사학자 로버트 프록터는 '지식과 유리된 연구'의 대표적 사건을 언급한다. 1970년, 담배 업체 R.J. 레이놀즈는 하루아침에 자사 연구소인 '쥐 소굴'을 폐쇄했다. 소속 과학자 약 스무 명이 담배가 불치의 폐질환인 기종氣腫을 유발하는 메커니즘을 간파하기 직전이었기 때문이다. 위험성 있는 연구는 수행하지 않고, 거부감을 주는 데이터는 생산하지 않는다. 증거를 흘려선 안 되며, 자기 자신이 '불편한 진실'의 공급원이 되지 않는다. 얼마나 많은 지식이 이런 원칙 하에 우리의 레이더망 밖에서 입막음 당한 걸까?

즉, 수년간 사용되다 뒤늦게 유독성이 판명된 모든 제품은 '특례 과학' 데이터를 근거로 시장에 유통됐다. 특례과학은 과학 규범 중 어느 것과도 부합하지 않는 과학을 일컫는다. 덧붙여 말하자면, OECD의 가이드라인인 GLP가 아무리 모범기준이라고 하더라도 제품의 무독성을 보장해주지는 않는다. GLP는 단지 품질보증의 한 형태일 뿐이다. 그렇지만 연구와 도출된 결과에 기업이 영향력—고의든 아니든, 후원편향 효과가 나타나기 마련이다—을 미칠 수 있는 여지가 충분하다. 케빈 엘리엇의 표현을 빌리자면 기업이 행사하는 영향력은 '교묘하지만 완벽하게 합법적인 일련의 의사 결정' 과정에 포함되어 있다. 케빈 엘리엇은 미시간대학교의 과학철학과 부교수로, 대부분이 제약분야의 이해충돌 문제를 다룰 때 특이하게도 독성학 분야를 연구하는 몇 안 되는 연구자 중한 명이다. 그는 연구 실험이 표준화됐다고 하더라도 "융통성이 개입할여지가 충분하기 때문에 연구를 구상하고 결과를 해석하는 방식에 영향을 행사해 원하는 결과를 도출할 수 있다"고 주장한다. 그에 따르면 이'융통성'은 세 단계에서 발휘될 수 있다.

먼저 연구의 구상이다. 이 단계에는 실험동물의 선별 과정이 포함된다. 종마다 차이가 날 뿐만 아니라 품종에 따라서도 민감도가 현저히 달라진다. 예를 들어 스프라그 돌리 래트는 구강피임약인 에티닐에스트라디올과 같은 에스트로겐의 영향을 거의 받지 않는 것으로 유명하다.

해당 특성은 학술지에 매우 자세하게 기술되어 있으며, 실험 표본을 선택할 때 반드시 고려해야 하는 중요한 요소다. 과학적인 관점으로 봤을 때 에스트로젠을 모방하는 내분비계 교란물질—예를 들면 비스페놀A—의 유해성 연구에 스프라그 돌리를 사용한다면 비판받을 만한 일이며 잘못된 선택이다. 박사학위가 없어도 이해할 수 있는 사실이지만, 놀랍게도 실제 있었던 일이다. GLP에는 이러한 금지 조항이 없었기 때문에 2000년대에 플라스틱 기업들은 스프라그 돌리로 수차례 실험을 진행해서 비스페놀A를 제외한 실험결과를 도출했다. 반면 다른 품종으로 수행한 경우 정반대의 결론에 도달한 실험이 압도적으로 많았다. 따라서 이 변별력 있는 특징이 때로는 악용된다는 사실을 인정하지 않을 수 없다. 다음으로 데이터 수집 범위다. 이때, 검출된 결과를 이용하지 않거나, 생략하거나 또는 '놓칠 수도' 있다. 마지막으로 데이터 분석에 사용된 통계방법이다. 이 단계에서는 가장 적합한 도구를 고르면 주어진 질문에 제대로 된 답을 도출해낼 수 있다. 하지만 반대로 주어진 질문에 '대답하지 않기' 위해, 질문을 회피하려고 주제를 벗어나거나 필요에 따라 답을 손보기에 적합한 도구를 고를 수도 있는 것이다. 수학을 잘하는 사람이라면 이게 무슨 말인지 너무나 잘 이해했을 것이다.

이 문제와 항상 함께 언급되는 비스페놀A 이야기로 돌아가 보자. 비스페놀A는 폴리카보네이트 플라스틱과 통조림캔 내부를 코팅하는 합성수지에 흔히 쓰이는 물질이다. 2009년 약 서른 명의 내분비계 교란물질 전문가가 비스페놀A가 'GLP 준수'라는 그물망을 어떻게 빠져나갈 수 있었는지 상세히 설명하기로 결심했다. 이들 중에는 내분비계 교란물질이라는 역사적인 발견을 한 테오 콜본, 애나 소토, 카를로스 소넨샤인, 피트 마이어스 그리고 프레드 폼 잘도 있었다. 자연 호르몬과 마찬가지로 아주 소량으로도 생물의 호르몬 회로를 탈취하는 능력이 내분비계 교란 물질, 그중에서도 비스페놀A의 특징이다.

　이 과학자들은 "우리는 화학산업이 사용하는 방법─GLP 연구 후원─으로는 소량으로 내분비계 교란을 일으키는 비스페놀A뿐만 아니라 호르몬계에 작용하는 다른 물질의 영향 또한 알아낼 수 없다"고 주장한다. "GLP가 믿을만하고 타당한 과학이라는 껍데기를 뒤집어쓰고 있을지언정 실제로 그렇다는 보장이 없다. GLP는 연구설계 품질에 있어서 기술자들의 역량, 검출 도구의 민감도에 관해 아무런 언급이 없는 데다 마찬가지로 사용하는 방법론이 최신식인지 구식인지 그 어떤 것도 명시하고 있지 않다. 게다가 설명에 따르면 GLP 연구 프로토콜은 이미 작성된 목록에서 정해놓은 결론을 도출하기 위해 미리 정의해둔 것이다. '찾아야 얻게 된다'는 격언에 딱 들어맞는 상황이다. 뜻밖의 예기치 못한 결과가 나와도 애초에 고려 대상이 아니기 때문에 세상에 나오는 일은 없을 것이다. 당시 GLP와 무관하게 수행된 학술 연구에서 비스페놀A의 심각한 유해성이 다수 증명됐다. 유전자 발현 변화, 젖샘의 전암병변, 여성 생식계 기능장애 뿐만 아니라 뇌 발달에도 영향을 미칠 수 있으며 행동 및 신진대사 장애를 유발할 수 있다는 연구 결과가 나왔다. 현재 백여 편이나 되는 연구에서 비스페놀A에 노출됐을 때 인간에게서도 앞서 언급된 증상들이 나타난다는 사실이 증명됐다는 건 말할 필요도 없다.

　그런데 FDA가 2009년 GLP 연구 두 편을 기준으로 비스페놀A의 안전성을 확인했다. 심지어 두 연구는 앞서 언급했던 것처럼 비스페놀A

에 민감하지 않은 래트 품종으로 수행된 것이었다. "FDA와 EFSA는 GLP가 타당하고 신뢰할 만한(즉, '올바른 과학') 연구물을 생산한다고 선불리 판단해 이와 같은 실수를 저질렀다." 과학자들이 제안하는 유일한 해결책은 다음과 같다. "공중보건은 의사결정을 내릴 때 적합한 프로토콜이 사용되고, 적절한 통제 하에, 한층 정밀한 도구로 수행된 연구를 근거로 삼아야만 한다. GLP에서 벗어나야 한다는 말이다."

2천만짜리 연구

평가시스템의 허점을 파고든 기업들의 천재성은 인정할 수밖에 없지만 정부 당국이 이 틈을 메우려고 딱히 뭘 하고 있는 것도 아니다. '특례 과학' 위주의 절차를 유지하고 있는 주체가 바로 그들이기 때문이다. 이 절차에서는 과학 지식 생산에 있어서 그 어떠한 안전성 실험도 실시한 적 없는, 껍데기만 그럴싸한 과학으로부터 나온 연구들이 공중보건 및 환경 관련 의사결정을 내리는 근거로 쓰이고 있다. 이미 시장에 유통되는 화학제품 대부분이 최소한의 실험도 거치지 않았다는 사실을 차치하고서라도 말이다. 유럽연합 당국은 오직 유럽연합법이 '새로운' 것이라고 규정한 물질의 안전성 데이터만 확보하고 있다. 이렇게 해서 1981년 이후 시장에 유통된 물질의 수가 약 4,300종이다. 게다가 이 데이터들은 유럽 위원회가 직접 '불완전'하다고 언급했던 바 있다. 그 이전부터 '존재해온' 물질의 경우 어떠한 문제제기도 없이 산업공정을 거친 일상용품을 매개로 결국 우리 몸에 들어온다. 그 수가 약 10만이다.

자동으로 허가가 떨어지는 것이나 마찬가지인 이 시스템에서 유해성을 증명하는 주체는 공권력이었다. 그런데 2006년 유럽화학물질관리제도 'REACH'(Registration, Evaluation, Authorization, and restriction of CHemicals 의 앞 글자를 딴 약어)가 도입되면서 이 책임의 주체가 바뀌었다. 이후로 자체 연구를 통해 사전에 제품의 무해성을 증명하는 증거를 제출해야하는 책임은 기업에게 전가되었다. 당시에는 큰 성과로 평가되었다. 하지만 기업에 연구비용 부담을 떠넘긴 것은 좋았으나 다른 역효과를 불러오게 됐다. 결과적으로 공권력은 학술과학 대신 특례과학의 우위를 인정하고 기업에게 왜곡, 조작, 속임수의 가능성을 열어주게 된 것이다.

이 시스템에서 벗어나고자 할 때 가장 큰 장애물은 GLP 연구의 터무니없는 비용이다. 2017년 초, EFSA 이사인 베른하르트 우를은 잔뜩 분개했다. "사람들은 이제 EFSA가 매년 농약 스무 종, GMO 열 종, 오염물질 스무 개에 대한 연구를 직접 위임하여 자금을 대야 한다고 할 겁니다. 하지만 결국 문제는 비용이죠." 그는 당시 진행 중이던 비스페놀A에 대한 다세대간 연구에 든 비용을 예로 들었다. 무려 3천만 달러! 2016년 겨우 8천만 유로로 불과했던 EFSA 연간예산의 1/4과 맞먹는 금액이다. 그럼에도 불구하고 매우 다양한 영역의 규제 시스템 관계자, 감독관, 비평가들은 비평가들은 하나의 해결책에 의견 일치를 보인다. 의약품 임상연구와 독성연구가 산업에서 거둬들인 세금으로 자금을 충당하고 공권력의 감독 아래에 있는 제삼의 실험실에서 수행되어야만 한다는 생각은 최소 1990년대 말부터 널리 퍼져 있었다.

이 문제의 선구자인 셸던 크림스키 교수는 2003년 '국립 의약품

시험연구소'를 고안해냈다. 그 논리는 비교적 단순하고 또한 화학물질에도 적용 가능한 것으로 향후 제약산업 연구로부터 제기된 주요 문제들 중 두 가지를 해결해준다. 첫번째는 이해충돌 문제다. 제조사의 경우 자사제품에 대한 부정적 연구로 자기 발등을 찍어서 좋을 게 하나도 없기 때문이다. 두 번째는 후원편향효과 문제다. 그의 아이디어는 다음과 같다. 제약회사가 요청 시 앞서 언급된 연구소에 활성분자와 연구에 필요한 자금을 제공하면, 연구소에서 평가연구소(임상시험수탁기관 CRO 또는 대학부설연구소)를 지정하고 그 곳에서 연구를 수행한다. 연구소와 지정된 실험실이 함께 연구 프로토콜을 작성하며 연구결과는 학술문헌에 실린다. 그러면 규제 기관이 이 결과를 기반으로 의사를 결정한다. 이렇게 해서 정부가 신청업체와 실험실 사이에 '중간지대'를 구성하여 연구결과에 이해관계가 달려있는 이들이 자행한 조작행위로부터 연구를 보호한다. 이 조치가 조작 시도를 막진 못하겠지만 기업이 연구의 주요부분을 입맛대로 좌지우지하고, 특히 평가연구소와 의뢰업체 사이의 모순적일 수밖에 없는 이 관계를 이용하려는 가능성은 최소화할 수 있을 것이다. 케빈 엘리엇의 설명에 따르면 CRO의 경제 모델은 계속해서 계약을 따내기 위해 화학 및 제약기업들과 오랜기간 맺어온 관계를 기반으로 한다. 따라서 CRO 경영진과 직원들은 화학 제조업체로부터 의뢰를 받을 때마다 새로운 기회를 얻게되는 셈이지만, 동시에 교묘한 방법을 이용해 업체의 이익을 도모하려는 충동에 휩싸이곤 한다. 때로는 고객을 상심하게 만들 위험이 없는 결과를 내는 것도 서슴지 않는다. 위탁기관을 바꾸거나 그렇게 할 수 있다는 의도를 내비치기만 해도 쉽게 불만을 해소할 수 있다.

『뉴잉글랜드의학저널』의 전 편집장 마르시아 안젤부터 과학 철학자 케빈 엘리엇, GMO분야의 이해충돌 연구저자인 INRA 과학자들과 매리언 네슬레 영양학 교수에 이어 대필 문제를 연구했던 세르조 시스몬도까지. 각자 이견이 있을지라도 현재까지 언급된 비판적 입장을 고수하고 있는 교수진과 감독관 대부분은 기업들이 각자 자신의 분담금을 내는 '공동 모금함'이라는 아이디어에 찬성한다. 공동 모금함은 비영리 기구뿐만 아니라 '유럽기업감시'와 같은 시민사회에서 적극적으로 정치에 참여하는 사람 또한 찬성하는 아이디어다. '글리포세이트를 금지하고 사람과 자연환경을 독성 농약으로부터 보호하자'는 유럽시민발의ECI의 요청 중 하나로, 2016~2017년에 유럽인 130만 명 이상이 서명한 이 청원은 법률적 효력을 지닌다. 대부분이 이미 존재하는 기관에 이 조력자 역할을 맡기는 게 어떻겠냐는 의견이다. 미국의 경우 FDA 또는 EPA, 국제적으로는 OECD, 유럽은 EFSA를 꼽을 수 있겠다.

이 정도 규모의 계획을 실행하는 일이 그의 권한은 아닐지라도 베른하르트 EFSA 이사는 이 계획의 뜻을 높이 평가한다. 그는 2017년 인터뷰 당시 기자에게 이렇게 말했다. "통할 겁니다. 다만 법률상 큰 변화가 필요하겠죠. 저는 입법부—유럽의회 및 유럽이사회—가 그럴 뜻이 있는지 확신할 수 없습니다. 하지만 신뢰 회복 문제에 있어서는 해결법이 될 수 있을 겁니다." 그러나 약 2년이 지난 후에도, 해당 조치가 정식 의제로 다뤄지는 일은 없었다.

연구원들과 '과학 구걸'

규제연구는 신뢰가 가도록 설계되었음에도 불구하고 실제로는 그다지 믿음직스럽지 못한 것 같다. 앞서 봤듯이, 비스페놀A의 경우 2009년 미국 FDA에서는 기업에서 수행한 연구와는 달리 실험 동물에게서 유해성을 입증한 학술연구 수백 편을 제외했다. 그 모든 발견은 GLP의 낡은 관행에서 벗어나 수행된 대학연구의 결실이었다. 일상 어디에나 존재하는 내분비계 교란물질의 영향을 단 한번도 들여다 본 적 없는 미지의 영역까지 추적했기 때문이다. 결과적으로 공권력은 직접 후원한 연구를 거부하는 모순적이고 어처구니 없는 상황을 맞닥뜨리게 된다. 대다수의 정부는 공적자금으로 수행된 연구를 온전하게 지키기는 커녕 기업 비밀이라는 명목으로 보호받는 '특례과학'의 손을 들어주면서 공공연구를 사리사욕의 먹잇감으로 던져줬다. 그 결과 공공의 이익을 추구하는 공공연구는 독립성을 잃고 기업의 자본에 가차없이 '물어 뜯겼다.'

이 위험한 변화는 전 미국 대통령 로널드 레이건의 임기 즈음부터 시작됐다. 그때까지 미국연방정부는 국가 연구 비용의 2/3를 지원하고 있었다. 제2차 세계대전 종전 이후부터 1960년대까지 기업에서 대학연구 예산을 지원하는 비율은 단 6~8%정도였다. 심지어 이 비율은 이후 20년간 2%로 떨어지기도 했다. 당시에는 연구에 공적자금을 투입하는 일이 일반적이었고 기업의 자금지원이 예외적인 일이었다. 1970년대에는 미국 역사상 가장 중요한 환경규제가 시행됐다. 바로 대기질, 식수 및 하천 수질과 독성물질에 관한 규제로 이 시기에 시행 담당기관 EPA,

OSHA도 탄생했다. 그러나 뜨거운 디스코의 시대가 가고 차가운 콜드 웨이브의 시대가 도래한 음악계와 마찬가지로, 1980년대에는 이러한 움직임에 역풍이 불기 시작했다. 학계가 빈곤과 인종차별 같은 사회적 문제에 초점을 맞추기 시작하고 베트남전쟁 반대에 결정적인 역할을 하면서 지도층에 학계를 향한 커다란 불신이 드리워졌다. 학계는 공격의 대상이 되어 국가의 경제적 경쟁력을 감소시키는 원인으로 지목되었고, 새로운 장거리 경주의 시작을 여는 법률에 길을 터주게 되었다. 1980년 12월 제정된 '바이-돌 법Bayh-Dole Act'을 등에 업은 기업들의 우선순위는 과학이 아닌 비즈니스였기 때문에 이해관계가 얽히면서 지식생산의 과정이 훨씬 더 복잡해졌다.

바이-돌 법은 산업의 학술연구 투자를 유도하고 정부로부터 공적 자금이 투입된 연구에 대해 대학의 발명 소유권을 인정해주는 조치들이 포함되어 있다. 또한 이 법의 목적은 산학협력을 장려하여 기술 이전을 추진하고, 응용프로그램을 개발하고, 판로를 개척하는 것이다. NCI의 전염병학자 마크 파라스칸돌라가 쓴 내용에 따르면 일 년도 채 안 돼서 다수의 일류 대학이 제약 및 생명공학기업, 학술연구원들과 라이선스 계약을 체결했다. 이 계약이 학술적 자유와 과학적 무결성에 미칠 영향에 대해서는 최고 기관의 석학들끼리도 의견이 분분했다. 시간이 흘러 공공-민간분야의 비율이 뒤집히고 2016년부터는 미국에서 진행하는 연구 2/3의 재정을 산업이 지원하게 되었다. 2003년부터 2013년 사이 미국 국립보건원이 출자한 금액은 22% 줄었다. 연방차원에서의 우선순위는 더할 나위 없이 명확하다. 매년 의약, 생명공학, 의료장비 연구에 600억 달러가 지출되는데, 2009년에는 성인 약 70%가 과체중 또는 비만인 국가에서 단 15억 달러가 영양학 연구에 쓰였다. 임기 초인 2008년, 오바마 행정부는 400억 달러를 투입해 기초연구를 활성화하기 시작했다. 이는 기술 개발에 치중하지 않고 '실용성'과는 무관하게 새로운 지식 획득에 방점을 두는 연구였으나, 공화당이 하원을 장악한 다음 해 예산이 1/4로 삭감되면서 크게 뒷걸음질치게 된다. 2015년에는 미국 연방정부가 기초연구에 860억 달러 중 44%만 제공하면서 역사상 처음으로 최대출자자 자리를 내주게 됐다.

다른 곳도 상황이 그리 다르지 않다. 프랑스의 경우에도 국가가 점차적으로 손을 떼고 상업분야에 공공연구를 떠맡기고 있다. 프랑스 국내총연구개발비는 2014년 479억 유로에 달했고 그중 62%를 산업이 출자했다. 직접적인 원조부터 '연구비 세액공제제도'까지 공권력의 다양한 조치가 이 모든 상황을 조장하고 있다. 연구자들은 매년 연구비용 사냥에 나서야 한다. 몇 주간 사업 공모에 참가하고, 강의 또는 연구 시간을 할애하여 끝없이 쌓인 신청서를 채워나가는 이 시간을 모두가 몸서리치게 싫어한다. 사회학자 아니 테보-모니가 붙인 이름처럼 '과학 구걸' 주간이라고 할 수 있다. 이렇게 받은 공공 지원금은 실험실을 돌아가게 하고, 국제프로젝트 비용을 충당하게 해주며, 박사후 연수과정에 있는 학생들을 고용할 수 있게 만들어주고, 쥐 사료비용을 대줄 것이다. 경쟁이 치열하지만 꼭 지원받을 방법을 찾아야만 한다. 그렇지 않으면 연구실의 미래가 위태로워지기 때문이다.

유럽 재정을
착복하는 기업들

오늘날 유럽연구자들에게 있어 수년간 재정을 지원받을 수 있는 유럽연합의 '프레임워크 프로그램FP, Framework Prgoram'이야말로 현대판 성배라고 할 수 있다. 『사이언스』에 따르면, 유럽 위원회 연구혁신총국 장이자 8차 프레임워크 프로그램 '호라이즌 2020'의 설계자인 로버트 얀 스미츠는 2010년부터 임기 말인 2018년까지 유럽 과학분야에서 가장 영향력이 큰 사람 중 한 명일 것이다. '호라이즌 2020'이 2014년에서 2020년까지 약 800억 유로를 지원하게 되므로, 『사이언스』가 인정한 로버트 얀 스미츠의 영향력을 반박하기는 어려워 보인다. 이 금액은 EU가 사용할 수 있는 자금의 약 10%에 해당한다. 프랑스에서도 국립연구청에서 연구자금을 지원받으려면 민간 협력기관 혹은 공동출자자가 연구에 참여해야하는 것과 마찬가지로 유럽 프로젝트 공모의 대다수는 민간업체와의 협력을 의무화한다.

'유럽기업감시' 보고서에 따르면 7차 프레임워크 프로그램 (2007~2013)은 사익과 공공지식 생산이라는 공익이 얽히고 설킨 나머지 참가자의 자그마치 1/4이 민간기업이었다. 이 프로그램에는 소규모 전문기업부터 다국적기업과 로비단체까지 별의별 기업들이 복잡하게 얽혀있다. 오직 정부출연기관만 참가할 수 있는 프로젝트가 있고, 국가기관, 대학, 대기업이 모두 참여하는 프로젝트도 있다. 민간업체 관계자들이 프로젝트를 장악하는 경우도 더러 있다. 그리고 최대 40여 개의 단체가 참여하는 컨소시엄인 만큼 지휘자가 필요하다. 이 조정자 역할은 거대 그룹이나 기업조직이 맡는다.

예를 들어 1,320만 유로의 예산을 배정 받은 '유레카 계획'(FP6)의 주제는 '소비자, 특히 취약계층의 이해에 초점을 맞춘 영양소 관련 유럽 권장사항 통합'이었다. 2007년에서 2012년 사이 약 40여 기구가 참가했으며, 그중 대부분이 밀라노와 오슬로대학교부터 헝가리 국립소비자보호협회까지, 공공 및 준공공기관에 해당했다. 조정자 역할은 ILSI의 유럽지부에 맡겨졌다. 그러나 ILSI의 유럽은 이해관계와는 무관한 단체가 아니다. 권장사항의 대상 품목이 ILSI 유럽지부 회원업체에서 판매하고 있는 상품들이기 때문이다. ILSI 유럽지부는 열 개의 유럽 프로젝트에 참여했고 그중 다섯 개를 관리했다. 그리고 2017년에는 총 2,600만 유로 이상의 예산을 투자하는 프로젝트 네 개에 참여했다.

국가기관 및 과학계와의 친밀한 관계가 기관에 정당성을 부여하는데 더해 ILSI는 이러한 사실을 숨기려는 노력조차 하지 않는다. 로비활동 또한 굉장히 수월해진다. ILSI의 발언에 따르면 실제로 유럽 프로젝트 덕분에 "우수연구 네트워크를 확장하고 유럽 전역의 대학, 연구소, 기구, 기업과 긴밀한 공조가 가능하다." 말하자면, 주소록을 채워준다는 얘기다. 또한 유럽 프로젝트에 참여하면 "우리가 기획한 전문가 그룹 및 워크샵을 통해 유럽 위원회, EFSA, WHO, FAO, FDA, 헬스캐나다 그리고 국가기관의 대표들과 지속적인 관계를 유지할 수 있다." 다시 말해 모든 계층의 규제담당자 및 정책결정자들과 인맥을 쌓을 수 있게 해준다는 의미다. ILSI 유럽지부는 이 특권을 방패 삼아 연간 보고서와 홍보 책자에 다음과 같은 모호한 표현을 사용한다. "ILSI 유럽은 학회 회원사로부터 재정을 조달받고 있습니다." "ILSI 유럽은 유럽 위원회의 지지에 힘입어 유럽 위원회가 자금을 지원해주는 프로젝트들을 관리합니다.”

　　유럽 위원회가 이 단체에 연구자금의 일부를 지원하고 있는 것은 사실이다. 이렇게 해서 2011년 회원사에서 조성한 분담금 260만 유로에 공공기금 약 50만 유로가 더해졌다. 기업 및 소속 기관이 유럽프로젝트에 자금을 조달하는 경우의 가능성을 생각할 수 있겠지만, 현실은 그 반대다. 연구 컨소시엄에 참여하는 기업의 경우 직접적으로 공공기금을 지원받는다. 이렇게 해서 농식품가공 다국적기업인 네슬레는 직접, 그리고 계열사(네스텍, 네스프레소)와 다양한 연구센터를 통해 2018년에만 27개의 프로젝트에 참여했다. 예를 들면 초음파를 이용한 초콜릿 템퍼링 가공기술의 개발이 목적이었던 '울트라초크ULTRACHOC' 프로젝트(150만 유로, 그중 110만 유로가 EU지원자금)처럼 말이다. 이외에도 컨소시엄 'HUMANHealth, Understanding, Metabolism, Aging, Nutrition'이 있다. 이 컨소시엄에는 1,600만 유로가 투입됐는데 그중 2013년에서 2018년 사이에 유럽 기금에서 약 1,200만 유로를 지원했으며 스웨덴의 카롤린스카연구소나 프랑스 국립과학연구센터처럼 권위 있는 공공협력기관들이 참가했다. 유럽 민간 연구파트너로 참여하고 있는 중소기업들은 셀 수 없을 정도로 많다. 하지만 제약기업 사노피가 102개의 프로젝트에 참여하고 있고, 세계 제일의 화학기업 바스프가 참여하는 프로젝트의 수가 170개인 걸 고려했을 때 가장 이익을 보고 있는 건 대기업이다. 심지어 컨소시엄 기획 및 행정 관리에 특화된 기업 그리고 국가지원을 찾기 위해 그들의 도움을 (물론 유로로) 제안하는 사이트도 존재한다. 2018년 그중 한 사이트는 '유럽 보조금 획득 18년의 경력'을 과시했다.

　　프랑스 사회과학 고등연구원 부교수인 사회학자 실뱅 로랑은 연구자금 조달, 지원금 그리고 공공조달계약으로 유럽 재정을 독차지하는 기업들의 실태를 면밀히 분석했다. 그는 공공기금이라는 만나를 받은 업체들이 로비활동에 돈을 가장 많이(EU 투명성 등록부에 자발적으로 기록된 금액이다) 사용하고 있던 경제주체들과 어느 정도 맞아떨어진다는 걸 깨달았다. 실제로 그가 자신의 저서 『자본주의 브로커Les Courtiers du capitalisme』에서 기술한 내용에 따르면 EU로부터 가장 보조금을 많이 지원받은 업체 40곳 중 절반 이상이 "EU기관을 대상으로 한 로비활동에 가장 많은 돈을 지출하는 50대 기업에 포함되어 있다." "예를 들어 유럽연맹에 자금을 조달하는 방법을 통해 브뤼셀에서의 활동에 투자를 아끼지 않는 기업들의 목록과 유럽 위원회로부터 직접적인 경제적 이득을 취하고 있는 기업 목록은 대단히 유사하다." 실뱅 로랑은 EADS(현 에어버스 그룹)를 예로 들며 "브뤼셀에서의 로비활동에 연간 450만 유로를 지출하지 않고는 전 세계 항공방위분야에서 영위하고 있는 경제적 지위를 유지하기 어려웠다"고 말했다. 하지만 "그와 동시에 EADS는 2013년 유럽 위원회로부터 지원금 3,900만 유로를 받고 공공조달계약 형태로 2억 3,970만 유로를 받았다.

이러한 내용을 바탕으로 로랑은 로비활동이 '형태를 바꿨다'고 주장한다. 단지 법을 바꾸고 시장규제를 완화하기 위해서 의원들을 괴롭히는 짓은 더 이상 로비활동이 아니다. 로비활동은 경제분야에서 우위를 유지하는 것을 목표로 행정자원을 독점하는 더욱 복잡한 작업이다."

진입지점은 무수히 많다. 위원회 자체가 이를 몇 배로 늘리고 있기 때문이다. 공식 웹사이트에 산업 측에서 게재한 사업 공모부터 말하자면, 공모 결과물이 규제완화나 방향전환에 이용될 가능성이 크다. 유럽 화학산업협회CEFIC가 그 예다. 2013년 화학산업 로비단체인 CEFIC은 '장기 계획Long-Range Initiative' 프로젝트를 제안했다. 프로젝트 감독인 브뤼노 위베슈는 자신 있게 단언했다. "이는 과학을 위한 과학이 아니라 정치적 영향을 위한 과학입니다." 유럽 위원회가 '호라이즌 2020'이 후원하는 민관협력 참여를 독려하기 위해 175억 유로를 투자한 반면 산업 측에서는(원칙대로) 100억 유로를 내놨다. 2013년, 위원회는 기업 측에 기술플랫폼을 제안했다. 당시 이처럼 '기업이 주관하는 관계자 포럼'이 약 40여 개 있었다. 그 목적은 연구의 우선순위를 파악하고 이를 산업의 요구에 맞추는 것이었다. 식품부터 화학제품, 에너지 운송업까지 총 6개의 업계가 이 정책의 혜택을 받았다.

또 다른 예로, 가축사육 및 번식기술 플랫폼 'FABREFarm Animal Breeding and Reproduction Technology'는 축산업계가 지속가능하고 경쟁력있는 분야로 거듭나기 위해 끊임없이 향상을 추구한다는 목표를 갖고 있었다. 이 플랫폼은 다방면의 관계자 약 백여 명이 밀접한 관계를 맺게 해줬으며 2005년부터 공공기금 수백만 유로를 끌어모으는 연구 프로젝트들을 발족했다. 예를 들어 재정을 지원받은 일부 프로젝트는 돼지, 닭, 반추동물의 소화기에 대한 이해를 향상시켜 복부 팽만 증세를 해결하는 걸 목표로 삼았다. 또 다른 프로젝트에서는 가장 효과적으로 양의 정액을 냉동하는 방법, 젖소의 우유생산량을 촉진하는 방법, 질병에 강한 송어와 연어를 개발하는 방법, 동물들이 어두운 창고 안에서 배설물 범벅인 매트 위에 겹겹이 쌓인 채 왜 그렇게 빨리 죽은 건지 이유를 파악해 연구자가 '선택'한 순간까지 살아남게 하는 방법 등을 연구했다. 이 프로젝트는 현재의 축산모델을 문제 삼지 않는다. 현재 축산모델이 환경과 건강을 파괴하는 재앙의 씨앗이자, 전체 온실가스의 15%이상을 배출하는 원인이며, 토양과 하천, 대기오염뿐만 아니라 항생제 내성을 일으키는 주범이지만 말이다. 이런 방식으로 자금을 후원받은 연구에서 결과물로 도출된 기술은 집약적 축산으로 야기되는 문제들을 해결하는 데 이용될 것이다. 해당 축산 방식 자체가 문제로 다뤄졌던 적은 단 한번도 없었다. 그러나 이 '기술 플랫폼' 활동에서 사회의 이익은 고려되는 걸까? 그럴 가능성은 희박하다.

혁신의 절대적 필요성

거시적인 관점에서 다음과 같은 질문이 제기될 수 있다. 이 현상을 측정하고 수량화할 수 있는가? 그렇다. 그것도 꽤나 정확하게 말이다. 1984년부터 2013년 사이 일곱 번의 프레임워크 프로그램 동안 유럽연합은 나노생명공학과 정보통신기술 연구 및 개발에 310억 유로를 투입했다. 그러나 해당 과학기술이 잠재적으로 인간 및 환경에 미칠 수 있는 해로운 영향을 연구하는 데에 쓰인 금액은 예산의 1.3%인 4억 200만 유로에 불과했다. 생명공학 개발에만 75억 유로가 동원됐지만 위험성 연구에는 단 2,730만 유로가 쓰였다. 30년간 단 하나의 프로젝트만이 GMO식품 섭취가 건강에 미칠 수 있는 영향을 측정하려 했다. 더 최신 기술인 나노공학의 경우 제7차 프레임워크 프로그램 동안 공공기금으로부터 35억 유로를 출자받을 수 있었고 유해성 연구에는 '나노하게' 8,200만 유로가 쓰였다.

위처럼 재정정보를 정리한 두 남자, 슈테펜 포스 한센과 데이비드 지에 따르면 이 상당한 격차는 "중구난방인 자금지원의 산물이자 기술 낙관주의, 제품 안전에 대한 선험적 확신, 집단적 교만, 근시안적 태도 같은 여러 요소가 합쳐진 결과로 추정된다." 나노공학 전문가인 슈테펜 포스 한센은 덴마크공과대학교의 부교수다. 전 유럽환경청 과학 문제 및 신흥 이슈 고문인 데이비드 지는 세계에서 사전예방 원칙에 가장 정통한 사람 중 하나로, 해당 분야의 바이블로 여겨지는 논문 「사전 경고에서 얻은 뒤늦은 교훈Late Lessons from Early Warning」 두 편을 감수했다. 둘의 주장은 다음과 같다. "환경보건안전 연구가 너무나 빈약한데다 그나마도 뒤늦게 이뤄졌던 과거 기술위험의 역사를 고려했을 때, 우리는 신기술의 상업적 수명을 최대한 보장하면서 동시에 신중을 기해 연구개발 비용의 5~15%를 잠재적 위험을 예측하고 최소화하는 데 할애해야 한다고 생각한다. 기업은 법적 의무사항이 아니라면 자사 제품의 잠재적 위험에 대한 연구를 내켜하지 않는다. 자사 제품 또는 상용기술 때문에 발생하는 건강 및 환경 피해의 대부분이 기업 외부의 사회와 납세자에게 전가되기 때문이다."

정부당국은 피해를 예측하고, 모자란 부분을 채워넣고, 돌발요소의 싹을 잘라내고, 불확실성을 해소한다. 이러한 목적을 위해서라면 어떻게 해서든 기업의 나태함을 바로잡으려 할 것이다. 그러나 국가적 뿐만 아니라 유럽 차원에서 나태의 싹이 연구정책에 뿌리를 내리고 있다. 의도적으로 위험이 존재한다는 사실을 간과하고, 진보가 상업적 열풍으로 전락해버린데다 불균형이 악화되면서 생긴 결과다. 실제로 이러한 연구 기조를 바로잡기 위해 그 어떤 조치도 취해지지 않았다. 몇몇 문제들이 필요 이상으로 연구된 반면 전반적인 지식은 외면당하고 있다. 1968년 과학사회학자 로버트 K. 머튼이 '무릇 있는 자는 받아 풍족하게 되고 없는 자는 그 있는 것도 빼앗기리라'라는 신약의 구절을 근거로 '마태복음 효과'라고 불렀던 현상이다.

한 저명한 연구자가 이 현상에서 파생된 치명적인 '과학적 나태함'을 측정하려 했다. 하버드대학교 환경보건학과 부교수인 필립 그랑장은 보건 및 환경분야 전문학술지 78종에 게시된 내용을 면밀히 조사했다. 그가 밝힌 내용에 따르면 2000년부터 2009년 사이의 연구는 최근에 등장해 당연히 우리가 잘 모르는 화학물질보다 '오래된' 화학물질에 편향되어 있다. PCB, TBT, 메틸삼차뷰틸에터MTBE 그리고 디에틸스틸베스트롤DES 등이 그 예다. 위에 언급된 화학물질에 대해 첫 번째 경고음이 울린 지는 20년에서 100년 정도 됐다. 그랑장은 오래된 화학물질에 대한 연구를 그만둬야 한다고 주장하지 않는다. 그러나 2000년과 2009년 사이 납, 수은, DDT 세 가지 물질을 주제로 쓰인 논문만 자그마치 1만 5천 편이었다. 반면 EPA가 꼽은 다섯 가지 물질은 학술지로부터 외면당하는 신세였다.

결과를 유리하게 만들기 위해서 기업이 자본으로 독성연구의 주도권을 쥐고, 민간 경제주체들은 학술과학 투자에 열과 성을 다하고, 국가는 공공연구에서 빠르게 손을 떼고 있으며, 공공기관과 영리추구가 목적인 기업이 친밀한 관계를 쌓을 수밖에 없게 된 데다, 연구의 의도는 점점 더 뒤섞이고 있다. 즉, 과학의 민영화가 진행 중이다. 동료인 스테판 푸카르는 이렇게 말했다. "과학 프로젝트는 세상을 이해하는 과정이고 기술 프로젝트는 이를 이용하는 일이다." 하지만 공권력은 과학과 수익성 사이에서 갈팡질팡하다 이 사실을 완전히 잊어버린 것 같다. 유럽 뿐만 아니라 다른 대륙도 마찬가지다. 기초연구는 '혁신'이라는 슬로건을 위해 길을 비켜주었고, 그 혁신은 더 이상 지적 영역이 아닌 기술적인 관점으로만 이해되는 듯하다. 하지만 과학 연구가 오직 응용개발과 산업적 용도로만 편향된 사회는 도대체 무엇일까? 과학의 역사는 우연한 발견, 발전의 영감이 되는 사고, 비즈니스는 넘볼 수 없는 기회와 창의력이 가득하다. 그렇다면 사회는 무엇을 놓친 것일까?

　　과학적 방침이나 연구 우선순위가 발표되지 않은 정치 프로그램은 존재하지 않는다. 그렇다면 오늘날 정부와 정책결정자들이 실행하고 있는 이 프로젝트는 뭘까? 어떤 의미로는 공공연구의 자금을 대기 위해 민간 자금조달이 이루어진 것이고, 또 다른 의미로는 공공기관 전용이었던 자금조달의 역할이 민간 경제주체로 넘어간 것이다. 온전한 신체와 자연보호가 이토록 명백한 무관심의 대상이라면 이 근본적이며 자본적인 움직임이 공익을 희생시키지 않는다고 주장하기는 어렵다.

　　프랑스를 비롯한 다양한 국가의 권력중추는 과학 왜곡을 매개로 공공정책이 포획당하는 문제를 염려하는 것처럼 보이지 않는다. 시민사회가 경고하지 않았기 때문은 아니다. 이미 여러 사회구성원들이 연구와 혁신을 경쟁의 관점으로만 이해하는 방식에 우려를 표한 바 있다. '지식은 공정하다'는 터무니없는 변명을 방패 삼는 대부분의 정책결정자들은 본인의 선택권 일부분을 포기했다고 볼 수 있다. 이해충돌이 시스템의 역할을 대신한다는 걸 이해하는 이들은 많지 않아 보인다. 연구의 우선순위를 새롭게 규정하고, 제기된 질문을 다른 방식으로 재구성하는 방법에 대해 고찰하는 이들도 거의 없다. 정부의 정치적 목표가 기업들의 프로젝트로 대체된다는 사실을 자각하는 사람들도 마찬가지로 드물다. 자신이 기업의 정치적 프로젝트를 뒷받침하고 이를 실행하기 위한 지원금을 냈다는 걸 알고 있는 사람들도 매우 적다.

예를 들어 코카콜라는 비만을 영양학보다 오히려 신체활동의 문제로 유도(사실은 갈피를 잃게)하기 위해 많은 수의 공공보건 연구를 후원하면서 비만 연구의 패러다임을 완전히 바꿔버렸다. 바이엘과 신젠타는 자사 제품인 네오니코티노이드계 살충제의 치명적 영향을 평가하는 단체를 장악했다. 엑슨, 쉘, 브리티시페트롤륨과 셰브론은 기후변화 문제와 관련해 '의혹 상인' 행세를 하며 인류를 위험에 빠뜨렸다. 21세기의 사회가 정말로 탄산음료, 생명공학, 석유 기업들의 정치적 목표에 의해 좌지우지 되어도 괜찮은 걸까? 단지 한 번도 질문을 받아본 적 없는 게 아닐까?

12

이해충돌의 리히터 규모

"여보세요?"

"네, 안녕하세요."

"저희 회사에 지금 로비단체가 활동 중인 것 같아서 전화했는데요."

영향력 전문가들을 해충 방역업체 정도로 취급하는 사람에게서 걸려온 전화를 기쁘게 받을 수 있는 사람은 지구상에 거의 없을 거다. 2017년의 어느 날 아침, '행동파 연구원' 마르텡 피종은 '유럽기업감시' 사무실에 걸려온 전화를 받아들고는 활짝 웃음지었다. 열다섯 명 남짓한 연구자들은 유럽 의사결정을 포획하기 위한 로비단체의 발자취를 추적하는 본인을 '행동파'로 규정한다. '추적한다'고 표현한 이유는 로비스트들은 모든 동물, 그중에서도 초식동물처럼 지나간 흔적을 남기기 때문이다. 아스팔트 위에 로비스트들의 흔적이 남아있지는 않지만 로비활동이 끝나고 나면 글로 된 흔적을 찾아볼 수 있다. 영향력 분야의 데비크로켓[*] 드림팀에서 십 년 이상 일하다 보니 마르탱 피종은 악명높은 이해충돌 사냥꾼이 됐다. 그는 특히 한 기관이 악명을 떨치게 한 장본인으로, 전부는 아니더라도 상당부분 지분을 보유하고 있다. 그에게 큰 빚을 진 기관은 EFSA인데, 이 기관은 산업전략을 간파하는 분별력보다는 이해충돌을 엉망진창으로 관리하기로 더 유명하다.

유럽식품안전청, 규제포획의 먹잇감

2010년 즈음까지도 대중에게 잘 알려지지 않았던 EFSA는 유럽연합 전역의 식품안전을 감시하는 정식 기관이다. 일반적으로 모든 재료는 이곳의 엄격한 검사를 통과해 가정의 식탁에 오른다. 색소, 감미료, 농약 및 잔여물, 가축에 투여한 항생제, 식품 포장 등 종류도 다양하다. EFSA의 임무는 식품의 위험성을 평가하고 의견을 표명하는 것이다. 위험성을 관리하는 정치적 역할은 유럽 위원회의 소관이고, EFSA는 그 이전과 이후 단계에 개입한다. 즉, 판매허가 요청서―그리고 기업이 제공한 연구자료를 근거로―를 검토하고 이미 시장에 유통되고 있는 제품

---

[*] 데이비드 크로켓은 미국의 국민적인 영웅으로, 덫을 놓아 동물을 잡는 모피 사냥꾼이었다. 해당 표현은 이해충돌 사냥꾼으로 묘사되는 마르탱 피종과 동료들을 데비 크로켓에 비유한 것이다. ― 옮긴이 주

의 관리도 담당한다. EFSA는 농식품가공, 화학, 수의학제품, 심지어 플라스틱 산업의 주요 표적으로, 과학 로비활동 단체에게는 군침 도는 먹잇감이라고해도 과언이 아니다. 이탈리아 파르마에 본사를 두고 있는 EFSA에도 소속 과학자들이 있지만 주로 유럽 전역의 연구원과 대학교수 약 스무 명으로 이뤄진 전문가 패널에서 평가활동을 맡는다. 유럽 또는 프랑스 과학 기구 및 위원회의 경우도 대부분 마찬가지로, 전문가 패널이 평가업무를 담당하곤 한다. ANSES*, 보건총국 소속 과학위원회, WHO와 같은 국제기구협력 전문가 집단 등 모두가 시간제로 일하는 외부 전문가들이다. 다시 말해, 과학자들이 소속 기관의 주요 활동 외에도 기업의 기술 자료를 평가하는 데 시간을 할애하고 있다는 얘기다. 이들은 국가기관에 따라 3, 4 또는 5년 임기로 전문분야 패널의 회원이 되어달라는 요청을 받았다. EFSA에는 10개의 패널이 있고 각 패널당 약 스무 명의 회원이 가입되어 있으며 패널마다 식이제품 알러지 전문가 패널, 식품접촉물질, 효소, 향료, 가공보조제 전문가 패널처럼 호기심을 유발하는 이름을 갖고 있다. 'EFSA 전문가'는 패널회원 약 이백 명을 가리키는 것이지만 사실 이 집단은 EFSA가 소규모 프로젝트에 단기적으로 이용하거나 주제별 실무 그룹연구에 참여할 때 도움을 청하는 전문 과학자 인력이다.

　엄밀히 말하자면 감정 평가란 기업의 자료를 면밀히 조사하고, 데이터를 검증하고, 학술문헌을 참조하고, 이익과 위험성을 비교하는 작업이다. 때로는 다양한 평가 방법 중 하나를 선택하거나, 법안에 관해 의견을 개진하고 또는 제약업계의 경우 알고 있는 지식을 정리해 모범실무 권고사항을 제정하는 일도 포함된다. 패널 전문가는 집에서 위에 명시된 과제를 처리하고 일 년에 수차례 EFSA 건물에서 개최되는 오프라인 회의에 참석해 다른 회원들을 만난다. EFSA에서 전문성이 요구되는 이 어려운 과업의 수행은 반쯤 자발적으로 참여하는 이들의 호의에 기대고 있다. 반쯤 자발적이라고 한 이유는 패널의 의장과 부의장을 제외한 이들의 경우 청구비용만 상환해주기 때문이다. '안전한 음식을 위한 신뢰할 수 있는 과학'이라는 슬로건에 걸맞지 않게 인색하다. 이처럼 감정은 학술과학과 매우 다르다. 우선 감정이란 고유한 연구를 생산하는 대신 외부에서 수행된 연구를 검토하는 작업이다. 특히 판매허가를 받거나 이를 갱신하기 위해 기업들이 제공한 연구 말이다.

프랑스 법은 보건 감정을 "정책결정자의 이해를 돕고 보건 및 보건안전에 관한 의사결정을 뒷받침해주는 활동"이라고 정의한다. 이때 보건전문가는 "가능한 한 객관적인 근거를 기반으로 삼아, 공개된 것 중 가장 최신 지식을 비판적으로 분석하고, 명백한 기준에 따라 논증하고, 경험을 토대로 한 전문적인 판단을 더해 구성한 해석, 의견 또는 권고사항을 제공한다." 따라서 감정의 목적은 새로운 지식을 생산하는 것이 아니라 존재하는 지식을 악용해 실용적인 차원의 의사결정 문제를 해결하는 것이다. 감정은 과학에 정당성을 둔 채 정부의 도구, 즉 경제 영역의 범위와 경제 영역이 공적 영역에 미치는 영향력을 통제하기 위한 수단으로 전락한다.

산업이 아는 과학자들로 패널을 구성하려 한다면 사회는 능력 있고 산업과의 이해관계가 없으며 공정한 과학자들이 패널을 채우길 바랄 것이다. 그래서 기관들은 사실관계 확인을 위해 규칙을 적용한다. 우리는 이미 앞에서 1984년 『뉴잉글랜드의학저널』의 편집장 아널드 렐먼이 이해관계확인서를 처음으로 시행한 이야기를 접했다(5장 참조). 과학기구 중에서는 미국 국립과학학술원이 세계 최초로 이해충돌 관리방침을 갖췄다. 원장 필립 핸들러의 단호한 결정에 따른 조치였다. 한 페이지가 채 안 되는 내용이지만 해당 조치를 시행하기까지 많은 우여곡절이 있었다. '모욕적인', '자격이 없는'. 1971년 그가 시행한 이해충돌관리 조치를 평가하는 데 쓰인 단어들이다. 하지만 시간이 흐를수록 이해관계확인서는 일반화되어 기관—학술기관이든 아니든 간에—에서 이해충돌을 관리하는 주요 수단이 되었다.

　　프랑스에서 이해충돌 관리정책은 1995년 의약국Agence du médicament에서 처음 도입됐다. 그러나 정책의 연이은 개정에도 불구하고 의약국은 잊기 힘들 정도의 무능함을 드러냈는데, 그 사건이 바로 2004년의 '바이옥스와 메디아토르' 파문이다. 바이옥스는 머크사의 로페콕시브 진통소염제로 미국에서 3만 8천 명이 해당 약품 복용으로 조기사망 이르렀고, 프랑스 희생자의 수는 애초에 집계된 적이 없기 때문에 실태파악이 불가능하다. 메디아토르는 벤플루오렉스를 주요 성분으로 하는 세르비에사의 의약품이다. 또한 당뇨병 치료제를 가장한 암페타민 계통의 식욕억제제이기도 하다. 브레스트 지역 대학병원 호흡기 전문의 이렌 프라숑이 확고한 의지로 해당 약품의 치명적인 영향을 발견한 덕분에 2009년이 되어서야 시장에서 철수되었다. 약 2천 명 가량이 메디아토르 장기복용으로 사망에 이르렀다. 의약품평가 최고책임자 중 한 명인 장미셸 알렉상드르는 2000년도 말 의약국을 떠났고 2001년부터 2009년까지 세르비에 연구실에 컨설팅 서비스를 제공한 대가로 약 120만 유로를 청구했다. 충격적이었던 메디아토르 사건 이후, 모든 비극이 일어난 후가 그렇듯이 프랑스 정부는 법안을 가결하고 책임기관의 이름을 바꾸었다. 2011년 말 이해충돌관리의 핵심적인 부분을 포함한 '의약품 및 건강제품 보건안전 강화법'인 베르트랑 법이 제정됐다. 그 이후, 프랑스의 모든 보건기구에 동일하게 적용되는 이해관계확인서 서식이 법령으로 정의됐다. 그리고 Afssaps는 이름을 바꾸는 마술을 부려 카르마를 벗고 ANSM이 됐다. 개명부터 헌장 제정, 감정 직업윤리 관련 부서 및 직업윤리위원회 신설 등 모든 것을 뜯어고쳤다.

사소한 것에서 중대한 것까지, 이해충돌의 경계

"시장유통허가위원회에 예민한 건에 대한 논의를 하러 가는데 위원 중 한 명에게 중대한 이해관계가 얽혀 있다는 걸 안다고 치면, 아니 그러니까 중대한 것까진 아닌데 꽤 높은 수준의 이해관계라면, 거대한 이해충돌이 있는 게 아니라⋯, 그러니까 가볍지 않은 수준이라면 위원회에 참여하지 않으면 되죠." 2008년 프랑스 ANSM의 명칭이 Afssaps이던 시절에 위원장이었던 다니엘 비테코크는 소속 위원회의 이해충돌관리를 위와 같이 설명했다. 십 년이 지난 지금도 여전히 비슷한 상황이다. 가벼운 이해충돌을 '그러니까 가볍지 않은 수준'으로 다시 규정하게 만드는 기준들을 규명하기 위해 노력하는 단계라는 말이다. 수년 동안 모든 기관의 서식과 해석의 틀이 정밀해졌고, 대체로 한계와 등급이 명시되어 있다. 결국 일종의 '이해충돌 리히터 규모'다. 사람들은 이해충돌이 사소한지 중요한지, 직접적인지 간접적인지를 따진다. 벨기에 보건 최고위원회는 미미한 위험과 중대한 위험을 구별한다. 하지만 중대함의 경계나 편파의 경계선은 정확히 어디에 위치하는 걸까? 프랑스 최초의 이해충돌 전문협회 포르멩데프Formindep('독립적인 보건정보 전달을 위한 단체'라는 의미로, une inFORMation INDÉPendante en santé의 약어)는 "이 구분은 자의적이고 모호하게 정립되어 있기 때문에 그 적합성에 대해서는 따져 봐야 한다"고 주장했다.

ANSM에서 리히터 규모는 세 단계로 분류한다. 1단계: 실무진에 신고가 들어온다. 2단계: 전문가는 관련 사건을 검토할 때 같은 장소에 있어서는 안 된다. 3단계: 전문가가 실무진에서 퇴출된다. 2012년에 새롭게 적용된 이 규율로 인해 위원회 소속 711명 중 1/4에 해당하는 167명의 전문가가 위원회에서 제명됐다. 건강제품의 가격 결정 및 상환여부가 결정되기 전 평가를 담당하는 프랑스 국가보건최고위원회에서는 이해충돌이 아닌 이해관계가 상당하다. 예를 들어 이 위원회의 규정에는 다음과 같이 명시되어 있다. 상당한 이해관계가 있다고 하더라도 "그 자체로 이해충돌을 초래하는 것은 아니다. 다만 상당한 이해관계가 위원회에서 수행되는 활동에 영향을 미칠 때 이해충돌로 번질 위험이 높다. 즉, 이해관계가 이해충돌을 추정하게 만든다." 이해충돌은 관계의 빈도, '금품수수 금액', 관계의 기간 및 지속성(또는 협업 및 고용 등 향후 관계)라는 세 가지 기준에 따라 '상당하다'고 규정된다. 규정을 수립하려면 먼저 이해충돌이 무엇인지에 대해 합의를 이뤄야만 한다. 하지만 모두가 동일한 시각을 갖고 있지 않다는 사실은 말해봐야 입만 아프다. 공론에서 이해충돌이 차지하고 있는 중요성을 생각해보면 이보다 더 이해하기 어려운 주제를 찾기도 쉽지 않다. 이해충돌을 예방해야 하는 임무를 맡은 이들에게도 마찬가지다. 그런데, 관련 출판물이 부족한 것도 아니다. 서적이나 WHO, OECD와 같은 국제기구의 보고서처럼 학술문헌에 게재된 논문이 수백 편이다.

영향력의 작용을 설명하기 위해 무의식이라는 개념을 사용하고 있지만, 이해충돌을 정의해야 할 때 무의식의 개념은 아무런 소용이 없다. 전문가는 전지전능하고 심리적 기제를 완벽하게 제어한다고 여겨지지만 그건 누구에게도 불가능한 일이다. 수십 개의 각기 다른 정의 중 대다수에는 전문가에게 영향을 미치는 '의도'에 관한 내용이 포함되어 있다. 철학자 마티아스 지렐은 빈정대는 문체로 다음과 같이 서술했다. "우리는 때때로 글이나 말로 표현된 적 없는 타인의 의도를 지레짐작하곤 한다. 의도가 있고 없고에 따라 의미가 상당히 달라진다. 의도의 유무는 과실치사, 고의적 살인, 모살을 구분하는 척도가 될 수 있기 때문이다." 한편, EFSA 독립성 원칙 정책에 나오는 정의는 다음과 같다. 이해충돌이란 'EFSA와의 협력 상황에서 자신의 역할에 따라 자기 자신 또는 자신이 속한 단체의 이익을 위해 어떤 방식으로든 자신의 직업적 신분 또는 공적 지위를 이용하는 상황'이다.

EFSA가 이렇게까지 명확한 입장표명을 한 건 처음 있는 일인데다 영어에서 프랑스어로 한차례 번역을 거쳤는데도 과하게 수식된 문장이 단 한 줄도 없다. 계획성과 이익을 강조한 EFSA의 이해충돌 정의는 NGO '국제투명성기구'가 '사적인 이익을 위해 위임된 권력을 남용하는 것'으로 묘사한 부패의 정의와 더 잘 부합한다. 그런데 EFSA의 이해충돌 관리정책은 이 엄청난 오해를 중심으로 제정됐다. 후에 다시 이 주제로 돌아와 더 세세히 살펴보자.

　보통 실제 이해충돌의 이전 단계가 있는 것처럼 '잠재적 이해충돌'을 이야기하곤 한다. AP-HP 원장인 마르탱 이르쉬는 "음주운전을 해도 사고가 일어나야만 범죄라고 말하는 것과 마찬가지"라고 평가했다. 매슈 맥코이와 이즈키엘 이매뉴얼(펜실베니아대학교 페렐만 의과대학 의학윤리 및 보건 정책과)에 따르면 "일부 이해충돌을 단순히 '잠재적' 또는 '인식된'이라고 규정하는 건 이해충돌의 심각성을 축소시키고 의료행위와 연구활동에서 이해충돌을 제한하려는 윤리적 근거를 모호하게 만들어 버린다. 그들에 따르면 이런 구별은 "이해충돌 개념과 그 윤리적 영향력에 대한 본질적인 몰이해에 뿌리내리고 있다." 잠재적 이해충돌이라는 개념은 "편향 또는 피해가 실제로 일어날 때에만 이해충돌이 실재하는 것이라는 잘못된 사고방식을 반영한다." 잠재적 이해충돌이라는 개념의 이용은 연구자의 판단이 하나 또는 여러 기업과의 관계로 인해 실제로 영향 받았다는 사실을 증명해 이해충돌의 존재를 확인할 수 있다고 보는 것이나 다름없다. 이 방법은 (이미 악행이 저질러진 후이기 때문에) 대처가 너무 늦을 뿐 아니라 애초에 불가능하다. 영향력이 작용하기 시작한 순간 연구자의 뇌에 방사성 동위원소를 주입해 무의식을 관장하는 부분까지의 이동경로를 추적해보지 않는 한 말이다. (물론 뇌에서 무의식을 관장하는 부위는 아직 밝혀지지 않았다.)

　이해충돌을 형용사로 뒤덮는 건 단순히 이해충돌이라고만 했을 때의 강한 인상을 피하기 위한 방법이 아닐까? 고양이를 그냥 고양이라고 부르는데 왜 이토록 많은 어려움이 있는 걸까? 어떤 이들은 '이해관계'(또는 이익)를 이해충돌과 구분짓기도 한다. 유명한 이해충돌 전문가인 리사 베로는 가지각색의 전략이 정보를 뒤죽박죽으로 섞어놓고 '문제를 다룰 수 있다는 가능성 자체'에 의심과 혼란을 야기한다고 설명한다. 얼마나 많은 기관 및 기구들이 잘못된 이해충돌 정의를 근거로 문제를 비켜갔을까? 필립 핸들러의 뜻을 이어받아 미국 국립과학학술원의 의학한림원IOM*은 2009년 역사에 한 획을 긋는 보고서를 출간하며 다음과 같은 기준을 제시했다. '이해충돌이란 일차적인 이해에 따른 직업적인 판단 및 행위가 부당하게 이차적인 이해에 의해 영향을 받을 위험성을 만들어내는 모든 상황을 말한다.' 위의 정의는 1990년대 초 정치심리학 교수인 데니스 톰슨이 『뉴잉글랜드의학저널』에 게재한 글과 거의 유사하다. 의학과 생활과학 영역의 일차적 이해는 사람들의 건강, 공중보건, 환경보호다. 환경보호가 포함되는 이유는 사회 전체가 습지, 토양 박테리아, 철새를 보존해야만 하기 때문이다. 여기에 지식의 무결성을 더할 수 있을 것이다.

IOM은 '위험성'이라는 단어를 사용해 이해충돌 문제를 단호히 전면에 내세웠다. 여기서 조금 더 나가면 이런 뜻이 된다. "이해충돌은 존재한다. 개인이든 기관이든 이차적 이해든 아니든, 실제로 영향을 받았든 받지 않았든 전혀 상관없다." 분명한 건, 이해충돌을 정의내릴 때 그 조짐 또한 중요하게 다루는 경우가 점점 더 늘어나고 있다는 사실이다. 특히 2013년 프랑스 법에 명시된 이해충돌의 정의가 한 예다. 제2조는 다음과 같이 규정한다. 이해충돌이란 공익과 공익 및 사익이 충돌하여 임무의 공정한 수행에 영향을 미치거나 미칠 것으로 보이는 모든 상

---

* 2015년 7월 1일 'National Academy of Medicine', NAM으로 명칭이 변경되었다. —옮긴이 주

황을 말한다. 이렇게 정의한 이유는 전문가와 기관의 신뢰성, 특히 그들이 내린 결정의 신뢰성이 걸려있기 때문이다. 대중의 신뢰 없는 공중보건이란 없다. 국가보건최고위원회의 경우, 사익과 공익이 충돌하려는 기미가 보이면 전문가와 그를 고용한 기관의 이미지가 실추되므로 그들이 하는 발언의 정당성까지 박탈당할 가능성이 있다고 여긴다. 어느 정도 만족스럽긴 하지만 앞서 언급된 정의들은 제쳐두고 모든 표현들을 이해 가능하게 만들어 보자면 '이해충돌이란 공익에 관한 판단이 사익에 의해 영향을 받을 위험이 있는 상황'이라고 할 수 있다. 이것이 이 책에 전반적으로 깔려있는 이해충돌의 정의다. 하지만 EFSA는 당연히 동의하지 못할 것이다.

기관 및 전문가 위원회의 독립성 정책의 중심에는 인류 역사상 아마 가장 난해한 행정문서 중 하나가 자리잡고 있다. 바로 이해관계확인서 서식이다. 과학 패널의 일원이 되기 위해 지원서를 제출하려는 열의 넘치는 전문가라면 이해관계확인서의 모든 칸을 충실하게 채워넣어야만 한다. 대체로 다음과 같은 항목이 있다. 순서대로 주 업무, 기업 내 주식 지분, 이사회 또는 결정기관 소속, 과학자문위원회 소속, 자문 및 고문 활동, 연구 자금후원, 지적재산권 및 특허다. 프랑스에서 2012년부터 모든 기관에 적용하고 있는 표준 서식에는 이외에도 매우 특수한 항목들이 포함되어 있다. 후원을 받고 수행한 과학 연구, 논문작성, 공적개입 등이다. 보수를 지급받았든 그렇지 않은 간에 모든 공동작업은 공개되어야 하며 금액도 명시되어야 한다. EFSA의 경우 전혀 갈피를 잡을 수 없는 '기타' 항목이 두 개나 있다. 일반적으로 전문가는 지난 3~5년 동안 했던 일들을 돌이켜 보고 정확한 날짜를 제공해야 한다. 그리고 마지막으로는 '친인척'—부모, 자식, 배우자로 합의한다—이 서식에 작성한 활동과 관련이 있는지 고지해야 한다. 필요한 경우 이해관계확인서를 업데이트해야 하며 일반 대중에게도 공개되어야 한다. 규제기관의 활동보고서에서 '투명성'이라는 단어가 의미하는 게 바로 이 내용이다. 다만 금액의 경우 언제나 개인정보 보호라는 명목으로 규제기관 관료들만 열람할 수 있다.

마지막으로, 1980년대부터 끊임없는 논쟁의 대상이 되어온 주제가 있다. 바로 지적 이해충돌 또는 비재정적 이해충돌이라고 불리는 것이다. 이 주제와 관련해서는 기업과의 관계, 계약이나 수당은 더 이상 중요하지 않다. 학파, 업무상 경쟁 및 친분관계, 직업적 야망, 신념, 소속 기관 및 동료들에 대한 의리, 개인의 정치 및 종교 활동이 도마에 오른다. 목록은 끝없이 늘어날 수 있는데, 문제가 되는 지점은 바로 이것이다. 지적 이해충돌은 어디서 시작되며 어디서 끝나는 걸까? 전문가에게 임신중절, 존엄사, 동성결혼에 대한 의견을 물어봐야만 하는 걸까? 그가 남자라면 남성우월론자일지도 모르는데 말이다. 모든 사람에게 인종차별주의자냐고 물어야만 할까? 롤링스톤즈보다 비틀즈를 더 선호하는지도? 표준 서식에서 그 경계를 어떤 기준으로 설정해야 할까? 이 문제가 제기하는 윤리적이고 정치적인 어려움—민주주의에서 의견이나 사생활에 대해 어느 정도까지 설명해달라고 요구할 수 있을까?—에도 불구하고 약 60%의 생물의학 학술지가 연구저자들에게 지적 이해충돌을 고지해달라고 요구한다. 리사 베로는 이렇게 말한다. "비재정적 이해충돌을 일반적인 이해충돌과 같은 방식으로 다루는 것은 연구계의 현실을 모르는 겁니다. 연구는 사회적인 배경에서 수행되며, 여러 가치들이 이를 관통하고 있습니다. 연구자의 비재정적 이해관계는 그들의 연구에 영향을 미칠 것입니다." 또한, 연구자를 대부분의 비재정적 이해관계로부터 떼어놓을 수 없는 것도 사실이다. 따라서 일반적인 이해충돌의 경우 이해충돌을 제거해 관리할 수 있지만 비재정적 이해충돌은 그럴 수 없다. 1933년 데니스 톰슨은 이미 다음과 같은 내용을 지적했다. "일반적으로 이해충돌을 관리할 때에는 금전적인 이득에 초점을 맞춘다. 금전적 이해관계가 다른 이차적인 이해보다 유해하기 때문이 아니라 금전적 가치가 훨씬 더 객관적이고 구체적이기 때문이다." 또한 '어떻게 손써 볼 수 없는' 이해충돌보다 훨씬 수치화하기 쉽다는 이유도 있다. 그리고 수치화할 수 있기 때문에 "지적 이해충돌과 관련해서는 크게 할 수 있는 일이 없다." 데니스 톰프슨이 1993년에 이미 지적한 내용이다.

이력서 거르는 체

2013년 4월의 어느 날 휴대폰이 울렸다. 브뤼셀에 사는 친구, 데비 크로켓으로부터 온 전화였다. 바로 '도시의 새' 같은 이름으로 로비단체를 흔적을 좇는 사냥꾼, 마르탱 피종이었다. EFSA가 이해충돌 관리정책을 채택한지 얼마 되지 않을 때였는데, 그는 내게 이 정책에 '안전성 검사Crash Test'를 하려는데 도와줄 수 있냐고 물었다. 보도자료가 떠벌린 것처럼 '기관업무의 독립성과 청렴성'을 보장하는지 확인해볼 생각이 있느냐고 말이다. 결과는 마르탱 피종이 소속된 곳이자 이 단발성 업무(이해관계확인서 참조)로 내게 보수를 지급할 NGO단체 '유럽기업감시'에서 보고서 형태로 출간된다.[*] 업무 내용은 EFSA의 외부 전문가들이 공개한 이해관계확인서를 면밀히 검토하는 것이었다. 10개의 패널과 과학위원회에는 총 209명의 전문가들이 소속되어 있었다. 나는 하겠다고 답했다. 하지만 우리 두 사람 중 누구도 우리가 엄청난 경험을 하게 될 줄은 짐작하지 못했다. 한 줄, 그리고 다음 한 줄. 한 칸, 또 한 칸. 이런 식으로 서류 855건을 검토하는 데 수 주를 할애했다. 이 정보들을 다시 상세한 기준에 따라 평가를 하는 데도 오랜 시간이 걸렸다. 그러고 나서야 마지막으로 이해충돌 유무란에 체크를 할 수 있었다. 이는 인내심을 요구하는 작업으로, 백여 개의 이탈리아, 폴란드 또는 덴마크 단체의 글들을 구글 번역기로 검색하다 보니 손가락에 쥐가 날 정도였다. 그뿐만 아니라 국제 낙농연맹이 주최한 '치즈 제조 기술에 관한 국제 과학심포지엄'의 프로그램을 면밀히 조사하고, 내가 잘 모르는 고도로 전문적인 분야들을 이해하고('대서양 대구의 통합 환경 유전체학: 단백체학 접근 방식'), 노바티스 스포츠클럽이 제안한 활동 목록(카약, 배드민턴, 사이클링, 또한 체스 책임자 대리와 연락을 취하기도 했다)을 작성하고, 국제 아연생물학회의 연간 학술대회 앨범을 훑어보며 강연자들, 늙은 호박, 그리고 죽은 물개들의 사진을 확인하고, 칠레의 '닭 카르텔'이 연루되어 있는 부패사건에 열중하고, 링크드인 프로필에서 헤매기도 하고((내가 등록한 관심사로는 가족과의 교류, 증권 거래, 바다낚시, 배낚시, 자전거, 노래방, 포커, 줌바, 해변 거닐기가 있다), 수없이 많은 프로젝트로부터 자금을 수혜받은 단체를 식별하고(가금류 축산에서 병의 원인이 되는 균의 증식을 막기 위한 '캠피브로 프로젝트'의 일환으로 프랑스 칠

---

[*] 2021년 기준으로 출간되었다. ― 옮긴이 주

면조사업자협회가 174,172유로를 받았다), 학회의 모습을 하고 있는 단체가 실제로는 산업조직과 동일한 주소로 등록된 사실을 찾아내고, 이 조그마한 승리를 만끽하고, 수출용으로 수사슴의 정액을 냉동하는 스페인 축산농가의 온라인 카탈로그를 열람하는 데 또 몇 주가 걸렸다.

209편의 이해관계확인서를 꼼꼼히 조사하는 일은 세상을 탐험하는 아주 특별한 방법이다. 특히 상업적 이해관계를 통한 과학 포획의 규모를 측정하는 독보적인 방법이기도 하다. 기업의 자본은 소규모 학회나 가장 난해한 학술지까지도 침투 공작을 벌였던 것 같다. 그렇게 해서 모든 곳에서 필수불가결한 존재가 된 것이다. 이 작업을 하면서 우리는 많은 것을 확인하고 이해했다. 전문가들이 동일한 활동을 모든 기관에 신고하지 않는 경우도 있었다. 일부 활동은 어떤 기관에는 신고가 됐는데 EFSA에는 되어 있지 않았다. 컨설턴트 활동이 엉뚱한 란에 신고되어 있기도 했다. 전문가들은 이런 방식으로 EFSA의 규정에 명시되어 있는 불이익을 피해 간다. 이 실수가 고의인지 판단하는 것은 불가능하다. 어쨌든 이후로 아무것도 수정되지 않았다. 프랑스에서 사용하는 서식과는 다르게 EFSA 서식에는 논문 작성과 관련된 항목이 하나도 없었다. 즉, 고스트 라이팅에 이름을 대여해주고, 전문가 패널이 검토한 공공연구 작업물을 무너뜨리기 위해 재분석, 사설, 편집인에게 보내는 편지를 작성하는 것 같은 활동들을 고지할 공간이 없었다는 얘기다. 공공발언 지지에 관한 항목도 마찬가지로 규정된 게 없다. 그렇게 해서 산업이 주최한 콘퍼런스나 필요 이상의 거액을 후원받은 콘퍼런스에서의 발표(최소한 경비를 상환받거나 보수를 지급받음)는 '기타'란에 기입된다. 기타란에 적혀있던 약 스무 건이 사이비연구소인 ILSI를 위한 발표였다. 많은 전문가들이 요구사항이 무엇인지를 이해하지 못하는 것 같다. 몇몇 협력을 정당화하기 위한 그들의 변명은 과학계의 이해충돌에 대한 이해가 아직 끝없이 부족하다는 걸 보여준다. 그리고 EFSA로부터의 설명도 부족한 듯하다. 하지만 이해충돌과 부패를 동의어로 이해하고 있는 EFSA가 제대로 설명할 수는 있는 걸까?

기업이나 해당 단체에서 보수를 지급받지 않았더라도 문제가 없는 것은 아니다. 2013년 EFSA는 ILSI의 다양한 테스크포스 및 결정기관에 참여한 활동을 조금도 문제 삼지 않았다. 전문가의 자발적인 참여인데다 전문가가 속한 패널의 주제와 상관없는 활동이었기 때문이다. 그럼에도 불구하고 이해충돌 문제라는 데에는 전혀 의심할 여지가 없다. 하지만 후원을 받는 학회(학회들은 거의 다 그렇다)에 전문가가 연루된다면 어떻게 판단할 것인가? 앞에서 봤듯, 연구분야와 관련된 주요 학회에 가입하고 연간 콘퍼런스에 참석하는 것은 학술활동의 일부다(10장 참조). 이 까다로운 문제를 해결하기 위해 우리는 철학자 피에르 르 코즈가 청장을 맡고 있는 ANSES 직업윤리위원회의 매우 철저하게 고찰된 견해를 근거로 삼았다. 이 기관에 따르면 후원을 받는 학회의 회원이라는 사실만으로는 이해충돌을 판단할 수 없다. 하지만 전문가가 학회 내부에서 연간 콘퍼런스의 조직위원회에 속한다던지 행정 및 과학적 책임을 맡는다면 상황이 달라진다. 이 상황에서 스폰서와의 지속적인 계약을 한다면 영향력이 커질 위험이 있다.

하지만 검토를 하면서 우리 정신을 쏙 빼놓은 건 이해관계확인서에서 발견한 이해충돌 460건 중 가장 많은 비중을 차지하는 연구 자금이었다. 자그마치 이해충돌 186건이 연구자금과 관련이 있었다. 상황이 매우 다양해서 매번 결정을 내리기가 너무 어려웠다. 민간 자금을 끌어온 주체가 과학자 연구팀과 연구소일 때 각각 어떤 차이가 있나? 민간 협력자가 몇 명이나 되며 어떤 역할을 하는가? 연구주제를 고려해야만 하는가? 이 주제가 기업의 상업적 이익에 도움이 되는가? 공권력의 태만, 사회의 요구는 등한시한 채 점점 더 산업의 목소리에만 귀 기울이는 연구 정책(11장 참조)을 빼고 이해충돌이 발생하는 이유를 논할 수 있을까? 물질적 원조 중단으로 연구자들이 외부로 자금을 구하러 떠나게 만든데다 연구와 기업의 이해가 맞물릴 수밖에 없게 만든 공권력은 이제 그들이 자초해서 이해충돌이 만연해진 상황을 관리해야만 한다.

그 186건 중 약 1/4이 프로젝트와 관련이 있었다. EFSA의 이사는 여기에 엄청난 모순이 있음을 인정한다. 2017년 베른하르트 우를은 다음과 같이 말했다. "우리는 '호라이즌 2020' 같은 연구 프로그램을 통해 과학자들이 산업과 협력하게 만들었죠. 하지만 산업에 협력한 과학자들이 EFSA의 문을 두드리면 '죄송하지만 이제 더 이상 자격이 없으시네요. 산업과 일을 하셨지 않습니까'하고 거절했습니다. 그러면 사람들이 당황하죠. 과학자들이 산업에 협력하도록 유도한 다음, 신용을 위해서는 살면서 단 한 번도 기업과 이야기를 나눠본 적이 없다고 주장해야 한다니요." 베른하르트 우를은 이에 어떤 조치를 요구하기는커녕 산업과 밀접한 관계의 과학자들이 '규제기관에서 일하기에 충분히 이해관계에서 독립적'이라고 간주되도록 더 많은 관용이 필요하다고 주장한다. 이해충돌에 관용을 끼워넣으려 했을 뿐만 아니라 이 개념의 영향력을 반감시키고 실제 정치적인 문제를 끌어들였다. 만약 이해충돌이 우리가 내린 정의에 따라 '공익과 관련된 판단이 사익에 의해 영향받을 수 있는 상황'이라면, 더 많은 관용은 사익의 기준점을 옮겨 공익의 의미를 수정하고 둘을 비슷하게 만들 위험을 내포한다.

공익을 위해 최선의 결정을 해야 하는 감정 활동에 참여하는 것과 시장의 안정화와 확장을 목표로 하는 기업의 일을 수행하는 것, 이 두 활동의 양립이 가능한가? 이해충돌 관리정책의 존재 자체가 이를 불가능하게 한다. 정책이 상업적 이해와 공공을 위한 의사결정의 분리를 목표로 한다면 기본적으로 그리고 선천적으로 상업적 이익을 해롭고 위험하기까지 하다고 간주하는 게 틀림없다. 하지만 EFSA가 전문가 209명의 이해관계확인서를 분석했을 때도 이러한 생각을 기반으로 했을까? 바로 이것이 우리가 이 경험을 통해 얻은 가장 큰 교훈이다. 이해충돌을 구성하는 요소를 정의할 때는 거름체의 모든 주관적 측면을 동원해야만 한다. 정치사상부터 공익에 대한 이해를 비롯해 과학을 바라보는 사고방식 그리고 기술혁신을 받아들이는 자세까지 말이다. 마찬가지로 산업의 전략과 역사, 그리고 진행 중인 로비활동에 대해 알거나 혹은 모르는 것까지. 다시 말하면 지적편향으로 구성된 주관적 거름체인 것이다.

우리는 이해충돌평가를 위한 보편적이고 재현 가능한 과학적 방법을 제안할 수 있길 바랐다. 하지만 몇 시간 동안 각자의 평가를 대조해보고, 때로는 합의하지 못하고, 의견의 불일치를 해결해보려고 시도하다 끝내 불가능하다는 결론에 이르렀다. 규칙은 그게 무엇이든 간에 언제나 평가자의 주관성에 판단의 여지를 남겨두게 된다. 우리 두 사람도 각자 엄격하게 EFSA의 규정을 적용해봤을 때 같은 결과에 도달하지 못했다. 우리가 EFSA의 기준에 따라 평가했다면 패널 의장 일곱 명과 부의장 세 명은 선출되지 못했을 것이다.

이해관계확인서는 이력서 거름체가 되어야 한다. 하지만 EFSA의 서식은 학술활동의 현실과 맞지 않는다. 이해관계확인서는 몇 년에 걸쳐 계획된 영향력 행사 계책을 막기 위한 안전망 역할을 해주어야 한다. 하지만 현재로선 EFSA를 목표로 하는 기업들의 로비활동 전략에 대비하지 못하고 있다. 우리 보고서는 2013년 10월에 책으로 출간되었으며 제목은 『언해피밀Unhappy Meal』이다. 결산을 해보면 전문가 209명의 절반이 넘는 122명이 이해충돌 상황에 놓여있다. 그중 9명은 패널 의장이고 14명은 부의장이다. 식이제품 영양알러지 패널은 이해충돌 상황에 있는 회원이 스무 명 중 열일곱 명으로 이 패널에서만 103건의 이해충돌이 발생하는 기록을 달성했다. 다른 패널에서는 전문가 한 명이 총 24건의 이해충돌 상황에 속한 경력이 있다.

이상적 이해관계확인서

"오늘날의 만트라는 '이해충돌을 관리할 수 있다'이다." 데이비드 마이클스가 저서 『청부과학』에서 설명했던 내용이다. 하지만 OSHA의 청장으로서 약 10년 동안 규제담당자로 근무했던 그는 가능한 일이라 생각지 않는다. "저는 이해충돌이 관리될 수 없다고 확신합니다. 이해충돌은 제거되어야죠. 걸려 있는 문제가 너무 큽니다. 데이터 해석은 독립적인 판단력이 요구되며 대중은 이런 상황에서 개진된 의견들이 상업적 이해관계에 영향을 받지 않는다는 확신을 필요로 합니다." 그런데 우리가 알기로는 유일하게, 한 기관만이 이 정책을 엄격하게 적용하고 있다.

바로 IARC이다. 의사결정의 청렴성에 대해 몇 년간 이의가 제기된 후, 2005년 부임한 새로운 수장의 추진으로 전면적인 변화가 시작됐다. 새로 제정된 조항은 과학자가 실질적이거나 명백한 이해충돌 상황에 놓여 있는 경우 암의 원인에 관한 종합보고서를 작성하는 전문가 그룹에서 배제한다는 내용을 담고 있다. 하나 또는 여러 개의 이해충돌로 연구에서 제명되었으나 연구에 주요한 도움을 줄 과학자들을 위해서는 '초청 전문가' 부문이 신설되었다. 이 아이디어는 우리 보고서 「언해피밀」의 권고를 그대로 따른 것이다. 이렇게 해당 전문가들은 과학적 사고를 하는 데 기여할 수 있지만 회의에서 투표를 할 권리나 보고서에 개입할 권리는 갖고 있지 않다. 이러한 이유로 IARC가 전 세계에서 유일하게 글리포세이트를 '인체발암성 추정물질'로 분류할 수 있었던 것일까?

설사 모든 공공기관이 이해충돌 '관리'가 아닌 제거를 채택하더라도 여전히 잡아내기 위해 만든 거름체는 있어야 할 것이다. 2000년대 말부터 여러 전문가 집단은 이해관계의 적합한 정의를 내리며 이상적인 이해관계확인서 서식은 무엇일까 자문했다. 물론 관련 기관과 학술지마다 필요로 하는 정보가 다 다르다고 주장할 수도 있다. 분야별로 현저한 차이가 존재한다고 말이다. 충분히 수용할 만한 반론이지만 잠시 제쳐두고 생각해보자. 이상적인 서식을 만들려면 무엇을 더해야 할까? 우리가 'EFSA 실험'을 진행하는 동안 서식의 다양한 결함과 사각지대가 명백히 보였다. 그리고 이론적인 질문이 때때로 실전에서 하게 되는 질문들과 매우 다르다는 사실을 확인할 수 있었다.

이해관계에 대한 이런저런 견해를 면밀히 검토하다 보면 이해충돌 평가에 필요한 정보가 거의 매번 동일하다는 사실을 확실히 알 수 있다. 일치하지 않는 것은 단 두 개 뿐이다. 만약 전문가 또는 논문저자가 '친인척'의 협업을 신고해야만 한다는 것에 모두가 동의한다 해도 친인척의 범위를 정하는 것은 한층 더 어렵다. 배우자와 아이의 친인척도 대상에 들어갈 테지만 사촌 베트나 무조 할아버지는 대상에 포함되지 않는다. 하지만 가족이나 가까운 친인척들과 사이가 좋지 않을 수도 있다. 다음으로 논의해야 할 주제는 바로 신고할 대상의 유효기간이다. 이해충돌은 몇 년이나 지속될까? 일부는 진행 중인 협력만 신고하면 된다고 평가한다. 그렇게 되면 전날 끝난 계약 또는 업무가 배제되기 때문에 이 기간은 적절하지 않다. 학술지는 3년 전의 이해충돌까지 확인하는 편이고 기관의 경우 5년 전까지 거슬러 올라간다. 이들 중 일부는 '쿨링오프 Cooling off'라고 불리는 기간을 적용하기도 한다. 쿨링오프란 과거 활동 시기와 전문가로서 공공기관에 채용된 시기 사이의 일종의 중재기간을 말한다. 독자는 책의 마지막 부분에서 앞서 고찰한 모든 내용과 우리의 경험을 바탕으로 선정한 요소들이 반영된 '이상적'인 이해관계확인서를 통해 우리의 노력을 확인해볼 수 있을 것이다.

이후 미국 국립과학학술원의 의학한림원은 2012년 미국 이해관계확인서 서식의 통일을 요청했다. 또한 모든 분야가 총망라된 이해관계확인서 데이터베이스의 구축을 제안했다. 한림원은 당시 어떤 방식으로 제약실험실에 오픈페이먼트를 시행할지 고민하고 있었다. 2010년 '선샤인 법령'(말 그대로 '햇빛 법'이라는 뜻으로, 이런 유형의 모든 조치들은 현재 '선샤인 법령 류'라고 불린다.)의 일환으로 채택된 오픈페이먼트는 이후부터 제약사가 의사에게 10달러 이상을 지불할 시 모든 내역을 신고하도록 강제했다. 매년 계약부터 식사까지 모든 형태의 지급을 고지해야 하며 위반 시 처벌을 받게 된다. 오픈페이먼트 데이터베이스는 2014년에 온라인화되어 인터넷으로 열람이 가능해졌다. 이 데이터베이스에서 찾아볼 수 있는 의사의 수는 80만 명 이상으로, 이해충돌 전문가인 리사 베로는 "해당 수치는 의학 종사자 거의 전체가 산업과 관계가 있다는 의미"라고 지적한 바 있다. 2015년 탐사보도매체인 프로퍼블리카의 '의사들을 위한 돈Dollars for Docs' 프로젝트에 의하면 제약실험실이 의사에게 지출하는 비용은 총 62억 5천만 달러라는 어마어마한 금액이다. 데이터베이스의 맨 처음에는 스티븐 버크하트라는 정형외과 의사가 등장하는데 그는 4년 동안 6,530만 달러를 받아 맨 첫 줄에 이름을 올리게 됐다.

　프랑스의 경우, 2011년 제정된 법에서 파생된 프랑스식 '선샤인 법령'에 따라 '트랑스파랑스 상떼Transparence santé'(투명성과 건강) 데이터 베이스 구축 허가가 내려졌다. 그러나 미국의 수준에 도달하기는커녕 토론부터 혼신을 다했던 모두에게 쓰린 기억을 남겼다. 마리솔 투렌이 보건부를 이끌던 당시인 2012년, 기업들의 압력으로 제약 실험실의 '이익'(또는 '선물'로 식사, 접대, 숙소, 교통(비), 학술대회, 기부 등)의 신고 기준은 1유로에서 60유로로 높아졌다가 다시 10유로로 낮아졌다. '협약' 내용과 그 금액은 의무공개사항에서 바로 제외됐다. 즉, 모두가 알고 싶어하는 바로 그 내용이 빠져버렸다. '협약'이라는 단어에는 연수 세션을 담당하는 연사 및 컨설턴트, 임상시험의 주요 연구원과 체결한 계약과 관련된 정보가 포함되는 만큼 아쉬운 일이었다. 2012년 독립저널 언론매체 『프레스크리르Prescrire』에 낸 보도자료에서는 이를 두고 '일상적 부패 자격증', '계획된 불투명성'이라며 못마땅해 했다. 법이 적용되기까지 5년이 더 걸렸는데, 그동안 수차례 경각심을 불러일으키는 사건들이 벌어졌다.

포르멩데프협회와 프랑스의료인협회가 프랑스 최고행정재판소 콩세유데타에 제소하고, 회계 감사원에게 따끔한 일침을 가하기도 했다. 2016년 회계 감사원은 "법률 해석에 의해 보수 금액을 기록하는 걸 거부했던 게 가장 큰 문제였다"고 불만을 토로했다. 어쨌든 2014년 6월에 도입된 데이터베이스는 결국 2017년 가을이 되어서야 계약과 계약 금액을 포함하기 시작했다. 해당 법이 공포된 지 6년이나 지난 후다.

데이터베이스 도입이 이렇게까지 늦어진 것은 정부와 제약기업의 무성의한 태도 때문이었으며, 덕분에 제약기업은 재정비에 필요한 시간을 벌 수 있었다. 하지만 당국에 제출할 파일을 공들여서 작성할 시간까지는 아니었다. 이 파일에는 오타와 중복이 가득하다. 결과적으로 '투명성' 데이터베이스에 등록되어 있는 정보는 불완전하다. 2014년 민주주의 베테랑들이 이끄는 시민단체 '시민의 시선'은 가능한 범위 내에서 이 오류들을 고치는 데 몇 주를 보냈다. 이 단체는 총 250만 건 이상의 청탁을 발견했고 그 금액은 약 2억 4,400만 유로에 달했다. 2012년에서 2014년 사이에는 거의 23만 5,500건의 계약이 있었는데 아직까지 그 금액은 알려지지 않았다. 3년 후, 월간지 『알테르나티브 에코노미크』의 로젠 르생 기자를 위해 시민의 시선과 포르멩데프는 데이터베이스를 기반으로 당시 대학병원 소속 의사들 중 77.5%가 산업과 관계가 있다는 연구 결과를 내놓았다.

2016년, 공중보건 교수들과 하버드대학교 및 맥쿼리대학교의 컴퓨터공학 연구원 그룹이 아이디어를 제안했다. 내가 아는 바로는 오늘날까지도 가장 뛰어난 아이디어다. 바로 '세계 공공 이해관계확인서 모음집'을 만드는 것이다. 7년 전 IOM이 제안한 통합 데이터베이스에서 착안해 살을 붙인 아이디어로, 교수 및 연구원들은 이해관계확인서 데이터베이스를 구축하면 이리저리 흩어지고 나뉜 어마어마한 양의 데이터를 하나로 모아 관리할 수 있게 될 것이라고 주장했다. 데이터는 주로 두 가지의 출처에서 나온다. 하나는 학술지에 제출하는 이해관계확인서고 또 다른 하나는 의료단체와 산업단체 사이의 거래자료 모음집으로, 각 단체에서 보유하고 있지만 대중은 접근이 불가능하다. 하지만 미국 선샤인 데이터베이스에 기록되어 있는 자료들은 예외다. 이 제안은 생물의학 분야를 위해 고안된 것이지만 화학, 농화학, 담배, 식품, 기후 등 다른 분야까지 확장하더라도 문제될 일이 전혀 없다. 이를 통해 전문가의 이해관계확인서에서 무지막지한 양의 데이터를 수집할 수 있을 것이다. 대부분의 문서가 국내, 유럽 그리고 국제적인 규제기관과 과학위원회에 의해서 온라인화되었기 때문이다. 그리고 언젠가 선샤인 법령이 제약산업 외의 다른 업계에 적용되는 일도 있을 법하다. 2000년대 초반에 누가 오픈페이먼트같은 시스템이 15년 후에 사용될 것이라 상상할 수 있었을까?

정보를 한곳으로 모으고 완벽함을 추구하는 이런 유형의 데이터베이스에는 과학과 공공의사결정의 무결성을 강화해준다는 장점만 있는 게 아니다. 이 데이터베이스는 전문가, 기관, 관료, 정책결정자 그리고 기자 모두에게 업무의 부담을 덜어주고 업무를 원활하게 수행할 수 있도록 도와줄 것이다. 또한 지금까지 전문가만 열람할 수 있었던 정보에 대중과 시민사회를 대표하는 단체들이 쉽게 접근할 수 있게 해줄 것이다. 결국 이 데이터베이스로 피해를 입는 유일한 관계자는 과학을 판매해 이득을 보려는 기업뿐이다.

13

스파이 임무를 수행 중인
작은 두더지 이야기

EFSA 본부의 9층에서는 파워포인트가 넘쳐흘러 생각까지 잠식하고 있었다. 2013년 6월 5일, 하루 종일 회의실에서 슬라이드가 넘어갔다. 약 열 명 남짓의 책임자들은 스크린을 통해 우리에게 어떻게 이해충돌을 규정하는지 설명해줬다. 법무국장인 더크 뎃켄은 EFSA의 잇따른 독립성 정책의 개정책임자로 전문가들의 이해관계확인서를 걸러내는 '세 꼭짓점'을 소개한다. 바로 '패널의 주제, 패널에서의 역할, 신고된 이해관계'다. 세계적인 프로슈토의 수도, 이탈리아 파르마에서 보낸 몇 시간 동안 서로 다른 입장 차이가 더욱 극명하게 드러났다. 마르탱 피종과 내가 이곳에 온 이유는 원인을 이해하기 위해서였다. EFSA의 독립성 정책에 대해 우리가 쓴 보고서 「언해피밀」은 2013년 10월 '유럽기업감시'

에 의해 발표됐다. 이 보고서 작업의 일환으로 우리는 EFSA의 초대를 받아 기관 본사에 방문하게 됐다. 책임자들은 우리의 질문에 답변하고 이해충돌에 관한 기관의 접근방식에 대해 이야기를 나눴다. EFSA에서는 이해충돌 상황에 처해있는 전문가를 마치 기업의 의뢰를 받아 동료들을 속이고 과학을 남용하는 비밀임무에 파견된 일종의 스파이로 생각하고 있었다.

아무도 없는 사실 검증 사무실

말도 안 되는 이야기다. 그런데 우리 앞에 있던 공무원들은 산업의 전략에 대한 어떤 교육도 받지 않았다. 실제로 그들은 로비활동이 어떤 것인지 어렴풋이 알고 있을 뿐, 현실보다는 B급영화에서나 일어나는 일로 이해하고 있었다. 그들은 농산품 가공 및 농화학 기업들로부터 매일 수십 통씩 받는 이메일은 이해충돌과 관련이 없다고 생각하는 것처럼 보였다. 어떻게 해야 이 공무원들에게 이해충돌을 규제포획 전략의 성과로 이해시킬 수 있을까? 게다가 우리는 유럽기업감시의 '행동하는 연구자' 마르탱 피종이 포획이라는 표현을 사용하자 EFSA 책임자들이 의문스런 눈빛을 띄는 것을 목격했다. 2010년 초반부터 이 기관은 정기적 규제대상인 기업들과의 공모를 이유로 비난받고 있다. 하지만 공모인가 아니면 그저 단순한 무능력인가? 회의실에서 우리를 맞이한 다정한 여성의 이름은 줄리안 클라이너였다. 그녀는 얼마 전 과학 전략 및 연계국장으로 승진했다. 1996년부터 EFSA의 오염물질부서에 들어가게 되는 2004년 3월까지 그녀는 ILSI의 유럽지부에서 수석과학자로 일했다. 농식품가공업계 사이비연구소의 한가운데에서 그녀는 여러 테스크 포스의 업무를 감독하고 연구프로젝트를 총괄했다. EFSA가 덫에 자진해서 걸어들어간 건 아닌지 의문이 들었다.

EFSA의 공무원들은 현실과 동떨어진 견해로 지원자들 중 가장 순수할 것 같은 사람과 가장 부패한 것 같은 사람을 선별하려 애쓴다. 선별의 파도가 한차례 휩쓸고 나서야 그들은 충돌을 탐지하기 위해 이해관계확인서를 들여다보지만 관련 주제에만 집중하고 상업분야와의 관계는 개의치 않는다. 다시 말해 과학자가 기업으로부터 자금을 후원받는 기구에서 일하고 있어도 그가 속한 패널의 임기 내에 해당분야의 주제가 걸리지만 않으면 뽑힐 수 있다는 얘기다. 우리는 「언해피밀」 보고서에서 이 논리의 좁은 시야를 설명하기 위해 가상의 전문가와 가상의 패널인 '미스터 빈'과 패스트푸드 패널을 만들었다. 실다비아대학교의 비만연구 학과장인 미스터 빈은 패스트푸드 체인 중 하나인 '패스트빅'에 탄수화물 섭취에 대한 컨설팅 서비스를 제공한다고 고지한다. 하지만 패스트푸드 패널은 엄밀히 말해서 탄수화물 문제를 다루지 않기 때문에 EFSA는 미스터 빈에게 이해충돌의 여지가 있다고 간주하지 않는다. 이렇게 해서 그는 패널의 일원이 될 수 있다. 그렇다면 패널 의장이라고 못 될 이유가 있을까? 잠깐 핀트가 엇나갔지만, 우리의 종합 평가에 의하면 EFSA는 소속 패널 중 약 60%의 전문가가 이해충돌 상황에 놓여있는 상태다.

하지만 마르탱 피종과 나는 그날 또 다른 사실을 깨닫게 된다. 우리가 몇 주 동안 209개의 확인서에서 800개 이상의 이해관계를 한 줄 한 줄 검증하고 분석했던 고된 업무를 하는 사람이 EFSA에 단 한 명도 없었다. 신원, 타이틀, 직무와 같은 기본정보 외의 서식에 적혀있는 정보들이 정확하고 완전한지 확인하지 않는다. 사실확인과정이 없기 때문에 누구나 속한 단체를 비영리 단체로 적을 수 있다. 설사 영리 목적을 추구하는 기업들이 자금을 대는 로비단체(위장단체, 사이비연구소, 가짜 학회 등) 대부분이 법률상으로는 '비영리'라고 하더라도 말이다. ILSI 유럽지부가 그 예다. 이 단체와 EFSA 사이의 서북한 관계의 시작은 기관이 설립된 2002년으로 거슬러 올라가야 한다. 프랑스 국립농업연구소에서 연구를 담당하는 사회학자이자 정치학자인 다비드 데모르탱은 당시 여덟 명의 관료가 속한 소규모 업무팀 소속이었다. 그는 "전문가 위원회를 어떻게 '만들고' 어떤 네트워크를 기본으로 삼으면 되는지 아는 고참에게 의지할 수밖에 없었다"고 이야기한다. 이 기관의 설립에 고고학적으로 접근했던 그는 EFSA가 '어떤 유형의 전문성을 편입시킨다면' 이는 '설계에 따른 것'이라고 설명한다. 이후에도 이런 과정이 '반복된다.' 실제로 제라르 파스칼은 ILSI의 절친한 동반자로, 지금은 은퇴하고 해당 업계 기업들을 위한 컨설턴트로 활동하고 있다. 그는 EFSA가 2003년 패널 지원자 1,050명을 평가할 때 호출한 외부 지원군 중 하나였다.

정보가 너무 빈약해 협업 내용 파악이 어려운 건 차치하고서라도 이해관계확인서에는 누락된 사실이 너무 많다. 탐정만이 협업 내용이 부족하다는 걸 알아차릴 수 있는 건 아니다. 단지 '전문가 아무개'라고 검색엔진에 이름을 넣어보기만 하면 된다. 마르탱 피종과 나는 209명의 전문가 중 다섯 명의 이름으로만 실험해봤는데, 다섯 명 모두 우리가 보기에 의미 있는 내용들을 누락했다. 여기에 '이해관계 확인'이나 '고지'

같은 키워드를 덧붙이면 EFSA의 서식과 동일한 유형이 빠르게 검색된다. 하지만 타기관용 서식이며 더 많은 정보를 포함하고 있을 때도 있다. 식이제품 영양알러지 패널 NDA의 일원인 수잔 페어웨더테이트는 기업을 대상으로 한 여러 컨설팅 활동을 고지했지만 기업의 상호는 밝히지 않았다. EFSA에 제출한 이해관계확인서에는 '비밀'이라고 명시했으나 스칸디나비아 전문가위원회(북유럽 영양권고, 2012)에 제출한 이해관계확인서에는 기업명을 기입했다. 그 기업들이 중소기업은 아니었다. 그녀는 유니레버, 다논 그리고 제약기업인 글락소스미스클라인GlaxoSmithKline 외에도 코카콜라를 위한 실험의 주요 연구자이기도 했다. EFSA은 다른 서식들이 코앞에 있고 이를 클릭 한 번으로 다운받을 수 있는 것을 알고 있지만 결코 자사 서식과 이를 비교해보지 않는다. 더크 뎃켄은 "우리는 전문가들의 청렴성을 심문할 권한이 없습니다"라고 정당화한다. 2002년 기관 설립 시 만들어진 규정은 관련 문제를 다루고 있지 않다. 하지만 28-4조를 보면 "과학그룹은 독립적인 과학자들로 구성되어야 한다"고 명시되어 있다. EFSA의 독립성 정책은 더크 뎃켄과 그가 이끄는 법무국이 내부적으로 고안한 것으로 청장이 계속해서 수정할 수 있으며 이사회에서 채택한다. 법률적 관점에서 EFSA가 이해관계확인서의 사전검증 의무를 도입하지 못할 이유가 하나도 없다. 대형기구들 중 오직 WHO만이 이런 유형의 조치를 미리 마련해 둔 것으로 보인다. 이해관계확인서 평가자 지시사항에 따르면 'WHO와 해당 전문가의 평판을 해칠 가능성이 있는 모든 사회적 논란과 이해관계를 파악하기 위해 정보를 모으는 것'(예를 들어 인터넷 또는 미디어에서)이 권장된다. 이 규정집 뒷부분에는 이해충돌 상황에 놓여있거나 또는 그럴 가능성이 있다고 여겨지는 전문가들과 'WHO의 명성에 흠집을 낼 수 있는' 논쟁과 관련이 있는 전문가의 경우, 선출을 삼가는 것이 바람직하다고 명시되어 있다. 이때 평가담당팀에서 각각의 후보에 대해 '이전에 WHO의 동일 부서에서 기획한 다른 회의 때 제출한 이해관계확인서와 대조'하며 인터넷 검색을 하는 것을 전제로 한다.

프랑스에서는 국가보건최고위원회만이 투명성 촉진 사이트 '트랑스파랑스 상떼' 온라인 데이터베이스의 데이터로 이해관계확인서의 내용이 일치하는지 검증하고 있다. 하지만 소규모 표본을 대상으로 단발적으로 이뤄진다. '보건감정 관련 이해충돌 예방'에 관한 2016년 보고서에서 프랑스 회계감사원은 이해관계확인서를 통제하는 메커니즘이 여전히 부족하다고 한탄했다. 감사원장들도 자체적으로 여러 기관의 이해관계확인서 약 3천 건을 감독했는데 그중에는 국가보건최고위원회와 ANSM도 포함되어 있었다. 이상 비율이 22%에 달했고 대부분 존재하지 않는 (즉 한 번도 기입된 적 없는) 이해관계확인서와 연간 업데이트 누락 때문이었다. 2011년 프랑스 보건안보강화법에는 형사처벌 규정이 있다. '데이터를 업데이트하지 않기 위해 고의로 이해관계확인서를 작성하지 않거나 수정하지 않는 행위 또는 이해관계확인서의 진정성을 해치는 거짓 정보를 제공하는 행위'는 3만 유로의 벌금형을 받을 수 있다. 하지만 모든 게 '고의성'에 달렸다. 무엇이 무의식의 영역에 속하는지 확실하게 이야기할 수 없는 것과 같은 이유로 한 사람의 의도를 탐구해 '고의'의 흔적을 찾기란 불가능하다. 적합한 조세행정부처의 자료에 접근하지 않는 한 말이다. 컨설턴트 데이비드 커클랜드는 고객들에게 대금을 청구하기 위해서뿐만 아니라 세무감사 때문에 업무시간을 정확히 기록한다고 설명해준 바 있다(9장 참조). 비단 그뿐만이 아닐 것이다.

　이미 확인했듯, 투명성 규정을 준수하지 않는 건 학술지도 마찬가지다. 이 경우 순진함, 거짓말, 방조가 '비정상'의 기반을 형성한다(6장 참조). 과학계 전체가 동료를 감시한다는 생각을 꺼린다. 이 행위가 마치 '은연중에 동료들의 부패를 의심하는 방법'처럼 느껴지기 때문이다. 2006년 『미국의학협회지』의 편집장이었던 캐서린 드앤젤리스는 "제가 무슨 FBI인가요!"라며 항의했다. 그런데 공공기관과 달리 그녀는 6천 편의 원고를 받아 관리가 불가능할 정도로, 다시 말해 연간 최소 6천 편의 이해관계확인서를 받는다는 걸 구실로 삼을 수 있었다. "저는 의학 박사학위를 가지고 있는 거지 예지력으로 학위를 딴 건 아니라서요. 제겐 다른 사람들의 정신, 마음, 영혼에 뭐가 들어있는지 알 수 있는 능력이 없습니다." 공공기관에서도 소속 패널의 구성을 확인해야 하는 법적 의무가 있음에도 불구하고 이를 내키지 않아하는 분위기를 읽을 수 있었다. 200편의 이해관계확인서에 들어있는 정보를 확인하는 건 인간적으로 가능한 일인데도 말이다. 우리는 「언해피밀」 보고서를 위해 그 작업을 둘이서 했다. 비밀경찰을 결성하자는 게 아니다. 단지 이 일을 할 수 있도록 공무원들을 교육시키자는 것뿐이다. 그렇게 하는 곳이 어디에도 없다. 하지만 갑자기 이력서를 거르는 거름망이 될 수 있는 것도 아니다.

　유럽연합의 모든 기구에 매우 불유쾌한 보고서에서 회계감사원은 이해충돌에 관한 '완벽하고 의무적인 교육'의 필요성에 대해 강조했다. 이 기관에 따르면 어떤 기관도 이해충돌을 '적절한 방식으로' 관리하지 못하고 있다. 「언해피밀」에서 우리는 이해관계확인서의 검증 및 분석을 기관 내의 전담인력에 맡겨야 한다고 권고했다. 또는 업무를 외부에

위탁해 회계감사원의 원장들이 수행해야 한다고 주장했다. 프랑스의 일부 기관에서는 직원들이 어려운 상황에 처했을 때 '윤리감사원'의 힘을 빌릴 수 있다. 2017년 프랑스 국회에서 유럽연합이 이해충돌 예방을 담당하는 독립기관을 설치해야 한다는 의견이 제시됐다. "이 기관은 직업윤리와 이해관계확인서를 철저히 검증하기 위한 자문역할을 맡게 될 것이다. 또한 수사권과 행정처벌권을 가져야 한다. 조약에 따라 정해진 직업윤리 규정을 심각하게 위반한 경우 이 기관에서 유럽 위원회 또는 유럽이사회에 사법재판소에 제소하라는 요청을 할 수 있어야 하니 말이다."

그러므로 유럽의회는 회원국 공공기관의 이해충돌을 통합관리하는 것이 얼마나 유용한지 고민해봐야 할 것이다. 실제로 EFSA는 '기준회원국'이라고 일컬어지는 국가에 사건을 위임한다. 예를 들어 글리포세이트의 경우 몬산토와 동맹기업들이 제출한 재승인 요청 건을 엄격하게 검토하는 일을 담당했던 건 바로 독일연방위해평가원, BfR였다. BfR도 소속 전문가들에게 이해관계확인서를 작성하게 했지만 BfR 농약 패널에 농화학기업 직원이 세 명이나 참여하는 것을 막을 수는 없었다. 두 명은 바스프 소속이었고 한 명은 바이엘 소속이었다. 번갈아가며 이 정도의 비율을 유지하는 것 같았다.

이제 전문가들이 EFSA 패널에 참여하는 것을 꺼린다는 소문이 들린다. 자신의 이름을 신문 일면에서 보게 될까 불안해한다는 소문과 함께 말이다. 사실이기는 할까? 유럽의 기관들이 갖고 있던 꽤나 고질적 문제가 역전된 상황에서 EFSA는 악명을 떨치게 된 원인을 NGO와 기자들의 탓으로 돌린다. 산업과 연계된 전문가들을 선별한 유일한 책임자이자 대중의 불신과 조사 앞에 이들을 던져놓은 장본인이라는 사실을 잊어버린 것처럼 말이다. 마르탱 피종이 말한 것처럼 전문가가 이해충돌 상황에 처했다면 이는 그저 '고용 실수'일 뿐이다. EFSA는 잊고 있는 듯하지만 때때로 불신과 몰이해 사이에 갇혀 예산삭감 투표에서 비판을 무시하는 태도로 매년 유럽의회의 지탄의 대상이 되곤한다. 2012년 유럽의회 의원들은 심지어 이해충돌 관리가 제대로 되지 않는다는 비판을 받고 이 투표를 6개월 미루기까지 했다. 2018년 3월에도 유럽의회 위원들은 결의안을 채택하며 우려를 표했다. "EFSA가 유럽의회의 반복적인 요청에도 불구하고 2년간의 휴지기가 적용되어야 하는 이해관계 목록에 연구자금 조달을 포함하지 않고 있다. 연구비 조달이 EFSA의 외부 전문가들의 가장 빈번한 재정적 이해충돌 원인이라는 사실을 알면서도 무시하는 처사다."

'윤리'적 성찰이 부족해 현실과 '유리'된 상황에서 EFSA가 시작한 연속적인 개혁들과 반복된 스캔들이 결국 '유럽기업감시'와 같은 NGO들의 사기를 완전히 꺾어버렸다. 그들은 EFSA의 책임자들과 나눈 에너지 넘치는 대화가 건설적이라고 생각했었다. 2016년 초, EFSA는 커뮤니케이션 국장인 안로르 가생에게 작별인사를 고했다. 그녀는 십여 년도 더 전에 '유럽영양 커뮤니케이션 및 과학규제 사무국장'으로 켈로그에서 일했었다. EFSA는 그녀의 후임으로 농식품가공업계 로비단체인 영국식음료연합의 수석 과학자, 바바라 갈라니를 선택했다. "해도 해도 너무하지 않습니까." NGO들이 큰 혼란에 빠져 항의했다. "이번 고용 건은 좋게 말하면 EFSA가 자신의 정치적 환경을 이해하지 못한 것이고, 최악의 경우본 기관이 규제하는 업계의 독립성을 유지하는 데 관심이 없다는 걸 보여준 겁니다. 어찌됐든 간에 이 결정은 얼마 남지 않은 신뢰성마저 다 깎아 먹었죠." 하지만 곧 EFSA가 한술 더 뜨는 걸 보게 될 것이다.

늘 제자리인
직업윤리 문워크

규제기관, 하물며 EFSA의 역할은 공공의사결정에 힘을 보태고 그 결정의 무결성을 보호하는 것이다. 규제기관들이 결정을 내리면 학술지들이 간접적으로 보조를 맞춰 제약사항을 의무화하는 것 또한 가능하다. 하지만 규제기관이 설치해놓은 보호막은 턱없이 부족하다. 유럽뿐만 아니라 다른 곳에서도 규정이나 복잡한 서식들은 늘어만 가는데 그 어떤 곳도 이해충돌을 제대로 관리하는 데 성공하지 못했다. 대부분의 경우 투명성이면 충분하다. 일단 보고가 되면 이해충돌이 저절로 소멸하는 것처럼, 마치 전문가들의 이해관계확인서를 온라인에 게재하는 것이 이해충돌 관리정책과 동등한 효과를 낼 때처럼 말이다. 또한 투명성이 그 자체로 목적인 것처럼 말이다. 하지만 사실 투명성은 현대 민주주의 사회에서 대중이 요구할 수 있는 최소한의 권리다. 여기까지 오는 길이 참 멀었다. 2008년에 런던에 본사를 둔 관련 외부 전문가들 4,625명의 이해관계확인서를 검토하길 바라는 모든 사람들에게 도버해협의 해저터널을 건너 영국으로 올 것을 권했다. 이 이해관계확인서들은 종이문서로만 존재했고 EMA는 문서들을 스캔할 계획이 없어 보였다.

"이해관계확인서 조치가 정치권에 매력적인 이유는, 이 조치로 이해충돌 문제가 실재한다는 걸 인정하되 최소한의 규제만 적용하면 되는 데다 더 복잡한 조치를 실행하는 것보다는 비용이 훨씬 적게 들기 때문이다." 이 사실을 주장한 미국 과학자 세 명(데일리언 케인, 조지 로웬스타인, 수니타 사)은 2000년대부터 투명성의 역효과를 연구했다. 그들의 연구는 일단 이해충돌 상황이 알려지면(과학자이든 아니든 간에) 개인에게 있어 도덕적 면허효과가 나타난다는 걸 보여준다. 이는 '자신의 편향적 성향은 이미 공개됐으므로 편향적인 의견을 개진해도 문제가 없다고 무의식적으로 생각하는 것'이다. 즉, 이해관계확인서가 면죄부와 대등한 가치를 지닌다는 말이다. 일반적으로 억제 효과를 보리라 기대하겠지만 사회심리학에 따르면 오히려 이해충돌의 일반화를 조장하는 자기합리화 효과가 나타난다고 한다. 하지만 여러 기관의 독립성 정책의 변화를 10년 이상 지켜보니, 이해관계확인서를 공개하는 기관들 또한 자기합리화 효과와 관련이 있다는 인상을 받았다. 실제로 기관들은 정책을 세우면서 동시에 특례사항과 예외조항을 만들어내고 완화하기 일쑤였다. 일관성 있는 정책을 제정하지도 않고, 이를 충실히 이행하지도 못한 채 직무유기 현행범으로 적발되면 변명부터 쏟아내기 시작하면서 말이다. 말하자면 문워크 스타일로 말이다. 문워크는 마이클 잭슨에 의해 인기를 얻은 댄스 스텝으로, 이 안무의 원리는 뒤로 가면서 앞으로 가고 있다는 느낌을 주는 것이다.

　가장 진부한 변명은 다음과 같다. 산업은 가장 우수한 과학자들과 일을 하므로, 가장 우수한 사람들에게 도움을 청하면 필연적으로 산업과 이미 관계가 있는 사람들이라는 것이다. 이 논리에 의하면 결국 기업들과 관계가 없는 이들은 무능하다며 바보 취급하는 것이나 다름없다.

산업과 관계가 없는 것이 하나의 지표, 더 나아가 자격 미달의 증거일 수 있다는 뜻이다. 2006년 상원에서 당시 프랑스 제약산업 로비단체인 프랑스제약협회Leem, Les entreprises du médicament의 부회장 대행이었던 베르나르 르무안은 토씨 하나 틀리지 않고 다음과 같이 말했다. "전문가의 완전한 독립성은 무능력의 증거다." 이 발언은 협회장인 필리프 라무르에 의해 재활용됐다. "이해충돌이 없는 전문가는 매력이 없다." 산업이 이해충돌 요소에도 불구하고 관련 전문가들을 공식위원회에 선발해야 한다고 주장하는 것과 공권력이 이 주장에 동조하는 것은 완전히 별개의 문제다. 그런데 그 일이 실제로 일어나고 있다.

"제약업계와 아무 관련도 없는 전문가를 원한다면 전문가의 역량을 문제 삼게 된다는 걸 짚고 넘어가야겠네요." 2013년 프랑스 국립암연구소장으로 임하여, 당시에는 아직 프랑스 보건부 장관은 아니었던 아녜스 뷔쟁이 했던 말이다. 이는 오히려 규제환경에서 지배적인 의견이 무엇인지 보여주는 발언이었다. 그녀는 이렇게 덧붙였다. "전문가의 독립성이 강조되면 아무도 전문성에는 관심을 갖지 않는 것 같습니다. […] 제약산업과 어떤 관계도 맺지 않고 있는 기관소속 전문가들을 영입하기 시작했습니다만, 그들은 그 어떤 '보드board'에도 속해있지 않기 때문에 결국 제약산업에 대한 그들의 전문성은 어떨까 자문하게 되죠." '보드'라고 하면 바로 과학자문이사회(또는 대등한 단체)를 말하며, 이곳에서는 과학보다 전략이 더욱 관건이다. 자문활동이 이곳에 둥지를 튼다. 참석 배당금은 유럽 기준으로 하루에 2천 유로다. 어쨌든 새로운 연구를 위해 꿈꾸는 직책은 아니다.

해당 논리는 의심스러운 만큼 설득력이 없는데도, 이 주장에 얽매인 관료들은 자기 자신에게 잘못된 방향으로 질문을 던지는 것 같다. 그렇다면 기업과의 관계가 능력에 대한 보증수표인 걸까? 미셸 오비에가 토탈사로부터 매년 받았던 10만 유로는 그의 호흡기학 능력을 증명하는 걸까? 상업적 이익으로 인해 판단이 흐려진 과학자가 공익을 위한 임무에도 유능할까? 오히려 공중보건에 관한 의사결정에 참여하기 위한 진정한 능력이 무엇인지 고민해야 하는 게 아닐까?

2011년 프랑스 국가보건최고위원회는 알츠하이머 치료를 위한 모범의료행위지침을 철회했다. 지침작성을 담당한 위원회에 소속된 여러 전문가들이 알츠하이머에 처방된 약을 판매하는 제약회사와 협업한 내용을 고지하지 않았기 때문이다. 이뿐만 아니라 이해충돌이 너무나 심각하여 위원회의 규정을 위반하기까지 했다.

포르멩데프는 위원회를 프랑스 최고행정법원에 제소했다. 그 목적은 '오직 환자 및 의료종사자들을 위한 의료교육의 독립성을 장려한다'는 자신들의 목표를 채택하도록 하는 것이었다. 프랑스 오트비엔주 파나졸 코뮌의 일반의이자 포르멩데프의 회원인 필리프 니코는 네 종류의 의약품 사건을 재검토하는 일에 자원했다. 그는 무게가 24kg에 달하는 자료와 단 둘이 6주 동안 씨름했다. 의료기관 재직의사들과 같은 교육을 받아 과학 데이터를 이해하는 데 전혀 무리가 없던 이 '한낱' 일반의의 독립적인 감정 평가에 대한 응답으로 국가보건최고위원회는 이 의약품들의 임상편익수준을 '상'에서 '하'로 강등시켰다. 동시에 약품들의 임상편익개선수준ASMR, amélioration du service médical rendu이 '약간의 개선'에서 '개선사항 없음'으로 바뀌었다. 결과적으로 금액의 30%가 하락했으며 마찬가지로 처방도 30%가 감소하여 연간 1억 유로가 절감됐다. 필리프 니코는 '완전히 독립적'인 인물이었는데 그렇다고 그가 무능력했던 가?

　능력이라는 조커 패를 낸 이유는 자명하다. 바로 기관들이 독립적인 과학자들을 찾는 데 어려움을 느끼고 있기 때문이다. 카트린 지슬랭 라네엘 전 EFSA 청장은 "우리가 만약 자금을 지원받았던 모든 전문가들을 다 배제해야만 했다면 남아있는 선택지가 별로 없었을 것이다"라고 말했다. 살아남기 위해 민간 자본에 의존적일 수밖에 없었던 공공연구 또한 이해충돌 상황에 처하는 일이 거의 일상다반사가 되었다. 그런데 모든 게 다 '거의'의 확률이다. 2013년 EFSA 패널 전문가들의 58%가 이해충돌 상황에 처했다면 42%는 그렇지 않았다는 뜻이다. 미국에서 생활과학 연구자 300명 이상을 대상으로 수행한 연구에서도 비슷한 비율을 보여줬다. 53%가 산업과 협력했고 47%는 아니었다. 따라서 독립적으로 활동하는 전문가가 희귀종은 아니다. 어떤 이해충돌의 여지도 없는 전문가들만 선택하는 게 불가능한 일은 아니라는 뜻이다. 국제연합 산하의 IARC가 2005년부터 이를 잘 지키고 있다.

　또 다른 변명은 희귀분야의 유능한 전문가들이 부족하다는 것이다. 극소수 희귀병의 경우, 이 귀한 의사들이 공공감정평가에 없어서는 안된다는 얘기를 몇 번이나 들어야 했던가? 그런데 왜 하필 그들의 연구에 자본을 대겠다고 나선 곳이 제약기업이란 말인가? 때로는 이처럼 비극적인 상황에서라면 조금의 융통성을 발휘해도 되지 않을까? 극소수 희귀병 또는 불치병을 볼모로 하는 거짓말은 수업을 하루 땡땡이친 평범한 고등학생이라면 누구나 한번쯤 핑계로 대본 적 있는 "할머니께서 돌아가셨어요"같은 말과 다름없다. 상대방의 말문을 막히게 하는, 이론의 여지가 없는 결정적인 논거다. 게다가 이 협박은 산업이 자사제품의 판매를 허가받기까지의 시간을 단축하기 위한 도구로 이용된다. 예를 들면 유럽제약산업협회는 뻔뻔스럽게도 "환자들은 안전하게 죽는 게 아니라 약이 필요합니다"라고 말했다. 2016년 회계감사원은 결국 이해충돌 예방을 위한 정보제공용 보고서에서 공식적으로 짜증을 드러냈다. 물론, 회계감사원장에 의해 '고도로 전문적인 분야에서 유명한 임상의사들'이 얼마나 부족한지 상세히 설명하라는 독촉을 받은 기관들은 대답할 수가 없었다. 회계감사원이 기록하길, 그들이 주장하는 인력부족의 경우, 감사나 잇따른 반론에도 결코 관련 증거가 제시된 바 없다.

마지막 대미는 바로 집단체제의 마법이다. 이번 변명은 예방조치가 마련되어 있다는 논리로, 비열한 기업들이 스파이로 보낸 전문가 이야기—실제로 매우 널리 퍼져있는—가 항상 따라다닌다. 이 이야기에서 돈에 매수된 스파이의 교활한 계획은 결국 그의 위원회 소속 동료들의 통찰력 덕분에 좌절되고야 만다. 동료들 사이 박식한 토론을 거친 끝에, 짠! 이해충돌로 편향된 의견을 무찔렀다! 이런 시나리오*가 내포하고 있는 모든 내용이 얼마나 평범한 현실과 동떨어져있는지 이해하는 데는 감정 평가에 참여했던 과학자들의 이야기를 듣는 것으로 충분하다.

이번에도 예외 없이 무의식이라는 개념이 물거품처럼 사라져버렸다. 그 다음으로 일상적으로 수행되는 감정 평가 업무에 대한 이해가 부족하다. 감정 평가 업무는 엄중할 것이라고들 상상하지만 업무를 수

---

* ANSES, Afssaps/ANSM, 생명공학최고위원회(HCB), 프랑스공중보건부, EFSA, 유럽 위원회 과학위원회, 각 국가 국립과학위원회의 패널에 소속된 전문가들을 대상으로 십 년 동안 취재한 끝에 확인할 수 있었던 내용이다.

행하는 과정은 변칙적이다. 각 서류 뭉치의 무게가 수 킬로그램이 넘고, 본 업무 활동 외에 종일 며칠씩 시간을 할애해야 할 때는 일을 배분한다. 대체로 한 명이 안건 한 개를 몰아서 맡는다. 때로는 단 한 명의 패널만이 주제가 무엇인지 이해하고 있는 경우도 있다. 다른 사람들은 능력이 있다고 생각되는 소수의 사람에게 판단을 의지하고 맡긴다. 이게 바로 동료의식이라고 부르는 것이다. 마지막으로 사회의 여느 집단에서도 마찬가지지만, 집단 역학이 전문가 위원회를 관통하면 그 어떤 방법으로도 권위주의적 기질이 강한 사람이 자신의 견해를 강요하는 상황을 막을 수 없다. 보통은 쉬쉬하거나 거의 언급되지 않는 일이지만, 2014년에 프랑스 국립보건통제센터InVS, Institut national de veille sanitaire 직업윤리위원회는 그 일을 해내고야 말았다. "한 기관에서 논쟁을 할 때 이해관계가 있든 없든 간에 일부 사람들이 권력을 잡고 의장의 방해 없이 토론을 이끌어간다는 사실을 간과하지 않아야 한다."

이 변명 꾸러미에 대한 마지막 확인사항이다. 과학 감정 평가라는 작은 세계에서는 대중들의 의견은 결코 묻지 않은 채 사회를 위한 결정을 논한다. 규제기관들은 자신들이 채택한 내부규정에 의해 또는 관행을 통해 무엇이 능력이고 무엇이 이해충돌인지 결정한다. 그리고 전문성을 구실로 나머지 사람들을 의견도 갖지 못하는 바보로 취급할 뿐만 아니라 문제를 결정하는 토론에 참석하는 걸 방해한다. 훗날 그 영향을 겪게 되는 당사자들임에도 불구하고 말이다. 그러나 시스템 탓만 할 수는 없다. 전문가들도 이 문제와 무관하다고 할 수 없다. 이해관계확인 정책시행에 저항하고 있는 주요 관계자가 바로 그들이기 때문이다.

이해충돌에 대한
정신병리학적 분석

이해충돌은 항상 내가 아닌 다른 누군가의 이야기다. 이 말에 따르면 이해충돌 소지가 있는지 질문해야 하는 마지막 사람은 나 자신이 된다. 그런데 전 세계 학술지와 기관에서 이해관계확인서는 당사자 신고가 원칙이다. 다시 말하면 전문가의 통찰력, 정직함, 기억, 진정성, 그리고 무의식에 대한 완벽한 통제를 근거로 삼는다. 따라서 이 조치는 명예제도이며 서식에 기입한 정보들의 정확성과 철저함은 오로지 서식 작성자의 인격에 달렸다. 이는 왜 많은 이해관계확인서들이 정확하지도 철저하지도 않은지 설명해준다. 하지만 그렇다고 해서 전문가의 정직성이 도마에 오른다는 의미는 아니다. 이해충돌 문제는 정직 또는 불성실 여부와 아무런 관련이 없다. 정직하고 솔직하면서 동시에 이해충돌 상황에 처하는 일도 충분히 가능하다. 모두가 완전히 틀렸다고 말하는 것을 진실이라고 생각해 진심으로 옹호하는 경우처럼 말이다. 인류 역사상 그런 예는 차고 넘친다. 지금까지 많이 다룬 이 무의식의 역사를 마지막으로 자세하게 들여다보자.

이제는 고전이 되어버린 소규모 연구가 있다. 연구원들이 캘리포니아대학교 의과대학 인턴 100명에게 볼펜과 같은 소소한 판촉물이 처방습관에 미치는 영향에 대해 물었다. 압도적 다수인 84%가 그들의 동료에게 영향을 미칠 수 있다고 답했다. 하지만 자기 자신에 대한 관점은 매우 달랐다. 단 39%만이 본인의 처방이 판촉물에 영향을 받았을 수 있다고 인정했다. 그러니까 많은 의사와 과학자들이 자기 자신은 기업의 영향으로부터 면역이 되어있다고 생각한다는 얘기다. "그들 스스로 엄청나게 유능하다고 생각한다. 왜냐하면 자신들이 의사니까." 2007년의 첫 만남에서 의사인 필리프 푸크라스가 내게 설명해줬던 내용이다. 그는 3년 전 포르멩데프 협회를 만들고 프랑스에서 이해충돌이라는 개념을 확산하는 데 크게 기여한 사람이다. 그는 재치 있게 덧붙였다. "어느 날 저한테 그러더군요. '당신은 히포크라테스 선서를 했잖아!' 제가 광고와 정보를 완전히 구별할 수 있게 해주는 은총을 받았다는 거죠. 이는 전혀 사실이 아닙니다. 사회심리학 연구에 따르면 본인이 안전하다고 안심할수록 영향에 더욱 취약할 수 있다고 합니다." 실제로, 갑상선 기능저하를 진단할 수 있는 능력과 베르크 제약회사가 계산한 카르파치오의 영향력에 철통방어 태세를 유지하는 것은 완전히 다른 문제다. 마찬가지로 한 과학분야의 학위가 모든 지식에 대한 학위도 아니며, 똑똑하다고 해서 비판적 사고를 할 수 있는 것도, 본인을 노린 조작을 피할 수 있는 것도 아니다(현명하지 않아도 학위를 받을 수 있고, 그 반대의 경우도 가능하지만 이건 또 다른 얘기다). 단지 자유의지의 박사학위가 존재하지 않을 뿐이다. 바로 이 부분에서 무의식이 등장한다.

2017년 4월, 몬산토와 글리포세이트를 상대로 제기된 소송에서 존 아쿠아벨라의 증언을 들을 수 있었다. 존 아쿠아벨라는 몬산토 농약을 변호하기 위해 학술지『독성학 비평』에 발표된 논문 중 한 편을 대필해달라는 제안을 거절했던 과학자다. 이 논문의 저자들은 몬산토의 글리포세이트 전문가그룹의 일원들로, 제품방어사무소 인터텍을 통해 고용되어 급여를 지급받았다(8장 참조). 원고 측 변호사인 마이클 밀러의 질문에 몬산토의 전염병학자로 일했던 그는 이렇게 대답했다. "몬산토는 인터텍 패널의 (문헌) 검토 작업에 자금을 댔습니다. 전문가들은 입수 가능한 학술문헌을 최대한 완전히 독자적인 평가를 하는 대가로 보수를 지급받았습니다. 제 경험으로 비추어 보았을 때, 검토를 위한 자금을 대면서 요구하는 사항은 늘 이렇습니다. 그들이 기대하는 건 바로 독립적인 전문가의 의견이죠." 존 아쿠아벨라는 기업으로부터 자금을 지원받는 것과 독립적으로 연구하는 것이 상반된다는 커다란 모순을 전혀 마음에 두는 것 같지 않았다. 그가 강조하길, "우리 패널은 후원자로부터 독립적이었습니다. 우리는 물론 이 일이 몬산토 기업으로부터 후원 받는다는 사실을 인식하고 있었지만, 우리 전염병학 패널의 연구가 후원자와 무관하게 수행되도록 배로 노력을 기울였습니다." 하지만 마이클 밀러가 그에게 당신과 패널의 다른 일원들은 몬산토로부터 보수를 받는 컨설턴트라고 반박했다. "아시다시피 당신이 개인의 신용을 떨어뜨리려고 사용하는 이런 수식어들은 우리가 생산하는 과학의 품질과 아무런 관계가 없습니다." 눈에 띄게 감정이 상한 존 아쿠아벨라는 어느 때보다도 진지했다. 그는 정말로 후원을 받은 연구로 보수를 지급받더라도 여전히 공정한 과학자로 남을 수 있다고 생각한다. 마치 사람들이 '박사님'이라고 불린다는 이유로 자신을 더욱 신뢰하는 것처럼 말이다.

　이 현상에는 이름이 있다. 사회심리학 연구에서는 1950년대부터 이 현상을 '인지 부조화'라고 부르고 있다. 이 표현은 우리의 생각 또는 행동이 우리가 기존에 갖고 있던 사고, 믿음 또는 가치(혹은 인식)와 불일치할 때 느낄 수 있는 심리적 불편함을 가리킨다. 이러한 상태에서 벗어나기 위해 우리는 무의식적으로 둘 사이의 논리적 일관성을 구축해 모순을 해결하려 애쓰는데, 자아가 걸려있다면 이 노력이 더욱 커지게 된다. 우리 모두가 경험해본 적이 있는 '인지부조화'의 예를 들어보자. 우리는 새끼 양과 새끼 돼지를 귀엽다고 생각하면서 양갈비구이를 먹고 바게트 조각에 돼지고기 반죽을 올려 먹는다. 이 '육식의 역설'에 쩔쩔매면서 우리가 먹는 동물들이 고통 속에서 죽임을 당한 것에 대해 자기합리화를 할 온갖 구실을 찾는다. 수잔 치모나스와 그의 컬럼비아대학교 동료들은 최초로 제약산업 판매원, 즉 영업사원의 영향력과 자신들의 처방 및 의료행위를 양립시키기 위해 의사들이 사용하는 무의식적인 전략을 탐구했다. 이렇게 해서 연구원들은 영향력을 부정하고 최소화하려는 심리기제가 작용하는 것을 확인했다. 의사들은 이해충돌을 생각하는 것을 피하고 산업과의 관계가 의사로서의 행동에 영향을 미친다는 사실에 동의하지 않는다는 입장을 밝히며 문제에 대한 모든 책임을 부정했다. 연구원들은 또한 의사들에게서 합리화와 경험에 따라 논리를 구축하는 경향을 포착해내기도 했다. "의사들은 자신이 공정함을 유지할 수 있도록 해주는 기술을 열거하고, 그들이 제약회사 영업사원을 만난 이유가 교육적인 목적이었으며 이 만남이 환자에게 유익하다고 말하기 위한 논리를 만들어냈다."

자기 자신을 끊임없이 부정하며 사는 것은 어렵다. 이 사실은 본 책에서 묘사된 모든 내용을 이해하기 위한 핵심요소다. 물론 파렴치한 사람들과 돈이면 뭐든 하는 사람들도 존재하지만, 그들에게서조차 결코 진정성이 갖는 중요성을 무시해서는 안 된다. 이해충돌에 관해서 십 년 동안 과학자들과 이야기를 나누고 나서 나는 그들 중 대부분이 자신이 하는 일과 말을 신뢰하고 있다는 사실을 확신하게 됐다. 그저 이 현상이 심층 심리에 자리잡고 있기 때문에 대화에 이성이 개입할 여지가 없는 것이다. 일부 논리의 순진함이 때로는 당황스러울 정도였다. 2010년 클로드 베르나르 리옹1 대학교 명예교수 앙브루아즈 마르탱이 프랑스영양학회의 학회지인 『영양 및 식이요법 연구』(10장 참조)에 발표한 이 논문을 예로 살펴보자. '영양학에서의 이해관계와 이해충돌'이라는 제목의 논문에서 앙브루아즈 마르탱은 연구, 출판 그리고 전문성에서의 후원편향효과를 교육적인 방식으로 설명하고 이에 대한 해결책을 제시한다. 그의 이해관계확인서는 다음과 같이 고지하고 있다. "저자는 논문의 주제와 관련해 신고할 특별한 이해관계가 없다." 그러나 당시 앙브루아즈 마르탱은 신고할 만한 협력 건이 너무나도 많아 일일이 나열하기에는 자리를 너무 차지할 정도의 상황이었다. 다논과 르슈의 자문을 해주고 보수를 받았고, 2018년에는 5천 유로의 상금이 부상으로 주어지는 뱅자맹 들레쎄르 연구소(설탕산업)상 2007년 수상자이자 아지노모토(아스파탐 회사) 상의 수상자로, 부상으로 베르나르 기그랑으로부터 1만 5천 유로짜리 수표를 받았는데, 베르나르 기그랑은 『영양 및 식이요법 연구』의 편집 위원장이지만 '아지노모토 과학위원회장'으로서 상을 수여했다— 이 수표들은 부상으로 받은 것이지 연구자금으로 받은 것이 아님을 주목하자. 그리고 2012년에서 2015년 사이, 앙브루아즈 마르탱은 EFSA의 식이요법제품, 영양 및 알러지 패널을 이끌었는데 우리가 조사한 바로는 이미 이해충돌 기록을 보유하고 있는 패널이다. (회원 20명 중 17명이 이해충돌 상황에 처해있으며 그중에는 앙브루아즈 마르탱도 포함된다.)

기관들이 자신들의 위반을 정당화하는 구실을 떠들며 인지부조화를 보였던 것처럼 이해충돌 상황에 놓인 과학자들은 일련의 괴상한 이론과 변명들을 만들어냈다. 일부는 빙고게임 형태로 배열해 재밌어하기까지 했다. 가장 빈번하게 제시된 것 중에는 '대화하는 건 정상이다'라는 이론이 있다. 이 이론에 의하면 대립적인 논리에 빠져있기보다 기업들과 함께 일하는 것이 더 건설적이다. 베르나르 기그랑은 "구체적인 대화는 기업들과 함께 시행되어야 하는 법"이라고 주장한다. 그 대화가 꼭 필요한 이유와 돈까지 받아야만 하는 이유에 대해서는 말하지 못했다. 게다가 독립적인 연구자들이 어떤 대화에서 제외되었다거나 그게 무엇이든 부족하다고 불평하는 것도 들어본 적 없다. 전 오텔디외 파리시립병원의 의학 및 영양국 전 국장인 그는 2016년 이해관계확인서에서 당당히 '어떤 기회로 FFAS(농식품가공업계의 과학로비단체)의 이사장과 작은 술집에서 업무오찬을 함께 했던 일도 있었으며 몇 유로짜리 음식값은 지불하지 않았다'고 명시했다.

희석 이론도 제기된다. 전문가가 다양한 기업들과 관계를 많이 맺을수록 그가 특별히 한 기업의 이익을 위해서 일할 가능성이 적다는 것이다. 예를 들어 알렉스 바흐는 2013년 7월까지 EFSA의 동물사료용 첨가물 및 제품재료 패널Panel on addictives and products or substances used in animal feed의 일원이었다. 그는 총 24건의 이해충돌 문제를 지적받아 EFSA에서 개인으로 최고 기록을 달성했음에도 불구하고 자신을 '완전히 공정'하다고 평가했다. "이해충돌 상황에 놓이는 건 한 기업하고만 일을 하니까 그렇습니다. 그렇게 하면 그 기업을 두둔하고 싶은 마음이 들 수 있죠." 그는 여러 기업하고 일을 하면 그런 일이 없다고 설명했다. 해당 문제를 탐구하는 연구들은 반대 의견을 내놓는다. 심장질환 치료에 사용되는 의약품 종류나 칼슘 길항제의 처방에 기업 마케팅이 미치는 영향력 연구처럼 말이다. 경쟁관계에 있는 실험실을 포함해서 여러 제약회사와 재정적 관계를 맺고 있는 의사들은 어느 곳과도 관계가 없는 의사들보다 긍정적인 의견을 가질 가능성이 더 높았다. 또한, 돈과 판촉선물을 더 많이 받는 의사일수록 자신이 뇌물에 영향을 받을 수 있다는 생각을 잘 하지 못한다는 사실도 오래전부터 알려져 있다.

많은 과학자들이 왜 그들이 고약한 이해관계확인서의 서식들을 채워야만 하는지 이해하지 못하고 따라서 어떻게 채워야 할지도 모른다. 산업과의 협력은 '정상적인 대화'에 속하고, 그들의 이해충돌은 '이해충돌이 아니며', 그들이 '완전하게 객관적'이기 때문이다. 게다가 서식을 채우는 일은 대체로 마치 제대로 된 이유도 없이 부과된 고역처럼 느껴진다. "과학자들은 견뎌내지 못합니다." 아녜스 뷔쟁은 과학자들의 처지를 딱하게 여겼고 그녀의 말이 2016년 프랑스 탐사보도매체인 '메디아파르Mediapart'에 인용됐다. 당시 프랑스 국립암연구소장이었던 그녀는 주저 없이 이 '옴짝달싹 못하게 만드는' 의무사항을 비판했다. "우리는 이해관계확인서에 따라 채택할 수 없는 이유를 설명하기 위한 불합격통보메일을 쓰면서 세월을 보내고 있어요." 일부는 이해관계서의 영향력이 정치계까지 확대될 것을 우려하며, 투명성이 '이데올로기'이든 '절대권력'이든 간에 프랑스의 민주주의를 부패시킬 것이라고 주장한다. 하지만 마르세유대학교 의학부 철학 교수이자 ANSES의 직업윤리위원회장을 맡고 있는 피에르 르 코즈는 이는 단지 '타인에게 마음을 터놓는 집단 협력방식'일 뿐이라고 반박한다. 학술적이든 아니든 간에, 이해충돌에 관한 고찰과 출판물이 넘쳐나지만 한 번도 당사자인 과학자들에게까지는 도달한 적 없는 것 같다. 의학계에서 이해충돌의 해로운 영향력이 확실시되고 있으나, 이 이해충돌 문제는 대부분 기초교육과정에 포함되지 않거나 또는 아주 약간만 다뤄진다. 이해관계확인서의 제출이 익숙지 않은 상황에서 과학자들은 끔찍한 범죄를 저질렀다는 비난의 느낌을 받을 수 있고, 그래서 이 같은 처사에 매우 빠르게 신경질을 내는 것이다.

투명성부터 종교재판까지
속도 높이기

2017년 6월 29일 14시 32분
"과거나 현재에 재정적으로든 아니든 간에 몬산토 또는 농화학분야와 관계를 맺었던 적이 있습니까?"

2017년 6월 29일 18시 43분
"죄송합니다만 이해관계를 고지한 제 방식의 무결성에 문제를 제기하시는 것 같은데요. 도와드릴 수 없을 것 같습니다. 왜냐하면 덧붙일 게 아무것도 없거든요."

2017년 6월 29일 21시 59분
"왜 저 질문이 선생님의 무결성을 문제 삼는 게 되는지 이해가 되지 않습니다. 모든 학술지와 규제기관이 과학자들의 이해관계확인서 서식을 통해 과학자의 무결성에 대한 질문을 합니다. 선생님께 질문을 하는 게 제일이고 제 질문에 대한 대답을 당연히 거절하실 수 있

습니다. 다만 그렇게 하시는 것이 독자들에게 좋은 인
상을 준다고 확신하지는 못하겠네요."

2017년 6월 29일 23시 47분

"저는 이미 과학미디어센터에 답변했습니다. 『로이터』
에도 제가 농화학산업과 어떤 관련도 없다고 인용이 됐
고요. 그런데 왜 다시 물으시는 거죠? 제 무결성을 문제
삼는 게 아니면 뭔가요? 지금 제게 그쪽 독자들에게 부
정적인 인상을 줄 거라고 협박하시는 것 같은데요."

2017년 6월 30일 00시 03분

"제 의도는 선생님을 협박하려던 게 전혀 아닙니다. 저
는 선생님이 제 질문에 답을 해주시길 부탁해야만 한
다고 생각했습니다. 이런 행동이 제가 생각하는 올바
른 저널리즘이라서요."

2017년 6월 30일 05시 45분

"저희 관계가 비대칭적이라는 걸 인정하셔야 합니다.
기자님은 제 신뢰도를 평가하기 위해 질문을 하시니
저는 절 정직하게 인용하실 거라고 전제해야 하는 거
겠죠. 기자님의 질문에 대답할 수 있어 매우 기쁩니다
만, 대답하기 전에 과학자들이 한 말이 기자님이 쓰시
는 기사의 방향과 맞지 않다고 해도 그 말을 올바르게

인용하신다는 증거를 기자님께 요구하는 게 합리적인 것 같습니다. 기자님이라면 그 예를 들어주실 수 있을 것 같네요."

이 대화는 주고받은 이메일에서 발췌한 것으로 화가 난 사람의 전형적인 반응을 그대로 보여준다. 대중의 위험인식을 연구하는 케임브리지대학교의 통계학 교수, 데이비드 스피겔할터에게 연락을 취했다. 그가 글리포세이트를 주제로 한 『로이터』 기사에서 이해충돌이 없는 사람처럼 언급했기 때문에 이 사실을 그에게 확인해야 할 의무가 있었다. "라마는 화가 나면 언제나 이렇게 해요." 『땡땡의 모험: 태양의 신전』에서 아독 선장이 본의 아니게 라마를 툭툭 치고 다녀 침 세례를 받자 인디언 소년 조리노가 반복해서 한 말이다. 과학자에게 이해충돌 여지가 있냐고 묻는 것과 약간 비슷하다. 원치 않게 그에게 따귀를 한 대 먹이는 것이다. 그는 당신의 '이해충돌'이라는 말을 부패에 대한 의심이나 비난으로 받아들일 것이다.

과학자에게 산업과의 연관성을 처음으로 질문했을 때 상당히 힘들었다. 두 번째도 마찬가지였다. 십여 년 째 이러고 있지만 여전히 불편하다. 일면식도 없는 사람에게 인사하고 나서 '혹시 기업과 따로 일하는지' 묻는 상황은 일반적이지 않다. 아무리 정중함과 거리가 먼 바닥에서 하는 일이라지만 그래도 예의를 지키려고 하기는 한다. 그런데 검증하고, 정보를 요구하고, 날짜와 수임료를 확인하고 의견을 요청하는 것 모두 기자의 직업적 의무사항에 해당한다. 그리고 이렇게 중대한 사안을 독자들에게 보도하려면 몇몇 인물들을 화나게 하는 것쯤이야 어쩔 수 없는 일이다. 이에 덧붙여서 공적자금으로 대학 또는 연구소에서 일하는 과학자는 돈을 지불하는 사회(회사가 아니라)에 설명을 하는 걸 거부해선 안 될 것이다. 하지만 모든 이유를 갖다 대도 이력서상으로만 아는 누군가에게 심한 상처를 주고 평생의 원수로 여겨지는 일에는 여간 익숙해지지가 않는다. 2013년부터 나는 일 년에 한 번 꼴로 앨런 부비스와 그의 산업과의 관계에 대해서 이야기를 하고 있다. 앞서 봤듯이 그는 임페리얼칼리지의 교수로, 오랫동안 유사연구소인 ILSI의 학술 및 행정기관에 연루되어 있다. (집행위원회의 부회장이자 2018년 유럽의 과학자문위원회 부회장이다. 10장 참조.) 그래도 나는 그에게 고맙게 생각한다. 그는 단 한 번도 거절한 적이 없다. 그는 2017년 4월의 전화에서 이렇게 주장했다.

"누군가가 기업을 위해 일한다는 사실 자체가 그가 하는 모든 일과 말이 부패한다는 걸 의미하지는 않습니다."

"아뇨, 저는 부패를 말한 게 아닌데요!"

"심지어 그로 인해 왜곡되어 받아들여지거나 난감한 상황에 처하게 됩니다. 물론 기자님이 과거 제 이해충돌에 대해 쓰신 글 덕분이죠. 이 상황에서는 그게 어떤 것이든 간에 산업과의 모든 관계가 바로 편향성, 부패, 혼란, 왜곡의 증거처럼 여겨지게 됩니다."

"저는 결코 부패라는 단어를 쓴 적이 없는데요, 왜냐하면 그게 주제가 아니기 때문이에요."

"그러시겠죠, 하지만 그걸 암시하니까요."

더러움과 반대 개념인 깨끗함이 함께 연상되는 건 오래전부터 자연스러운 일이었다. EFSA의 이사인 베른하르트 우를을 떠올려보라. 그는 2017년 충분히 '결백'하지 못한 전문가들이 EFSA의 패널에 속할 수 없는 상황에 짜증을 냈었다(12장 참조). 50년 전에 역사상 처음으로 이해관계확인서가 세상에 나오게 한 남자, 필립 핸들러가 사용했던 그 용어다. 그의 투명성 정책은 '완벽히 결백한 사람들로 이뤄진 위원회'를 만드는 걸 목표로 한 게 아니었다. 1971년 미국 국립과학학술원장이었던 그는 그의 조치를 '모욕적'이고 '자격 없다'고 평가하는 비판여론의 십자포화를 맞으며 자신을 변호했다. 어떤 이들은 위의 두 경우에서 독립성이라는 용어에 경멸의 어조가 담겨있음을 포착했을 것이다.

　　비단 이뿐만이 아니다. 왜냐하면 이해관계확인서 규정이 시행된 다음의 초기 여론에 사용됐던 논거들이 오늘날에도 동일하게 쓰인다. 마치 논쟁이 답보상태였던 것처럼, 오히려 1984년과 똑같은 상태로 되돌아온 것처럼 말이다. 우연하게도 1984년은 학술지『뉴잉글랜드의학저널』이 선봉에 섰던 편집장 아널드 렐먼의 자극을 받아 학술지의 변혁을 이끌어냈던 해다(5장 참조).『뉴잉글랜드의학저널』이 1990년도에 정책을 강화했을 때, 앞서 봤듯 맹렬한 반감을 불러일으켰다. 특히 당시 전염병학계의 거물 케네스 로스먼의 반감을 사게 되었다. 1990년대 KOL인 그가 쓴 글들은 확실히 투명성 반대론자들에게 있어 중요한 영감의 원천이자 편리한 논거의 보고였다. 1991년 그는 격한 논쟁의 장을 열었고 과학의 공적이 아니라 과학이 수행된 배경을 평가하는 시대의 서막에 반기를 들었다. 그의 주장에 따르면 이 시대의 막을 연 주인공들은 소위 말하는 '더러운 돈'에 맞서 '윤리적 깨끗함'을 주장하는 사람들이다. 또한 그는 "누구도 빈손으로는 일하지 않는다"고 썼다. 그리고 공적자금으로 일하는 연구자들 또한 이해관계가 있다고 주장했다. 그들의 연구 결과는 "사회적 지위 향상과 미래의 연구비용 마련이라는 측면에서 영향을 미칠 것이기 때문이다."

1993년 케네스 로스먼은 『미국의학협회지』에 앞에서 언급했던 '과학계의 새로운 매카시즘'에 대한 논평을 출간했는데, 검열을 주제로 한 그 논평에서 문제의 무의식적인 측면은 다뤄지지 않았다. 그는 빈정거렸다. "콘퍼런스에서 공정한 발언자와 그다지 공정하지 않은 발언자를 알아보기 위해 명찰의 색깔을 구별해야 할까?" 결국 그는 1997년에 단호히 말했다. "이 과학자들은 컨설턴트로 참여해달라는 요청을 받은 일로 편향성을 의심받아 블랙리스트에 올랐지만 그 누구보다도 예리한 의견을 갖고 있다. 하지만 이해충돌 평가로 인해 대화는 약화되고 정직한 과학자들은 비방을 받게 된다." 그에 따르면 이해충돌 평가는 "편집 경찰"이다. "비방"을 근거로, "본질적으로 비이성적인 담론"을 매개로 "불공평한 심판을 내린다." 그는 인지부조화를 겪지 않았을까? 그해 케네스 로스먼은 스타이렌-부타디엔이라고 불리는 플라스틱 혼합물을 생산하는 공업단지 근방 학교에서 주로 발생하는 암으로 인한 사망위험연구의 공저자였다. 연구의 결론은 '위험성 극히 적음'이었다. 자금출처란에는 기업 약 스무 곳이 열거되어 있었고 그중에는 다우케미컬, 엑슨과 텍사코도 있었다. 그 다음에는 딱 한 줄이 적혀있었다. '이해충돌: 전무.'

이 논거들은 20년 후 유럽에서 쓰인 것들과 동일하다. 문화적으로 다른 점이 있다면 유럽에서는 '매카시즘'보다 '종교재판'을 더 많이 듣게 된다는 것이다. 이 논쟁에는 종교적인 의미가 숨어있다. 프랑스 제약산업의 메가폰인 프랑스제약협회 Leem의 회장인 파트리크 에라르는 2016년 프랑스 앵테르 라디오 방송에서 "연결고리를 삭제하면 이해충돌 또한 사라진다고 믿는 것은 이단이다"라고 말했다. 기이한 역사 뒤집기 이후로는『미국의학협회지』가 아닌『뉴잉글랜드의학저널』에서 투명성이 공격받게 된다.

2015년,『뉴잉글랜드의학저널』은 아널드 렐먼의 후계자들과 홀로 남겨진 그의 아내 마샤 엔젤을 슬프게 만들었던 일련의 논문들을 발표했다. 이 논문들의 저자는 리사 로젠바움으로 다음과 같이 기술했다. "탐욕greed(인색-탐욕이라는 칠죄종을 참고했다)과 부패에 대한 우리의 감정이 의사와 산업 간 상호작용에 대한 우리의 해석을 한 쪽으로 치우치게 만든다. 따라서, 둘 사이의 이야기를 들으면 악evil이 도처에 도사리고 있다는 느낌이 강해진다." 그 말대로라면 악에 맞서 싸우기 위해 우리에게 남은 유일한 무기는 성경책뿐일 것이다. 부패와 기독교의 원죄가 교차하는 십자가의 길에서 이해충돌은 관념적 창조물이 되어 버렸으니 말이다.

14

공공정책결정 하도급 업체

2017년 9월 개최된 '킨더＋스포츠, 애슬레틱 데이즈' 행사에서는 스포츠 활동만 있던 것은 아니다. 간단한 간식도 먹었다. '파트너 킨더'가 대표 상품인 초콜릿을 나눠주며 화기애애한 분위기에서 아이들을 인솔했다. 킨더라고 하면 대표적으로 초콜릿과 그 안에 들어있는 초소형 장난감을 떠올리지만, 그 외에도 킨더 델리스, 킨더 조이, 킨더 맥시, 킨더 부에노(화이트 초콜릿 버전도 있음), 킨더 핑구이, 킨더 초코볼 그리고 절대 빼놓을 수 없는 하마 모양의 킨더 코코프레시 등 다양한 상품이 있다. 킨더는 이탈리아 기업인 페레로의 한 브랜드이며 페레로는 몽셰리, 틱택 그리고 발라먹는 초콜릿으로 유명한 누텔라를 판매해 떼돈을 벌었다. '킨더＋스포츠, 애슬레틱 데이즈'는 프랑스육상연맹FFA과 제휴하여 페레로가 후원하는 스포츠 입문행사다. FFA에 등록되어 있는 아이들은 또래 친구들을 초대해 하는 운동의 즐거움을 알려줄 수 있다. FFA 홈페이지에 광고처럼 올라온 글에 따르면 이 '입문 세션' 프로그램은 '초콜릿'을 주재료로 한 간식을 먹는 것으로 마무리 된다. 이 행사 참가비가 무료인 건 바로 아이들이 상품이기 때문이다. '코치'들은 넘치는 상상력으로 킨더 브랜드의 글자들을 이용한 활동을 고안해냈다. 사진에는 아이들이 잔디밭에 앉거나 누워 몸으로 킨더K.I.N.D.E.R 글자를 만드는데, 이는 코치들의 제안에 따라 직접 광고의 일부분이 된 것이다.

비만,
이미 해답을 알고 있는 문제

"설탕은 아이들에게 있어 술이나 마찬가지입니다." 로버트 러스티그는 의사이자 캘리포니아대학교 소아과 및 신경내분비학 명예교수로, 그는 딜러들이 수십 년 전부터 이 하얀 가루를 팔아먹고 있다는 사실을 규탄했다. 페레로, 코카콜라, 켈로그와 맥도날드는 이미 이 사실을 너무나 잘 알고 있다. 이들이 판매하는 케이크, 탄산음료, 아침식사용 '시리얼'과 다른 가공식품들은 아이들을 설탕 중독자로 만든다. 이 기업들은 당뇨, 심혈관 질환부터 암까지 모든 합병증의 수치가 전 세계적으로 폭발하는 데 엄청난 기여를 했다. 비만인구의 수도 1975년 이후로 세 배나 증가했다. 2016년 WHO에서 발표한 수치에 따르면 전 세계 성인의 약 40%가 과체중이었고 13%가 비만이었으며, 두 인구의 총합이 약 20억에 달했다. 그리고 5세 이하 아동 중 4,100만 명이 비만이다. 미국의 경우 아동 및 청소년의 17%가 비만이다. 프랑스 경제부장관은 2012년 국내 총생산의 1%, 즉 200억 유로에 가까웠던 '체중과다로 인한 사회적 비용'이 음주 및 담배로 인한 비용과 필적하는 금액이라며 우려를 표했다.

비만과 과체중은 영양 섭취와 에너지 소비 간의 불균형이 원인으로, 이를 '에너지 균형'이라고 한다. 우리는 모두 먹어야 생존할 수 있다. 이건 당연한 사실이다. 하지만 농화학기업의 제품들과는 달리, 캐러멜이 발린 브라우니 아이스크림은 판매허가를 받을 필요가 없다. 그리하여 우리의 일상은 설탕, 소금, 지방으로 속을 채운 초가공제품에 노출되어 있다. 이런 식품들은 영양가 없는 '텅 빈' 칼로리를 많이 함유하고 있으며, 집약적 농업과 만물 플라스틱 세상에서 화학물질에 오염되어 있다. 하지만 정크푸드를 건강한 식습관에서 몰아내야 한다고 말하는 건 여전히 터부시되고 있다. 기업들은 자사 제품에 대한 '낙인찍기'를 저지하기 위해 끝없이 상상력을 발휘한다. "(자사 제품 외의) 좋은 음식은 없고 (자사 제품은 더더군다나) 나쁜 음식도 없다. 그래서 모든 음식들이 (특히 자사 제품) 건강한 식습관에 포함될 수 있으며 균형과 다양성 그리고 적당히 먹는 정도의 절제가 건강한 식습관의 열쇠라고 소비자가 믿게 하는 것은 순전히 식품가공업체들의 이익을 위한 것이다. 특히 마지막 말은 제품소비를 줄일 것을 권장하는 조언은 적절하지 않다는 의미다." 매리언 네슬레는 자신의 저서 『식품 정치학 Food Politics』에서 이와 같은 현상을 완벽하게 요약했다.

그래서 산업은 영양균형 방정식의 첫 번째 항이라고 할 수 있는 영양섭취에서 주의를 분산시키기 위해 두 번째 항에 모든 노력을 집중

한다. 바로 에너지 소비 말이다. 신체활동 부족과 나태한 생활습관이 죄를 대신하여 뒤집어쓰게 된다. 2016년 미국 단체인 '미국의 알권리'가 입수한 내부문건에서 코카콜라 직원들은 비만의 원인이라는 대화의 흐름을 바꾸기 위한 무기에 대해 말한다. 당시는 공중보건 단체와 민간업계 사이의 전쟁이 확대되던 때였다.

　　많은 그룹들이 자사 제품의 성분을 바꾸려고 애쓰기보다 이미지를 관리하는 데 돈을 쓴다. 선배격인 담배산업처럼 식품가공산업은 할 일 없는 컨설턴트들이 만들어낸 경영 전략인 '기업의 사회적 책임CSR'의 챔피언이 되었다. 펩시코의 CSR전략에 대해 연구했던 미국 연구원들은 실제로 "결백 이미지를 씌우려 고안된 마케팅 전략으로, 기업들은 주어진 명분에 따라 자사의 이미지를 드높이고, 핵심산업을 보호한다"라고 했다. 정교하고, 비용이 많이 들며 박애주의의 경계를 스치는 이 전 세계적 캠페인은 "기업의 책임감보다는 소비자들의 책임감을 강조하고, 기업의 인기를 치솟게 하고, 규제를 막는 수단으로 CSR전략을 차용한다." 이렇게 해서 페레로는 2017년 '킨더+스포츠, 애슬레틱 데이즈'를 개최하면서 운동하는 3만 명의 아이들을 살뜰히 돌보게 된 것이다. (이 행사는 2018년에도 개최됐다.) 이는 새발의 피로, '킨더 빌리지'에서 개최하는 스포츠캠프와 농구, 핸드볼, 축구, 럭비 또는 육상을 주제로 한 '킨더+스포츠 데이'에서 이러한 엉큼한 마케팅에 노출된 아이들의 수는 총 52만 5천 명에 이른다. 페레로사에 있어 스포츠 종합평가는 CSR보고서에서 중요한 위치를 차지한다. 킨더 브랜드의 창립 연도인 1968년부터 지구를 떠나 살고 있는 사람이 아닌 이상 킨더의 색깔인 청록색과 오렌지색이 반짝이는 홍보영상이 생소하지는 않을 것이다. 브랜드 로고가 어디서든 눈에 띄고 심지어 아이가 입고 있는 옷에도 그려져 있다. 브랜드는 엄선된 마케팅 전략으로 돈을 덜 들이고도 광고 효과를 보게 된다. 적어도 플레이모빌 모습을 한 연기자들이 한가득 등장하는 짜증나는 텔레비전 광고만큼이나 효과적인 방법이다. 2016년 매출액이 103억 유로에 달한 페레로 그룹은 최근 아마추어 스포츠를 이끄는 다국적 기업으로 변모했다. 1,100만 유로를 투자해 400만 명의 아이들을 스포츠의 세계로 입문시켰다고 자랑하지만 그 25개국 아이들의 칼로리 섭취량은 사라진다. 페레로사에서 개발한 '움직임의 즐거움'이라는 운동 프로그램은 탄생하기까지 3년이라는 연구기간이 필요했으며 권위 있는 국제과학위원회가 평가했다고 홍보한다.

2011년, 맥도날드는 프랑스 125개 도시에서 5세 이상 12세 이하의 어린이를 대상으로 한 연례행사인 '맥도 키즈 스포츠 빌리지®' 프로그램을 통해 같은 전장에 뛰어들었다. 이 프로그램에서는 오후 네 시에 무료 간식이 제공된다. 맥도날드는 "간식이 어린이, 특히나 노력하는 아이의 영양섭취에 중요하다는 걸 알고 있기 때문이다." 쿠키 두 개, 손질된 사과 한 봉지 그리고 물 한 병. 이 구성품에서 브랜드의 로고를 피하기란 어렵다. '빌리지' 곳곳에 로고가 보이고 나눠준 티셔츠에도 붙어있기 때문이다. 국제올림픽위원회가 맥도날드의 파트너로 참여했으며 2014년에는 프랑스 외래소아과의사협회에 속한 의사들이 참가했다. 장르가 조금 다르긴 하지만, 신체활동 프로그램 'EPODEEnsemble Prévenons l'Obésité Des Enfants'(함께 아동비만을 예방하자)도 있다. EPODE는 창립자 겸 식품가공 전문 홍보업체 프로테인Proteines의 대표와 결별한 뒤 2011년 'VIFVivons en forme'(건강하게 살자)로 바뀌었다. EPODE가 국제적 네트워크로 성장했던 한편 역사적인 후원업체들은 VIF와 함께했다. 우수 파트너사 페레로, 오랑지나 산토리와 벨치즈, 그리고 주요 파트너사인 프랑스 네슬레 재단과 식품가공산업 로비단체인 FFAS가 재합류했다.

자율규제,
자발적 조치 그리고 셀프컨트롤

스포츠클럽 등록자 수를 늘릴 기회를 발견한 운동연맹과 협정을 체결하지 않았다면 페레로가 당과류 코너에서 벗어나 영역을 확장하기 훨씬 어려웠을 것이다. 정부가 이 기회를 통해 얻을 수 있는 건 불분명해 보인다. 하지만 2017년 프랑스 도시청년운동부의 로고가 '킨더+스포츠 애슬레틱 데이' 행사의 판촉물에 새겨져 있었고, 프랑스 교육부는 프랑스 농구연맹과 페레로가 함께 개최한 '농구학교 캠페인'의 협력기관이었다. 원흉더러 해답을 찾으라고 떠넘기는 것과 마찬가지다. 퇴치해야 할 해악의 원인제공자에게 행정활동을 맡기는 위임장은 일반적으로 용기('자발적 조치')의 빛이 내리쬐는 곳에서 팔아넘겨진다. 이 위임은 '자율규제'라는 용어로 포장되어 다국적기업들의 셀프컨트롤 기술 같은 인상을 준다. 대부분의 경우 오히려 여우에게 닭장 열쇠를 맡기는 꼴이다. 프랑스 앵테르 라디오 방송에서 희극배우 니콜 페로니가 한 말은 이 상황을 묘사하는 데 딱이다. "만약 바보 같은 짓을 하는 사람들에게 바보짓의 한계를 정하라고 한다면 그들은 많은 한계를 두지 않을걸요."

프랑스, 유럽 그리고 세계 어디에서나 공권력은 이처럼 정치적 주권을 포기함으로써 식품가공 문제를 다루려 한다. 신체활동 부족에 대한 서사를 만들어낼 여유가 충분한 업계 기업인들에게 있어 꿈의 환경이다. 신체활동 부족은 그럴 자격이 없는 이들도 공중보건예방 관계자인 양 처신하면서 후원자라는 멋진 감투를 쓸 수 있게 해주는 이상적인 대속제물이다. 하지만 자율규제에 있어 가장 인기 있는 도구는 바로 '헌장'이다. 프랑스 보건부의 국민건강프로그램의 일환으로 2008년부터 식품가공업체 37곳과 프랑스 기업 1만 곳 중 최대 유통업계가 자사제품에서 소금, 지방, 설탕 함유량을 줄이겠다고 약속하는 '영양개선을 위한 자발적 참여 헌장'에 서명했다. 예를 들어 켈로그는 2010년 브랜드 '미엘팝스', '코코 팝스', '초코스' 그리고 '스페셜 케이' 등 (하지만 가장 설탕이 많이 들어간 '스맥스'는 포함되지 않았다) 아침식사용 시리얼의 단순당 함유량을 평균 9% 줄이기로 발표했다. 이에 따라 미엘팝스는 100그램당 설탕 28그램(각설탕 네 개 반에 해당하는 양, 시리얼 제품 설탕 함유량 평균치)을 25.28그램으로 줄였다. 이 최소한의 노력을 대가로, 켈로그(와 다른 기업들)는 대중홍보와 '보건 및 타분야 전문가'를 대상으로 하는 활동에 '국가가 장려하는 영양 방식에 참여한 기업'이라는 문구를 사용할 권리를 얻는다.

2009년 초, '텔레비전 방영 프로그램 및 광고에서 건강한 식생활 및 신체활동을 장려하는 헌장'이 있었다. 국회의원들이 12세 이하 아동을 대상으로 한 프로그램에서 식료품광고를 전면 금지하는 법안에 대해 논의하던 때에 서둘러 채택된 헌장이다. 광고수익이 사라질 전망에 당황한 텔레비전 채널들의 지지를 받아 농식품가공기업들은 공중보건 전문가와의 어떤 협의도 없이 프랑스 시청각최고위원회의 후원 하에 일련의 '자발적 조치'를 만들어내는 데 성공했다. 이 조치의 일환으로 프랑스 국립농식품가공기업협회ANIA는 아이들을 대상으로 한 예방 동영상 시리즈「컨디션 짱Trop la pêche!」의 구상을 맡게 됐다. 그 이후로 일부 기업들은 텔레비전 광고를 철회했다. 훨씬 시청률이 높은 프로그램과 시간대로 광고를 옮기기 위해서였다. 페레로는 CSA헌장과 그 유럽버전인 유럽연합서약에 가입하며 자사 윤리강령에서 "필요한 경우 12세 이하 아동을 대상으로 한 식품광고에 관한 자체특수규정을 적용할 것"이라고 단언했다. 대신 페레로는 나이 제한이 없는 데다 어린이 고객들과 심리적 유대감을 형성해 단골을 확보할 수 있다는 장점을 가진 '킨더+스포츠' 행사를 개최해 이를 만회했다. 페레로는 '아이들을 대상으로 하는 광고와 그들의 식생활 사이에 인과관계가 존재한다는 증거는 없다'라고 주장하고 있다. 대기업이 세운 부정의 벽에 가로막힌 심리학자, 사회학자 그리고 의사 군단은 광고가 판매를 촉진한다는 사실을 과학적으로 증명하려 몹시 애써야만 했다. 발표된 연구는 이를 확인시켜줄 뿐이었다. 광고 노출과 비만은 직접적인 관련이 있다.

자율규제는 입법계획의 대안처럼 등장했다. 그러나 그 목적은 법안을 좌절시키고 그 법안을 덜 버거운 조치들로 대체하는 것이다. 특히 본래의 목적에서 멀어진 것들로 말이다. 자율규제는 법 제정을 막아 법망을 빠져나가는 매우 교활한 방법이다. 영양성분표시제도 자율규제의 또 다른 희생양이다. 농식품가공산업은 2006년 유럽차원의 통합시스템이 채택되는 것을 막기 위해 10억 유로를 소비했다. 로비활동의 핵심은 소금, 지방, 설탕의 양을 신호등처럼 세 가지 색깔로 표시해 소비자의 직관적인 이해가 가능한 체계가 자리잡는 것을 방해하는 대신에 영양성분표시제도가 채택되게 하는 것이고, 오직 자유의사에 따라 채택여부를 결정하도록 하여 법안의 최종버전에서는 의무성이 완전히 사라졌다. 산업이 식품의 등급을 나누는 모든 체계에 격렬히 저항하는 이유는 '낙인찍기'가 두려울 뿐만 아니라 이러한 분류가 식품의 품질에 따라 세금을 산정하는 기준이 되는 일을 막기 위해서다. 2011년부터 프랑스에서 적용되고 있는 소다세를 예로 들 수 있다. 2016년에서 2018년 사이 단순화된 영양성분표시제도를 선택적으로 시행하려는 시도였던 '뉴트리스코어Nutri-Score'의 시행은 나중에 다루게 될 격렬한 전투의 도화선이 됐다.

문제의 주범에게 해결책을 찾는 임무를 맡기는 것, 결국 이 논리의 본질에는 공권력의 완벽한 책임회피가 있다. 게다가 주요 경제단체들의 협박 때문에 대체로 막후에서 타협이 이뤄진다. 자율규제라는 조커패의 실상은 다음의 예시에서 확인할 수 있다. 2009년 브라질에서 보건부가 식음료 광고와 마케팅을 규제하려 했을 때, 브라질 농식품가공 전문가협회들은 우선 유럽과 북미식 자발적 규제에 맞출 것을 제안했다. 하지만 브라질 정부는 독자적인 해결방안을 선호했기 때문에 기업들은 직접적으로 협박하는 수준까지 갔다. 만약 정부가 거래의 자유를 침범하는 불법적인 조치를 포기하지 않았더라면 브라질 대법원으로부터 공격을 받았을 것이다. 세 명의 브라질 연구자들은 주요 학술지인 『미국공중보건지American Journal of Public Health』에 이 싸움의 역사를 기술하며 "그 범위가 어떻든, 초국적산업의 계획이 식품의 품질을 향상시킨다는 어떠한 증거도 없다. 공중보건은 말할 것도 없다"고 결론을 내렸다. 그들의 주장에 따르면 자발적 규제는 현재까지 가공식료품과 관련한 문제들을 전부 놓쳐왔다. 제품의 필요 이상으로 높은 에너지 밀도, 과도하게 설정한 1회 제공량, 가당음료를 통한 칼로리 과다섭취, 과다섭취에 대한 과한 긍정적 평가, 규칙적인 식사 대신 간식 권장, 텔레비전 시청과 동시에 식사, 식사와 그 준비과정에 대한 부담, 가공식료품을 섹스와 연관 짓는 것, 그리고 행복을 소비로 한정하는 것 등이 해당된다. 덧붙여 실제로 농식품가공업체들은 오직 하나의 임무에 힘을 합치고 있다고 말한다. 바로 세상에 간식을 퍼뜨리는 일이다.

2006년에는 정부 당국이 그들끼리 완전히 다른 종류의 헌장을 제정했다. WHO의 유럽각료회의에서 채택된 '유럽비만퇴치헌장'에는 비만문제를 억제하기 위한 권장조치들이 기록되어 있다. 주요 방침은 다음과 같다. '마케팅, 특히 아동 마케팅의 압력 완화하기', '가공식품의 지방, 천연당(특히 첨가당), 소금 함량 줄이기', '영양정보를 포함하는 적합한 표시제도 마련하기' 등이다.

피해자가 된 건 나의 선택이 아니다

농식품가공업 로비단체가 주장하는 '거래의 자유'는 또 다른 자유를 떠올리게 한다. 담배산업의 프로파간다에서 파생된 자유로, 바로 개인의 자유다. 다시 말해 담배를 피울 자유 말이다(반자유주의 보수파들이 이 자유에 반대했었다). 담배중독을 개인의 자유로 새롭게 변신시키고 잡식동물인 인간을 운동으로 속죄시키는 데에는 완벽하게 동일한 전략이 숨어 있다. 바로 사람들에게 책임을 전가하는 것이다. 실제로는 자신이 선택하지 않은 선택에 대한 죄책감을 갖게 하는 간단한 발상의 전환이다. 뇌의 생화학작용이 한 물질에 중독된다면 그건 직접 선택한 게 아니다. 식품과학자들이 '지복점'이라고 부르는 완벽한 균형에 도달할 때까지 재료들을 배합하는 건 우리가 선택한 일이 아니다. 아이일 때는 무엇을 선택했다고 할 수 없다. 단지 가장 취약한 시기에 마케팅에 무의식을 점령당했을 뿐이다.

최근 전문가들은 대중매체에서 식품가공업계와 담배업계의 전략 사이 여러 유사성을 강조했다. 2013년 마거릿 챈은 그녀가 맡고 있는 WHO의 사무총장이라는 직위에도 불구하고 매우 과격하면서도 통찰력 있는 발언을 했다. "비전염성 질병예방계획은 강력한 경제주체들의 재정적 이익에 반하는 것입니다. 저는 건강 증진이 직면한 가장 큰 과제 중 하나라고 생각합니다. […] 이제 더 이상 빅타바코만이 문제가 아닙니다. 공중보건은 또한 빅푸드, 빅소다, 빅알코올과 맞서야만 합니다. 이들은 규제를 우려하여 동일한 전술로 자신을 보호합니다. 연구에서 증명됐듯이 말입니다. 여기에는 위장단체, 로비단체, 자율규제 약속, 소송, 증거를 조작하고 대중에게 의심을 심어주기 위해 기업이 후원한 연구들과 선물, 보조금, 그리고 정책결정자와 시민의 눈에 책임감 있는 사회 구성원으로 보이기 위한 사회적 기여 등이 포함됩니다. 피해의 책임을 개인에게 전가하고 정부의 개입을 개인의 자유에 대한 간섭으로 묘사하는 논거도 마찬가지입니다."

오늘날 공론에서 담배산업과 비교된다는 건 최고의 불명예를 의미한다. 1980년대부터 끈질기게 이어진 교수진, NGO, 미디어 그리고 일부 공공단체의 연구 덕분에 어떤 변명도 허락할 수 없을 정도로 확실하게 빅타바코의 긍정적인 이미지를 뒤집을 수 있었고, 죽음에 이르게 하는 빅타바코의 제품들이 더 이상 보통의 제품인 척 하지 못하게 만드는 데 성공한 것이다. 지식공유의 위업이자 승리라고 해도 과언이 아니다. 담배기업들은 WHO의 배척대상이자 기피대상이며 요컨대 역사의 암 덩어리다. 일전에 비공식적인 자리에서 농약산업 로비활동의 책임자가 내게 그 업계의 로비활동을 담배산업의 방법과 연관 짓는 것이 얼마나 로비활동을 위축시켰는지 설명한 적이 있었다. 하지만 담배업계와 농화학 및 석유화학업계 간의 유사성은 식품가공업계와의 유사성보다 훨씬 더 두드러지며, 훨씬 더 오래전부터 그래왔다. 과학역사학자 제럴드 마코위츠와 데이비드 로스너는 이렇게 주장했다. "화학산업은 21세기의 빅타바코다. […] 오늘날 우리는 우리도 모르는 사이에 대규모 임상시험의 실험대상이 되어 수천 가지 제품들과 독성 화학물질, 게다가 무독성이 아직 입증되지 않았으며 인체에 끼치는 영향을 전혀 모르는 새로운 물질을 우리 몸으로 실험하고 있다." 그들은 기업들 중 어느 한 곳도 "우리가 그들의 실험에 참여하고 있다고 굳이 말해주지 않는다"고 강조했다.

희생자 개인에게 책임을 전가하는 것은 노동계층에서부터 확산된 오래된 관습으로, 두 역사학자들의 연구가 이를 뒷받침한다. 규폐증(규토를 포함한 먼지를 흡입해 생기는 폐질환)으로 질식한 미성년 노동자들, 석면으로 인해 질식하거나 중피종(또는 흉막암으로, 흉막은 폐를 둘러싼 막을 가리킴)에 걸리거나 플라스틱 공장의 석유화학 증기로 괴로워하는 노동자들. 하지만 이 분야에서 납 제조업체를 따라올 자가 없다. 고대 로마시대부터 최악의 독성물질 중 하나로 알려져 있던 납은 1920년대부터 엔진의 노킹현상을 막기 위해 연료에 넣는 첨가물로 사용됐다. 1924년 자사의 테트라에틸납 공장에서 일련의 사망사건이 일어난 후 스탠다드오

일은 다음과 같은 가증스럽고 무례한 언행으로 노동자들에게 책임을 전가했다. "정기적으로 건강검진을 시행하고, 플라스틱 장갑과 방독면 착용에 관해 지속적으로 주의를 주고, 업무 동안 착용한 작업복은 현장에서 탈의한다는 규정이 존재했기 때문에 모든 노동자들은 자신들이 '남자의 일'을 하고 있다는 사실을 분명히 알고 있었을 것이다." 40년 후, 적절한 보호기구 없이 노동자들을 납 성분에 노출시킨 공장주는 뻔뻔하게 "그들이 담배를 씹고 뱉기 위해 안전모를 벗었다" 같은 핑계를 대며 개인에게 과실을 전가했다. 아이들이 납이 첨가된 페인트 조각을 삼킨 후 중독으로 사망했을 때에는 부모의 안전교육이 문제로 대두됐다.

미국의 경우 1930년대에서 1940년대까지 기업들이 노동자들의 화학물질 노출기준을 담당하는 산업위생단체 두 곳을 돈으로 매수해 포획하고 있었다. 그들의 목적은 1966년 그들이 직접 밝혔듯, 기준을 만드는 작업에 참여하는 것과 '정부 감독의 필요성을 최소화하기 위해 산업이 자발적으로 채택할 기준을 만들어내는 것'이었기 때문이다. 즉, 조지 스티글러가 몇 년 후 규정한 규제포획에 대한 정의와 딱 들어맞는다. 같은 시대에 규폐증의 경계도 재정의됐다. 기업들이 규폐증이란 '노동자가 운신을 하지 못하는 순간'부터 시작되며 그 전에는 규폐증이 아니라고 결정했기 때문이다. 그날부터 '직업병'은 인간성을 상실하고 보상과 전문성의 문제이자 늦은 진단에 따른 합의로 변질되어 더 이상 그 본질이라고 할 수 있는 사회적 문제가 아니게 되었다. 직업병은 관리직들이 걸리는 경우가 드물며 독성물질에 노출되는 건 대부분 단순노동을 하는 비숙련 노동자들이다.

이 사회적 불평등은 우리의 모든 문제와 떼려야 뗄 수 없다. 기업은 그들의 책임을 노동자들에게 떠넘긴다. 노동계 밖에서는 이걸 또 소비자들에게 짊어지게 한다. 고통 받는 건 언제나 가장 소외되고 가장 취약한 사회계층이다. 1980년대 초, 노동자가 65세 이전에 암으로 죽을 확률이 고위 관리직에 비해 4배가량 높았다면 오늘날은 10배 더 높다. 또 가장 소외된 사회경제적 환경에서는 제대로 된 영양섭취를 할 수 없기 때문에 가난하면 과체중 또는 비만일 확률이 국가와 관계없이 더 높다. 프랑스 농업종사자와 수공업자의 평균 27%가 과체중 또는 비만이었다면 관리직 또는 중간직의 경우 10.5%에 그쳤다. 그리고 고등교육과정보다 낮은 교육수준의 남성 61%가 과체중이었다면 학사학위를 갖고 있는 사람의 과체중 비율은 42%였다. 암과 비만 문제에 있어서 피해자들은 피해자인 게 잘못이 된다. 심지어 그중 일부는 질병에 걸리게 만든 장본인들에게 배상을 해야 할 정도다.

장마리 데디옹은 프랑스 셰르의 바이 쉬르 솔드르의 농업종사자로, 2011년 몬산토를 고소하기로 결심했다. 그는 십 년 전 골수종을 진단받았다. 골수종은 백혈구의 일종인 림프구 이상으로 발생하는 골수암이다. 그는 자신의 질병과 그가 오랜 기간 겪은 고통(8년간의 화학방사선치료, 3번의 골수이식)의 원인으로 몬산토의 제품 '라소'를 지목했다. 그는 몇 년 전부터 옥수수밭에 이 농약을 살포했는데, 몬산토는 그 사이 시장에서 제품을 철수시켰다. 샤랑트의 농업종사자인 폴 프랑수아 역시 실수로 알라클로르와 클로로벤젠이 들어있는 이 제품을 흡입한 적 있었다. 그는 프랑스에서 처음으로 몬산토에 맞섰던 인물이다. 2017년 1월, 장마리 데디옹은 결국 소송에서 각하판결을 받는다. 리옹지방법원은 그가 그 외의 다른 농약들도 사용한 적 있기 때문에 몬산토 제품과 그의 질병

사이의 인과관계 증명이 불가능하다고 판단했다. 그뿐만이 아니라 몬산토에 1만 7천 유로를 배상하라는 판결을 내렸다. 그가 프랑스 블루 라디오 방송에서 염증을 내며 말했다. "이 사건에서 얻은 게 있다면 암이네요. 제 인생에 있어 최고로 행복한 시간이었죠. 몇 년을 병원에서 보냈고 죽을 뻔도 했으니까요. 그러니까 암에다가 1만 7천 유로의 배상금까지. 이게 바로 감히 몬산토를 공격한 결과예요."

피해자는 자신을 보호할수록 또 다른 피해자가 될 뿐이다. 정확히 말하면 피해자이기 때문에 피해자인 것이다. 직업병과는 완전히 다른 주제의 책에서 철학자이자 파리 제8대학교 교수인 엘자 도를랭은 역사상 처음으로 전파를 탄 폭력행위에 대한 흥미로운 분석으로 자신의 이야기를 시작한다. 바로 1991년 3월 로스앤젤레스에서 벌어진 로드니 킹 사건이다. 26세의 아프리카계 미국인 로드니 킹은 여러 경찰관들에게 전기충격을 비롯한 무차별적 구타를 당했다. 약 스무 명이 현장에 있었고, 한 목격자에 의해 촬영된 영상이 전 세계로 퍼졌다. 그를 폭행한 네 명의 백인 경찰관들은 결국 무죄판결을 받았는데, 이 사건이 폭동의 도화선이 되었다. 일주일 간 이어진 폭동으로 민간인 측에서만 53명이 사망했다. 내용을 요약하려는 시도 자체가 그 책의 통찰력에 대한 모욕일 수 있지만, 엘자 도를랭은 어떻게 '백인 편집증'에 사로잡힌 소송에서 자신을 방어하려는 흑인 남성의 몸이 '공격자'로만 인식될 수 있는지 분석한다. "로드니 킹의 반사적 행동, 살아남기 위한 무질서한 몸짓은 (팔을 휘두르고, 비틀거리며 일어나려고 하고, 무릎을 꿇는 행동 등) '완벽한 통제 상태'에서 벌어진 일인 것처럼, 마치 폭력이 흑인들의 전유물인 양 '위험한 의도'가 있는 것처럼 규정됐다. 그러나 실제로는 흑인에게 모든 정당한 방어행위를 금지한 것이다. […] 그가 자기 자신을 방어하면 할수록 더 얻어맞았고 그런 다음에는 더욱 가해자처럼 인식됐다. 공격과 방어, 폭행과 보호의 의미가 뒤바뀐 것이다." 엘자 도를랭은 이 논리를 더 자세히 설명했다. "자기 자신을 보호하는 가능성 자체가 소수 지배자들의 독점적인 권리다." 방어기제에는 두 가지 모습이 있어 자신을 보호하며 보호받을 가치가 있는 주체와 꼼짝없이 방어술을 펼칠 수밖에 없는 대상 사이에 경계선을 긋는다.

이 충격적인 논리를 장마리 데디옹의 사례에 대입시키지 않을 수 없다. 아니, 그를 떠나서 모든 피해자들의 사례에 대입하게 된다. 프랑스 클레르몽페랑에 위치한 아미솔 석면제조공장의 전 노동자이자 석면피해보상위원회의 대변인이었던 조제트 루데르는 『리베라시옹』에서 이를 잔인하게 요약했다. "노동자들의 몸은 사지가 절단되기 위한 것이다. 주어진 일자리에는 관도 포함되어 있다."

'소리 없는 정책'이 불러온 '보이지 않는 참사'

깍지 낀 손가락 사이로 뜨거운 연기를 내뿜는 컵을 쥐고, 손을 데지 않기 위해 때때로 다른 컵을 겹쳐놓기도 한다. 파리 출신의 사회학자 아니 테보모니는 항상 이런 자세로 클레르몽페랑, 테르삭, 생 나제르 또는 다른 곳의 조합 사무실, 피켓 시위대, 조합 회의 등에서 커피 열기로 손을 녹여 가며 배우자인 앙리 페제라와 어디든 함께 다녔다. 2009년 고

인이 된 그 덕분에 1970년대 중반에 석면 파문이 터질 수 있었다. 1944년생의 INSERM 명예연구소장이었던 아니 테보모니는 직업병이라는 무력화된 영역을 다시 정치적 화두로 만들기 위해 자신이 할 수 있는 일은 다 했다. 지식의 로빈 후드인 그녀는 비영리 단체 참여와 과학자로서의 활동에 열심히 임하며 지식 생산에 열중했다.

2002년 그녀는 '직업성 암에 대한 과학이익단체GISCOP93'를 설립했다. 이 연구팀은 후원과 공공자금이 충분치 않아서 몇 년 전부터 존립을 위협받고 있다. 그러한 이유로 그녀는 2012년에 레지옹도뇌르 훈장을 거부하면서 다음과 같은 내용의 글을 세실 뒤플로 국토균형주택부 장관에게 전달했다. "공중보건연구는 행동에 나서기 위해 수행하는 연구이기 때문에 저는 우리 연구 프로그램의 결과로 인해 근무 환경이 바뀌고 예방 전략이 채택될 것이라는 희망으로 지금까지 활동을 이어왔습니다." 뒤플로 장관은 그녀에게 프랑스에서 가장 명예로운 훈장을 수여하려 했던 사람이다. "30년 동안의 활동 끝에 저는 다음과 같은 현실을 확인해야만 했습니다. 근무조건은 계속해서 악화되고 있고, 공중보건에 있어 석면은 재앙과 다름없다는 사실을 알고 있으면서도 이 인식이 직업이나 환경으로 인해 발병하는 암의 확산을 막기 위한 전략으로 이어지지 않았습니다. 또한 위험이 하도급 단계로 내려가면서 피고용인과 자영업자를 막론하고 산업, 농업, 서비스업, 공직에서 일하는 가장 힘없는 노동자들이 끔찍한 무관심 속에서 축적된 신체적, 조직적, 정신적 위험성을 감당하고 있더군요."

아니 테보모니는 자신의 사명을 알고 있는 사람의 미소를 짓는다. 산업범죄에 대해 이야기할 때, 자신이 무엇에 대해 말하고 있는지도 매우 잘 알고 있다. 그녀는 일 때문에 환자가 된 수백만 명의 사람들에 대해 말하는 것이다. 전 세계에서 매년 66만 6천여 명이 암으로 사망하고 유럽에서만 10만 3천여 명이 죽는데, 이 중 1/3 이상이 석면과 관계가 있다. 직업성 암에 관한 끔찍한 진실은 바로 이 암이 요컨대 '피할 수 있는' 암이라는 사실이다. 그 일을 하지 않았더라면 그들이 병들지 않았을 테고, 직업병으로 사망한 이들도 아직 살아있을지도 모른다. INSERM 그르노블지부의 환경전염병학자 레미 슬라마의 시적인 표현에 따르면 '보이지 않는 참사'다. 공론에서 보이지 않고, 통계에서도 볼 수가 없다. 프랑스에는 1,800만 명의 급여생활자가 있다. 2013년 건강보험의 산재 및 직업병 부문에서 정확히 51,452건의 직업병을 인정했다. 90%가 근골격계 질환으로, 석면 관련 질병은 그중 8%였다. 따라서 사회학자 에마뉘엘 앙리의 계산에 따르면 질병은 850건, 그리고 암은 292건이 남게 되는데 이는 물론 현실의 비극을 반영하지는 못한다. 파리 도핀대학교의 사회학자인 그는 '과학적 무지'와 '대중의 무기력' 사이의 관계를 논한 자신의 책에서 산업 위생학자, 경영인 대표, 정부 부처 및 공공기관의 전문가들이 전부 존재하는 이 비밀스러운 모임에 어떻게 규범과 표준이 자리잡게 됐는지 되짚어본다. 그는 관계자들이 대중에게는 보이지 않는 이 협상의 싸움터에서 유일한 주인으로 군림하여 소리 없는 정치를 펼친다고 설명한다. 직장에서의 죽음을 기술적인 문제 탓으로, 질병을 보상금액의 문제로 바꿔버리고 최고의(아니면 적어도 일하다 죽을 가능성을 전제하지는 않는) 근무환경을 협상하게 해주는 수단을 없애면서 결국 알력의 모든 가능성을 제거해버렸다. 직업병은 정치성이 배제된 사회계층 간 대립이 되었다.

이 책에서 이미 봤듯이 근무환경에서의 독성물질 사용영향의 은폐는 제품방어사무소의 매출에 커다란 부분을 차지한다(4장 참조). 전염병학 연구는 조작이 쉽기 때문에 제품방어 컨설턴트들은 문헌의 재분석과 재검토를 통해 숫자의 홍수 속에 독극물을 풀어 사람들을 헷갈리게 만든다. 그런데 전염병학은 현재 벌어지고 있는 일이든 과거를 회고하면서든 질병과 사망자에 대한 연구라는 것을 잘 이해해야만 한다. 다시 말해 언제나 한발 늦는데도, 말 그대로 사람들을 지키기 위해서라는 논리를 펼친다. 학술 프로파간다 놀이를 통해 기업들은 이 규범을 도구화하고 정책 의사결정이란 죽은 사람들의 수를 세면서 기다리는 것이라는 사상—심지어 이데올로기라고 해도 무방한—을 주입하는 데 성공했다. 독성제품 노출과 그 폐해 사이의 관계에 대한 명확한 증거가 전염병학 연구로 인해 드러나는 걸 기다려야 한다는 말인데, 모두가 입을 모아 전염병학이 이러한 상황에서 가장 부적합한 도구라는 의견에 동의했다. 전염병학은 귀납적으로만 이뤄질 수 있다. 따라서 1974년에 미국의 직업보건 관련 고위관료가 표명했듯 전염병학이 할 수 있는 단 한 가지는 정부, 산업, 사회가 수십 년 전에 도입된 발암화학물질의 통제에 실패했다는 사실에 대한 확인 뿐이다.

화학산업이 시장에 제품을 대량으로 쏟아내기 시작한 1960년대에서 1970년대에 담배산업은 이미 책임을 전가하는 분위기를 잘 조성해두었다. 1954년 담배산업이 발표한 「흡연가에게 보내는 진솔한 성명서」의 세 번째 조항을 떠올려보자. 책임전가와 관련이 있는 세 번째 조항에서 과학은 단지 인과관계를 증명하는 도구로 한정됐다(2장 참조). 오늘날 정책결정자, 기업, 때로는 과학자까지 '근거가 없다'거나 '증명되지 않은 내용이다'라고 이의를 제기할 때 말하는 근거란 전염병학적 근거다. 일부 사람들이 로버트 케호의 이름에서 따온 '케호의 법칙' 또는 연속적인 불확실성의 법칙이라고 불렀던 것을 훌륭하게 적용한 예시다. 로버트 케호는 영화 「땡큐 포 스모킹」에서 (거의) 허구의 담배산업을 위해 일하는 에르하르트 폰 그룹튼 문트와 비슷한 입장에 있는 과학자로, 납가공기업에 종사한다. 케호의 법칙을 인용해 기업들은 이렇게 말할 수 있게 됐다. "저희 기업 제품이 위험하다고 하셨지만, 그렇지 않은데요. 저희가 틀렸다는 걸 증명해보시죠." 그리하여 대중이 대신 위험을 감수하게 만든다. 책을 이 정도쯤 읽은 독자는 이후부터는 틀림없이 박사 학위 수준의 농담을 이해할 수 있을 것이다. 보스턴 공중보건대학교 환경보건학 교수인 데이비드 오조노프는 재치 있는 빈정거림으로 유명하다. "참사란 '전염병학 연구마저 감지할 수 있을 정도로 막대한 규모의 현상'이라고 정의하는 게 더 적합할지도 모르겠네요."

반세기 후 우리는 아직도 공중보건과 환경에 부적합한 원칙으로 구성된 채 그대로 굳어진 시스템과 함께 살아가고 있다. 잘못 평가됐거나 아예 평가되지 않은 제품 또는 물질, 행위들이 자연과 공장은 물론 우리에게로 쏟아진다. 그 다음은 두고 보면 알게 된다. 첫 번째 경고가 먹히는 일은 결코 없다. 연구, 대체로 전염병학 연구를 실시하는 걸 검토하기까지 두 번째, 혹은 다섯 번째 어쩌면 그 이상이 필요할 것이다. 그리고 계속해서 의심 속에서 기다려야 할 것이다. 계산할 시간이 오면, 다음으로는 '위해성 평가'를 할 차례다. 위해성 평가란 단순히 표현이 아니라 대부분의 규제, 따라서 주로 규제의 부재에 대한 근거로 삼는 시스템이다. 이 시스템의 대체재가 존재하는데, 그 명칭은 바로 '유해성 평가'다.

위해성risk과 유해성hazard은 프랑스어보다 영어 단어의 의미 차이가 더 확실하고 풍부하다. 확실히 문제의 '주인'들이 영어로 논의를 한다는 사실을 잊지 말자. 유해성 평가의 경우 위해성 평가보다 앞서 시행된다. 즉 참사 이전에 말이다. 유해성 평가는 제품이 시장에 출시되기 '전', 더 많은 연구와 시간을 전제로 한다. 또한 더 많은 순발력을 의미하기도 한다. 영국인들처럼 '나중에 후회하는 것보다 조심하는 게 낫다'며 다섯 번째 또는 열 번째 경고를 기다리지 않고도 발빠르게 행동할 수 있다. 치료보다 예방이 더 나으니까.

유해성을 생각하는 이 방식은 독일 숲에서부터 유래한다. 1970년대에 대기오염 때문에 벌어진 산림황폐화 현상에 맞닥뜨렸던 독일인들은 처음으로 '환경에 심각하거나 돌이킬 수 없는 위협이 감지된 상황'에서의 정치적 원칙을 언급했다. 이 원칙은 또한 확실한 증거가 모이기 전, 잠재적 위험을 줄이기 위해 행동에 나설 필요성이 있을 때 마찬가지로 적용된다. 이때, 조치를 취하거나 취하지 않았을 때의 비용과 이익을 따진다. 이렇게 해서 사전주의 원칙이 탄생하게 되는데, 이는 사전예방 원칙의 할아버지 격으로 이후 정의가 여러 번 바뀐다. 석면으로 인한 사망자들은 누리지 못했던 원칙이다.

쉬지 않는 석면위원회

로마인들은 이미 알고 있었다. 석면으로 옷을 짜는 일을 맡은 노예들의 폐가 그리 건강하지 못하다는 사실을 말이다. 공장에 첫 위험신호가 울려 퍼진 건 1898년이며, 석면의 폐암 발병위험을 알리는 전염병학 연구가 처음 발표된 건 1955년의 일이다. 산업국가에서 석면의 전면적인 금지조치가 내려진 시기는 1990년대다. 정치적 태만의 세월이 한 세기나 되는 것이다. 1945년에서 1950년 사이에 유럽에서 태어난 세대의 남성 150명 중 한 명은 가장 끔찍한 암의 한 종류인 중피종으로 사망할 가능성이 높다. 중피종의 절대적인 원인은 석면에 노출되는 것이다. 지금부터 2050년까지 유럽에서만 50만여 명이 폐에 '하얀색 금'이 가득 들어차 생명을 잃게 될 것으로 추정된다. 하지만 현재까지 프랑스에서는 이를 이유로 형을 선고받은 사람이 단 한 명도 없다. 모든 사실을 알고도 모른 척 대부분 노동자, 초등학교 교사, 교원으로 구성된 '서민'을 위험에 처하게 했지만 말이다. 그런데 석면이 희귀암의 원인이라는 주장은 일평생 끊임없이 농약 혼합물을 맞아온 장 마리 데디옹의 사례보다 증거를 대기가 훨씬 쉽다.

1982년 프랑스에서 마케팅 사무소를 이끌던 마르셀 발타라는 사람이 서민들의 생명을 저버리는 작전을 세웠다. 그는 고객인 석면기업을 위해 산업대표, 노동조합대표, 의사, 과학자, 프랑스 국립산업안전보건연구원 원장과 같은 관료들로 집단을 조직했다. 이미 알고 있는 방법들이다. 정돈된 근사치로 유사성을 만들어내고 여러 장르를 혼합하는 것 말이다. 의혹을 만들어 논란을 계속 무력화하는 전략이 어김없이 또 등장한다. 이 집단은 '석면도 통제 하에 사용하면 안전하다'는 거짓 주장을 만들어 퍼뜨렸다. 사실상 미세섬유를 제어하는 건 불가능한 일인데도 이러한 거짓 정보를 근거로 한 주장은 1995년까지 공공정책을 마비시켰다. 이 '석면상임위원회'는 이때 해체됐지만 그 정신은 계속해서 우리 주변에 남아있다.

그 후부터 프랑스와 다른 국가에 이런 위원회가 수십 개는 설립되었다. 의사결정의 대상임에도 불구하고 기술부족을 핑계로 기업의 참여를 정당화하는 각계 전문가가 포함된 비밀스러운 위원회 말이다. 완전한 권리를 가진 관계자 또는 '단순한' 관객으로서 그래도 당사자인데 기업들도 의사결정에 참여시키는 게 더 낫지 않겠냐고 하는 순진한 사람들이 있을 것이다. 게다가 기업의 참여로 해당 의사결정이 더 잘 받아들여지면 더 잘 적용될 것 아닌가? 하지만 사실 기업이 참여하게 되면 의사결정은 좌절된다. 최선의 경우 약화되고, 최악의 경우에는 포위되어 감시당하게 된다. 기업들은 왜 이토록 의사결정에 참여할 수 있는 특권을 열망하는 것일까? 프랑스 제약산업 로비단체인 프랑스제약협회Leem는 오랫동안 국가보건최고위원 투명성 위원회의 초대손님 지위를 누렸다. 이 위원회의 의견을 통해 의약품의 가격을 결정하고 환급대상 의약품을 선정했다. 2015년에 각 회의마다 대리인을 보낼 수 있었던 특권을 박탈당하자, Leem은 이제 더 이상 '평가된 제품들이 공평하게 취급되는지 감시하기 위한 사람'이 아무도 없다고 한탄하며 여러 특례와 의사결정 절차에 개입할 많은 방법들을 요구했다. '해당 물질 평가에 기여한 외부 전문가들이 참여해 첨예한 토론을 하는 청문' 같은 것 말이다.

"산업이 공공정책 수립에 개입하면 가장 효과적인 통제조치라도 그 효과가 반감되거나 아니면 완전히 사라집니다. 그 위험성 또한 익히 증명되었습니다." 또다시 WHO의 전 총장인 마거릿 챈이 한 말이다. 하지만 정책결정자들이나 기관 사이에서 이런 인식이 보편화되려면 한참 멀었다. 유럽 위원회의 직업노출 기준 과학위원회, 스코엘을 보면 알 수 있다. 대중에게는 완전히 생소하고 최근까지 유럽 위원회에 정통한 사람들 몇몇의 레이더망에도 잡히지 않았던 스코엘은 제품마다 의견을 내는데, 이 의견으로부터 독성물질 노출기준이 만들어진다. 이 기준에 따라 고용주들은 석면유형 섬유, 육가 크롬, 염화바이닐, 목재분진 등을 취급하는 노동자들을 보호하기 위해 근무환경을 조성해야 한다. 위험성을 최대한 줄이고 더 나아가 완전히 제거하는 것이 기본 방침이다. 수치를 다시 한 번 말할 필요가 있다. 매년 유럽에서 10만 2,500명이 폐암, 비강암, 방광암, 전립선암, 후두암, 호지킨병 및 림프종으로 사망한다. 전부 노출 기준이 적용되는 대상 물질에 노출되어 발병하는 '피할 수 있는' 암이다.

유럽 위원회는 다음의 사실을 부정할 수 없다. 그들이 말 그대로 생사가 걸려있는 임무를 다수의 이해충돌 관계가 있는 전문가들에게 맡겼다는 것 말이다. 스코엘 소속 전문가 스물두 명(스무 명의 회원과 두 명의 '초대전문가') 중 열다섯 명이 위원회 내부의 의사결정에 직접적으로 영향을 받는 기업들과 관계가 있다. 이 중 일부는 기업에 소속된 직원이다. 두 명은 독일의 거대 화학기업 바스프에서 일하고 한 명은 영국 석유기업 쉘에서 일한다. 이들 이외에도 화학기업을 고객으로 둔 독성분야 컨설팅 사무소 대표도 있다. 안젤로 모레토는 석면, 벤젠, 크롬 기업을 위해 전문가 증인서비스를 제공하고 이 기업들과 직업병을 앓게 된 노동자들—이미 사망한 경우에는 친족—이 대립하는 소송에서 기업의 변호를 돕는다. 다시 말하면 그는 스코엘에서 노동자들을 보호하지 못하는 기준 수립에 기여하고 피해 보상을 최소한으로 축소하는 일에 가담하면서, 동시에 엄격한 제재를 피하기 위해서라면 뭐든 하는 기업들에게 보수를 받는다. 왜 유럽 위원회는 이런 선택을 했던 걸까? 스코엘 채용담당자들은 다음의 요소도 마찬가지로 신경 쓰지 않았던 것 같다. 안젤로 모레토는 스코엘에 채용되기 전에 EFSA의 과학패널에서 이해충돌을 이유로 사임했다. EFSA는 심지어 이해관계확인서의 누락(독성분야 컨설팅 사무소 멜레트의 지분 17%)을 이유로 해당 기관 역사상 두 번 있었던 소송 중 한 번을 안젤로 모레토를 대상으로 제기했다.

　게다가 스코엘 회원 다섯 명의 이해관계확인서는 완전하지 않다. 패널 의장인 레너드 레비는 특히 석면의 사촌 격인 광물섬유 산업을 위해 컨설팅 서비스를 제공한 기록을 누락했다. 기업들에게 인기 있는 학술지(7장 참조) 『규제 독성학 및 약물학』에 논문을 게재하기도 했었는데, 공저자 목록에서 익숙한 이름을 찾을 수 있다. 바로 헬무트 그라이엄이다. 내분비계 교란물질 규제에 반대하는 이 독성학자는 몬산토가 글리포세이트를 방어하려 도움을 청했던 사람으로, 스코엘의 지속적인 '초대 전문가' 두 명 중 한 명이며 창립연도인 1999년부터 2015년까지 신분을 보장받는 회원이었다. 유럽 위원회의 내부평가서에 따르면 그는 어떤 이해충돌 관계도 없다고 적혀있다. 헬무트 그라이엄은 자동차산업을 위해 인간과 원숭이를 디젤엔진에서 배출되는 발암가스에 노출시키는 테스트를 승인했던 장본인이다(8장 참조). 2018년 1월 사건이 공개되면서 전 세계에 분노의 물결이 일었지만 유럽 위원회는 그를 스코엘에서 제명하는 것이 올바른 조치라고 판단하지 않았다. 그로부터 몇 달 후에도 계속 83세의 '몽키게이트 박사'는 '초대 전문가' 지위를 이용해서 여전히 디젤 배출가스의 저명한 연구자로 활동했다. 유럽에서 디젤 배출가스에 노출된 노동자의 수는 300만 명이며, 이 가스는 석면 다음으로 꼽히는 직업성 암 유발 원인이다.

　　이토록 너그러운 이해충돌 접근법과 비교해 보자면 EFSA는 거의 독립된 아카데미로 간주될 지경이다. 유럽기관은 이해충돌이 무엇인지 정말 이해한 걸까? 보건 기관이 연구를 진행하거나 공중보건이 위험해 처한 상태인지 판단하기 위해 산업과 협력하고 결탁하는 것은 단순한 실수라고 볼 수 없다. 이는 보건 기관이 의무와 책임감을 저버리고 내팽 개친 것이나 다름없다. 선고처럼 들리는 이 문장은 사실 경고나 마찬가지이다. 1966년 납에 대한 문제제기가 한창이었던 당시, 위대한 지질학자 클레어 패터슨이(그 덕분에 지구의 나이를 45억 5천만 년으로 추정할 수 있게 됐다) 미국 국회에 던진 경고다. 그는 이 발언이 우리 역사에서 얼마나 반복해서 메아리칠지 상상도 못했을 것이다.

15

혼잡한 이해관계

2017년 9월 26일, 레오 트라샌드는 손을 어떻게 해야 할지 몰라 허리에 올려놓고 있었다. 어쩌면 팔을 내리지 않기 위해 이런 자세를 취한 건지도 모른다. 팔을 툭 내려놓는 소리가 유럽의회 ASP53E 호실의 두꺼운 매트에 흡수됐다. 그는 조금 충동적으로 뉴욕에서 비행기에 올라 9시 즈음 브뤼셀에 도착했는데, 여전히 넥타이를 제대로 맨 맵시 있는 차림이었다. 장거리 이동에 익숙한 사람들이 기차역과 공항에서 열두 시간 동안 고통 받고 나서도 말끔할 수 있는 것처럼 말이다. 레오 트라샌드는 하버드대학교에서 의학을 전공했고 현재는 뉴욕대학교 의과대학에서 소아과, 환경의학과, 인구집단보건과 부교수직을 맡고 있다. 그의 연구업적은 세계적으로 유명하다. 그의 적포도주색 안색은 1960년대 말 『새터데이 이브닝 포스트Saturday Evening Post』의 표지 일러스트레이터, 노먼 록웰의 그림에서 튀어나온 것만 같다.

　지하철역과 멀지 않은 카페에서 바바라 데메넥스가 그를 기다리고 있었다. 이 과학자는 40년 동안 갑상선 호르몬이 뇌 발달에 미치는 영향을 연구했으며 또한 15년도 더 전부터 내분비계 교란물질의 영향을 연구하고 있었다. 그녀는 유전자 조작으로 내분비계 교란물질에 접촉하면 형광색을 띠는 올챙이를 만들어 내분비계 교란물질을 주입한 액체에서 올챙이가 편모를 휘저으며 돌아다니는 것을 연구했다. 이 실험으로 그녀는 2014년 프랑스 국립과학연구센터의 혁신부문 금메달을 수상했다. 이 형광올챙이는 오래된 소형 그랜드피아노와 함께 파리 소재의 국립자연사박물관에 전시되어 있다. 박물관은 내장재에서 삐그덕 소리가 날 정도로 오래된 목재 건물로, 이곳에서 늘 내분비계 교란물질 규제 개발연구소가 바쁘게 움직이고 있다. 공통적으로 명랑하고 다정하다는 평가를 듣는 두 과학자는 내분비계 교란물질을 주제로 한 강연에 참석하기 위해 자리를 옮겼다. 그들이 연사로 초청받지 않은 자리였다.

내분비계 충돌,
이해관계 교란

　우리는 앞장에서 이미 레오 트라샌드를 만난 적 있다. 다니엘 디트리히가 그의 내분비계 교란물질로 인한 질병 비용을 다룬 연구를 공격해 학술지의 독자 투고란에서 격렬하게 싸웠던 일로 말이다(6장 참조). 바로 그 상대가 무늬 있는 넥타이―오늘은 담황색 바탕에 개구리 무늬였다—를 매고 레오 트라샌드의 코앞에 있었다. 브뤼셀에서 쓰는 표현을 빌리자면 '이벤트'라고 부르는 이 강연은 오늘 하루만 열리는 게 아니었다. 브뤼셀의 일상과 떼려야 뗄 수 없는 이 이벤트들은 유럽의회에서 열리려면 의원 한 명의 추천을 필요로 하지만 대체로 외부에서 먼저 제안이 온다. 분야별 단체들, 로비활동 사무소, 때로는 NGO가 요청한다. 오늘 공식 주관자는 유럽인민당(우파여당) 루마니아 의원 크리스티안 부소이였다. 그의 배후에서 캐스팅한 사람은 전문 중개인으로, 화장품산업과 밀접한 관계를 맺고 있는 컨설턴트 겸 로비스트 샤를 라로슈다. 주제는 '내분비계 교란물질 규제와 그 이후의 결과'다.

발표자는 유럽 위원회 관료들, 의원들, 네 명의 과학자를 포함해 총 여덟 명이었다. 스페인 과학자 앙헬 나달은 내분비학회 'Endocrine Society'를 소개하기 위해 참석했다. 이 학회는 유럽규제기구에 목소리가 닿게 하는 데 애를 쓰고 있다. 좌석 배치도에 따라 크리스티안 부소이는 아치형 좌석의 맨 왼쪽에 앉았다. 더 이상 따로 소개할 필요가 없는 '몽키게이트 박사' 헬무트 그라이엄과는 두 좌석 떨어진 자리였다. 조금 더 떨어진 곳에서 다니엘 디트리히가 발표를 시작했다. 많은 의원들이 경청하고 있었고 또한 폴 레오나르드(바스프 측 인물), 펠릭스 유델호븐(바이엘 로비스트), 앙헬 마르틴(다우 아그로 케미컬 로비스트) 그리고 피터 데이(유럽 살충제산업 로비단체인 ECPA의 규제사무국장)이 있었다. NGO 측(유럽 기업감시, 클라이언트 어스, 건강환경연합)과 전문지식을 갖추고 있는 청중 몇몇이 웃음이 새어 나오는 걸 억누르며 눈빛을 교환할 사람을 찾아 좌우로 눈을 굴렸다. 분노한 관중이라는 작은 역할로 밀려나, 마치 이러면 화가 진정된다는 듯이 고개를 뒤로 젖힌 레오 트라산드와 바바라 드메넥스는 무력함과 상실감에 몸서리를 쳤다. 지금은 주제를 가장 모르고 있는 자들에게 발언권이 있었다.

"그는 잔류성 유기오염물질이 시간이 지나면서 줄어드는 반면 비만은 증가하고 있는 결과를 나타내는 그래프를 보여줬습니다. 그는 생태학적 증거라고 불리는 가장 저급한 수준의 증거를 이용해 내분비계 교란물질이 문제가 아니었다는 주장을 펼치려고 했습니다. 이건 대학교 1학년 때에나 할 수 있는 행동이지 교수가 할 짓은 아닙니다." 레오 트라샌드는 사납게 평가했다. "저는 미합중국에서 사는데, 오늘날 우리 대통령은 이보다 끔찍한 전술을 펼치고 있습니다. 이런 상황에서 취해야 할 태도는 가능할 때마다 공식적으로 발언을 해 정보조작과 그 결과를 막는 겁니다. 상황이 상황인 만큼 그래도 뭐라 말할 수 있는 기회를 가졌다는 게 놀랍기까지 하네요." 질의응답 시간에 발언권을 얻었지만 제시된 과학적 주장의 결함을 강조하는 데 주어진 시간은 단 몇 분 뿐이었다.

의회 이벤트에서는 의견을 표명하는 과학자들이 어떤 명목으로 초대되었는지 알 수가 없다. 누구도 그들의 이해충돌 관계를 공개하라고 요구하지 않는다. 다니엘 디트리히는 자기 자신만 소개할 뿐이었고 헬무트 그라이엄은 언제나 '뮌헨 공과대학교 명예교수, 보건환경위험과학위원회SCHER 전 회장'으로 자신을 소개한다. "의원들은 그라이엄을 매우 좋아합니다. 그는 집행위원회 과학위원회 회장이었고, 그거면 더 생각할 필요가 없게 해주죠. 그가 하는 말이 다 이해되기도 하고요." 이런 이벤트의 단골 참석자인 레오 트라샌드가 낮은 목소리로 말하며 이를 갈았다. 헬무트 그라이엄은 문법적으로 단순한 영어 문장을 구성하며 발언 내용도 간결하기 짝이 없다. "내분비계 교란물질이 심각한 피해를 야기한다는 증거는 어디에도 없습니다." 이벤트는 로비활동에 있어 불가피한 교차점이다. 이 이벤트들은 의원들에게 중요한 정보출처이기 때문에 보좌관들은 몹시 열정적으로 내용을 필기해 전담하는 의원에게 브리핑을 한다. 의회 내규에 한 줄만 추가하면 되는데도 이해관계 선언을 위한 어떤 조치도 마련되어 있지 않다. 의회에서 이해관계에 대한 질문을 한다면 다니엘 디트리히는 어떤 반응을 보일까?

벨기에의 RTBF 방송팀이 그날 자리해 한참을 취재했는데, 두 달 후 방영된 현장보도에서는 기자 실비 뒤케노아가 그녀의 휴대폰에 바이엘이 남긴 메시지를 듣고 있는 모습이 나왔다. 바이엘 측에서는 다니엘 디트리히에게 인터뷰를 요청할 것을 조언했다. 그녀는 지체하지 않고 그를 바로 카메라 앞으로 이끌었다.

"바이엘이 왜 제게 당신을 인터뷰하라고 권했을까요? 바이엘과 어떤 관계가 있나요?"

"바이엘? 어… 바이엘이요?"

다니엘 디트리히가 천천히 고개를 저으며 반복해 말했다. 마치 지나가던 관광객이 그에게 낯선 언어로 길을 물은 것처럼 당황해서 말이다.

"바이엘 측에서 제게 전달하기를, 당신이 인터뷰에 응할 수 있을 거라고…."

"아! 그렇군요…. 알겠습니다! 네, 바이엘하고 연구를 했어요. 그런데 내분비 관련은 아니었어요."

헬무트 그라이엄은 유럽의회에 공개한 이해관계확인서에 그의 정기적인 브뤼셀 방문 비용을 지불하는 이들의 신원을 기록했을까? 과학자가 어딘가로 이동할 때에는 교통비와 숙박비를 책임지는 이가 있기 마련이다. 그가 현역이라면 소속 실험실이 그 비용을 부담한다. 하지만 이십여 년간 은퇴한 교수와 다른 분야 은퇴자들의 이동 비용은 어디에서 지불해온 걸까? 헬무트 그라이엄이 의회에 초대받을 때는 의회가 그 비용을 댄다. 하지만 2016년 5월 다니엘 디트리히, 앨런 부비스, 콜린 베리 등 여섯 명의 뛰어난 동료들과 함께 내분비계 교란물질 규제에 대한 '유사과학 공격'을 저지하기 위해 유럽연합 보건 집행위원을 찾아갔을 때 실제로 비용을 지불한 건 바로 유럽위험포럼European Risk Forum이었다. 1990년대 담배산업에 의해 설립된 이 속이 시커먼 싱크탱크는 2016년에 제초제 업계와 유럽 플라스틱제조협회 등 회원 열여덟 업체로부터 후원을 받고 있었다. 게다가 앞서 언급됐던 바스프의 폴 레오나르드는 이 싱크탱크 이사회의 일원이다. 이벤트가 열리고 나서 몇 개월 후, 유럽위험포럼은 정책조찬과 고위급 오찬을 기획했다. 다니엘 디트리히와 함께 하는 일정이었다.

유력 전문가들의 카스트 제도

"그는 유럽 위원회 산하 '과학위원회' 회장이었고, 그거면 더 생각할 필요가 없죠." 헬무트 그라이엄에 대한 레오 트라샌드의 평가다. 당국을 위한 전문가 인력 풀은 실제로 믿을 수 있고 근거로 삼을 수 있는 의견 출처로 쓸모가 있을 것이다. 하지만 결국 유럽 위원회 및 산하기관이 깊이 생각하지 않고 이해충돌 비율이 엄청난 수치에 근접하는 공식 전문가 인력 풀에 의지한다는 사실을 확인하게 될 뿐이다. EFSA의 경우,

2013년 패널 전문가 중 58%, 2017년 46%, 직업적 노출기준 과학위원회인 스코엘(13, 14장 참조) 위원 22명 중 15명의 비율로 이해충돌 소지가 있었다. 2016년까지 3개였지만 이후 2개로 줄어 보건총국에 병합된 유럽 위원회 산하 '과학 위원회'는 이미 앞부분에서 수차례 언급된 바 있다. 2014년 유럽기업감시 NGO는 이 위원회의 실무진에 속한 57명의 전문가들 중 38명, 즉 67%가 이해충돌 상황에 처해있다고 지적했다.

어떤 관점에서 전문가들과 기업들의 친선관계를 이해해야 할까? 과학자들이 제초제, 첨가물 또는 의약품에 대한 의견을 제시하는 패널의 일원이었기 때문에 해당 제품 업체들이 그들에게 관심을 가졌던 걸까? 아니면 기업들이 사회적 지위가 높은 과학자들에게 아첨하고, 일을 맡기기도 전에 돈을 지불하고, 심지어 미셸 오비에 소송에서 검사가 사용한 용어대로 '투자'를 하는 걸까? 이 KOL들이 언젠가 정부당국의 부름을 받을 가능성이 가장 높기 때문인가? 포획 시 돌아오는 걸 따졌을 때, 가장 '수익성이 좋은' 인물들이라서? 그것도 아니면 이런 경력과 조건을 가진 전문가들을 고용하도록 조장하는 시스템과 선발기준 때문일까? 시간 소모가 크고, 제대로 보수가 주어지지 않는 데다 경력에 그다지 의미 없는 평가에는 연구계의 거물들이 참여하는 일이 드물다. 특히 패널에서 그들의 의견이 소수에 속할 가능성이 커 그들이 직접 판도를 뒤집어야만 할 때는 더더욱 그렇다. 일부 위원회의 채용절차가 지원자 모집보다는 현 회원의 추천으로 이루어진다는 사실은 말할 것도 없다. 이는 세대교체 릴레이를 통한 '엘리트 재생산'을 조장하는 관행으로, 이 과정에 있어서 투명성은 장점이 아니다. 어쨌든 이 반만 직업적인 전문가들 몇은 그들의 혁신적인 과학업적보다는 국가적, 혹은 세계적인 공식 위원회라면 어디든 속해 있기로 더 유명하다. 이 생태가 저명한 유명인사들과 위원들 간의 작은 계급사회를 이룬다. 결국 말하자면 이들은 행정 및 기술 분야의 단골이다.

이 세계의 수많은 헬무트 그라이엄들은 대중의 관심으로부터 보호되어 그 누구에게 해명할 필요 없던 과학자의 시대에 태어난 '감정 평가'라는 문화에 아직까지 사로잡혀 있다. 투명성이라는 것이 등장하기 이전의 시대에는 컨설턴트나 기업의 고문으로서 추가로 계약할 수 있었고 이는 개인적인 일이었다. 이 전문가들은 전부 '규제과학'과 '사후' 위해성 평가로 공중보건에 접근하는 방식에 중독된 과학자 세대에 속한다. 이 학파에 속한 이들은 아직까지 편협하고 구태의연한 과학적 견해를 주문처럼 단조롭게 읊조린다. 그 유명한 '용량이 독성을 결정한다'는 주장처럼 말이다. 독극물에 노출되는 시기가 용량만큼 중요하다는 것을 아는 시대에는 더 이상 통용되지 않는 견해다. 이들 중 다수가 순수한 전후시대의 청년들이었으며, 당시에는 과학의 진보가 농업적 풍요로움, 모든 것이 플라스틱으로 이루어진 고급스러운 생활, 석유화학의 편리함과 동의어였다. "이 시대는 흰색 가운을 입은 과학자들이 발견이라는 깃발을 쳐들고 무지와 미신의 힘에 맞서 우리를 이끄는 십자군 기사들로 소개됐던 시기였다." 위대한 캐나다 작가 마거릿 애트우드의 표현으로, 숲을 사랑하는 곤충학자였던 그녀의 아버지는 그녀에게 환경문제에 대한 인식을 높여줬다. "현대 과학의 모든 혁신은 '진보' 또는 '발전'이었다. 진보와 발전은 언제나 추구되는 목표로, 본질에 따라 필연적으로 앞으로 나아간다. 이 신념을 문제 삼는 것은 선의, 아름다움, 진실에 의문을 제기하는 것이나 다름없었다."

내분비계 교란물질 문제에서 측정하기 어려운 이러한 요소들은 편의상 내분비학자 진영과 독성학자 진영으로 지칭되는 두 집단 사이에 매우 확실한 경계선을 긋는 데 기여했다. 사실 이런 상황 묘사는 잘못된 것이다. 우선, 두 진영은 실존하지 않는다. 그러나 진영이라는 단어가 경제적 이익을 위해 인위적으로 만들어지고 유지되는 것인 만큼 전혀 과학적이지 않은 논란의 현실을 드러내고 있다. 오히려 수적으로 우세한 내분비계 교란물질 전문 과학계와 해당 분야에 대한 전문지식이 없는 소규모 그룹 사이에 경계선이 그어진다. 이들은 약 스무 명, 기껏해야 서른 명 정도로 그 중심에는 여섯 명으로 구성된 소규모 그룹이 자리를 잡고 있다. 평균연령이 높은 이 핵심인물들은 오랫동안 기업과 협업을 해온 데다 문제의식 없이 기업의 중추인물들과 어울리면서 기업과 친밀한 관계를 맺고 있다. 과학적으로는 내세울 만한 업적이 없고, 보수적인 정치성향을 지녔으며 반세기 전부터 '자동모드'로 작동되고 있는 규제과학을 수행한다. 실제로 이 사람들이 과학적 진보를 이끄는 연구자들을 대신해 공식 위원회와 기관에 자리를 차지하고 있다. 공권력의 관심을 받는 건 바로 그들이다. 2013년, 앤 글로버에게 서신을 보냈을 때처럼 정치적인 입장을 표명하는 상황에서도 그들이 공공전문가로서의 입장을 강조하는 걸 볼 수 있다. 이 수많은 독성학 권위자들 중 많은 비율이 과거 유럽 위원회 산하 과학위원회에서 한 자리 했었거나 현재까지 자리를 차지하고 있다. 앞서 봤듯, 이들은 앤 글로버에게 강한 인상을 심어줬다. 서명한 이들이 공식 위원회 소속임을 내세우지 않았더라도 그녀가 로비활동의 공격적인 냄새를 풍기는 서신에 이만큼의 믿음이라도 주었을까? 앤 글로버는 "저였다면, 정확히 동일한 문서를 환경총국에도 썼을 겁니다"라고 단언했지만, 이 질문을 흥미롭다고 판단했다. "가장 중요한 건 해당분야에 대한 그들의 과학적 지식이었습니다."

내분비계 교란물질이든 설탕, 비스페놀A, 글리포세이트든 간에, 다소 차이는 있겠지만 비슷한 경계선이 그어진다. 조금 더 일반적인 기준으로 나눠보면 한쪽에는 공공자금으로 연구하는 학문적 과학자 및 연구자들이 위치한다. 이들은 국민과 환경을 보호하는 접근방식을 지향하며 정치적 싸움터에는 거의 모습을 보이지 않는다. 그리고 다른 한편에는 오래전부터 규제기관의 생태계에서 진화를 거듭해 기업과 유착된 과학자들이 있다. 때때로 다양한 주제에서 동일한 인물들을 볼 수 있다. 이 전문가들은 아주 오래전부터 배경에 녹아들어 있었기 때문에 누구도 그들의 존재를 문제 삼을 생각조차 하지 못하는 듯하다.

앨런 부비스의 예를 살펴보자. 임페리얼칼리지의 생화학약리학교수인 그는 2018년 유사연구소인 ILSI(10장 참조)를 위해 여러 직책을 맡았다. 활동 내내 주요 공식위원회 이곳저곳에 한자리씩 차지하고 있었다. EFSA가 그에게 선택을 요구했던 2012년까지 앨런 부비스는 EFSA 산하패널 중 하나와 여러 실무진에 속했다. 그는 1997년과 1999년에 각각 WHO와 식량농업기구 FAO 산하의 합동 전문가 위원회에 가입해 현재까지 위원으로 소속되어 있다. 첫 번째 위원회는 첨가물에 관한 것이고, 두 번째 위원회는 잔류농약에 관한 것으로 심지어 그는 회장직과 부회장직을 맡았었다. 그는 십여 년도 더 전부터 스코엘의 일원이자 석면 제조업체를 위한 전문가 증인(14장 참조)인 안젤로 모레토와 가까이 지냈다. 사무총장이 기업의 영향력에 대해 강력하게 입장을 표명한데다 담배 산업의 마수에 걸려들어 간접흡연에 대한 이니셔티브가 좌절된 적 있음에도 불구하고 WHO는 이상한 관용 영역을 마련해놓고 있다. 그들이 '공식적인 관계'를 맺고 있는 NGO 목록처럼 말이다. 2015년까지 이 목록에는 ILSI가 포함되어 있었다. 뿐만 아니라 유럽화학물질 생태독성 및 독성센터ECETOC(화학산업 싱크탱크), 국제 제초제 로비단체인 크롭라이프 인터내셔널도 함께 눈에 띄었다.

하지만 앨런 부비스의 경우, 다행히 그가 2003년부터 영국발암성위원회(식품, 소비재, 환경 내 화학물질)와 독성위원회(2003~2015)에 소속되어 있던 이력이 그의 이해관계확인서에 기재되어 있었다. 여기에서 특기할 점은, 독성위원회원 중 한 명인 캐럴라인 해리스가 제품방어사무소 엑스포넌트사의 대표를 맡고 있다는 것이다. 세 번째 위원회는 변이유발성 위원회로, 2009년부터 데이비드 커클랜드가 합류했다. 컨설턴트로서 몬산토와 마스터 계약을 체결한 그는 위원회에 이 사실을 신고하지 않았다. 데이비드 커클랜드가 이의를 제기하는 것처럼, 이 위원회들은 규정상 컨설턴트에게 고객의 신원을 요구하지 않는다. 그는 이렇게 덧붙였다. "만약 그렇게 해야 했다면, 고객이 150명은 있으니 제 확인서가 적어도 열 쪽은 되겠군요."

일부 전문가들의 이름은 너무나 친숙해서 의심의 여지 없이 이해충돌 상황에 직면했는데도 유럽 위원회 부서들은 진상을 규명하지 못하고 있다. '유럽기업감시'가 입수한 보건총국 과학위원회 관련 문서들 덕분에 재구성된 상황이 이를 입증한다. 2012년, 총국의 한 임원은 이 조직의 가장 최고위 책임자인 파올라 테스토리 코기 국장에게 사건을 알렸다. 중대한 사안이었기 때문이다. 그 임원은 ECHA로부터 유럽집행위원회에 속한 두 전문가가 '기업 측 과학자'로서 ECHA의 위해성평가

위원회의에 참석했다는 소식을 전달받았다. 그는 "브리지스 교수는 유럽플라스틱가공업협회EuPC, European Plastic Converters와 참석한 것이었고 데칸트 교수는 유럽 중간생산물 및 플라스틱가공제 협의회ECPI, European Council on Intermediates and Plasticisers를 이유로 참석했다"고 쓰며 둘 모두 '컨설턴트 활동으로 평소에 받는 것과 같은 수준의 금액'을 보수로 받았다고 명시했다. 그를 난처하게 만드는 건 단 하나뿐이었다. 바로 절차를 지키지 않았다는 사실이다. 그들 중 누구도 이 일을 미리 알리거나 자신의 이해관계확인서에 최신 정보를 추가하지 않았다. 해당 산업협회들이 플라스틱 업계, 특히 프탈레이트 및 내분비계 교란물질인 플라스틱 가공제 제조업체들의 이익을 대변하는데도 이 임원에게는 이해충돌이 보이지 않는 것 같다. 그도 잘 알고 있듯, 제임스 브리지스는 한 위원회의 프탈레이트 실무진에 속해있지만 이 실무진은 오직 화학물질군의 한 종류인 디에틸헥실프탈레이트에만 관심이 있다. 그런데 ECHA 기준으로 중요한 것은 다이아이소노닐 프탈산과 디이소데실프탈레이트다. 이 경우에는 아무 문제가 없다. 하지만 이 임원이 더욱 신경을 쓰는 것은 사람들의 평가다. 대중 그리고 과학계의 시선에서 봤을 때 문제는 '프탈레이트'이기 때문에, 과학자가 해당 실무진에 속해있다면 이해충돌에 대한 비난을 키울 수 있으며 그를 변호하기란 어려운 일일 것이다. 또다른 인물인 볼프강 데칸트의 경우 "엄밀한 의미에서의 과학을 근거로 따져보면, 이해충돌이 될 수 있는 요소들은 미미할 것이다"라고 평가했다.

바깥세상의 음모

바깥세상에서와는 달리, EFSA 그리고 유럽 위원회에게 이해충돌은 잠재적인 문제일 뿐이다. 두 기관은 이해충돌을 문제라고 생각하는 바깥세상이 틀렸다고 여긴다. 과학위원회를 감독하는 임원은 두 상황이 충돌해 전형적인 이해충돌을 형성하고 있는데도 '보지 못하고' 있다. 단지 추문이 일어날 수도 있다는 생각에 매몰되어 있을 뿐이다. 공공의사결정의 청렴성을 지켜야 한다는 생각은 그가 상사에게 보고한 문서나 두 전문가와 주고받은 연락 또는 EFSA 수뇌부의 주장 그 어디에서도 찾아볼 수 없다. 원칙적으로 모든 외부비판은 무지하고 이해력이 부족한 대중이나 악의를 품고 있는 미디어, 또는 둘 모두에 의해 확산된 근거 없는 공격으로 간주 된다. 하지만 이해충돌이 부패와 동의어인 기관에서 달리 뭘 할 수 있을까? 일부는 이 기능장애에 대한 비판을 마치 음모론이나 망상으로 취급한다. '오프 더 레코드'뿐만 아니라 공공연하게 '온 더 레코드'로 말할 정도이다.

"이해충돌에 관한 반복적인 의혹 및 문제제기로 인해 우리 조직과 행정절차의 청렴성에 점점 금이 가고 있다." 뷔테니스 안드류카이티스 보건식품안전담당 집행위원이 2016년 10월 유럽의회에서 위와 같이 인정했다. 하지만 글리포세이트를 담당하고 있던 그는 유럽기관 내부의 이해충돌을 없애야 한다는 결론을 도출하지는 않았다. 그가 이어 말하길, "이 불확실성은 사람들의 마음에 의혹의 씨앗을 뿌릴 수 있고 미디어가 위험성을 강조하기 위해 자극적으로 연출할 수도 있으며, 이해관계자나 압력단체가 농약에 반대하는 입장을 정해놓고 억지로 강요하기 위해 이용할 수도 있다." 민주적인 토론의 장에서 정당하게 나올 수 있는 시스템상의 질문에 대한 이원적이면서 적대적인 발언이다. 공중보건과 환경을 희생해 시장을 보호하는 기업가들이 아닌 비판과 선택명제를 전달하는 NGO들이 가해자처럼 인식된다. 그의 주장은 이렇다. "많은 이들이 소셜 네트워크에서 일방적으로 감정에 호소하는 캠페인에 주의를 기울일 가능성이 높다. 유럽 위원회는 물론 유럽시민들의 우려를 중요시하고 적합한 방식으로 다뤄야 한다. 하지만 접근가능한 최고의 과학을 근거로 의사결정이 이뤄진다는 원칙은 흔들리지 않아야 한다." 따라서 '과학에 대해 더 제대로 의사소통'하며 '변화에 대한 두려움을 극복할 수 있도록' 사람들을 도와줘야만 한다는 것이다. 대중의 신뢰 저하라는 문제 또는 결과가 명백한데도 담당집행위원의 발언을 살펴보면 유럽기관들은 해당 문제에 있어 자신들의 책임감을 인정할 의도가 전혀 없어 보인다. 불통과 부정이다. 재고의 여지도 없다. 그리고 이 예시는 우리 쪽에서 '체리 피킹'한 결과도 아니다. 다른 예가 하나 더 있다.

"글리포세이트에 대한 증거 부족—불투명한 출처로 후원받은 소수의 활동가와 NGO들이 세계 최고의 식품안전체계를 무너뜨리려는 의도를 갖고 있다. 모두에게 투명성이 필요하다. #그돈은어디서난걸까." 앞서 등장한 집행위원의 비서실장인 아루나스 빈시우나스가 1년 후, 유럽연합에서 글리포세이트 재승인 투표로 긴장감이 극에 달했던 때 트위터에 올린 내용이다.

유럽녹색당 벨기에의원인 바르 스타에스는 반박의견을 게재했다. "고위관료로서 좀 더 중립적으로 글리포세이트 테스크포스의 이익보다는 공익을 위해야 하지 않겠습니까?"

나는 이 기회를 이용해 직접 대화에 끼어들어 질문했다. "시민사회와 유럽의원들의 비판과 미디어의 보도가 '공격'과 동의어라고 생각하십니까? 아니면 다른 '공격'의 예를 들어 주실 수 있나요?"

리투아니아 출신 비서실장이 지난해 EFSA가 받은 폭탄이 장치된 우편물을 상기시키며 대답했다. "불확실한 발언을 하고 압력이 있었다거나 매수되었다고 암시하는 게 공격이죠. 그리고 이런 류의 불확실한 발언에서 영감을 받아 EFSA에 폭발물이 발송됐다는 사실을 알고 계시겠죠?"

이번에는 내가 충격 받을 차례였다. "유럽의원들, NGO 그리고 저를 비롯한 기자들이 '불확실한 발언'을 하고 암시를 했기 때문에 EFSA에 발송된 폭발물에 대한 책임을 져야만 할 거라는 건가요? 제가 잘못 이해한 거라면 말씀해주시죠." 아루나스 빈시우나스는 결국 대답하지 않았고 자신의 발언을 취소하지도 않았다.

권력에 질문을 던지는 것이 어떤 점에서 정보조작을 야기하고, 음모론을 조장하고, 심지어는 비서실장이 말했던 것처럼 테러행위를 부추기는 걸까? 질문과 비판이 민주적인 토론에서 기대하는 것과는 정반대로 작용하는 이 정치 시스템은 도대체 뭘까? 또한 대중을 망상증에 빠져 있고, 감수성이 예민하고, 걱정이 많은데다 감정만 있고 이성적으로 사유할 능력은 전혀 없는 생물로 격하하며 무시하는 이유는 뭘까? 악의적 후퇴작전에 연루된 유럽 정책결정자들은 대중에게서 등을 돌렸다. 그들의 사고는 기업과 '모던 스타일'의 선전기관들이 지겹게 되풀이한 담론에 점진적으로 오염된 듯하다. 정책결정자들은 매일같이 말과 글로 해당 담론을 접하게 되는데, 그 안에는 불안을 조장하는 자들이 만든 정보는 공포를 확산시키기만 할 뿐이라는 사상이 담겨 있다. '공포 상인 Scaremongering'이라고 하는 이 영어 단어는 아주 오래전부터 공포 조장이라는 프로파간다를 퍼뜨리기 위해 사용됐다. 1954년에 이미 담배 제조업체들이 다음과 같이 물었다. "우리도 이미 알고 있으며, 그다지 설득력도 없는 증거를 근거로 삼아 국민에게 겁을 주고 수백만 명의 사람들에게 불안을 퍼뜨리는 것이 과연 현명한 일일까요?" '공포 상인'은 프랑스 PR 사무소 '프로테인'의 설립자이자 경영인인 미셸의 펜 끝에서 '공포 마케팅'이라는 용어로 변형된다.* 이 사무소의 고객 포트폴리오는 이 책에 인용된 업계 대부분을 포함하는데, 물론 농약업계도 포함된다. "공포 마케팅이 너무 잘 먹힌다면, 그건 사회 전체가 음모론에 물들어 있기 때문이다. 아니면 적어도 공권력, 연구자, 기업 사이에 이익 공동체가 존재한다는 생각을 품고 있거나, 연구자들은 기업을 위해 일하고, 기업은 정치인들에게 자금을 대고, 정치권은 기업을 보호해 준다고 말이다. 이게 사실이라면, 국민의 이익을 희생하여 경제적 이익을 우선하는 사실상의 결탁이라고 할 수 있다. 더 이상 석면의 시대가 아니다! 지금처럼 투명한 세상에서는 그 어떤 음모라고 하더라도 이정도 규모의 위험을 숨기지는 못할 것이다."

뷔테니스 안드류카이티스와 그의 비서실장은 글리포세이트 외에도 내분비계 교란물질 규제를 담당했다. 해당 문제를 지휘하는 환경총국은 2014년 10월 권한을 박탈당했으며 그 뒤를 이은 건 그때까지 훼방만 놨던 보건총국이었다. 법으로 정해진 기한으로부터 이년 반이 지난

---

* 세르주 미셸(Serge Michels)과 마리-엘렌느 웨스트팔렁(Marie-Hélène Westphalen)의 『공 포 마케팅(Le marketing de la peur)』, 47~48쪽.

시점인 2016년 6월에야 뷔테니스 안드류카이티스가 규제안을 발표하지만 과학계와 NGO는 냉담한 반응을 보였다. 이를 계기로 유럽 위원회 부서에서 검토한 각 연구의 성과의 평가에 사용된 '영향평가'가 발표됐다. 권위 있는 보고서들과 마찬가지로 내분비계 교란물질의 폐해를 묘사한 학술 연구는 배제됐다. 400쪽이나 되는 영향평가 내내 "전문가들 사이에서 내분비계 교란물질에 노출되는 것과 언급된 질병들 사이의 인과관계는커녕 관련 가능성에 관해서조차 의견이 일치하지 않았다"는 의견이 지배적이었다. 엑스포넌트 사무소와 그래디언트 사무소의 컨설턴트들이 매우 격렬하게 비방했던 WHO와 UNEP의 보고서도 영향 평가에서 완전히 제외됐다(5장 참조). 보건총국 관료들은 제초제 및 화학 로비단체들이 후원한 논문을 보고서의 비판 근거로 삼았다.

　　게다가 보건총국은 독립적인 과학자들이 작성한 연구논문 대부분을 평가 절하하고 배제했다. 대신, 그 자리는 기업들이 수년 동안 규제 반대를 위해 후원한 논문들이 차지했다. 레오 트라샌드가 주도한 비용 연구는 '부정의 빙고'에서 바로 튀어나온듯한 논거로 가득 찬 논문 세 쪽만에 쓸려나갔다. 예를 들자면 이러했다. "전문가의 견해가 믿을만한 전염병학 증거나 체계적인 독성학 자료를 대신할 수 없다." 믿기 어려울 테지만 이 평가에서 심지어 내분비계 교란물질을 '독성학보다는 지그문트 프로이트 박사의 전문분야에 속하는', '도시괴담'(6장 참조) 등으로 치부하는 다니엘 디트리히의 논문도 찾아볼 수 있다. 그렇다면 이게 보건 총국장이 이야기한 '사용 가능한 최고의 과학을 기반으로 하는 의사결정'을 의미하는 걸까? 바깥세상은 오히려 유럽 위원회가 그들의 규제목표를 무효화하고 더 나아가 무력화시키기 위해 기업들이 만들어낸 로비활동 자료를 사용하는 모습을 목도하게 된다.

유럽 위원회에서 벌어지는
자가포획 실습

데이비드 마이클스는 자신의 저서 『청부과학』에서 "산업은 대중이 좋은 과학과 나쁜 과학을 구별할 수 없다는 걸 깨달았다"고 썼다. 하지만 행정기관에 소속된 대부분의 관료들의 사정도 마찬가지이다. 심지어 이중에는 과학적 지식을 갖춘 이들도 있다. 내분비계 교란물질 규제 정의에 대한 영향 평가서를 작성했던 이들의 경우가 그렇다. 유럽 위원회라는 조직에서 정책관으로서 안건을 담당했던 이탈리아 관료처럼 말이다. 화학 학위를 가진 로라 파브리치는 심지어 임페리얼컬리지에서 앨런 부비스와 함께 독성학 연구를 수행하기까지 했다. 정책결정자들은 완전히 속아넘어갈 수밖에 없는 걸까? '좋은 과학과 잘못된 과학'을 구별하지 못하는 걸까? 만약 뷔테니스 안드류카이티스가 심장병 전문의라고 하더라도 모든 과학분야, 이 경우에는 연구계 최선두를 달리는 내분비계 교란물질 분야를 자연스럽게 이해하게 되는 건 아니다. 그렇다면 대다수 어떤 과학교육도 받지 않은 정책결정자들에 대해서는 뭐라고 해야할까? 과학자들이 자신이 기업의 전략에서 안전하다고 생각하는 것처럼, 정책결정자들은 자유의지를 지키고 모든 상황을 고려할 만큼 충분히 이성적이라고 자신을 평가한다. 모든 상황을 고려한다는 말은 정치계에서 로비활동에 대해 관례적으로 쓰는 표현이다. 그들과 비공식적으로 사담을 나누게 되면 격식을 좀 내려놓고 말하게 된다. "지금 우릴 바보 취급하는 겁니까?"처럼 말이다. 그러나 관료들과 의원들도 무의식이 존재한다. 그리고 영향력이 단순히 통찰력의 문제라면 유럽기구 및 기관에 모여 있는 고지능자들이 영향력이라는 악을 정책결정의 문 바깥으로 쫓아낼 수 있어야 마땅하다. 확실히, 현재 상황과는 거리가 멀다.

분자생물학 또는 독성학 학위를 가진 정책결정자는 드물다. 기본적인 과학 원리를 알고 있는 이들도 얼마 안 된다. 학술도서를 읽는 모험을 하는 사람은 거의 없다. 그들 중 누군가에게는 영어시험처럼 느껴질 수 있을 것이다. 그렇다고 해서 그들을 바보 취급하는 것은 아니다. 단지 그들이 전문 인플루언서의 손쉬운 먹잇감이 될 수 있을 뿐이다. 산업은 이 사실을 아주 오래전에 깨달았다. 과학 원리는 중개인을 통해 정책결정자에게 전달되므로 산업은 '규제기관 포획'의 핵심요소를 차지한 것이나 마찬가지다. 과학문제와 관련해 정책결정자와 쓰리카드 몬테* 로 두뇌싸움을 하는 것보다 더 쉬운 일은 없다. 게다가 위원, 장관 또는 의원 같은 정책결정자들은 초인이 아니다. 기껏해야 그들은 실제로 한두 사건의 내용을 숙지할 뿐, 세 개까지도 드물다. 업무는 비서실, 행정기관, 국회 보좌관에 의해 세세하게 수행된다. 따라서 이들이야말로 법 제정과 관련한 로비활동의 진정한 타깃이다. 하지만 쓰리카드 몬테는 오히려 정책결정자 전용 게임이다. 이 게임에서 기업들이 지지하는 '과학적 증거'라는 옹색한 변명이 정책결정자들의 입맛에 딱 맞는다. 불확실성, 아주 미묘하게 유보적인 태도, 신중한 결론, 미완성으로 끝난 연구,

---

* 쓰리카드 몬테는 세 장의 카드로 하는 일종의 길거리 도박이다. 일반적으로 검은 그림 카드 두 장과 빨간 그림 카드 한 장을 사용한다.

진정한 과학적 논쟁 또는 인위적으로 만들어진 논쟁. 위에 나열한 이유들은 틀리는 게 두려워 아무것도 하지 않는 것에 대한 과학적인 명분이 찍힌 좋은 구실이 된다. 사실상 정책결정자가 바라는 건 언젠가 그들 중 한 명이 내게 말했던 것처럼, '책상 위에 놓인 과학과 닮은 무언가'다.

이렇게 해서 아무도 이의를 제기하지 않는 상태로 문제의 소지가 많은 선택들이 이뤄진다. 무기력하거나 동의해서라기보다는 무지의 탓이다. 그리고 또다시 유럽연합 집행위원회의 보건총국이 등장한다. 2014년 보건총국은 앞에서 언급됐던 것처럼 과학위원회의 견해가 학술지에 발표된다며 자부심을 드러냈다. 그때까지 이 견해는 순전히 행정적인 것일 뿐이었다. 동료심사의 검토대상도 아니었고 따라서 보통 '회색문헌'이라고 부르는 것에 속했다. 학술지에 출판되면서 이 견해들은 학술논문 특유의 색을 획득하게 됐다. 하지만 논문을 출판할 수 있는 별처럼 많은 학술지 중 유럽 위원회는 어떤 학술지를 선택했을까? 바로 제품방어사무소의 출판을 위해 '과학 세탁' 기계 구실을 하는 학술지『규제 독성 및 약물학』이다(7장 참조). 다시 말해 유럽 위원회는 기업들이 자사 제품에 대한 규제, 특히 유럽 위원회가 제정한 규제의 실행을 막기 위한 목적으로 후원한 논문들을 발표하는 학술지를 선택했다.

도대체 왜 이 학술지일까? 보건총국 위원회에 기업과 친밀한 관계를 맺고 있으며 때로는 해당 잡지에 논문을 게재하는 전문가들이 많아서? 그들 중 한 명이 위원회 비서실에 입김을 불어넣은 걸까? 집행위에 문서접근 요청을 했지만 원인을 밝히는 건 불가능했다. 어쨌든 그들이 교환한 이메일 내용에서도 나타나듯, 유럽 위원회 관료들과 학술지 편집장 사이에 타협안이 논의되었으리라는 사실은 자명하다. 즉 담배산업의 역사적인 컨설턴트 지오 바타 고리 말이다! 첫 출판은 2015년 6월이었다. OSHA 전 책임자였던 데이비드 마이클스는 이렇게 평가했다. "『규제 독성학 및 약물학』은 마치 신뢰할 만한 학술지처럼 보인다. 다른 일반적인 학술지처럼 말이다. 논문은 동료심사를 받는다고는 하지만 만약 평가하는 동료들이 같은 사고방식을 갖고 있는 과학자들이라면 별 의미가 없을 것이다. 규제기구와 정책결정자들은 이 현실을 자각하지 못한다. 미국의 경우, 담당자들은 제출된 모든 논문들을 고려해야 하기 때문에 학술지의 신뢰성은 그다지 고려의 대상이 아니다." 이제 우리는 유럽도 마찬가지라는 걸 안다.

보건총국은 『규제 독성학 및 약물학』에 글을 게재함으로써 이 학술지의 신뢰성을 강화하는 데 기여하게 된다. 그리고 EFSA의 경우 컨설턴트들의 신뢰도를 올려줬다. 2015년 EFSA는 제품방어사무소인 그래디언트에서 일하고 있는 로렌츠 롬베르크에게 이탈리아 밀라노에서 기획한 10월의 대규모 학술대회에 참석해 의견을 표명해 달라는 제안을 했다. 더 자세하게 말하면 '증거의 중요성, 불확실성 평가'라는 제목의 첫 번째 세션의 기조연설을 제안했고 EFSA는 프로그램에서 다음과 같이 소개한다. '위해성 평가자들은 어떻게 불일치하는 정보들을 통합시켜야만 하는가? 우리는 과학자로서 우리의 평가 결과를 얼마나 확신하는가?' 그러나 EFSA가 '위해성 평가 시행에 있어 세계적인 명성을 지닌 전문가'로 칭송한 로렌츠 롬베르크는 EFSA와 유럽 위원회를 포함한 전 세계 권력기관이 제시한 과학의견과 규제를 약화시키는 걸 목적으로 과학자료를 생산하는 데 자신의 경력 태반을 할애했다. 그는 EFSA가 예의 주시하고 있는 문제인 비스페놀A를 주제로 논문을 6편이나 작성했으며 기업의 요청을 받아 내분비계 교란물질을 주제로 많은 글을 발표했다. 또한 정기적으로 로비단체인 ACC를 위해 과학의 '빅보스'인 낸시 벅과 공동으로 논문을 집필했다. 2012년 환경총국의 지시로 수행된 업무에 대해 맹렬하게 적대감을 퍼부었던 사람이 바로 그였다. 요약하자면, EFSA가 초청한 이 사람이 EFSA의 평가에 영향력을 행사하기 위해 돈을 받은 로비스트라는 거다. 그리고 EFSA는 그를 말 그대로 '초청'했다.

누군가에게 주최하는 콘퍼런스에 참여해달라고 요청할 때는 적어도 규칙에 따라 이동비와 숙박비를 지불한다. EFSA도 로렌츠 롬베르크를 위해 비용을 지불했으며, 이를 위해 예외적으로 전문가 경비처리에 관한 내규를 위반할 수밖에 없었다. 열람요청을 통해 얻게 된 내부문서는 실제로 절차상 EFSA 내부에서 여섯 명의 승인이 필요했음을 보여주었다. '업계'의 다른 두 발표자가 예외조항의 혜택을 받았기 때문에 세 명에게 든 비용이 총 1만 2천 유로에 달했다. 로렌츠 롬베르크는 45분 동안 전문가와 규제책임자들 앞에서 독성물질의 유해성 평가를 개선하기 위한 자신의 견해를 발표하고 해당 금액을 받았다. '자가 포획'을 완수한 EFSA는 자체 학술지 특집호에 학술대회 보고서를 실었다. 로렌츠 롬베르크, EFSA 소속 직원들과 과학패널 전문가들이 공동저자였다. 그 이후부터 온라인에 게재되어 있는 그의 인물소개에서 "롬베르크 박사는 자체적으로 증거 통합 방식을 개발 중이었던 유럽규제당국의 조언자로 활약했으며, 자신의 연구 업적을 EFSA에서 발표했다"는 내용을 찾아볼 수 있다. 뻔뻔할 정도로 자의적인 설명이지만 애초에 EFSA가 그를 컨설턴트로 초대하지 않았더라면 이런 글을 쓸 일도 없었을 것이다.

자신이 속해있는 진영의 입장에서 볼 때, 일석이조인 셈이다.

EFSA가 직접 영향력의 먹잇감을 자처한 것이지만 어찌됐든 EFSA는 로비활동의 주체에게 공식적인 자리에서 발언할 기회를 주며 그의 정당성을 인정해버린 셈이다. 로렌츠 롬베르크의 사례는 특이한 것도 아니다. '유럽기업감시'와 기타 단체들이 제안했던 '초대 전문가' 아이디어를 떠올려보자. 중요한 지식을 갖추고 있지만 공식 패널의 완전한 일원이 되기에는 기업과 너무 가까운 전문가의 이야기를 기구들이 들을 수 있게 하기 위한 조치 말이다. 2017년과 2018년, EFSA는 누군가를 초대하기 위해 예외를 적용했다. 바로 데이비드 커클랜드다. 당시 그는 글리포세이트로 몬산토와 '마스터 계약'을 맺고 있는 상태였다. 글리포세이트는 EFSA가 평가를 담당하던 화학물질이다. 데이비드 커클랜드는 EFSA의 요청으로 실무 그룹의 전문가들에게 그의 전문분야인 유전자독성을 설명하기 위해 왔다. EFSA가 누구와 관계를 맺은 건지 몰랐다고는 할 수 없다. 그의 이해관계확인서 '컨설턴트 업무'란에 약 스무 업체가 열거되어 있는데, 몬산토, 바스프, 바이엘, 다논, 식품향료국제기구IOFI, International Organisation of the Flavour Industry, 국제감미료협회International Sweeteners Association가 그의 고객들이다. 많은 기업과 기구가 EFSA가 평가하는 제품과 관련이 있다.

　　EFSA 수뇌부는 이해충돌에 관한 일체의 공론을 거부하면서 유럽 감정 평가, 그 적합성과 품질에 대한 모든 논쟁을 거절한다. 뿐만 아니라 모든 과학적 토론도 말이다. 2017년 말, EFSA가 글리포세이트에 대해 긍정적인 평가를 내놓자 거센 비판이 일었지만, 베른하르트 우를은 마찬가지로 글리포세이트의 위험성을 부정하는 입장을 취했다. "지금 우리가 알고 있는 지식에 따르면 글리포세이트는 그다지 발암성이 아니라고 볼 수 있습니다. 이상입니다. 건전과학을 근거로 말씀드리는 겁니다. […] 이에 동의할 수 없는 이들은 사실과 그 가치 사이의 충돌을 보지만 그 가치를 바꾸지는 않으며 그들은 오히려 사실의 신빙성을 떨어뜨리고, […] 이 사실을 만들어낸 기구의 명예를 실추시킵니다." 전 세계 모든 국제기구들이 글리포세이트가 발암성이 없다는 결론을 냈던 것처럼, 그는 『르 피가로』와의 인터뷰에서 이자벨 오리 기자에게 이런 말을 내뱉는다. "이 모든 사람들이 몬산토에게서 영향을 받았다고 생각하시나요?"

EFSA와 여론 사이에 이런 괴리가 존재하므로 이제 EFSA의 편에 설 사람들은 기업, 로비스트 그리고 소셜 네트워크의 트롤들밖에 없다. 2017년 8월 몬산토가 유럽의원들에게 10월 국회에서 개최될 「몬산토 페이퍼」에 관한 오전청문회에 참석하지 않겠다는 의사를 밝혔다. 몬산토 부사장 중 한 명이 쓴 글을 인용하자면 이런 이유에서였다. "결과에 따라 유럽의 평가절차와 유럽기구들의 청렴성 및 독립성이 흔들리고, 재검토되고, 이전보다 훨씬 더 많은 이의가 제기될 가능성이 높아 어떤 포럼이든 참여하는 게 망설여졌다." 2018년 1월에 베른하르트 우를이 『네이처』에 '견해'(정치적인 목적으로 과학기구를 공격하지 마시오)를 발표하며 EFSA의 이미지를 격상시키려고 했을 때, 화학산업 로비단체 CEFIC의 수장인 마르코 멘싱크는 트위터로 이 글을 홍보했다.

EFSA가 무죄추정원칙을 경제적 이익으로 치환하기 위한 의견을 개진하는 유일한 규제기관이 아니기 때문에 기업들은 공공기관과 이에 속한 위원회의 경호원이 됐다. 게다가 최근 들어 기업들은 제품의 무독성을 주장하고 사용을 장려하기 위해 자사 제품에 우호적인 공식의견을 수집하여 이 결과를 강조하고 있다. 몬산토처럼 말이다. 글리포세이트에 대한 IARC의 결론을 무마시키기 위해 몬산토는 목록에 대한민국 농촌진흥청의 견해까지 포함시켰다. 하지만 EFSA는 일부분에 지나지 않는다. 유럽을 포함한 다른 모든 기관들 내부의 공익 판단기준이 완전히 잘못된 것 같다.

16

거꾸로 된 세계 여행

　　담배 제조업체 최초로 거짓말을 기획한 인물이자 유사 과학논쟁의 창시자인 존 힐의 PR사무소는 그가 1977년에 뇌암으로 고인이 된 뒤에도 번창했다. 힐 앤드 놀튼은 다양한 분야로 활동영역을 넓혔고 2018년에는 전 세계에 자그마치 85개의 사무소를 두게 됐다. 같은 해, 힐 앤드 놀튼은 유럽연합의 투명성 등록대장에 유럽의회에 파견한 로비스트 14명과, 유럽연합의 거의 모든 정책에 영향력을 행사하기 위해 지출한 비용 2,250,000~2,499,999유로를 신고했다. 또한 유럽 위원회의 공공사업 입찰에 참가하기도 했다. 2017년 힐 앤드 놀튼 프랑스지사는 이렇게 해서 4년에 걸쳐 60만 유로짜리 계약을 따냈다. 역사적인 담배산업사무소는 이제 프랑스에서 유럽 위원회의 상임대리 업무를 맡게 되었으며 유럽 위원회와 언론의 관계, 그리고 국민과의 소통을 책임진다.

방향이 잘못된 종합안내도

팔로 코끼리 코 모양을 만들어 제자리에서 세 번 돌고 난 술래처럼 방향 감각을 잃어버린 것 같다. 브뤼셀, 워싱턴 또는 다른 곳의 정책 결정자와 공직자들을 보면 드는 생각이다. 이 놀이는 10세기 말 리에주 Liège 병사 장 콜랭 마이아르가 눈이 화살에 꿰뚫린 채 주변을 마구잡이로 치며 싸움을 계속했다는 이야기에서 유래했다고 한다. 이렇게 대중은 눈먼 시스템이 멋모르고 휘두르는 팔에 맞은듯한 느낌을 받게 된다. 혹은 시스템이 완전히 국민에게서 등을 돌렸으며 이제는 공익에서 멀어지고 있다는 느낌 말이다. 실제로 담배, 화학, 농화학, 석유 또는 농식품 가공 기업들이 실행한 포획 프로그램은 시장이익이 무엇보다 우선이라는 걸 전제로 한다. '무엇보다'는 국민들의 건강, 우리 모두의 삶을 영위하게 해주는 환경의 보호를 포함한다. 앞서 봤듯 프로그램의 성공은 정부기관, 행정기관, 규제기관의 암묵적 동조와 그들에게 시련으로 인식되는 모든 것을 무력화하는 일에 달려있다. 그런데 모든 노력을 기울였는데도 불구하고 기업들은 그들의 길을 가로막는 독립적인 과학을 아직 제거하지 못했다.

이를 위한 첫 번째 조건은 바로 그들이 만든 과학 자료를 한계없이 다 받아들이게 만드는 것이다. 약 40년 가까이 실행되었으며, 오직 기업들만 자금을 감당할 수 있었던 'GLP'라는 규범을 준수하는 연구들이 규제시스템의 윤활유 역할을 해왔다. 연구계 과학자들이 한목소리로 비판하고 있는 GLP는 처음에는 오류나 부정행위를 막기 위해서 단순한 요구사항 정의서처럼 작성된 것이었지만 고안 의도(11장 참조)와 달리 위해성 평가의 '황금 표준'이 됐다. 매사추세츠대학교 생물학 교수이자 갑상선 호르몬 전문가인 톰 졸러는 "화학물질의 안전 규정을 빼놓고 현대 과학을 유지하는 시스템이 만들어졌다"고 개탄한다.

경제주체들은 GLP가 학술과학보다 우월하다는 인식을 구축하려 한다. 이 설득 캠페인의 키를 잡고 있는 건 로비활동을 위해 파견되는 컨설턴트들이다. 특히 크리스토퍼 보거트는 2013년 내분비계 교란물질 보고서를 공격했던 공모자(5장 참조)이자 GLP에 대한 우호적인 논거를 권위 있는 학술지에 게재하는 대가로 크롭라이프 아메리카의 후원을 받았다. 이 전략은 어마어마한 효과를 불러일으켰다. EFSA의 청장도 그의 논거에 설득됐으니 말이다. 2017년 11월 베른하르트 우를은 "차라리 기업의 미가공 데이터와 원연구를 검토하는 게 훨씬 낫습니다"라고 단언했다. '훨씬 낫다.' 유럽연합을 위해 글리포세이트, 비스페놀A, 식품첨가제 평가를 담당하는 유럽연합기구의 수장이 쓴 표현이다. 과학적으로 증명된 게 아무것도 없지만 그에게는 그와 똑같이 국민을 위해 일하는 연구자들의 데이터보다 기업의 데이터가 '훨씬 낫다.'

베른하르트 우를의 이 발언은 더욱 어처구니가 없다. 2009년부터 농약 유통과 관련된 규정에 따라 감정 평가에서 GLP를 준수하는 연구와 동료 심사 학술지에 게재된 학술연구를 동일한 비율로 고려해야 하기 때문이다. 이처럼 규정이 대대적으로 바뀌기 전에는 실제로 EFSA는 기업 자료에 포함된 GLP 연구만 고려하면 됐다. 이 모든 문제의 기술적인 특징은 EFSA가 대중의 관심을 쉽게 피할 수 있도록 해줬다. 하지만 농약문제 전문인 두 NGO는 이를 경계하고 있었다. 2014년 '농약행동 네트워크Pesticide Action Network'와 '미래세대Générations futures'는 EFSA가 안전하다고 판단한 물질 7가지의 자료들을 면밀히 조사하여 새로운 의무사항이 준수되지 않았음을 깨달았다. 학술문헌에 430건의 학술연구들이 발표됐다면 문서에는 100여 건밖에 포함되어 있지 않았다. 그리고 이 연구들은 요약비평문의 형태로만 언급됐는데, EFSA가 법적 의무사항에도 불구하고 기업에게 요약본만을 요구하기로 결정했기 때문이었다. 동료 기자 스테판 푸카르는 NGO들의 실태를 속속들이 파헤친『르몽드』기사에 신기 위해 유럽연합 집행위원회 보건총국 측에 코멘트를 요청했을 때 "아, PAN의 짧은 '농약' 보고서요? 오래전 일인데…"라는 대답을 들어야만 했다.

그럼에도 불구하고 EFSA의 사소한 타협들은 '복사-붙여넣기 사건'으로 만천하에 밝혀지고야 말았다. 2017년 가을, NGO '글로벌2000'의 헬무트 버처는 EFSA의 글리포세이트 독성평가 자료의 모든 항목이 몬산토와 글리포세이트 테스크포스의 자료를 단어 하나하나까지 그대로 가져다 썼다는 사실을 깨달았다. 비슷한 문단을 찾아내 오렌지색 밑줄로 강조하자, 약 백여 쪽의 보고서가 마치 현대 예술작품 같은 모습이 됐다. 특히 제초제의 독성에 관한 부분은 쉼표 하나까지 동일했다. 그러니까 요약비평문 형태로 재구성된 학술논문의 짜깁기였다. "학술문헌에 발표된 60여 편의 유전독성 연구논문 중 3/4이 글리포세이트나 글리포세이트를 주성분으로 하는 제초제들이 DNA에 손상을 야기한다고 보고했다." 숨겨진 진실을 찾아낸 장본인이 설명했다. 그러나 이 연구들은 몬산토에 의해 '부적합'하고 '신빙성이 부족하다'고 여겨졌다. 몬산토의 분석을 차용했기 때문에 EFSA도 글리포세이트는 유전독성이 없다는 동일한 결론에 도달했다.

하지만 더 심각한 사실이 있다. 몬산토가 컨설턴트 래리 키어와 데이비드 커클랜드에게 글리포세이트의 유전자독성에 대한 총설논문 건으로 자본을 댔다는 걸 떠올려보자. 2012년 발표된 논문은 「몬산토 페이퍼」에서 찾은 '원고허가양식' 덕분에 알게 된 내용으로, 고스트라이터와 몬산토 소속 독성학자 데이비드 솔트미라스에 의해 공동으로 작성됐다(8장 참조). 글 세 편은 원본과 일치하는 사본이다. 세 편이라 함은 다시 말해 글리포세이트 테스크포스가 제공한 문서(2012), 키어와 커클랜드가 저자인 논문(2012), EFSA의 평가서(2015)다. 그렇다면 엄밀한 의미에서 EFSA의 평가서는 누가 작성한 것인가? 데이비드 솔트미라스나 래리 키어, 아니면 데이비드 커클랜드? 누가 어떤 이익을 고려해 글리포세이트의 독성을 판단했을까?

EFSA의 책임자들은 진심으로 무엇이 문제인지 이해하지 못하는 것처럼 보인다. 2017년 10월, 유럽의회의 「몬산토 페이퍼」 특별 청문회에서 EFSA의 농약팀 팀장인 호세 타라소나는 그들에게 있어 '복사-붙여넣기'는 그저 관례라고 설명했다. "복사해야 했던 부분을 복사했고 수정해야 할 부분을 수정했습니다." 그가 자신을 정당화하며 말했다. 공공기관이 이런 방식으로 작업을 한다는 사실에 청중들은 얼이 빠졌다. 다시 말해 공공기관들이 기업의 문서를 출발점으로 삼아 이를 수정하고 편집하는 경우가 있다는 것이다. EFSA 청장인 베른하르트 우를은 『르피가로』지와의 인터뷰에서 '복사-붙여넣기'는 이런 맥락에서 중요한 게 아니라고 설명했다. "여권 발급을 할 때와 같습니다. 신청자가 양식을 채우면 당국이 이를 확인하고, 이상이 없으면 이 정보들이 그의 신분증명서에 들어갑니다."

우선 공적자금으로 수행되고 학술문헌에 실린 연구들보다 GLP라는 규범에 부합하는 연구들이 우월하다는 인식을 만들어낸다. 이 인식을 확장하는 건 그 다음의 일이다. 규제 제품을 판매하는 기업들의 이상적인 세계에서는 기업이 연구한 과학적 자료가 학술연구와 동일한 자격으로 고려될 것이고 심지어 학술연구를 대체할 것이다. 하지만 이내 이 프로그램은 커다란 장애물에 부딪히게 된다. 학술지와 전문가 위원회에 이해관계확인서를 제출하는 일이 일반화된 것이다. 이러한 근본적인 변화를 거스르기 어렵기 때문에 기업들이 이해충돌이라는 개념 자체를 바꿔놓으려 하는 것이다.

백기사 신드롬

그들의 프로파간다 공작에서는 투명성에 반기를 든 전염병학자 케네스 로스먼의 논거를 끊임없이 리메이크해 그 '새로운 매카시즘'과 '윤리적 무결성'을 무대에 올린다. 1993년에 이 과학자는 "연구는 그 공적으로만 평가되어야 할 것이다", "왜냐하면 '더러운' 돈이란 없기 때문이다"라고 기술했다. 그로부터 20년 후, 폴 레오나르드는 이런 문장을 작성했다. "산업이 후원한 과학을 편향적인 것으로 간주하는 일은 산업 과학자들에 대한 모욕이다." 그는 세계 화학분야의 선두주자인 바스프의 혁신기술 책임자로, 브뤼셀에 아주 잘 자리잡은 로비스트이자 브리티쉬 아메리칸 타바코가 1990년대에 창설한 싱크탱크 '유럽위험성포럼'의 현역 일원이다. 폴 레오나르드는 케네스 로스먼과 달리 자신의 생각을 저명한 학술지에 기고하지는 않았지만 해당 분야의 전문정보 사이트인 '애그리비즈니스 인텔리전스'(전 아그라넷)에 올렸다. 기업의 프로파간디스트와 사상가를 혼동해서는 안 될 것이다. 그들의 생각 또한 상품이다. "학술연구는 비용이 많이 드는 경향이 있어 과학자들은 연구를 위해 누군가에게 비용을 지급받는다. 그 누군가는 기업, 공권력, 연구소, 재단 또는 자선가일 것이다. 그러므로 잠재적인 이해충돌이 존재한다는 것과 투명성이 편향성에 대한 우려에 대응하는 최선의 방법임을 인정하는 것이 중요하다. 또한 이해충돌이 있는 연구가 꼭 편향성을 띠는 게 아니라는 것을 알아야 한다." 폴 레오나르드가 설명했다. 이해충돌 문제는 케네스 로스먼에서부터 폴 레오나르드에 이르기까지 보증, 공명 등 여러 단계를 거쳐 최소화된다.

프로파간다의 본거지인 미국과학및건강위원회ACSH는 이해관계 확인서 정책을 엑소시즘에 비교했다. 『규제 독성학 및 약물학』의 지반인 국제 규제 독성학 및 약물하 학회의 회장이자 킨설틴트인 크리스토퍼 보거트는 2008년 이 학술지에서 '침략적인' 행위를 전면적으로 버리자고 호소했다. 이는 독성학회의 '세탁'을 거친 의견으로, 이 학회의 원칙은 '연구는 자금출처 또는 연구가 수행된 장소(대학, 기관, 산업)를 고려하지 않고 과학적인 가치에 따라서 판단되어야 한다'는 것이다(2008). 2011년에 발표된 논문에서까지 전문 변호사와 ACC의 독성학자는 '자금 출처와 상관없이' 과학업적의 신뢰성을 평가하기 위해 소위 말하는 '합의 도출'을 언급한다(2011). 사실상 그들의 요구사항은 그들을 '박사님'이라고 부르는 것이다. 전 화학 로비스트이자 친기업성향 블로거인 데이비드 자룩은 "산업연구에 대한 이 마녀사냥은 중단되어야 한다"라고 한탄하기도 했다. 단체 '센스 어바웃 사이언스'는 『가디언』지에 스스로 비평을 냈다. 그 제목은 '후원받은 연구를 제대로 보기도 전부터 내용 왜곡을 의심하는 것은 얼마나 어리석은 일인가'였다. '센스 어바웃 사이언스' 책임자인 트레이시 브라운은 "특히 짜증나는 건 누가 돈을 냈냐는 질문―지킬 이익이 있는 사람들이 주로 하는 질문―이 대중이 정당하게 제기하는 의문보다 우선시된다는 것"이라는 의견을 작성했다. 말도 안 되게 효과가 좋은 프로파간다 기계가 전력으로 가동되었고, 그 소리는 마치 자장가처럼 공직자들을 감쌌다. 결국 2017년 EFSA 청장 베른하르트 우를이 다음과 같이 표명했다. "중요한 것은 연구의 품질이지 누가 그것을 요구했는지가 아니다."

　　독립적인 과학을 산업에서 만든 과학과 같은 수준으로 끌어내리는 캠페인을 보완하는, 심지어 떼려야 뗄 수 없는 작전이 있다. 바로 독립성을 띤 연구와 그 연구를 진행한 과학자들을 흠집내는 것이다. 독립 연구자들은 그들의 연구작업물을 유사 논쟁에 묻히지 않게 하기 위해 그들을 비난하는 이들의 편향성과 이해충돌을 더욱 체계적으로 강조하기 시작했다. 이에 맞서 그들의 상대이자 돈을 받은 과학자들은 '인신공격'을 토해내며 반박에 나섰다. 끊임없이 거론되는 화학 및 농약 기업과의 부정할 수 없는 야합에 대해 언론과 학술문헌으로부터 지독한 공세를 당한 과학자들은 독립적인 과학자들이 '최신 유행'이 된 그들의 주장을 뒷받침해줄 확실한 증거도 없이 임시방편으로 이해충돌을 들먹여 꼬투리를 잡는다고 비난했다. 2016년 『독성학 아카이브』에 발표된 논문에서 다니엘 디트리히는 갑자기 전장으로 뛰어들어 반윤리적인 과학적 방종을 따로 분류하자는 논의를 제안했다. 여기에서 과학적 방종이란 실제든 아니면 추정된 것이든 이해충돌로 사고를 멈추게 하고, 이해충돌을 클리셰처럼 악용하는 것을 말한다.

유도나 아이키도aikido와 같은 무술은 상대편의 힘을 이용한다. 기업의 자기방어전략도 같은 원칙으로 작용한다. 그들은 이해충돌의 개념을 바꾸고 독립적인 과학자들을 무력화하기 위해서 독립적으로 연구하는 과학자들도 이해충돌 관계를 갖고 있다고 주장한다. 그들도 공적자금을 받기 때문이라는 이유를 들어서 말이다. 따라서 기업은 사람들의 머릿속에 학술연구자들은 위험성을 조장해야 연구자금을 많이 조달받는다―문제가 없다면 왜 공적자금을 쓰겠는가?―는 생각을 주입하려 애쓴다. 다니엘 디트리히는 이렇게 주장했다. "내분비계 교란물질의 위험성에 대해서는 미디어 여기저기에서 다 언급하는데, 이는 분명히 국가재정 출자자들에게 영향을 미쳤다. 이는 이해충돌을 불러일으킨다. 위험성을 과장하면 결과적으로 공익단체들의 자금조달량이 늘게 된다." 여기에서 '불안 조성자', '의혹 상인'(15장 참조)들의 공포 마케팅뿐만 아니라 투명성 정책에 대한 케네스 로스먼의 논거를 다시 마주하게 된다. 그는 1991년부터 "산업을 위해 일하는 과학자들과 마찬가지로 공공분야 과학자들도 자신들의 연구결과에 대해 굳이 욕망을 숨기지 않는다는 건 널리 알려진 사실이다. 연구가 홍보되고 출판물로 유명해지면 그에 대한 보상으로 승진을 하거나 추가적으로 자금을 조달할 수 있기 때문에, 학계 과학자들 또한 도발적인 결과를 얻는 데 관심을 가질 수 있다"고 주장해왔다.

이 자기방어 전략은 '지적 충돌'이라는 개념을 남용한 것이다. 리사 베로는 공공기관의 중심부까지 널리 퍼진 이 전략이 과학연구에서의 이해충돌을 파악하고 관리하려는 정치적 의지를 뒤흔들려는 의도로 쓰인다고 강조했다. 1993년 데니스 톰프슨이 내린 정의를 차용하자면, "이해충돌은 일련의 조건들로 인해 일차적 이해에 관한 전문적인 판단이 이차적 이해에 의해 부당하게 영향을 받는 상황"을 가리킨다. 따라서 기업들은 선전활동을 통해 가짜로 이해충돌 소지가 없는 연구자들의 이차적 이해를 만들어 역전된 이해충돌을 전가하고야 만다. 이를 더할 나위 없이 잘 묘사한 프랑스의 사례가 있다.

2016년, 프랑스 보건부는 영양성분표시(14장 참조) 간소화 문제에 대한 농식품가공기업들의 연기 요구에 무릎을 꿇었다. 보건부는 여러 성분표시체계를 비교하는 연구를 수락한다. 그러던 중 마리솔 투렌 보건부 장관의 요청으로 국립영양건강프로그램 책임자인 세르주 에르베르그와 INSERM이 다섯 가지 색깔의 로고를 고안해냈다. 이 로고는 후에 '뉴트리스코어'라는 명칭이 붙었다. 보건부는 작업 감독을 위해 운영위원회를 설치했다. 운영위원회에는 프랑스 식품산업협회ANIA, Association Nationale des Industries Alimentaires, 거대 유통기업들이 한자리씩 꿰차 저마다 자신들의 로고를 지지하며 대놓고 뉴트리스코어를 적대시했다. 공동의장직은 농식품산업 로비단체장인 크리스티앙 바뷔시오와 FFAS에게 맡겨졌다. 과학위원회의 경우 기업과 관련 있는 전문가가 열 명 중 여섯 명이었다. 하지만 세르주 에르베르그는 어떤 결정기관에도 몸담고 있지 않았다. 산업과의 모든 관계에서 자유로웠던 그가 신뢰를 잃게 된 이유는 그가 보건부의 요청으로 영양표시체계를 만들었다는 이유에서였다. 감독기구는 그를 J.R.R. 톨킨의 소설 『반지의 제왕』에 등장하는 '절대반지'만큼 귀중한 '자신의' 뉴트리스코어에 집착하는 일종의 '골룸'으로 취급했다. 마치 편향성이라는 관점에서 소비자들에게 정보를 제공하는 연구자의 활동이 경제 분야의 이해 보호보다 더 유해한 것처럼 말이다. 2016년 기준으로 프랑스 경제 규모는 1,720억 유로에 달했다.

　　이처럼 거꾸로 된 세상에서 공공연구자들은 그들을 고용한 공권력으로부터 지식을 부패시키는 사람들로 인식되는 반면, 상업적 이해관계가 있는 사람들은 과학의 객관성을 지키는 최고의 보증인으로 임명받는다. 연구자가 전문가로서 공익이 걸린 문제에 뛰어들면 자신의 청렴성을 해치게 될까? 물론 그렇지 않다. 오히려 사회가 연구자에게 기대하는 게 바로 이런 것이다. 연구자가 사회로부터 돈을 지급받는 이유이기도 하다. 하지만 과학자들이 그들의 전문성에도 불구하고 단지 문제를 공론화했다는 이유만으로 기업들의 요구에 따라 공공기관으로부터 배척당했던 예는 넘쳐난다. 기업들의 담화에서 나타나는 모순을 살펴보면, 한편으로는 기업소속 과학자들의 지식이 제품평가에 필수불가결하다는 핑계로 전문가 위원회에 포함되어야 한다고 주장하면서 또 다른 한편으로는 자사 제품에 대해 연구한 전문가들의 단점을 찾아 그들을 배제해야 한다고 요구한다. 이에 농식품가공산업 영향력 전략 전문가로서 WHO 산하 범미보건기구의 소속 연구원으로 일하고 있는 멜리사 미일롱은 짓궂은 발언을 했다. "일차적 이해가 공중보건이고 이차적 이해…도 공중보건이라면 이해충돌이 없죠." 하지만 프로파간다 기계가 너무 시끄럽게 웅웅거려 사람들은 그 모순에 주의를 기울일 수가 없다.

　　ACC 블로그에서는 공공연구자들의 이해충돌을 설명한답시고 '백기사 편향'이라는 현상을 언급했다. 영어로는 '흰색 모자 편향White hat bias'이라고 하는 이 명칭은 정의의 수호자이자 무법자 사냥꾼인 텍사스

기마경관의 하얀 모자에서 명칭을 따와 미국적인 정서가 강하다. 2016년 ACC는 "공중보건 연구원인 데이비드 앨리슨과 마크 코프에 따르면 흰색모자 편향은 의롭다고 여겨질 수 있는 목적righteous ends을 위해 정보를 왜곡한다"고 인용했다. ACC가 공공연구자들의 명예에 먹칠을 하기 위해 이런 비난을 가한 첫 기관도 아닐뿐더러 이런 일이 한 번뿐이었던 것도 아니다. '백기사 편향'은 트레버 버터워스나 제프리 카밧 같은 프로파간디스트들을 통해 영어권 여론에 퍼졌다. 탄산음료 로비단체인 미국음료협회도 이를 이어받아 다음과 같은 글을 게재했다. "연구자들이 수행한 일부 영양연구가 일부 식품과 음료에 잘못된 부정적 편견을 가지고 있는가? 알라바마대학교 영양학 교수와 생물통계학 교수는 '그렇다'고 답했다." 이 편견은 2017년 다니엘 디트리히와 컨설턴트 그레고리 본드의 글에도 등장한다. 여전히 마크 코프와 데이비드 앨리슨의 기사를 인용하면서 말이다. 자꾸 소속과 직위가 변화하는 이 두 사람은 대체 누구일까?

이 과학자들은 그들의 논문이자 다섯 쪽짜리 '논평'을 2009년 말 『네이처』의 자매지인 『국제비만학회지International Journal of Obesity』에 발표했다. 이 논평에서 그들은 패스트푸드와 가당음료의 악마화와 과일 및 채소 섭취의 신성화를 비교해 이야기한다. 이러한 '차별'은 '의로운 열정'과 '산업 활동의 일부 양상에 대한 분노'에 불을 지필 수 있다고 말이다. 그들의 주장에 따르면 연구에서 가당음료의 부정적인 영향을 기술한다면 그건 연구저자들이 반산업적 선입견을 갖고 있기 때문이고, 산업후원연구가 부정적인 영향을 찾지 못한 이유는 후원편향효과 때문이 아니다. 후원편향효과는 탄탄한 자료로 뒷받침되고 있는 이론인데, 이를 양말처럼 뒤집어 버린 그들의 이론에는 어떤 믿을 만한 데이터도 없다. 두 과학자들의 이해관계확인서는 그들의 추론에 후원편향효과가 발생했을지도 모른다는 가설을 뒷받침해준다. 그들의 이해관계확인서에는 보수, 후원금, 수많은 기업들의 컨설팅 수임료가 하나하나 나열되어 있었다. 그리고 당시 대학생이었던 마크 코프가 얼마 전 듀폰의 계열사인 솔래The Solae Company로부터 일자리를 수락한 것을 확인할 수 있었다. 데이비드 앨리슨의 경우, 마침 전년도에 뉴욕시가 검토한 의무영양성분표시제도에 반대하는 입장을 취했던 일로 '백기사' 군단에게 비판을 받았었다. 『뉴욕타임즈』는 심지어 그가 코카콜라, 크래프트푸즈 그리고 프리토레이와 자문계약을 맺은 사실을 강조한 기사로 한 방 먹이기까지 했다.

사장이 누구죠?

흰 모자를 쓴 정의의 사도에 대한 편견은 『이상한 나라의 앨리스』의 미친 모자장수 같다. 말하자면 사람을 미치고 팔짝 뛰게 하는 부조리다. 중립적인 과학이라는 명목 하에 억지로 독립적인 과학자와 기업과 관계를 맺은 과학자를 동급으로 취급하는 것이다. 전문가들의 건전한 토론을 이루고 있는 수많은 요소들처럼 돈을 받고 만들어낸 의견들의 존재를 정당화하려는 균형 맞추기라고도 할 수 있다. 이 작업으로 인해 정당화된 견해들은 일반적인 견해와 같은 자격을 가지며, 단순히 상반되는 의견으로 여겨진다. 여론 조작을 위해 쓰인 사설과 프로파간다 소굴이 퍼뜨린 비난에서 점차 논거의 균형 맞추기 전략이 붙어났다. 예를 들어 '유전자 바로알기 프로젝트'는 농식품가공업계의 영향력 네트워크를 집중 취재하는 단체 '미국의 알권리'가 '의혹 상인' 전략을 사용한다고 비난한다. 역사학자 나오미 오레스케스와 에릭 콘웨이가 담배 제조업체 및 석유기업 로비단체의 조작을 주제로 쓴 저서에서 언급된 '의혹 상인' 개념을 반대로 인용하는 전략은 '포럼피토Forumphyto' 사이트에서도 찾아볼 수 있다. 2018년까지 프랑스 청과물산업 이니셔티브인 포럼피토를 이끈 건 프랑스작물보호산업연합UIPP, Union des industries de protection des plantes의 전 대표인 장 샤를 보케와 은퇴한 농학 엔지니어인 장 프랑수아 프루스트였다. 2016년 12월, 이 두 사람은 누가 봐도 화난 상태로 "내 분비계 교란물질, 의혹상인들이 어디에 있단 말인가?"라고 반박했다. 석유산업이 기후변화 책임 면피용으로 계획했고 현재는 교란물질 분야에서 이용하고 있는 의혹공장 전략을 백 명의 과학자가 비교한 사설이 『르몽드』에 실린 다음의 일이었다.

훨씬 더 불쾌한 건 베른하르트 우를까지 이를 잇달아 언급했다는 것이다. "시민사회의 일부 요소들이 불신을 조장해 이데올로기적이고 정치적인 의제에 기여한다. 이건 하나의 경향이다. 어떤 사실이 마음에 들지 않을 때 의혹을 제기해 이를 발표한 단체의 평판을 떨어뜨리려 한다. 모순적인 건, 바로 담배산업이 규제를 피하기 위한 목적으로 이 전략을 만들어 냈다는 것이다!" EFSA는 2017년 10월 말 발표된 몇 번째인지 모를 '독립성 정책'에서 산업과 NGO를 동일선상에 둔다. 특히 해당 정책에는 EFSA의 과학패널에 참여하려면 패널의 주제와 관련된 분야에서 사익 또는 영리를 추구하는 법인을 퇴직하고 나면 이 년 동안의 '냉각기간cooling off period'을 가져야 한다는 조항이 포함되어 있다. 이 조치가 상업적 단체이든 공익을 추구하는 운동단체이든 '구별 없이' 적용될 것이라는 내용은 각주로 아주 간결하게 덧붙여 놨다. 단 한 번도 EFSA와 우호적인 관계였던 적 없는 NGO들이 앞서 언급됐던 글리포세이트의 복사-붙여넣기 사건을 폭로한지 한 달 후에 비난에 가까운 입장을 표명한 것이다.

비판과 반대를 배제하고, 사람들을 골라 뽑고, 자신들의 목적에 따라 정책결정자에게 제공되는 정보를 선별한다. 이 밖에도 이해충돌의 역전으로 인해 경제주체들은 언젠가 공권력이 학술연구를 완전히 제거할 것이라는 기대를 할 수 있게 됐다. 즉, 국가가 직접 자금을 댄 연구를 금지할 가능성을 의미한다. 하마터면 영국에서 이와 같은 상황이 벌어질 뻔 했다. 2016년 데이비드 캐머런 총리의 보수 내각에서 발표한 새로운 조치에는 공공재정의 지원을 받았던 모든 단체가 더 이상 "의회, 정부, 정당 그리고 정치 및 규제 활동에 영향력을 미치려 할 수 없을 것"이라는 내용이 들어 있었다. 『네이처』는 사설에서 이 규정이 "과학보조금과 대학재정지원에도 적용되는 것인가? […] 국가 재정에 의존한다는 이유로 기후분야에서 가장 뛰어난 과학자들이 기후변화에 관한 정부간 패널의 정책결정자를 위한 요약보고서*에 기여하지 못한단 말인가?"라며 신랄한 비판을 가했다. "오직 어리석은 자만이 신중한 조언을 무시한다. 그리고 매우 어리석은 정부만이 이런 조언을 귀담아 듣지 않으려 한다." 그렇지만 캐머런 내각이 해당 조치의 적용범위를 밝히고 물러서기까지 한 달 이상의 시간이 걸렸다.

그럼에도 불구하고 감춰지지 않은 정보가 있었다. 이 아이디어의

---

* 기후변화와 관련된 국제적 대책을 마련하기 위해 설립된 유엔 산하 국제 협의체 IPCC의 보고서는 수천 쪽에 달하며, 약 스무 쪽의 '정책결정자를 위한 요약보고서'가 포함되어 있다.

출처는 영국 경제문제연구소Institute of Economic Affairs라고 불리는 극단적 자유주의 싱크탱크였다. 담배산업으로부터 자금을 지원받는 이 불투명한 조직은 과학계 보다는 자선단체 형태를 취하고 있는 NGO, 그중에서도 보건전문단체를 겨냥한 보고서를 여러 개 작성했다. 이 보고서들은 국가로부터 지원을 받는 정치적 활동주의를 멈출 것을 호소했다. 아동 권리보호를 위한 국제단체인 세이브더칠드런도 인용된 단체들 중 하나였다. 또는 자금의 절반을 국가 보조금으로 조달하는 영국 어린이사무국National Children's Bureau은 '주류 최저가격제, 16세 투표권 그리고 체벌 금지' 캠페인을 펼쳐 비난을 받았다. 영국 경제문제연구소에서 꾸미는 다양한 계획의 주모자인 크리스 스노든은 '먹고, 마시고, 연초나 전자담배를 피우기에 최고의 환경을 갖춘 국가들'의 순위를 매긴 복지국가지표Nanny State index를 제안했다. 2017년 순위발표를 위해 브뤼셀에서 준비된 콘퍼런스는 영화 「땡큐 포 스모킹」의 한 장면 같았다. 여러 국가의 조종을 받는 가짜 소비자 단체인 '컨슈머 초이스 센터'의 센터장, 담배 및 주류 로비단체 대표들에 더해 무기 로비단체까지 있었더라면 더할 나위가 없었겠지만, 개최지가 유럽이었으니 어쩔 수 없는 일이었다.

공익 수호를 궁극적인 이해충돌로 취급하는 이데올로기, 이 프로파간다 기계의 연료는 무엇일까? 하지만 수호자들조차 공익을 의심해 버린다면 공권력은 누구를 위해 존재하는 걸까? 기업들이 영향력을 행사하려는 대상인 공권력도 마찬가지로 이 상황에 어느 정도 자발적으로 일조한 셈이다. 때때로 사소한 부분이나 적어도 그들에게 있어 별거 아닌 것처럼 느껴지는 세부적인 부분에서 이 점이 드러난다. 유럽 관료들은 매주, 혹은 거의 그 정도 빈도로 기업이나 민간 계약업체에서 기획한 소규모 콘퍼런스(또는 소규모 학회, 워크샵, 이벤트, 오찬토론 등)에 초대를 받는다. 그곳에서 다뤄지는 주제들은 언제나 법률 의제와 합치하며, 그들의 역할은 주로 그들이 책임지는 의사결정 과정이 얼마나 진행됐는지 명확히 하는 것이다. 그들은 규정대로 자발적으로 활동한다. 하지만 모두에게 개방된 '이벤트'(15장 참조)와는 다르게 이런 학술대회는 일부 유료로 개방된다. 이 기밀 정보에 접근하는 게 필요한 이들은 800유로를 내고 플라스틱 로비단체의 '플라스틱 안전, 말해봅시다' 같은 회의에 참여한다. 실제로 플라스틱유럽이 주최한 이 회의는 바이엘 소재과학(골드 등급 스폰서)과 엑슨모빌(실버등급 스폰서)이 후원하며 2013년 11월에 브뤼셀에서 개최됐다.

일부 기업의 경제 모델은 행정정보 탈취를 계획하고 관료들과 비공식적으로 대화할 수 있는 기회를 이용하는 것이다. 켐 아카데미Chem-Academy는 2017년 10월 베를린에서 내분비계 교란물질 규제에 대한 학술대회를 기획했다. 연사 중에는 유럽 위원회 관료 세 명과 규제기관 대표 네 명이 있었다. 참가비용은 ① 회의+워크샵 2,795유로 ② 회의 1,995유로 ③ 워크샵 1,295유로(세전금액)였다. 이는 NGO들을 한 번에 배제할 수 있는 금액이다. 이렇게 해서 기업과 로비스트들은 돈을 지불해야 진행 중인 현안에 대한 최근의 변화를 파악할 수 있도록 한다. 행정 기관은 이 비공식적 모임에 대한 어떤 흔적도 남기지 않을 것이고 관료들은 이런 식으로 자신들의 공직을 상품화하여 비즈니스 세계의 경제적 지성활동에 참여한다.

상업적 이해와 공권력 사이에 뚫려 의식화되고, 심지어는 금전이 오가는 이 틈은 기관들의 암묵적인 동조 없이는 만들어질 수 없다. 게다가 기관들은 이해관계자와의 대화를 구실로 공공의견수렴을 제안하여 기업과 로비활동 소재의 문을 활짝 열어놓는다. 이해관계자들은 장단을 맞출 여유가 있는 기업, 그리고 드문 경우 NGO로 압축된다. 유럽 위원회는 매주 한 번 이상의 공공의견수렴을 개최한다. 그런데 대체로 이 공공의견수렴은 이름 빼고는 공적인 요소가 없다. 때로는 영어 외의 다른 언어권은 접근이 불가능하며 기술적인 수준 때문에 비전문가에게 있어 이해가 불가능하다. 공공의견수렴은 특히 경제주체들이 논거, 요정, 학술출판, 의사결정과정의 중심까지 거슬러 올라가게 한다. 그리고 그들에게 공적 요소로서의 정당성을 직접 부여하게 해준다. 공공의견수렴은 이런 목적으로 고안됐다. 담배, 농약, 화학 기업에 의해서 말이다. 유럽 위험성 포럼에 모인 브리티시 아메리칸 타바코와 동맹 업체들은 향후 규제와 관련된 기업들의 조기 공공의견수렴 원칙을 수립했다. '규제기관 포획'이라는 만능 키트를 사용하면 파일을 이메일에 첨부해 전송하는 방식보다 훨씬 공식적인 채널을 통해 엄선해서 고른 데이터를 정책 결정자에게 전달할 수 있다. 비밀스러우면서도 효과적인 이 소규모 집단의 로비활동 노력은 빠르게 이익을 봤다. 공공의견수렴은 실제로 2002년 유럽 법안에 포함됐다.

주요 지침 및 규제의 영향평가 의무조항도 유럽위험성포럼의 작품이다. 이 조항은 공공의견수렴에서 나온 내용으로 채워지게 된다. 우선 '공정 규제'라는 용어로 포장됐다가 '스마트 규제'로, 그 다음으로 '더 나은 규제'로 이름이 바뀌었다가 2014년 장 클로드 융커가 취임할 때쯤엔 위원회의 주요 정치적 기조가 되었다. 부위원장이자 그의 오른팔인 프란스 팀머만스의 직함은 '제1부위원장 및 더 나은 규제담당자'였다.

공공의견수렴의 효과를 설명하기 위해 단 하나의 예만 들어야 한다면, 앞서 봤듯이 내분비계 교란물질을 '도시전설'로 규정한 다니엘 디트리히의 논문이 유럽연합 집행위원회가 실시한 내분비계 교란물질 공공의견수렴을 통해 해당 안건을 담당하는 부서까지 전달됐다는 사례를 말하고 싶다. 이 방법으로 해당 논문은 공식적으로 정책결정에 기여한 바를 인정받았다. 공공의견수렴을 통해 수렴한 의견 2만 7천여 건 중 2만 5천 건이 환경NGO가 개설한 인터넷 플랫폼에 올라온 것이었다. 그런데 유럽연합 집행위원회의 분석 보고서에서 이 의견들에 할애된 분량은 단 반 쪽에 불과했다. 바이엘, 바스프, 다우 혹은 듀폰을 포함한 민간기업에서 낸 의견은 총 136개였으며 산업 부문 협회에서 제출한 의견 137건 중에는 미국 크랜베리연구소의 것까지 포함되어 있었고, 농업종사자들의 의견은 자그마치 521건이나 들어있었다. 겉모습만 그럴듯하게 민주주의로 포장한 공공의견수렴은 유럽 연합만의 문제가 아니다. 미국에서 연방 또는 주 차원의 기관들 또한 마찬가지로 기업들에게 어떤 식으로 규제를 적용하면 좋을지 의견을 묻는다.

다양한 방식으로 기업으로부터 도착한 문서들을 읽고, 그들을 직접 만나고, 전화 약속 또는 이벤트나 학술대회로 위장한 함정에 빈번하게 나들이를 나가는 유럽 관료들이 실제로 일할 시간은 있는 건지 궁금증이 인다. 아니면 유럽연합의 행정기관은 경제주체들의 요구를 처리하는 거대한 기계일 뿐, 유럽 행정기관의 사명은 기억들의 데시데라타 desiderata*를 처리해주는 것은 아닐까?

---

* 라틴어로 '간절한 욕망'을 의미하는데, 이 맥락에서는 경제적인 욕망을 의미한다. —옮긴이 주

정치혐오

작동 메커니즘을 이해하기 위해 세탁기나 오디오를 열어본 적 있는가? 삼촌이나 이웃에게 자문을 구하고, 부품을 구해 수리를 거쳐 고치는 경험 말이다. 오늘날 유럽은 스마트폰 같다. 나만 쓰는 게 아니며, 너무 비싸고, 해체할 수도 없는데 쉽게 고칠 수도 없다. 정책 의사결정에서 배제되는 시민들은 좌절감과 박탈감을 품는데, 선거의 참여율이 이를 잔인하게 반영한다. 그들은 이를 너무나 잘 이해하고 있다. 사회의 선택이 단 한 번도 그들의 의견을 묻지 않은 채 이뤄진다는 사실을 말이다. 이를 인정하지 않는 나머지 유럽 지도자들과 28개 회원국 정부들은 시스템 정비를 위한 민주적인 토론을 막는다. 유럽 위원회에서 정책관, 조직장, 또는 위원들은 단 한 번도 유권자들(그들은 선출직이 아니긴 하다), 여론(브뤼셀에만 방영되는 셋 또는 네 개의 영어권 매체는 유럽 위원회와 기업들이 후원하는데, 이게 여론은 아니다)을 마주한 적이 없다. 회원국들은 '유럽'에 책임을 전가하는 교활한 습관이 생겼다. 유럽 행정부가 독자적이며 제어권 바깥에 있는 것처럼—만약 그랬다면, 우리 문제는 한층 더 심각해졌을 것이다. 마치 장관들이 모이는 각의가 한 번도 열리지 않은 상황이라도 된 듯—말이다.

유럽 옴부즈맨—2013년부터 여성 옴부즈맨 에밀리 오렐리가 재임 중이다—은 현재 관행을 우려하고 있다. 독립적인 이 부서들은 기관들의 기능을 감시하는 권리를 행사한다. "시민들이 의사결정 과정에 참여하고 관련자들에게 설명을 요구할 수 있는 자신들의 민주적인 권리를 제대로 행사할 수 있으려면 입법심의가 충분히 투명해야만 한다"고

2018년 5월 15일자 결정에서 에밀리 오렐리가 설명했다. "그래서, 유럽 시민들이 각 정부가 결정한 유럽연합법과 관련해 설명을 요구하려면 정부가 법이 만들어지는 절차 중 어떤 입장을 취하고 있었는지 알아야만 한다." 그런데 이 정보는 여전히 굳게 닫힌 회의실 문 뒤에 틀어박혀 있다. 에밀리 오렐리는 따라서 현 상황으로 미루어 짐작했을 때 "유럽 위원회의 행태는 나쁜 행정부의 전형을 보여주고 있다"고 판단했다. 정책결정자들은 자기 안에 틀어박혀 정도에서 벗어났는지도 기능이 제대로 작동하는지도 모른 채 민주주의의 결핍 상태에서 모두가 불평만 한다고 한탄하며 하나같이 자신의 책임은 인정하지 않고 있다.

아마 유럽의 의사결정과정을 어떻게 이용하면 되는지 가장 잘 알고 있는 이들은 유럽시민들이 아니라 영향력 전문가들일 것이다. 그리고 분명 자신들을 규제하는 이들에게 직접 의견을 전할 수 있게 해주는 이 특권에 집착할 게 틀림없다. 기관에서 제공해준 모든 수단을 다 동원했는데도 바라는 바를 얻어내지 못하면 기업들은 분노를 표출하는데, 그때 해당기관의 진정한 본성이 백일하에 드러나게 된다. "우리는 환경총국 부서와 건설적인 대화를 하려고 노력했습니다. 애석하게도 부서들이 규정에 맞는 공공의견수렴도 수행하지 않고 특정한 법안에 꽂힌 것 같네요." 유럽화학산업협회장의 이 위압적인 언사의 대상은 말단 공무원이 아니라 2013년 6월 당시 환경집행위원이었던 야네즈 포토크닉이었다. 환경총국 부서들이 내분비계 교란물질 규제에 관한 기업들의 요구에 굴복하지 않으려 필사적일 때였다. 정당성이라고는 유럽화학산업을 대표한다는 게 전부인 협회장 후버트 만드리는 내분비계 교란물질 규제가 '억측이나 이데올로기가 아닌 데이터와 과학'에 근거를 둬야 한다고 요구했다. 그렇다면 실제로 이의를 제기한 이유는 무엇일까? 협회장은 '정책'이라는 말 대신 '이데올로기'라는 표현을 사용했다. 그것도 비방으로 옴짝달싹 못하는 정책이라고 얘기하고 싶었을 것이다. 그가 이의를 제기한 이유는 단지 그가 아닌 한 정치책임자의 손에 정책결정권이 있어서였다. 그에 따르면 과학은 완벽한 의사결정을 내려야 하는 행정적 중립의 한 형태로 환경집행위원에 반기를 든다. 그런데 어떤 과학 말인가? 누구를 위한 완벽함인가? 어떤 이해관계, 그가 말한 대로 어떤 이데올로기가 의사결정에 개입한다는 말일까?

이데올로기의 정체는 2017년 8월 몬산토 부사장 중 한 명인 필립 밀러가 유럽의원들에게 보낸 편지에서 더 명확해진다. 그는 「몬산토 페이퍼」와 유럽 감정 평가에 얽힌 불편한 진실을 조명하기 위해 오전 청문회를 기획한 사람들에게 편지를 썼다. "존경을 담아 말씀드리건대, 유럽연합 또는 제삼국의 독립적 기관 소속 과학자들이 낸 연구결과의 신뢰성에 문제를 제기하는 건 유럽의회의 역할이 아닙니다. 유럽의 글리포세이트 사용허가 갱신 절차가 정치화되는 걸 지켜보며 우리의 우려는 더욱 커졌습니다. 해당 절차는 철저하게 과학적이어야 하는데 여러 측면에서 포퓰리즘의 인질이 되어 버렸습니다." 기관을 방어하는 내용은 차치하고서라도 이 문장에는 충격적인 요소가 두 가지 있다. 먼저, 미국 기업 몬산토의 중역이 도대체 누구이길래 본인이 유럽의원 751명의 특권에 한계를 정할 자격이 있다고 생각한단 말인가? 그리고 '정치'의 동의어로 사용된 '정치화'와 '포퓰리즘'이 공개적이고 논쟁적인 토론을 의미한다는 점이다.

유럽인들은 이 문제들이 신속히 재정치화되기를 요구한다. 하지만 기업들에게 있어 가장 끔찍한 악몽은 사실 민주주의 또는 정치혐오다. 그들은 20세기에 질병의 경계를 새로 정의했다. 지식생산의 대대적인 도구화가 과학의 경계선을 다시 정의했다고 해도 과언이 아니다. 민주주의와 공익에 대한 재정의가 이뤄지고 있다고 하는 것도 말이다. 이런 현상이 '침묵하는 정치'의 소리가 새어나오지 않는 공간에서 일어나고 있다. 여기에서는 알력관계가 약화된다. 이곳에서 저항에 거의 부딪혀본 일이 없는 기업들은 공식 연구자 자격을 요구한다. 그들은 정책결정자들과 함께 명령을 내리는 주체인 것처럼 행동하고 이제는 시민사회를 차지하겠다고 주장하고 있다. 프랑스에서 프랑스경제인연합회 MEDEF, Mouvement des Entreprises de France는 '시민사회'를 경영자 측으로 한정해 자신들이 이 집단을 대표한다고 생각하고 있는 것은 아닐까? 기업들이 프로파간다를 통해 독립적인 과학자들과 후원을 받는 과학자들을 동일선상에 놓은 것처럼, 주요 신문에 실린 논평들은 로비단체를 실제로 그 무엇도 판매하지 않는 NGO나 협회와 동급으로 취급하며 로비단체 정상화를 지지한다. 다음은 2017년 6월 『르몽드』지에 로비스트 공동체가 실은 내용이다. "정책결정이 이뤄지는 장소의 문과 창문들을 더 많은 사람들에게 개방할 때가 왔다. 진심으로 공동의 발전에 공헌하길 바라는 비영리 기구라는 것만으로는 공익을 위해 노력한다는 확신을 주기 어렵다. […] 그렇지 않다. 우리는 '사익과 정책결정 사이에 틈 하나 없는 벽을 세우는 것'이 올바른 일이라고 생각하지 않는다. 민주주의는 본질적으로 의견 표현의 자유로부터 태어났다. 물론 이 의견들이 무결성, 투명성, 이해충돌 부재라는 공통의 규칙을 준수하는 선에서 표현되어야 한다는 전제가 있어야 한다."

하지만 이 규칙은 아주 오래전부터 거대한 경제주체집단에 의해 준수되지 않고 있다. 경제주체들은 민주주의라는 도구로 정부의 합법적 계획에 이의를 제기하고 공중보건의 한계를 좁혀버린다. 미국의 경우에도 제1조가 표현의 자유 보장인 수정헌법을 명목으로 유해물질에 대한 규제에 소송이 제기되었다. 특히 2015년에 샌프란시스코가 가당음료를 경고문구로 도배해서 탄산음료 로비단체가 시에 소송을 제기하기도 했다. 당시 미국음료협회는 '비상업적이며 의무적인 문구로, 특히 그 문구가 거짓이거나 과학적 논쟁의 대상이어서 상업적 표현의 자유를 무시하고 구속하는 것은 위헌'이라고 주장했다. 이는 프로파간다의 아버지인 에드워드 버네이즈의 사상에 대한 메아리다. 그는 1952년 "표현의 자유와 그에 따른 파생 명제인 자유언론은 은연중에 우리의 헌법에 설득할 권리를 포함하여 헌법을 더욱 풍부하게 만들었다"고 썼다. 하지만 PR의 모든 계획들과 로비활동이 이룬 정치적 프로그램에서 표현의 자유는 문제된 적이 없었다. 다만 자유로운 시장과 거짓말이 문제였다.

에필로그

로비토미에 오신 것을 환영합니다
웰컴 투 디스트럼피아[*]

"진실을 알면서도 오직 이윤만을 위해 대중을 위험에 노출시키는 이 사람들은 누구인가? 소비자의 질병과 죽음이 자신들의 번영에 대한 반대급부라고 생각하는 이들은 대체 누구란 말인가?" H. 리 사로킨 판사가 이 질문을 던졌던 해는 1992년이었다. 당시 진행되던 소송 대상은 체스터필드 브랜드를 소유하고 있던 담배 제조업체, 리게트 그룹이었다. 여기에서 '사람들'은 필립모리스, 브리티시 아메리칸 타바코, 바이엘, 바스프와 다우, 셰브론, 엑슨, 브리티시페트롤륨, 노바티스, 머크, 네슬

---

* 디스트럼피아는 가공의 이상향을 의미하는 영어 단어 유토피아(utopia)의 반대어 디스토피아(dystopia)와 미 대통령 트럼프(Donald Trump)의 합성어로, 트럼프가 이끄는 미국에 대한 작가의 의견이 반영되어 있다. —옮긴이 주

레, 유니레버, 펩시코와 폭스바겐 등의 기업을 가리킨다. 그리고 이 기업들을 위해 일하는 사람들을 의미하기도 한다. 이들은 왜 이런 행동을 하는 걸까? 그들의 소행과 그 결과를 연구하고 기록으로 남기다 보면 곧 이런 의문이 들곤 한다.

2018년 4월, 나는 오래전부터 같은 궁금증을 가지고 있었던 두 남자를 만났다. 연구의 길을 함께 걷는 친구이자 공범인 역사학자 제럴드 마코위츠와 데이비드 로스너의 단골 카페에서였다. 1960년대 청소년기부터 서로를 알았던 둘은 모든 책을 다 집필했던 그 장소에 그때처럼 앉아 있었다. 옆에 붙어 앉아 상대방의 문장을 다듬어주고 나이든 고양이처럼 짓궂게 장난치던 그 시절처럼 말이다. 뉴욕시가 끝나지 않을 것만 같던 겨울에서 벗어난 일요일, 한 가족이 이른 저녁을 먹기 위해 커다란 식탁에 둘러앉았다. 아이들은 재잘거렸고, 누군가는 피아노 앞에 자리를 잡았다. 데이비드 로스너가 근무하는 컬럼비아대학교에서 단 몇 블록 떨어진 어퍼이스트사이드에 위치한 이 안식처는 즐거운 웅성거림으로 가득차서 친절과 인간미로 빛나는 석학 한 쌍에게 매우 잘 어울리는 장소다.

제럴드 마코위츠는 이렇게 말했다. "관료주의가 사람들로 하여금 자신의 행동이 불러일으킨 결과로부터 어느 정도 벗어나게 해주죠. 기자님께서 관료주의와 마땅히 해야할 일을 하지 않는 태만함을 이용할 수 있는 가능성, 이 두 가지 요소를 조합해보시면 진실을 숨기고, 기만하고, 사람들을 죽게 만들고, 다치게 하고, 불치병에 걸리게 만드는 일이 아주 쉬워진다는 걸 확인하실 수 있을 겁니다." 여기에는 업무의 행정적 규모로 인한 거리감과 자신의 양심과 크고 작은 타협을 하게 하는 인지

부조화의 심리학적 기재 그리고 재정적 혜택이 뒤섞여 있다. 긴밀하게 연결되어 있는 세 가지 요소에 더해 책임감은 두 단계로 나뉜다. 즉 사람들이 속한 시스템의 부품으로서의 책임감과 개인적인 책임감이다. 제럴드 마코위츠가 말을 이어갔다. "기업의 입장을 생각해보면 이해할 수도 있는 부분입니다. 하지만 사람들을 돕고, 질병을 퇴치하고, 신체적 손상을 치료하기 위해 의사나 산업 위생학자가 된 사람들이 초심을 잃고 정반대의 일을 한다는 건 이해할 수 없습니다." 그때 두 역사학자는 논문 작성에 몰두하고 있었으며 논문에 '언제 노동자의 죽음이 살인이 되는가?'라는 제목을 붙였다. "만약 우리가 살고 있는 시스템이 개인에게 법적 책임을 묻는 구조였다면 지금과는 모든 게 달랐을 겁니다. 하지만 현재 시스템이 설정된 방식에 따라 우리는 타인에게 저지른 일에 책임을 지지 않아도 되는 사회에서 살고 있습니다."

사람의 건강을 해치는 일이 금기가 아니게 되더라도 기업과 기업의 목표는 공동체의 가치 및 목표와 거리가 있을 것이다. 기업에 활기를 불어넣는 이윤 추구는 인간, 사회, 윤리를 비롯한 모든 한계를 뛰어넘어버린다. 기업들이 사이코패스인 걸까? 2000년대 초 개봉한 흥미진진한 캐나다 다큐멘터리 「기업의 숨겨진 진실The Corporation」에서 나온 질문이다. 실제로 기업 측의 활동은 다양한 과정에서 다음과 같은 특징을 보여준다.

- 구속될 수 있는 행위를 반복하는 것으로 알 수 있듯, 합법적 행위를 규정하는 사회규범에 순응하지 못한다.
- 반복적인 거짓말, 가명 사용, 사기행위 등 이익 또는 쾌락을 위해 남을 속이는 경향이 있다.

- 충동적이거나 미리 계획을 세울 줄 모른다.
- 반복적인 신체적 싸움을 하고 폭력을 행사하는 데서 알 수 있 듯, 쉽게 흥분하고 공격적이다.
- 자신 또는 타인의 안전을 무시한다.
- 꾸준하게 직업 활동을 유지하지 못하고 재정적 의무를 다하지 못하는 등 시종일관 무책임하다.
- 타인을 다치게 하고 학대하거나, 물건을 갈취하고도 아무렇지도 않게 자기 합리화를 하는 데서 알 수 있듯 양심의 가책을 느끼지 않는다.

정신과 진료 상담 때 이중 세 가지 성향이 드러나면 반사회적 성향을 진단받는다. 이는 '사이코패스'라는 용어로 더 잘 알려져 있다. '정신질환 진단 및 통계 편람DSM-IV'에서 발췌한 이 기준들은 '타인의 권리를 무시하고 침해하는 일반적 유형'을 다루고 있으며, 확실히 이 책에서 기술된 산업의 반복적인 관행을 가리키고 있다. 사회를 고려하지 않고 때로 사회에 반목하는 이 관행들을 말 그대로 '반사회적'이라고 할 수 있을 것이다.

정신분석의 운명만큼이나 기이한 운명이다. 지그문트 프로이트의 '발견'은 여러 단계를 거쳐 더욱 정밀해지고 변형된 끝에 정신적 고뇌 탐구를 위한 가이드로 자리매김했을 뿐만 아니라 조카로 인해 정신분석학 이론이 악용된 사례로 남았다. 에드워드 버네이즈가 말했던 '보이지 않는 정부'가 이제부터 진정한 권력을 행사하는 게 아닐까? 민주적인 선거를 거치지 않고 모두를 위한 의사결정권을 부당하게 가로챈 소수 집단이? 실제로 사회의 문제가 아니라 소수 집단의 문제에 따라 정치 현안이 재구성되었다. 사람들은 정말로 자신의 건강이나 목숨보다 일자리를 유지하는 게 낫다고 생각할까? 아니면 프로파간다의 끊임없는 노력이 사람들의 생존에 대한 본능마저 뒤집는 데 성공한 걸까? 우선순위에 대한 정의를 다시 내리게 되면서 오래토록 종양 유전자 시스템 대기실에 보관되어 있던 발암성, 신경독성, 내분비계 교란, 잔류성, 비만 유발성의 물질 수천 종류가 시장에 쏟아져 나오게 되었으며 제품의 지속적인 판매만이 우선시되고 이로 인한 질병, 죽음, 환경오염은 부차적인 문제가 되어버렸다.

이 시스템이 인간뿐만이 아니라 지구상에 존재하는 생명의 희생으로 작동한다는 과학적 증거는 많으며 앞으로 더 많아질 것이다. 역사학자 나오미 오레스케스와 에릭 콘웨이는 "과학은 우리에게 현대산업문명이 이런 식으로는 지속될 수 없다는 걸 보여줬다"고 말했다. 기업이 과학을 포획하려는 주된 이유는 불편한 진실을 감춰 자신의 '비즈니스'를 보호하기 위해서다. 우리 사회는 지식을 생산하고 통제하는 과정을 다듬는 데 수 세기가 걸렸다. 기업들은 이 과정을 횡령해서 단 수십 년만에 집단적 의사결정의 한가운데 무지를 심기에 이르렀다. 각국 정부는 기업의 부조리에 가까운 요구에 쉽게 굴복해버렸다. 고의에 의한 지식 파괴는 경범죄도, 중범죄도 아니다. 이후부터 정책결정자들은 사회로부터 비용을 지원받아 대중을 일깨워주는 과학자들에게서 등을 돌리고, 규제하려는 이해관계의 대표자들에게로 돌아선다.

대상이 규제든 과학이든 간에 포획은 그 과정에서 역학관계를 형성한다. 포획의 초기 단계에는 의도를 정의하고 전략을 세운다. 바로 사전 계획이다. 이해충돌에 포위되어 꼼짝하지 못하는 규제기관이 기업에서 제공한 데이터를 거의 절대적인 근거로 삼고 유럽 위원들이 대학 교수진과 그들의 연구업적, 그들 발언의 가치를 거들떠보지도 않을 때 시스템이 따로 힘주지 않아도 알아서 돌아간다. 이 시스템은 비즈니스 세계의 욕구를 소화하고 통합해서 자신의 것으로 삼았다. 그들은 어떤 거리낌도 없이 경제이익을 사회의 이익과 동의어로 받아들인다. 하지만 성공한 포획과정을 뭐라고 부를 수 있을까? 국민의 권리를 저멀리 내팽개친 이 시스템을 뭐라고 불러야 할까? 공권력이 국민에게 등을 돌린 시스템?

　기관에서는 의원들에게, '이벤트'에서는 참가자들에게 이 시스템이 전문가들의 기술 토론이자 과학에 근거한 의사결정임을 주장한다. 하지만 '과학에 근거한 의사결정'은 단지 브뤼셀에서 유행 중인 슬로건일 뿐만 아니라 무엇보다도 법에서 탈출구를 뚫기 위한 쇠지레다. 기업은 법이 과학을 근거로 해야 한다고 주장하는데, 그 과학은 자신들이 만든 것이어야 한다. 왜냐하면 의사결정은 본질적으로 정치적이기 때문에 기관 위원회 소속 전문가들이 취한 의사결정은 공론의 대상이 된다. 농약을 허가하는 것 또한 농약을 허가한 시스템을 존속시키는 것이다. 그런데 의사결정이 진행되는 동안 전문가들이 던지는 질문은 단 하나다. 제조업체로부터 제공받은 데이터를 검토하고 나면 '팔아치울 제품'을 시장에 유통시켜도 될까? 농약의 사용 자체에 대한 문제 제기는 전혀 없다. 또한 해당 제품의 사용을 전제로 하는 집약적 농업 자체의 적합성에 대한 질문도 없다. 이러한 제품의 경우, 시간이 지나면서 점차적으로 하지만 대체로 너무 늦게 생태계 및 생물에 미치는 심각한 피해가 드러난다. 과학적 전문성을 구실로 임명되지도 않고 그럴 자격도 없는 개인들이 모두를 위한 사회모델을 결정한다. 민주주의 시스템에서 시민들이 자신의 권력을 위임하는 건 의원들과 정부이지, 공공기관 및 정부 소속 공무원, 농학 엔지니어, 공장식 사육계 질병 전문가가 아니다. 아무리 유능하다고 하더라도 말이다. 이 문제들은 사회적 선택의 아웃소싱과 공공의사의 결정 하청 사이 어딘가, 즉 민주주의의 주변부에 자리를 잡고 있다.

일부는 새로운 권력 분리가 발생하는 공공영역의 탈정치화를 가리키기 위해 '비의원들의 발흥'이라는 표현을 쓴다. 차라리 이를 '새로운 권력 분배'라고 묘사해야 할까? 선거로 부여되는 정당성이 사라져버린 무대에서 하이브리드 공동결정의 주역은 공무원, 전문가 그리고 로비스트다. 2000년대 초반 영국 정치학자 콜린 크라우치가 이 시스템에 '포스트 민주주의'라는 이름을 붙였다. 그는 "포스트 민주주의 사회는 민주주의 제도를 계속 사용하지만 이 제도는 빈 껍데기가 되는 경향이 있다"고 설명한다. 즉, '소수의 정치경제 엘리트집단'이 발의권한을 탈취한 것이다. 이 소수 집단은 '기업'과 동맹관계에 있는 지배계층으로 중심체제를 점령해버렸고 시민들은 배제되고 소외당했다. 미국인 마이크 로프그렌은 '숨은 권력 집단'을 '딥 스테이트Deep state'라고 일컫는다. 흥미로운 점은 이 단어가 혼수상태를 의미하기도 한다는 것이다. 그는 "여전히 같은 모습을 하고 있지만 점점 더 대중의 의지를 배신하고 기업의 영향력 및 사익이 얽혀있는 네트워크와 한몸이 됐다"고 평가했다.

이런 고찰에는 많은 공통점이 있다. 기업의 영향력을 민주주의에 대한 심각한 위협으로 간주한다는 것이다. 공익이라는 화살표가 더 이상 제대로 된 방향을 가리키지 않는다고 평가하며 '우리는 여전히 민주주의 체제에 있는가?' 같은 문제를 제기한다. 독성기업들이 과학과 연구 이외에도 민주주의 그 자체를 포획한 게 아닐까? 아니면 혹시 기업에서 만든 유해한 제품들이 민주주의 또한 심각하게 병들게 한 건 아닐까? 제럴드 마코위츠와 데이비드 로스너는 비닐과 납 제조업체들의 행위를 자세히 설명하면서 민주주의 파괴를 거론한다. 이 모든 게 집권이 아니라면 대체 뭐란 말인가? 정부의 역할을 대신하려는 이 경세주체들이 이의를 제기하는 건 바로 민주주의의 개념 자체다. 일부 보건연구원들과 사회학자들은 이 보이지 않는 쿠데타를 지칭하기 위해 이미 약어까지 만들어둔 단계였다. 'Corporate Political Activity'를 줄여 'CPA'라고 하는데, 말 그대로 '기업의 정치적 활동'이라는 뜻으로 지극히 탐욕스러운 논리에 따라 공공정책을 만들기 위해 기업들이 쏟은 노력을 의미한다.

우리가 살고 있는 체제는 민주주의처럼 보이지만 더 이상은 그렇다고 할 수 없다. 존재하는 용어들 또한 부족하다. 금권정치나 도둑정치도 아니며, 완전히 과두제라고도 할 수 없지만 우리는 대대적인 지식남용 계획 이후 사익이 공익과 융합된 체제에서 살고 있다. 자본주의의 최종단계에서는 더 이상 시민들의 삶에 맞춰 의사결정을 내리는 것이 중요하지 않다. 오히려 시민들을 오로지 소비자라는 유일한 역할로 한정한다. 프로파간다와 로비로 인해 '뇌 개조 수술을 당한' 공직자들이 자신들의 특권과 우리 사회를 산업 및 상업 복합체의 손아귀에 넘겨준 이 시스템을 '로비토미Lobbytomie'라고 부를 수 있을 것이다.

질병, 과학 그리고 민주주의의 경계를 다시 규정할 수 있는 이 힘의 정확한 본질은 뭘까? 최근 끊임없이 디스토피아를 그려내는 소설작품들의 레퍼런스가 보기보다 더 심오한 의미를 갖고 있다면? 픽션 작품에 등장하는 장면들이 현실을 묘사하는 가장 뛰어난 도구가 되어버린 건 아닐까? 이제부터는 픽션이 우리에게 민주주의가 증발해버린 이 현상을 더 잘 이해하게 해줄까?

캐나다 소설가 마거릿 애트우드는 1984년에—또 1984년이라니, 짚고 넘어가지 않을 수가 없다—그녀의 대표작『시녀이야기』집필을 끝냈다. 이후 영화로 각색되어 2017년 전 세계적인 성공을 거뒀다. 소설에 등장하는 길리어드 공화국은 청교도 독재정치가 지배하는 뉴잉글랜드를 배경으로 하는데, 지배자들이 인류 존속을 위해 몇 안 되는 가임여성들을 '시녀'로 만들어 강간하는 의식을 매달 거행한다. 인구 격감의 원인은 직접적으로 묘사되지 않지만 암시를 통해 언급된다. 사회에서 아무런 역할도 없는 반체제 인사들과 여성들은 강제로 식민지로 이주해 그곳에서 독극물 쓰레기를 처리한다. 소설은 마지막에서야 원자로 사고, 독극물 방류 및 폐기물 보관, '화학살충제 및 제초제 그리고 기타 화학물질 스프레이의 무분별한 사용' 등 여러 사건들이 연속해서 발생했던 과거를 언급한다. 불임은 마찬가지로 2006년 P. D. 제임스의 소설을 각색한 영화「칠드런 오브 맨Children of Man」줄거리의 핵심이기도 하다. 무정부 상태로 혼돈과 전쟁에 휩싸인 세계에서 이주자들은 기차역 플랫폼에 갇혀 지내고 전 인류는 불임이 된다. 줄거리상 지구에서 가장 어린 사람의 나이는 18세이다(스포일러 주의, 이 사람은 초반에 바로 죽는다). 조지 오웰의 소설『1984』는 앞서 언급한 바 있지만 도널드 트럼프 선거 이후 제2의 전성기를 누리고 있다. 가상의 전체주의, 지식과 언어에 대한 끊임없는 조작, 사실 부정, 고통스러울 만큼 부조리한 세상까지… 익숙하지 않은가?

　　2017년 1월 20일, 디스토피아적 악몽이 현실이 된 미국으로 다시 돌아가보자. 세계 제2의 경제대국 국무장관은 기후변화 현실에 관한 의혹을 만들어내는 데 수백만 달러를 투자한 대기업의 회장이다. EPA의 지휘를 맡게 된 사람은 검사 출신의 명백한 기후변화 회의론자였다. 석유에너지의 거물들과 막역하고, 새로운 환경 규제를 채택하는 걸 막기 위해 EPA를 고소했던 인물인 스콧 프루이트 말이다. 과학은 도널드 트럼프의 집권 초반부터 타깃이 되었다. 2017년 2월 자료의 폐기를 걱정한 과학자들이 수십 곳의 연구단체로부터 데이터를 모아 해외 기반 서버에 자료들을 안전하게 보관하고자 했다. NASA와 NOAA*의 것과 같은 기후 관련 데이터를 우선시했다. 미국의 과학자들을 지지하기 위해 '함께하는 과학 행진'이 프랑스를 비롯한 전 세계에서 기획됐다. 한 가지 짚고 넘어가자면, 얼마 전 현실에서도 픽션과 비슷한 사건이 벌어졌다. 2014년 초 캐나다 정부에서 연방 도서관 7곳에 비치된 수천 권의 과학 서적들을 분산시키거나 폐기처분하라는 명령을 내렸다. 프랑수아 트뤼포의 영화 「화씨 451」에 나왔던 화염방사기로 책들을 불태우는 방화범 부대를 떠올리지 않을 수 없다. 이 영화는 레이 브래드버리의 지식을 위험요소로 간주하고 독서를 금지시킨 세계관의 디스토피아 소설을 각색한 것이다. 이 소설에서는 지식이 위험하다고 판단되어 책과 독서활동이 금지된다. 파리에서 있었던 '함께하는 과학 행진'의 슬로건 중에는 '현실은 픽션보다 더 심하다' 또는 '사회-과학=무지' 등의 문구도 있었다.

　　도널드 트럼프 이전 미국은 '회전문'의 천국이었다. 이 표현은 회전문처럼 공공분야에서 민간분야로, 민간분야에서 공공분야로 넘어가는 관행을 가리킨다. 하지만 트럼프 이후 상업적 이익과 자유 시장을 옹호하는 사람들이 공적 책임의 가장 높은 자리를 차지하는 것이 기본이됐다. 트럼프 이전 시대에도 이미 미국 행정부에 대한 화학산업의 영향력은 당황스러울 정도였다. NGO단체 '과학민주주의센터'는 2013~2014년의 미국 공식대장에 적혀있는 ACC 소속 로비스트 71명 가운데49명이 전 공무원이었음을 조사했다. 하지만 디스트럼피아에서 권력의중심은 바로 ACC다. EPA 화학제품 책임자인 주 행정관 낸시 벅은 화학물질의 평가 및 규제에 맞선 게릴라 전쟁에 대부분의 경력을 바쳤다. 임명 며칠 전, 그녀는 또 ACC의 규제기술사무국장으로서 상원 앞에서 증언을 했다. EPA 대변인 중 한 명인 리즈 보먼은 로비단체에서도 대변인을 맡고 있었다. 새로운 직무와 관련하여 비밀유지 의무가 있음에도 불구하고 그녀는 언론에 대한 적의를 드러냈다. 2017년 10월 그녀가 『뉴욕타임즈』의 에릭 립튼 기자가 보낸 질문에 어떻게 대답했는지 살펴보자. "우리가 어떤 정보를 제공하든 상관없이 당신의 기사는 공정하지 않겠죠. 부적절하고 편파적인 건 조국에 헌신하는 전문가들을 공격하기 위해 낚시성 엘리트주의 글을 쓰는 당신의 집착이에요." 이후로 스콧 프루트와 EPA 부서들은 기업 이외의 시민사회 대표들과의 대화를 거절했다.

선거부터 취임 사이의 기간에 도널드 트럼프는 EPA 인수위원회를 꾸렸다. 아마도 픽션 영화에서도 믿을 수 없는 캐스팅일 것이다. 위원회의 수장으로는 석유업계 및 '경쟁기업연구소'와 친밀한 기후변화 회의론자 마이런 이벨을 임명했다. 그리고 또한 '쓰레기 과학'이라는 수류탄을 투척하고 '건전과학'의 이점을 설파하던 스티브 밀로이(7장 참조)도함께다. 2017년 3월 『뉴욕타임즈』가 "EPA 수장이 기후변화 합의에 관해 의혹을 표했다"고 발표하자 스티브 밀로이는 의기양양하게 트위터에 글을 작성했다. "수십 년 동안의 헌신과 용기로 이 제목을 가능하게 만들어준 모든 기후변화 회의론자 동료들에게 감사 인사를 전한다." 마지막으로 데이비드 슈나르다. EPA의 전 임원이었던 이 법학자는 12년 동안 1만 건의 이메일 접근 요청으로 기후학자이자 지구물리학자인 마이클 만을 괴롭힌 것으로 유명하다. 데이비드 슈나르는 EPA에 계속 머무르지 않고 자금출처가 알려지지 않은 '자유시장환경법클리닉Free Market Environmental Law Clinic'으로 되돌아갔다. 자유시장환경법클리닉은 데이비드 슈나르가 '미국에서 경제적으로 파괴적인 규제제도를 장려하며 툭하면 소송을 거는 환경운동에 대한 억제력 제공'을 목적으로 직접 설립한 단체다. 이후 그는 EPA와 미국 국립보건원으로부터 IARC의 글리포세이트 평가에 참여한 과학자들이 주고받은 연락 내용을 알아내려고 노력하면서 미국 민주주의의 투명성 조치를 계속해서 남용했다.

라마르 스미스의 주도 하에 하원으로부터 비슷한 공격이 반복적으로 이어졌다. 텍사스 공화당의원인 그 또한 기후회의론자를 자처하며 창조론자인 동시에 미국 과학우주기술 상임위원회장이다. 스콧 프루이트는 라마르 스미스가 저지른 죄악의 다른 이름인 '정직법Honest Act'에 규정되어 있는 원칙들을 이용해 말 그대로 합법적으로, '과학'을 새롭게 규정했다. EPA의 뜻대로 말이다. 2018년 봄에 발표된 이 조치들에 힘입어 EPA는 환경보건연구 중에서도 대기 오염과 농화학 오염 연구의 대부분을 무시해버렸다. 일부 '비밀' 데이터의 경우 비밀 유지가 기본원칙인 개인정보로 확인도 재현도 불가능하다는 것이 그 이유였는데, 나름 그럴듯해 보였다.

기막힌 일화가 하나 있다. 2017년 여름이 끝나갈 때 마이클 도슨을 EPA의 화학안전 및 오염방지국의 국장으로 임명하려는 시도가 있었다. 마이클 도슨은 다우 케미컬, 미국작물보호협회, 그리고 ACC를 고객으로 둔 독성학분야 주요 컨설팅 사무소 '테라'를 이끌고 있다. 그가 1990년대 중반 EPA의 관료로 수년 동안 일한 뒤에 설립했던 사무실이다. 항의가 점점 더 커지는데도 (이로 인해 결국 이 인사제안은 무산된다) 이 후보를 위해 상원에 지지 서한을 보낸 사람은 누구였을까? 바로 지오 바타 고리이다. 뿐만 아니라 지오 바타 고리는 거대규모의 학술출판사인 엘스비어의 로고가 찍힌 종이에 서신을 작성하여 학술지의 편집장으로서 마이클 도슨을 지지했다.

　도널드 트럼프가 권력을 잡은 이후부터 현실 자체가 디스토피아가 되어버렸다. 일상은 마치 영화 시나리오 같다. 나오미 클라인은 트럼프를 가리켜 '사람과 대기업의 융합'의 현신과 같은 새로운 유형의 정치인이자 동시에 이전부터의 전통을 계승하는 '아주 오래전부터 시작된 과정의 궁극적 단계'라고 말한다. 캐나다 기자이자 수필가인 나오미 클라인에게 있어 트럼프는 "착란이라기보다는 논리적인 결과이자 강력한 사고 체계의 피조물"이다. 디스트럼피아는 체계의 자연스러운 결과이자 귀착점이다. 금전적인 이익에 눈이 멀어 진실에 대한 책임을 저버리면 이런 일이 발생한다. 기후회의론자들의 거짓말이 없었다면 '대안적 사실'이 가능했을까?

　20세기 내내 공직자들은 과학적 진실, 아니 진실의 왜곡을 손놓고 지켜봤다. 독일 작가 슈테판 츠바이크는 1942년 2월 22일 자살로 생을 마감하기 일 년 전 다음과 같은 말을 남겼다. "역사의 철칙은 시대를 결정짓는 커다란 움직임의 시작을 그 시대를 살아가는 사람들에게 분명히 알려주지 않는 것이다." 기업에게 영향력을 행사할 직통 채널을 구축하는 일은 더 이상 중요하지 않다. 이 회로를 완전히 장악하는 게 관건이다. 우리 눈앞에서 벌어지고 있는 '기업 인수'에서 요직에 있는 공무원들은 점차 시장이익 대변인들로 교체된다. 아마 우릴 기다리고 있는 세계의 모습도 이러할지 모른다. 영화보다 더 영화 같은 영리를 추구하는 전체주의 말이다.

부록: 이해관계확인서

먼저, 나는 기자이지 과학자가 아니다. 그리고 어떤 기관의 위원회에 한 자리 차지하기 위해 지원서를 내지도 않는다. 어느 기관에서도 날 원하지 않을 테고 말이다. 기자가 신고해야만 하는 정보의 성격은 과학자가 공개해야 하는 정보와는 다르다. 이 책에서 내 직업을 위한 이상적인 이해관계확인서 서식을 제시하지는 않을 테지만 과학 전문가에게 적용되길 바라는 것과 같은 수준을 추구하려고 노력했다.

여기에서 언론사, 제작사, 출판사 또는 그 어디에서 보수를 받은 것이든 간에 기자라는 직업으로 인한 활동들과 저널리즘 장려금 및 상을 기입하지는 않겠다. 2015년 출간된 전작 『중독Intoxication』의 이해관계확인서에 명시했듯, 이 책에도 여러 번 인용되는 브뤼셀의 NGO단체 유럽기업감시와 수차례 협업했다. 2011년에는 로비활동 취재기술을 배우고자 하는 기자들을 위해 유럽기업감시가 주최한 이틀간의 워크샵을 들었다. 2013년 마르탱 피종과 EFSA의 이해충돌에 관한 취재 내용을 담은 「언해피밀」을 공동집필하고 이 취재로 2,000유로를 받았다. 파르마에 있는 EFSA 본사를 방문할 때 지출한 '저가 항공' 비용은 유럽기업감시에서 처리해줬다. 2015년에서 2016년에 니나 올랑과 「독성사건Toxic Affair」을 공동 집필 및 개정했을 때에는 유럽기업감시로부터 확실히 더 많은 보수인 5,500유로를 받았다. 내분비계 교란물질 규제를 반대하는 로비활동을 직접 취재한 내용 일부를 영어로 서술한 보고서였다. 2016년 2월, 이 작업과 관련해 스페인에 가서 두 번의 콘퍼런스를 했다. 한번은 유럽의회 상임대표단 앞에서였고 다른 한번은 카탈루냐 기자협회 앞에서였다. 이 일로 유럽기업감시로부터 1,200유로의 보수를 지급받았고 이동비, 숙박비를 합친 295유로 또한 비용 처리가 됐다. 그러나 타파스 값은 환경NGO 활동을 하는 스페인 생태학자들이 몇 번 내줬다. 마지막으로 2016년 1월에서 4월 사이에 보고서 「고용 오류Recruitment Errors」의 연구작업에 참여해 EFSA 패널 절반에 대한 데이터를 준비하고 분석했다. 늘 그래왔듯 EFSA의 이해충돌에 관한 보고서로, 2017년 6월에 발표됐다.

2015년 11월 13일 동료 스테판 푸카르의 구조요청에 '보건과 환경, 과학적 현안'이라는 주제로 프랑스 국가교육공제조합MGEN이 주최한 원탁회의에 자발적으로 참여했다. 발언자 모두에게 본사 건물에서 점심식사가 제공됐다. 이때 아름다운 파리의 전경이 눈앞에 펼쳐져 잠시 숨 쉬는 것도 잊고 감탄했다. 파리 테러가 일어나기 고작 몇 시간 전의 일이었다. 몇 주 후 우체국을 통해 프랑스 국가교육공제조합에서 보낸 연하장과 함께 위딩스라는 브랜드의 스마트시계가 도착했다. 당시에는 이런 물건의 존재도 몰랐고, 사실상 그 '스마트' 능력에도 회의적이었음에도 불구하고 어쨌거나 나는 이 선물로 너무나 난처해졌다. 놀람, 물건의 금전적 가치 검색, 신경질, 화, 역정 부리기, 발송인에게 반송하기 위한 포장 준비, 중고물품 거래사이트 '봉코앙'에서 가격 찾아보기, 되팔 계획 세우기, 죄책감, 어떤 이익도 거부하는 상태로 돌아오기, 기부 결심(그런데 누구한테 하지?), 짐 무더기 아래에 물품 처박아 놓기, 망각 등의 단계를 거쳐 결국에는 로맹 B에게 이 시계를 줬다. 시계는 그가 조깅할 때 쓰고 있다고 들었다.

2015년 10월 22일에는 유럽생태녹색당이 프랑스 국회에서 주최한 세미나가 끝나고 여러 참여자들과 함께 국회 레스토랑의 점심식사에 초대받아 아주 잘 먹었다.

2016년 5월 9일부터 사흘 동안 내분비계 교란물질의 '칵테일' 효과에 대한 연구 프로그램인 'EDC믹스리스크'의 심포지엄에 초대돼서 이 분야의 과학조작 전략에 대해 과학자들 앞에서 발표했다. 교통, 호텔, 식사가 공적자금으로 지불됐으며 비용은 약 650유로였다. 따로 보수는 받지 않았다.

핀란드 정부와 헬싱키가 후원하는 내분비계 교란물질에 관한 원탁회의, 헬싱키화학포럼에 2018년 6월 14일부터 사흘 동안 초대받았다. 주최 측으로부터 비행기, 기차, 택시 등을 합한 교통비 약 350유로, 호텔에서의 3박 숙박비 567유로(헬싱키 물가는 상상초월이다!), 두 번의 점심식사와 한 번의 저녁식사, 그리고 쉬는 시간에 간식을 제공받았다. 따로 어떤 보수도 받지 않았다.

마지막으로 내가 알고 있는 것들을 공유하고 전달하는 일 또한 기자로서의 업무에 속한다고 생각하지만, 이번에는 대학 강단에서 보수를 받고 했던 발표 또는 수업들을 명시하겠다. (이외에는 비용처리만 했다.)

- 프랑스 국립행정학교의 유럽학고등연구과정에 있는 학생들을 대상으로 한 강의(파리, ENA, 2016년 2월 4일, 288유로)
- 과학기술고등연구소의 과학규범 및 법에 관한 국립교육과정에 있는 학생들을 위한 강의(파리, IHEST, 2016년 12월 8일, 168유로)
- IHEST 조사 워크숍(파리, 2017년 5월 18일, 168유로)
- 프랑스사회학협회 제7회 총회(아미앵, 2017년 7월 6일, 200유로 및 비용 처리)
- 마스트리히트대학교 의과대학 공중보건 석사과정 강의(네덜란드, 2018년 1월 25월, 500유로 및 비용 처리)

이해관계확인서 양식

수백 건의 이해관계확인서의 껍질을 하나하나 벗겨내는 흔치않은 경험이 도움이 될 만한 일이 있다면, 바로 과학 전문가를 위한 '이상적인' 이해관계확인서 양식을 만드는 일일 것이다. 어쨌든 평가자가 전문가의 확인서를 분석할 때 정말 필요로 하는 정보들을 담았다. 개인적인 경험 외에도 수많은 출처 및 현재 사용되고 있는 서식을 이용했다. 특히 WHO와 프랑스 법에서 정의하고 있는 서식들을 참고했다. 정보가 제대로 채워졌더라도 각 조직마다 고유의 특성과 목표가 있기 때문에 전문가를 뽑는 조직의 독립성 정책을 반영하는 분석표가 없다면 이 서식은 휴지조각이나 다름없다. 이해관계확인서에는 전문가가 계약서 사본과 세금신고내역을 제공해야 하는 의무사항이 포함되어야만 한다. 이해관계확인서의 진위를 확인하게 해주는 유일한 수단이다. 모든 경우를 다 포함할 수는 없다고 해도 '이상적인' 독립성 정책은 사회전체에 이익이 되어야 하는 공공의사결정의 무결성을 보호하는 걸 목표로 해야 한다.

서식에는 명확하게 어떤 정보가 요구되고 그 이유가 무엇인지 설명하는 글이 들어가야 한다. 지원 공고가 난 날을 기점으로 과거 5년 동안의 정보가 제공되어야 한다. 위원회 또는 기관의 주제 영역에 국한하지 않고 보수를 받았든 아니든, 모든 협력사항과 모든 형태의 수익을 세세하게 신고해야만 한다. 영역의 경계를 결정하는 건 평가자지 전문가가 아니다. 각 항목마다 기업 또는 단체의 이름과 제품명(상품명과 일반명), 금액, 시작한 날짜와 끝난 날짜를 원어 또는 영어로 정확하게 기입하는 것이 바람직하다. 가족관계와 관련한 정보도 제공해야 한다. 자식과도 사이가 틀어질 수 있기 때문에 전문가와 친밀한 관계를 유지하는 배우자, 부모, 자식, 형제자매를 비롯한 모든 가족 구성원이 '가까운 가족'으로 간주된다. 그 어떤 양식도 교우관계를 포함하지 않고 있으며, '친인척'이라고 하면 관용적 표현대로 가족만 포함한다. 전문가 또한 친구가 있으니 아마 이 항목을 '가까운 지인'으로 바꿔야 하지 않을까. 마지막으로, 평가자가 사용 가능한 모든 정보출처를 동원해 체계적으로 확인작업을 수행해야만 한다는 건 두말하면 잔소리다.

| 정보제공 항목 |

- 주 직업 및 직위, 풀타임 또는 파트타임 여부. 향후 일자리 및 협업에 관해 진행 중인 모든 협상, 풀타임, 파트타임 또는 일회성 여부

- 기업의 주식 및 지분. 투자 성격(주식, 채권, 최대지분 여부 등)

- 지적재산권 및 특허. 특허의 정확한 제목 및 참조번호, 특허 제출 장소, 특허 공동소유자에 대한 자세한 정보. 특허 상태(획득 또는 심사 중), 라이선스 획득 여부, 로열티 부과 여부

- 연구자금 조달. 돈이 어떤 경로로 조달되고 누가(기관, 부서, 연구자) 이를 관리하는지 그리고 연구에서의 역할(연구자, 조정자)은 무엇인지 자세히 기록. 연구 컨소시엄의 경우, 민간 협력업체명과 그들의 역할을 기입

- 본인이 지도한 학위논문의 자금조달

- 단체의 이사회 이사

- 단체의 과학자문의원

- 컨설턴트 활동. 고객, 주제/제품 임무 성격 명시

- 영리 혹은 비영리 민간단체의 실무진 또는 전문가 패널

- 전문가 또는 소송절차에서 전문가 증인

- 연사, 저자 또는 교육자로서의 임무. 업무의 방식과 범위 그리고 해당하는 경우 공동저자 명시

- 이동, 숙박, 식사

- 수상, 포상 또는 기부금

- 선물(금액과 상관없이)
- 직업협회 회원
- 학회 회원
- 학술지 관련 활동
- 과학 문제에 대한 공개적 발언 및 입장 발표

자유기재란에는 넓은 의미에서 인정되는 지적 이해충돌을 기재해야 한다. WHO가 제안한 문장을 그대로 가져와보면, '회의 또는 연구에서 본인의 객관성 및 독립성 또는 이에 대한 타인의 인식에 영향을 미칠 수 있는 다른 모든 사항'이다.

2013년 발표된 논문에서 데이비드 레스닉 교수와 케빈 엘리엇 교수는 연구결과에 대한 스폰서의 영향력을 평가할 때 고려해야 하는 다섯 가지 요소를 제시했다. 이해관계확인서 평가자는 평가 작업 내내 다음의 기준들을 유용하게 사용할 수 있다.

1) 연구 결과에 스폰서, 기관 또는 연구자의 재정적 이해관계가 달려있는가?

2) 객관적이고 믿을 만한 연구를 수행하는 일이 스폰서와 기관 또는 연구자의 재정적 이익과 일치하는가?

3) 스폰서, 기관 그리고 연구자는 과거에 재정적 목적을 위해 자신의 연구를 편향시킨 적이 있는가?

4) 재정적 목표를 달성하기 위해 연구 작업을 조작하는 것이 어느 정도 가능한가?

5) 연구 결과를 조작할 가능성을 최소화하기 위해 감독 매커니즘이 갖춰졌는가?

감사의 글

감사의 글을 작성하는 건 매우 의미있는 작업이지만 시간이 지날수록 점점 더 어렵게 느껴진다. 여기엔 두 가지 이유가 있다. 먼저, 여러 가지 주제를 탐구했다고는 하나 실제로는 한 우물을 파왔다. 영향력과 이해충돌에 관심을 갖게 된 지도 어느새 10년이 넘었다. 이 책은 내 작업을 집대성한 것이므로 거의 십 년어치의 감사를 압축해야 할 것 같다는 부담이 있다. 다음으로는, 고민은 혼자 해결할 수 없듯이 이 책은 일종의 공동저작물이라고 할 수 있기 때문이다. 취재하는 내내 범상치 않은 사람들이나 상대적으로 평범한 사람들과 마주쳤다. 이런저런 사람들과의 소통이 조사에 아주 유익한 도움을 줬다.

그럼에도 여러 사람들에게 감사를 전하고 싶다. 만남의 순서나 내 생각에 변화를 가져다 준 순서대로 하겠다. 필리프 푸크라스(기업후원을 받은 의학학회의 부스들 한가운데에서 내게 이해충돌이 뭔지 설명해줌으로써 내 삶의 방향을 어느 정도 바꿔 놓은 사람), 안느 샤이외(규제포획이라는 피할 수 없는 개념에 내 차크라를 열어준 최고 책임자), 이렌 프라숑, 세르주 에르베르그, 피에르 므느통, 니나 올랑, 유럽기업감시 NGO(사람은 아니지만), 안드레아스 코르텐캄, 데이비드 지, 장피에르 부르기뇽, 레미 슬라마, 실뱅 로랑, 마티아스 지렐에게 감사한다.

내 작업과 이 책에는 마르탱 피종과 메신저창 수십 개를 동시에 열어놓고 나눈 논의의 시간들이 깊게 배어있다. 또한 바바라 드메넥스가 그녀의 무한한 관대함으로 브레인스토밍 상태를 유지할 수 있게 도와준 덕분에 내용이 엄청나게 풍부해졌다.

2016년부터 2018년까지 앙리 부이예, 세바스티앙 달갈라론도, 보리스 오레, 조반니 프레테가 프랑스 사회과학 고등연구원에서 주최한 '이해충돌과 공중보건' 세미나에 참여할 수 있는 기회가 있었다. 진심으로 감사를 전한다.

언제나 첫 번째 독자가 되어주는 나의 천금 같은 친구 다니 카벨리에, 넘치는 상상력으로도 만들어내지 못했을 동료이자 '스타스키' 또는 '뒤뽕'이라고도 불리는 스테판 푸카르, "오래 얘기 못해, 지금 사무실이야!"라든가 "잠깐만, 내 구내식당 카드 어디다 놨는지 모르겠는데"와 같은 말을 해도 이해와 신뢰를 바탕으로 초콜릿과 사탕으로 너그러운 지원을 해준 소피 랑드랭에게도 늘 고맙고, 『르몽드』의 지구과학 부서, 팬더, 생쥐들, 새로운 마스코트 닌자 레이네케(왜 고마워하는지 알겠지), 동역의 산타 할머니들, 아니 마르탱과 엘렌 미셸, 내 담당 발행인 프랑수아 제즈의 헌신과 엄청난 인내력, 파도의 리듬에 맞춰 글을 쓰는 비할 바 없는 행복을 알게 해준 크리스티앙과 마리아녜스, 그리고 언제나 날 지지하는(그렇다고 믿고 싶은) 친구들과 가족에게 심심한 감사를 표한다.

이 책을 집필하는 내내 함께 해준 올라퍼 아르날즈, 알렉상드르 데스플라, 아케이드 파이어, 레너드 코헨, 라민 자와디, 닐스 프람, 요한 요한슨, 메일리어 존스, 클리프 마티네즈, 폴 매카트니, 핑크 플로이드, 라벨, 스티브 라이히, 앤디 쇼프, 셔먼 브라더스, 수프얀 스티브스, 슈퍼 트램프, 텔레만, 에릭 토마스에게도.

약어 설명

- **ACC**(American Chemistry Council) 미국화학협회
- **Afssaps**(Agence franscaise de sécurité sanitaire des products de santé) 프랑스건강제품
  위생안전청
- **ANSES**(Administración Nacional de la Seguridad Social) 국립식품환경노동위생안
  전청(프랑스)
- **ANSM**(Agence nationale de sécurité du médicament et des produits de santé) 국립의약
  건강제품안전청(프랑스)
- **AP-HP**(Assistance publique-Hôpitaux de Paris) 파리공립의료원
- **CDC**(Centers for Disease Control and Prevention) 질병통제예방센터(미국)
- **CSPI**(Center for Science in the Public Interest) 공익과학센터(미국)
- **CSTEE**(The Scientific Committee on Toxicity, Ecotoxicity and the Environment)
  생태독성 및 환경과학위원회
- **ECHA**(European Chemicals Agency) 유럽화학물질청
- **EFSA**(European Food Safety Authority) 유럽식품안전청
- **EMA**(European Medicines Agency) 유럽의약품기구
- **EPA**(United States Environmental Protection Agency) 미국환경보호청
- **EUGT**(European Research Group on Environment and Health in the Transport Sector)
  유럽 운송분야 환경보건연구그룹
- **FDA**(Food and Drug Administration) 식품의약국(미국)
- **FFAS**(Fonds français pour l'alimentation et la santé) 프랑스식품건강기금
- **IARC**(International Agency for Research on Cancer) 국제암연구기관

- **ICMJE**(International Committee of Medical Journal Editors) 국제의학학술지편집인 협의회
- **INRA**(Institut national de la recherche agronomique) 국립농업연구소(프랑스)
- **INSERM**(Institut National de la Santé Et de la Recherche Médicale) 국립보건의학연 구소(프랑스)
- **IPCC**(Intergovernmental Panel on Climate Change) 기후변화에 관한 정부 간 패널
- **ISRTP**(International Society of Regulatory Toxicology and Pharmacology) 규제 독성학 및 약물학 국제협회
- **NAACP**(National Association for the Advancement of Colored People) 전미유색인지 위향상협회
- **NASA**(National Aeronautics and Space Administration) 항공우주국(미국)
- **NCI**(National Cancer Institute) 국립암연구소(미국)
- **NIDR**(National Institute of Dental Research) 국립치의학연구소(미국)
- **NIH**(National Institutes of Health) 국립보건원(미국)
- **NOAA**(National Oceanic and Atmospheric Administration) 국립해양대기청(미국)
- **OECD**(Organization for Economic Cooperation and Development) 경제협력개발기구
- **OSHA**(Occupational Safety and Health Administration) 산업안전보건청(미국)
- **SCHER**(Scientific Committee on Health and Environmental Risks) 보건환경위험과 학위원회
- **SOT**(Society Of Toxicology) 독성학회(미국)
- **UNEP**(United Nations Environment Program) 국제연합환경계획
- **USDA**(United States Department of Agriculture) 미국농무부
- **WHO**(World Health Organization) 세계보건기구

참고문헌

프롤로그

1   Voir le film d'Emmanuelle BERCOT, *La Fille de Brest*, France, 2016.

2   Irene FRACHON, *Médiator 150 mg, combien de morts?*, Editions-Dialogue.fr, Brest, 2010.

3   EUROPE ÉCOLOGIE LES VERTS, Colloque 『Désintoxiquons notre santé de l'emprise des lobbys : pour une autre politique du médicament en France et en Europe』, Assemblée nationale, 22 octobre 2015, ⟨frama.link/tM4ffE6S⟩.

4   EUROPEAN ENVIRONMENT AGENCY (EEA), *Late Lessons from Early Warnings. Science, Precaution, Innovation, EEA Report*, janvier 2013, ⟨frama.link/g3BuY1mB⟩, p. 732.

5   David GEE, Conférence 『La gouvernance des risques incertains : principe de précaution *versus* liberté d'entreprendre, l'exemple des perturbateurs endocriniens』, Cour de cassation, 7 juillet 2016.

6   Barbara DEMENEIX, *Losing our Minds. How Environmental Pollution Impairs Human Intelligence and Mental Health*, Oxford University Press, 2014, p. 163.

7   Stéphane HOREL, *La Grande Invasion*, France 5, 2011.

01 "박사님이라고 불러주세요"

1   *David Letterman show* (NBC, 1984), cité par Adam CURTIS, *The Century of the Self*, 4ᵉ partie : *Eight People Sipping Wine in Kettering*, BBC, 2002.

2   Normand BAILLARGEON, préface a Edward BERNAYS, *Propaganda*, Zones, Paris, 2007.

3   Sandrine AUMERCIER, 『Bernays, agent de Freud』, *Le Coq-Héron*, n° 3, 2008, p. 69-80, ⟨frama.link/vfPz9EBZ⟩.

4   Sheldon RAMPTON et John STAUBER, *Trust Us, we're Experts. PA, how Industry Manipulates Science and Gambles with your Future*, TarcherPerigee, New York, 2002.

5   Sandrine AUMERCIER, 『Bernays, agent de Freud』, *loc. cit.*

6   Edward BERNAYS, entretien télévisé, ⟨frama.link/_WEx356n⟩.

7   Edward BERNAYS, *Public Relations*, University of Oklahoma Press, Norman, 1945, p. 166.

8   Normand BAILLARGEON, préface a *Propaganda*, *op. cit.*

9   Edward BERNAYS, *Crystallizing Public Opinion*, Liveright Publishing Corporation, New York, 1923.

10 Sheldon RAMPTON et John STAUBER, *Toxic Sludge is Good for You ! Lies, Damn Lies and the Public Relations Industry*, Common Courage Press, Monroe, 1995.

11 Edward BERNAYS, 『Beech-nut packing Co』, 〈frama.link/G01Ytcmu〉.

12 AMERICAN MEAT INSTITUTE FOUNDATION, 『Meat and poultry industry. The Intersection between safety and health』, 30 mai 2013.

13 *Meatnews Network*, Youtube, 〈frama.link/X94mGX5V〉.

14 *Ask the Meat Scientist*, Youtube, 〈frama.link/ytWCwaM9〉.

15 AMERICAN MEAT INSTITUTE, *SEC form 990*, 2013.

16 NORTH AMERICAN MEAT INSTITUTE, 『The United States meat industry at a glance』, 〈frama.link/Gj53zXL7〉.

17 NORTH AMERICAN MEAT INSTITUTE, 『Board of directors』, 〈frama.link/gRq7LcZE〉.

18 AMERICAN MEAT INSTITUTE, *SEC form 990*, 2015.

19 AMERICAN MEAT INSTITUTE FOUNDATION, *SEC form 990*, 2014.

20 NATIONAL HOT-DOG AND SAUSAGE COUNCIL, 『Media center』, 〈http://hot-dog.org/media〉.

21 JOHNS HOPKINS MEDECINE, 『A dangerously tasty treat : the hot dog is a choking hazard』, 〈frama.link/tSvR4cxj〉.

22 Jason REITMAN, *Thank you for Smoking*, États-Unis, 2005.

23 Christopher BUCKLEY, *Thank you for Smoking*, Allison and Busby, New York, 2003.

02 과학조작의 짧은 역사

1 Ernest L. WYNDER, Evarts A. GRAHAM et Adele B. CRONINGER, 『Experimental production of carcinoma with cigarette tar』, *Cancer Research*, vol. 17, n° 11, décembre 1953, p. 1058-1066.

2 John HILL, 『Preliminary recommendations for cigarette manufacturers』, 24 décembre 1953, Bates n° 508775406-508775415, 〈frama.link/S3L_s4Hg〉. (La numérotation Bates est un mode d'identification souvent utilisé aux États-Unis quand les textes font partie d'un corpus important, comme celui des *Tobacco Papers*.)

3 TOBACCO INDUSTRY RESEARCH COUNCIL, 『A frank statement to cigarette smokers』, 4 janvier 1954, Bates n° 2074407012, 〈frama.link/0nDhtJKh〉.

4 Robert N. PROCTOR, *Golden Holocaust. La conspiration des industriels du tabac*, Éditions des Équateurs, Paris, 2014, p. 30.

5 *Ibid.*

6 『Smoking and health proposal』, 1969, Bates n ° 690010951-690010959, 〈frama.link/gRgT4Bhd〉 (traduction dans Robert N. PROCTOR, *Golden Holocaust, ibid.*, p. 307).

7 Allan M. BRANDT, *The Cigarette Century. The Rise, Fall, and Deadly Persistence of the Product That Defined America*, Basic Books, New York, 2007.

8 Allan M. BRANDT, 『Inventing conflicts of interest : a history of tobacco industry tactics』, *American Journal of Public Health*, vol. 102, n° 1, janvier 2012, p. 63-71.

9 Frank LUNTZ, 『The environment : a cleaner, safer, healthier America』, Memo, avril 2003, 〈frama.link/S5r111Vx〉.

10 ORGANISATION MONDIALE DE LA SANTE, *Tabagisme. Aide-mémoire n° 339*, mars 2018, 〈frama.link/QX9G-hkZ〉.

11 Julian PETO *et al.*, 『The European mesothelioma epidemic』, *British Journal of Cancer*, vol.

79, n° 3-4, janvier 1999, p. 666.

12 HAUT CONSEIL DE LA SANTE PUBLIQUE, *Repérage de l'amiante, mesures d'empoussierement et révision du seuil de déclenchement des travaux de retrait ou de confinement de matériaux contenant de l'amiante*, juin 2014, ⟨frama.link/Dov3G0yX⟩.

13 PROGRAMME DES NATIONS UNIES POUR L'ENVIRONNEMENT, *2016 Adaptation Finance Gap Report*, 2016.

14 UCSF (UNIVERSITY OF CALIFORNIA, SAN FRANCISCO), ⟨www.industrydocumentslibrary. ucsf. edu⟩.

15 『Stan Glantz, tobacco warrior』, *Bulletin of the World Health Organization*, vol. 78, n° 7, 2000, p. 947.

16 UCSF LIBRARY, 『Bibliography. Publications based on industry documents』, ⟨frama.link/ KyCr_oFW⟩.

17 UNIVERSITE DE BATH, 『Tobacco Control Research Group』, ⟨frama.link/NgqAA476⟩.

18 Naomi ORESKES et Erik M. CONWAY, *Les Marchands de doute*, Le Pommier, Paris, 2012.

19 Gerald MARKOWITZ et David ROSNER, *Deceit and Denial. The Deadly Politics of Industrial Pollution*, University of California/Milbank Books on Health and the Public, Oakland, 2002, p. 5.

20 *Ibid.*, p. 4.

21 *Ibid.*

22 Gerald MARKOWITZ et David ROSNER, *Lead Wars. The Politics of Science and the Fate of America's Children*, University of California/Milbank Books on Health and the Public, Oakland, 2013.

23 *Toxic Docs*, ⟨www.toxicdocs.org⟩.

24 *Chemical Industry Archives*, ⟨www.chemicalindustryarchives.org⟩.

25 *The Poison Papers. Documenting the Hidden History of Chemical and Pesticide Hazards in the United States*, ⟨www.poisonpapers.org⟩ (voir Romain LOURY, 『L'industrie chimique dévoilée par les "Poison Papers"』, *Le Journal de l'environnement*, 28 juillet 2017, ⟨frama.link/4Us_k8cA⟩).

26 Carey GILLAM, *Whitewash. The Story of a Weed Killer, Cancer, and the Corruption of Science*, Island Press, Washington, 2017.

27 Stéphane FOUCART et Stéphane HOREL, série d'articles sur les *Monsanto Papers*, Le Monde, 2 et 3 juin, 5 et 6 octobre 2017.

28 TOBACCO TACTICS, 『PMI's lobbying campaign to undermine the TPD』, ⟨frama.link/ Q094DNc-⟩.

29 『Reglement (CE) n° 1049/2001 du Parlement européen et du Conseil du 30 mai 2001 relatif a l'acces du public aux documents du Parlement européen, du Conseil et de la Commission』, ⟨frama.link/7GjwBZtj⟩.

30 Stéphane HOREL, *Intoxication. Perturbateurs endocriniens, lobbyistes et eurocrates : une bataille d'influence contre la santé*, La Découverte, Paris, 2015.

31 David MICHAELS, *Doubt is their Product. How Industry's Assault on Science Threatens your Health*, Oxford University Press, Oxford, 2008.

32 Marion NESTLE, *Food Politics. How the Food Industry Influences Nutrition and Health*, University of California Press, Berkeley, 2002.

33   Marcia ANGELL, *La Vérité sur les compagnies pharmaceutiques. Comment elles nous trompent et comment les contrecarrer*, Éditions le mieux-etre, Montebello(Québec), 2005 ; Jerome p. KASSIRER, *La Main dans le sac. Médecine + affaires = danger pour la santé !*, Éditions le mieux-etre, Montebello (Québec), 2007.

34   Sharon LERNER, ⌈The Teflon toxin. DuPont and the chemistry of deception⌋, *The Intercept*, aout 2015-aout 2017, ⟨frama.link/z5XcPn4F⟩.

35   ANONYME, ⌈Les portes tournantes d'Adélaide Colin⌋, *Alerte Environnement*, 20 septembre 2016, ⟨frama.link/8CG7Bhbe⟩.

36   Stéphane FOUCART, *Le Populisme climatique. Claude Allegre et Cie, enquete sur les ennemis de la science*, Denoël, Paris, 2010 ; *La Fabrique du mensonge. Comment les industriels manipulent la science et nous mettent en danger*, Denoël, Paris, 2013.

37   Patricia CALLAHAN, Michael HAWTHORNE et Sam ROE, ⌈Playing with fire⌋, *Chicago Tribune*, mai-décembre 2012, ⟨frama.link/RCjFTYrD⟩.

38   Robert N. PROCTOR et Londa SCHIEBINGER (dir.), *Agnotology*, Stanford University Press, Stanford, 2008, p. 27.

39   David ROSNER, Email a l'auteur, 8 mars 2018.

40   EUROPEAN ENVIRONMENT AGENCY (EEA), *Late Lessons from Early Warnings. Science, Precaution, Innovation, op. cit.*

41   Scott D. GROSSE *et al.*, ⌈Economic gains resulting from the reduction in children's exposure to lead in the United States⌋, *Environmental Health Perspectives*, vol. 110, n° 6, juin 2002, p. 563.

42   ENDOCRINE SOCIETY, ⌈Estimated costs of endocrine-disrupting chemical exposure exceed €150 billion annually in EU⌋, 5 mars 2015, ⟨frama.link/RL91mqwX⟩. Articles scientifiques parus dans *Journal of Clinical Endocrinology and Metabolism*, vol. 100, n° 4, avril 2015 : Tracey J. WOODRUFF, ⌈Making it real, the environmental burden of disease. What does it take to make people pay attention to the environment and health?⌋, p. 1241-1244 ; Martine BELLANGER *et al.*, ⌈Neurobehavioral deficits, diseases, and associated costs of exposure to endocrine-disrupting chemicals in the European Union⌋, p. 1256-1266 ; Leonardo TRASANDE *et al.*, ⌈Estimating burden and disease costs of exposure to endocrine-disrupting chemicals in the European Union⌋, p. 1245-1255 ; Russ HAUSER *et al.*, ⌈Male reproductive disorders, diseases, and costs of exposure to endocrine-disrupting chemicals in the European union⌋, p. 1267-1277; Juliette LEGLER *et al.*, ⌈Obesity, diabetes, and associated costs of exposure to endocrine-disrupting chemicals in the European union⌋, p. 1278-1288.

43   Teresa M. ATTINA *et al.*, ⌈Exposure to endocrine-disrupting chemicals in the USA : a population-based disease burden and cost analysis⌋, *The Lancet Diabetes and Endocrinology*, vol. 4, n° 12, décembre 2016, p. 996-1003.

44   Rachel CARSON, *Silent Spring*, Houghton Mifflin, New York, 1962 (derniere traduction française : *Printemps silencieux*, WildProject, Marseille, 2014).

45   Mathias GIREL, ⌈La difficile étude de l'ignorance⌋, *Le Monde*, 7 octobre 2017, ⟨frama.link/jLaZNm8U⟩.

46   George MONBIOT, ⌈The climate crisis is already here, but no one's telling us⌋, *The Guardian*, 3 aout 2016, ⟨frama.link/gF7ruVB1⟩.

47   David ROSNER, Email a l'auteur, 8 mars 2018.

03 음모가 도사리는 방

1   Francie DIEP, 『The former dentist uncovering sugar's rotten secrets』, *Pacific Standard*, 18 janvier 2016, 〈frama.link/8btHVgaT〉; Cristin E. KEARNS COUZENS, 『How a former dentist drilled the sugar industry』, *MotherJones*, 31 octobre 2012, 〈frama.link/eDgaCt-2〉.

2   Cristin E. KEARNS, Stanton A. GLANTZ, Laura A. SCHMIDT, 『Sugar industry influence on the scientific agenda of the National Institute of Dental Research's 1971 National Caries Program : a historical analysis of internal documents』, *PLoS Medicine*, vol. 12, n° 3, mars 2015, DOI e1001798.

3   *Ibid.*

4   SUGAR SCIENCE, 『The unsweetened truth』, 〈http://sugarscience.ucsf.edu〉.

5   Ce passage paraphrase largement Thomas O. MCGARITY et Wendy WAGNER, *Bending Science. How Special Interests Corrupt Public Health Research*, Harvard University Press, Cambridge, 2010, p. 3.

6   *Ibid.*

7   David ROSNER, Email a l'auteur, 8 mars 2018.

8   ORGANISATION DE COOPERATION ET DE DEVELOPPEMENT ECONOMIQUES, *OECD Series on Principles of Good Laboratory Practice (GLP) and Compliance Monitoring*, 〈frama.link/P9yY1Gv6〉.

9   OCDE, *Les Principes de l'OCDE de bonnes pratiques de laboratoire (tels que révisés en 1997), Série sur les principes de bonnes pratiques de laboratoire et vérification du respect de ces principes*, n° 1, 1998, 〈frama.link/mR8hDhCk〉.

10   Eliot MARSHALL, 『The murky world of toxicity testing』, *Science*, vol. 220, n° 4602, 10 juin 1983, p. 1130-1132.

11   OCDE, *Les Principes de l'OCDE de bonnes pratiques de laboratoire (tels que révisés en 1997), op. cit.*

12   Frédéric SIMON, 『EFSA boss : trust in integrity of science has a cost』, *Euractiv*, 16 janvier 2017, 〈frama.link/9qNVAucb〉.

13   John Peterson MYERS *et al.*, 『Why public health agencies cannot depend on good laboratory practices as a criterion for selecting data : the case of bisphenol A』, *Environmental Health Perspectives*, vol. 117, n° 3, 2009 p. 309-315.

14   TACONIC, 『Sprague Dawley®, Outbred』, 〈frama.link/JmgjcVCt〉.

15   David B. RESNIK, *The Price of Truth. How Money Affects the Norms of Science (Practical and Professional Ethics)*, Oxford University Press, Oxford, 2006.

16   Andrea SALTELLI, 『Perhaps we should stop complaining about policy based evidence and target profit based evidence』, Twitter, 14 septembre 2016 〈frama.link/xZdPeZau〉.

04 대안적 과학사실 공방

1   William HEYDENS, Email 『RE : Propachlor sample request』, 10 avril 2001, Bates n° MONGLY00905534.

2   LINKEDIN, 『William F (Ag/1000) Heydens』, 〈frama.link/BQbhdvxt〉.

3   Steve RAYNER, 『Uncomfortable knowledge : the social construction of ignorance in science

and environmental policy discourses␣, *Economy and Society*, vol. 41, n° 1, février 2012, p. 107-125.

4 David MICHAELS, *Doubt is their Product, op. cit.*, p. 45.

5 GRADIENT, ⌜Principals␣, ⟨frama.link/8cvzVaGq⟩.

6 EXPONENT, ⌜Our Firm␣, ⟨frama.link/LEqUT1ud⟩.

7 EXPONENT, *2016 Annual Report*.

8 SOURCEWATCH, ⌜Weinberg group␣, ⟨frama.link/FF75KCgJ⟩.

9 EXPONENT, ⌜Locations␣, ⟨frama.link/eT1L2x21⟩.

10 GRADIENT, ⌜About Gradient␣, ⟨frama.link/a-J-Jfwa⟩.

11 CARDNO CHEMRISK, ⌜Lung cancer mortality of workers exposed to hexavalent chromium␣, ⟨frama.link/R8Yc9yjn⟩.

12 David MICHAELS, Email a l'auteur, 26 mars 2018.

13 David MICHAELS, *Doubt is their Product, op. cit.*

14 *Ibid.*, p. 97.

15 INTERNATIONAL AGENCY FOR RESEARCH ON CANCER, *Monograph Volume 100C. Arsenic, Metals, Fibres and Dusts*, 2012, ⟨frama.link/EhN4y25a⟩.

16 David MICHAELS, *Doubt is their Product, op. cit.*, p. 101.

17 INTERNET ARCHIVE WAYBACK MACHINE (IAWM), THE WEINBERG GROUP, *Home page*, 12 décembre 1998, ⟨frama.link/1-4RZm3U⟩.

18 IAWM, THE WEINBERG GROUP, ⌜Case study. Chemical and Product Defense␣, 3 octobre 2000, ⟨frama.link/hk6omB_H⟩.

19 *Ibid.*

20 David HEATH, ⌜Philip Morris uses chemical industry consultants to perpetuate "light cigarette" myth␣, Center for Public Integrity, 4 mai 2016, ⟨frama.link/_mjkphh7⟩.

21 David MICHAELS, Email a l'auteur, *op. cit.*

22 POWERBASE, ⌜Weinberg Group␣, ⟨frama.link/5NQbpdMD⟩.

23 IAWM, THE WEINBERG GROUP, ⌜Defend␣, 9 novembre 2006.

24 IAWM, THE WEINBERG GROUP, ⌜Science and policy analysis and communication␣, 9 novembre 2006, ⟨frama.link/4PUrGy1Z⟩.

25 IAWM, THE WEINBERG GROUP, ⌜Expert panels and opinion papers␣, 9 novembre 2006, ⟨frama.link/6rMPgYnN⟩.

26 IAWM, THE WEINBERG GROUP, ⌜Design and implement advocacy strategies␣, 9 novembre 2006, ⟨frama.link/cf2HWdvC⟩.

27 IAWM, THE WEINBERG GROUP, ⌜ID and preparation of scientific spokespeople␣, 9 novembre 2006, ⟨frama.link/8C1vK7mH⟩.

28 Peter A. VALBERG, Lettre a Evan C. Nelson, ⌜RE : Authorization to begin work on scientific review articles and meta-analysis␣, 15 mars 2008, ⟨frama.link/sZKeHYCL (cité par David HEATH, ⌜Meet the "rented white coats" who defend toxic chemicals␣, *The Center for Public Integrity*, 8 février 2016, ⟨frama.link/YArXDJYD⟩).

29 CARDNO CHEMRISK, ⌜Cardno ChemRisk Publications␣, ⟨frama.link/gzjC8dzU⟩.

30 Myron LEVIN, Paul FELDMAN, ⌜They're everywhere ! Big companies in legal scrapes turn to science-for-hire giant Exponent␣, *FairWarning*, 13 décembre 2016, ⟨frama.link/kwhA881c⟩.

31 GRADIENT, ⌜Recent scientific papers, 2017␣, ⟨frama.link/1S0vdS2B⟩.

32   David MICHAELS, *Doubt is their Product*, *op. cit.*, p. 46 et p. 130.

33   Robert N. PROCTOR, *Golden Holocaust*, *op. cit.*

34   David MICHAELS, *Doubt is their Product*, *op. cit.*, p. 45.

35   Robert N. PROCTOR, *Golden Holocaust*, *op. cit.*, *p.* 267.

36   *Ibid.*, p. 274.

37   *Ibid.*, p. 285.

38   Lisa A. BERO, 『Tobacco industry manipulation of research』, *in* EUROPEAN ENVIRONMENT AGENCY (EEA), *Late Lessons from Early Warnings. Science, Precaution, Innovation, EEA Report*, *op. cit.*, p. 183-210.

39   Guillaume COUDRAY, *Cochonneries. Comment la charcuterie est devenue un poison*, La Découverte, Paris, 2017, p. 189.

40   Cristin E. KEARNS, Laura A. SCHMIDT, Stanton A. GLANTZ, 『Sugar industry and coronary heart disease research. A historical analysis of internal industry documents』, *JAMA Internal Medicine*, vol. 176, n° 11, novembre 2016, p. 1680-1685.

41   *Ibid.*

42   IAWM, THE WEINBERG GROUP, 『Literature review and analysis』, 9 novembre 2006, ⟨frama. link/4tY5j2QQ⟩.

43   D. Mark HEGSTED, 『Fredrick [*sic*] John Stare (1910-2002)』, *Journal of Nutrition*, vol. 134, n° 5, octobre 2004 p. 1007-1009.

44   Gary TAUBES, Cristin KEARNS COUZENS, 『Big Sugar's sweet little lie』, *Mother Jones*, novembre-décembre 2012, ⟨frama.link/-MHGLMdC⟩.

45   Cristin E. KEARNS, Laura A. SCHMIDT, Stanton A. GLANTZ, 『Sugar industry and coronary heart disease research. A historical analysis of internal industry documents』, *loc. cit.*

46   Robert B. MCGANDY, D. Mark HEGSTED, Frederick J. STARE, 『Dietary fats, carbohydrates and atherosclerotic vascular disease』, *New England Journal of Medicine*, vol. 277, n° 4, juillet 1967, p. 186-192 ; p. 245-247.

47   David MICHAELS, *Doubt is their Product*, *op. cit.*, p. 100.

48   David MICHAELS, Email a l'auteur, *op. cit.*

49   David MICHAELS, *Doubt is their Product*, *op. cit.*, p. 64-65.

50   Robert N. PROCTOR, *Golden Holocaust*, *op. cit.*, p. 294.

51   Thomas F. MANCUSO, Wilhelm C. HUEPER, 『Occupational cancer and other health hazards in a chromate plant : a medical appraisal. Part 1 : Lung cancers in chromate workers』, *Industrial Medicine and Surgery*, vol. 20, n° 8, 1951, p. 358-363.

52   CHROME COALITION AD HOC PEL COMMITTEE, 『Special meeting with ChemRisk』, 13 février 1996, *in* David MICHAELS, Celeste MONFORTON, Peter LURIE, 『Selected science : an industry campaign to undermine an OSHA hexavalent chromium standard』, *Environmental Health*, vol. 5, n° 1, février 2006, p. 5.

53   David ROSNER, Gerald MARKOWITZ, 『Standing up to the lead industry : an interview with Herbert Needleman』, *Public Health Reports*, vol. 120, n° 3, mai 2005, p. 330-337.

54   Rachel AVIV, 『A valuable reputation』, *The New Yorker*, 10 février 2014, ⟨frama.link/ gChTwQQT⟩.

55   UNION OF CONCERNED SCIENTISTS, *Science in an Age of Scrutiny. How Scientists can Respond to Criticism and Personal Attacks*, 2012, ⟨frama.link/aL-Rqm1f⟩.

56   Stéphane FOUCART et Stéphane HOREL, 『Monsanto Papers. La guerre du géant des pesticides contre la science』, Le Monde, 1er juin 2017, 〈frama.link/rqhduWUn〉.

57   MONSANTO, 『Glyphosate : IARC』, 23 février 2015, Bates n° MONGLY02913526 – MONGLY02913531.

58   PubMed search 『Alexander DD[Author] + meat』, 〈frama.link/nxU7GaLw〉.

59   Myron LEVIN, Paul FELDMAN, 『They're everywhere ! Big companies in legal scrapes turn to science-for-hire giant Exponent』, loc. cit.

60   Guillaume COUDRAY, Cochonneries, op. cit., p. 42.

61   Stéphane FOUCART, Populisme climatique, op. cit.

62   Pierre BARTHELEMY, 『Pourquoi certains nient les résultats de la science』, blog Passeur de sciences, 28 décembre 2016, 〈frama.link/dbMpvJDd〉.

63   Pierre BARTHELEMY, 『Peut-on censurer au nom de la science?』, blog Passeur de sciences, 26 septembre 2013, 〈frama.link/Cfa92ej4〉.

64   Ariane CHEMIN, 『Le jour ou Le Monde a publié la tribune de Faurisson』, 20 aout 2012, 〈frama.link/HL_Lz7cD〉.

65   Franck JOHANNES, 『L'ultime bataille du négationniste Robert Faurisson』, Le Monde, 8 février 2018, 〈frama.link/2RJS1739〉.

66   『Kellyanne Conway denies Trump press secretary lied : "He offered alternative facts" – video』, The Guardian, 22 janvier 2017, 〈frama.link/HP8PzYFq〉.

67   Stéphane FOUCART, 『Relire 1984 a l'ere de la postvérité』, Le Monde, 3 aout 2017, 〈frama.link/Tn6wY7WE〉.

68   George ORWELL, 『The prevention of literature』, Polemic, n° 2, janvier 1946 (traduction de Jean-Jacques Rosat pour ce livre).

69   David MICHAELS, Doubt is their Product, op. cit., p. 102.

70   WHO-UNEP, State of the Science of Endocrine Disrupting Chemicals 2012, 19 février 2013, 〈frama.link/HYQqXmTS〉.

71   James C. LAMB et al., 『Critical comments on the WHO-UNEP State of the Science of Endocrine Disrupting Chemicals, 2012』, Regulatory Toxicology and Pharmacology, vol. 69, n° 1, juin 2014, p. 22-40.

05 이해충돌 연대기

1   Terry GILLIAM, Terry JONES, Monty Python : Sacré Graal ! (Monty Python and the Holy Grail), Royaume-Uni, 1975.

2   WHO-UNEP, State of the Science of Endocrine Disrupting Chemicals 2012, op. cit.

3   EUROPEAN ENVIRONMENT AGENCY (EEA), Late Lessons from Early Warnings. The Precautionary Principle 1896-2000, Environmental Issue Report, n° 22/2001, 9 janvier 2002, 〈frama.link/jU4CN7dz〉.

4   Brian MORTON, 『Recovery from imposex by a population of the dogwhelk, Nucella lapillus (Gastropoda : Caenogastropoda), on the southeastern coast of England since May 2004 : a 52-month study』, Marine Pollution Bulletin, vol. 58, n° 10, octobre 2009, p. 1530-1538.

5   James C. LAMB et al., 『Critical comments on the WHO-UNEP State of the Science of Endocrine Disrupting Chemicals, 2012』, loc. cit.

6   Gregory G. BOND, Daniel D. DIETRICH, 『Human cost burden of exposure to endocrine disrupting chemicals. A critical review』, *Archives of Toxicology*, aout 2017, vol. 91, n° 8, p. 2745-2762.

7   Voir Pierre-Augustin Caron de BEAUMARCHAIS, *Le Barbier de Séville* (acte II, scene 8), 1775 (cette phrase n'y figure pas exactement mais en est dérivée).

8   TOBACCO INDUSTRY RESEARCH COUNCIL, 『A frank statement to cigarette smokers』, *loc. cit.*

9   James C. LAMB *et al.*, 『Critical comments on the WHO-UNEP *State of the Science of Endocrine Disrupting Chemicals*, 2012』, *loc. cit.*

10   Ake BERGMAN *et al.*, 『Manufacturing doubt about endocrine disrupter science. A rebuttal of industry-sponsored critical comments on the UNEP/WHO report *State of the Science of Endocrine Disrupting Chemicals 2012*』, *Regulatory Toxicology and Pharmacology*, vol. 73, n° 3, décembre 2015, p. 1007-1017.

11   Ake BERGMAN, Email a l'auteur, 18 mars 2018.

12   Mathias GIREL, 『Agnotologie, mode d'emploi』, *Critique*, n° 799, décembre 2013.

13   Deborah E. BARNES, Lisa A. BERO, 『Why review articles on the health effects of passive smoking reach different conclusions』, *Journal of the American Medical Association*, vol. 279, n° 19, mai 1998, p. 1566-1570.

14   Barbara DEMENEIX, Entretien avec l'auteur, 28 mars 2018.

15   Stéphane FOUCART, 『Mettre la science de notre côté : les leçons du tabac』, *in* COLLECTIF, *Au coeur des controverses. Des sciences a l'action*, Actes Sud/Institut des hautes études pour la science et la technologie, Arles, 2015, p. 112.

16   *Ibid.*

17   Naomi ORESKES, 『The scientific consensus on climate change』, *Science*, vol. 306, n° 5702, décembre 2004, p. 1686-1686.

18   John COOK *et al.*, 『Quantifying the consensus on anthropogenic global warming in the scientific literature』, *Environmental Research Letters*, vol. 8, n° 2, mai 2013.

19   Rebecca DELGADO *et al.*, 『Effect of level of soluble fiber and n-6/n-3 fatty acid ratio on performance of rabbit does and their litters』, *Journal of Animal Science*, vol. 96, n° 3, avril 2018, p. 1084-1100.

20   THE JOURNAL OF COMPARATIVE NEUROLOGY, ⟨frama.link/s5_PwSPm⟩.

21   Ian SAMPLE, 『Harvard University says it can't afford journal publishers' prices』, *The Guardian*, 24 avril 2012, ⟨frama.link/g-mM6dDB⟩.

22   CENTER FOR SCIENCE IN THE PUBLIC INTEREST, 『PubMed urged to include funding info, conflicts of interest with study abstracts』, 30 mars 2016 ⟨frama.link/gMe933-r⟩.

23   23 Richard BLUMMENTHAL *et al.*, 『Lettre a Francis Collins et Betsy Humphreys』, 30 mars 2016, ⟨frama.link/gMe933-r⟩.

24   CENTER FOR SCIENCE IN THE PUBLIC INTEREST, 『PubMed to include conflict-of-interest statements with study abstracts』, 18 avril 2017, ⟨frama.link/RSB18UH-⟩.

25   ÉCOLE DES HAUTES ETUDES EN SCIENCES SOCIALES, Séminaire 『Conflit d'intérets et santé publique』, 2016-2018.

26   Giovanni PRETE, 『Les conflits d'intérets dans les journaux scientifiques. Exploration des revues de santé publique, environnementale et professionnelle』, École des hautes études en sciences sociales, 12 décembre 2016.

27   Arnold S. RELMAN, 『The new medical-industrial complex』, *New England Journal of Medicine*,

vol. 303, n° 17, octobre 1980, p. 963-970.

28   Douglas MARTIN, 「Dr. Arnold Relman, 91, journal editor and health system critic, dies」, *The New York Times*, 21 juin 2014, ⟨frama.link/d_zp7rP4⟩.

29   Jerome p. KASSIRER, Marcia ANGELL, 「Financial conflicts of interest in biomedical research」, *New England Journal of Medicine*, vol. 329, n° 8, aout 1993, p. 570-571.

30   Arnold S. RELMAN, 「Dealing with conflicts of interest」, *New England Journal of Medicine*, vol. 310, n° 18, mai 1984, p. 1182-1183.

31   Arnold S. RELMAN, 「New information for authors – and readers」, *New England Journal of Medicine*, vol. 323, n° 1, juillet 1990, p. 56.

32   EDITORS, 「Arnold S. Relman, 1923-2014」, *New England Journal of Medicine*, vol. 371, n° 4, juillet 2014, p. 368-369.

33   HARVARD UNIVERSITY, 「Dennis F. Thompson. Alfred North Whitehead professor of political philosophy emeritus」, ⟨frama.link/b35g-xaN⟩.

34   Dennis F. THOMPSON, 「Understanding financial conflicts of interest」, *New England Journal of Medicine*, vol. 329, n° 8, aout 1993, p. 573.

35   Kenneth J. ROTHMAN, 「Conflict of interest. The new McCarthyism in science」, *JAMA*, vol. 269, n° 21, juin 1993, p. 2782-2784.

36   Frank DAVIDOFF *et al.*, 「Sponsorship, authorship, and accountability」, *New England Journal of Medicine*, vol. 345, n° 11, septembre 2001, p. 825-827.

37   INTERNATIONAL COMMITTEE OF MEDICAL JOURNAL EDITORS ARCHIVES, ⟨frama.link/qcE6wgaP⟩.

38   Jeffrey M. DRAZEN, Gregory D. CURFMAN, 「Financial associations of authors」, *New England Journal of Medicine*, vol. 346, n° 24, juin 2002, p. 1901-1902.

39   Simon CHAPMAN, 「Research from tobacco industry affiliated authors : need for particular vigilance」, *Tobacco Control*, vol. 14, n° 4, aout 2005, p. 217-219.

40   Allen J. WILCOX, 「On conflicts of interest」, *Epidemiology*, vol. 17, n° 3, mai 2006, p. 241.

41   Marion NESTLE, 「Corporate funding of food and nutrition research : science or marketing?」, *JAMA Internal Medicine*, vol. 176, n° 1, janvier 2016, p. 13-14.

42   Marion NESTLE, *Food Politics*, ⟨www.foodpolitics.com⟩.

43   ALLIANCE FOR POTATO RESEARCH AND EDUCATION, 「About APRE」, ⟨frama.link/YkCQe59X⟩.

44   Marion NESTLE, 「Six industry-funded studies. The score for the year : 156/12」, *Food Politics*, 18 mars 2016, ⟨frama.link/zWuVrfcC⟩.

45   Sheldon KRIMSKY, 「The funding effect in science and its implications for the judiciary」, *Journal of Law and Policy*, vol. 23, n° 1, 2005, p. 43-68.

46   Andreas LUNDH *et al.*, 「Industry sponsorship and research outcome」, *The Cochrane Library*, février 2017.

47   Justin E. BEKELMAN J.E., Yan LI, Cary P. GROSS, 「Scope and impact of financial conflicts of interest in biomedical research : a systematic review」, *JAMA*, vol. 289, n° 4, janvier 2003, p. 454-465.

48   David B. RESNIK, Kevin C. ELLIOTT, 「Taking financial relationships into account when assessing research」, *Accountability in Research*, vol. 20, n° 3, 2013, p. 184-205.

49   Deborah E. BARNES, Lisa A. BERO, 「Why review articles on the health effects of passive smoking reach different conclusions」, *loc. cit.*

50   Frederick VOM SAAL, Claude HUGHES, 「An extensive new literature concerning low-dose

effects of bisphenol A shows the need for a new risk assessment』, *Environmental Health Perspectives*, vol. 113, n° 8, aout 2005, p. 926-933.

51   Dan FAGIN, Marianne LAVELLE, CENTER FOR PUBLIC INTEGRITY, *Toxic Deception. How the Chemical Industry Manipulates Science, Bends the Law, and Threatens your Health*, Common Courage Press, Monroe, 1997.

52   Lisa BERO *et al.*, 『The relationship between study sponsorship, risks of bias, and research outcomes in atrazine exposure studies conducted in non-human animals : systematic review and meta-analysis』, *Environment international*, vol. 92-93, juillet-aout 2016, p. 597-604.

53   Maira BES-RASTROLLO *et al.*, 『Financial conflicts of interest and reporting bias regarding the association between sugar-sweetened beverages and weight gain』, *PLoS Medicine*, vol. 10, n° 12, décembre 2013, DOI e1001578.

54   Leonard I. LESSER *et al.*, 『Relationship between funding source and conclusion among nutrition-related scientific articles』, *PLoS Medicine*, vol. 4, n° 1, janvier 2007.

55   Daniele MANDRIOLI, Cristin KEARNS, Lisa A. BERO, 『Relationship between research outcomes and risk of bias, study sponsorship, and author financial conflicts of interest in reviews of the effects of artificially sweetened beverages on weight outcomes』, *PLoS One*, vol. 11, n° 9, septembre 2016, DOI e0162198.

56   Thomas GUILLEMAUD, Eric LOMBAERT, Denis BOURGUET, 『Conflicts of interest in GM Bt crop efficacy and durability studies』, *PloS One*, vol. 11, n° 12, décembre 2016, DOI e0167777.

57   Robert N. PROCTOR, *Golden Holocaust, op. cit.*, p. 285.

58   Cité par Stéphane HOREL, 『La recherche sur les OGM est minée par les conflits d'intérets』, *Le Monde*, 19 décembre 2016, ⟨frama.link/HUK9kS6_⟩.

59   Marion NESTLE, 『Food industry funding of nutrition research the relevance of history for current debates, *JAMA Internal Medicine*, vol. 176, n° 1, novembre 2016, p. 13-14.

60   Dennis F. THOMPSON, 『Understanding financial conflicts of interest』, *loc. cit.*

06 '과학 세탁' 기계처럼

1   Stéphane HOREL, *Intoxication, op. cit.*

2   Wolfgang DEKANT, Email a Anne Glover, 『Draft regulation on "endocrine disruptors"』, 17 juin 2013.

3   Daniel R. DIETRICH *et al.*, 『Scientifically unfounded precaution drives European Commission's recommendations on EDC regulation, while defying common sense, well-established science and risk assessment principles』, *ALTEX*, vol. 30, n° 3, juillet 2013, p. 381-385, ⟨frama.link/SFwR1fpw⟩.

4   Stéphane HOREL, 『Science and conflicts of interest : ties to industry revealed』, *Environmental Health News*, 23 septembre 2013, ⟨frama.link/5HzRS5Jh⟩ ; Stéphane HOREL et Brian BIENKOWKSI, 『Special report : scientists critical of EU chemical policy have industryties』, *Environmental Health News*, 23 septembre 2013, ⟨frama.link/nW7PzQBm⟩.

5   Wolfgang DEKANT, 『Declaration of interests, Scientific Committee on Consumer Safety Health and Environmental Risks Emerging and Newly Identified Risks』, 10 avril 2013, ⟨frama.link/tRMQW3Cj⟩.

6   IAWM, Monsanto, ⌜2015 Glyphosate Expert Panel⌟, 15 décembre 2015, ⟨frama.link/SGheXFNv⟩.

7   Istituto Superiore di Sanita, *International Symposium on Alternative* in vitro *Methods to Characterize the Role of Endocrine Active Substances (EASs) in Hormone-targeted Tissues*, 17 décembre 2012, Rome, p. 42, ⟨frama.link/p7CxbgAk⟩.

8   Entretien avec Daniel Dietrich, 10 septembre 2013.

9   Jeffrey C. Wolf *et al.*, ⌜Qualitative and quantitative histomorphologic assessment of fathead minnow Pimephales promelas gonads as an endpoint for evaluating endocrine-active compounds : a pilot methodology study⌟, *Toxicologic Pathology*, vol. 32, n° 5, aout 2004, p. 600-612 ; PubMed search ⌜Ellinger-Ziegelbauer, Ahr, Dietrich DR⌟, ⟨frama.link/YVSQD7f-⟩.

10 Thomas Petry, Ragnar E. Lofstedt, Daniel R. Dietrich, ⌜Science and politics : from science to decision making⌟, *Regulatory Toxicology and Pharmacology*, vol. 44, n° 1, février 2006, p. 1-3.

11 Entretien avec Daniel Dietrich, *loc. cit.*

12 Philippe Grandjean, David Ozonoff, ⌜Transparency and translation of science in a modern world⌟, *Environmental Health*, vol. 12, n° 70, aout 2013.

13 Entretien avec Daniel Dietrich, *loc. cit.*

14 Adam G. Dunn *et al.*, ⌜Conflict of interest disclosure in biomedical research : a review of current practices, biases, and the role of public registries in improving transparency⌟, *Research Integrity and Peer Review*, vol. 1, n° 1, mai 2016, p. 1.

15 Phil Fontanarosa, Howard Bauchner, ⌜Conflict of interest and medical journals⌟, *JAMA*, vol. 317, n° 17, mai 2017, p. 1768-1771.

16 Gerhard J. Nohynek *et al.*, ⌜Endocrine disruption : fact or urban legend?⌟, *Toxicology Letters*, vol. 223, n° 3, décembre 2013, p. 295-305.

17 PubMed search ⌜Rozman KK [Author]⌟, ⟨frama.link/tFkaXVMt⟩.

18 Applied Pharmacology and Toxicology Inc., ⌜About us⌟, ⟨frama.link/NjzLV-xy⟩.

19 Lorenz R. Rhomberg *et al.*, ⌜A critique of the European Commission document, *State of the Art Assessment of Endocrine Disrupters*⌟, *loc. cit.*

20 LinkedIn, ⌜Christopher J. Borgert⌟, ⟨frama.link/fZNH_MVp⟩.

21 PubMed search ⌜Borgert+cj⌟, ⟨frama.link/3aW3mNyF⟩.

22 LinkedIn, ⌜Gerhard Nohynek⌟, ⟨url.ca/k9txg⟩.

23 Elsevier, ⌜*Toxicology Letters* editorial board⌟, ⟨url.ca/my6wx⟩.

24 Entretien avec David Kirkland, 15 mai 2017.

25 Gregory G. Bond, Daniel D. Dietrich, ⌜Human cost burden of exposure to endocrine disrupting chemicals. A critical review⌟, *loc. cit.*

26 Endocrine Society, ⌜Estimated costs of endocrine-disrupting chemical exposure exceed €150 billion annually in EU⌟, *loc. cit.*

27 Teresa M. Attina *et al.*, ⌜Exposure to endocrine-disrupting chemicals in the USA : a population-based disease burden and cost analysis⌟, *loc. cit.*

28 Roeland J. Middelbeek, Stan A. Veuger, ⌜Letter to the editor : Re : neurobehavioral deficits, diseases, and associated costs of exposure to endocrine-disrupting chemicals in the European Union⌟, *Journal of Clinical Endocrinology and Metabolism*, vol. 100, n° 6, juin 2015, p. L52-L53.

29   Gregory G. Bond, Daniel D. Dietrich, 『Human cost burden of exposure to endocrine disrupting chemicals. A critical review』, *loc. cit.*

30   Entretien avec Leo Trasande, 12 mars 2018.

31   Manitou View Consulting LLC, 『Biographical sketch for Dr. Gregory G. Bond』, 〈frama.link/nGjVXMoH〉.

32   Gregory Bond, Email a l'auteur, 『Re : EDC cost study』, 22 septembre 2017.

33   Stéphane Horel, Email a Gregory Bond, 『Re : EDC cost study』, 22 septembre 2017.

34   Gregory Bond, Email a l'auteur, 『EDC cost study』, 23 septembre 2017.

35   Leonardo Trasande *et al.*, 『Population attributable risks and costs of diabetogenic chemical exposures in the elderly』, *Journal of Epidemiology and Community Health*, vol. 71, n° 2, février 2017, p. 111-114.

36   Gregory G. Bond, Daniel D. Dietrich, 『Limitations, uncertainties and competing interpretations regarding chemical exposures and diabetes』, *Journal of Epidemiology and Community Health*, vol. 71, n° 9, septembre 2017, p. 942.

37   Entretien avec Leo Trasande, *loc. cit.*

38   Leonardo Trasande *et al.*, 『Dismissing manufactured uncertainties, limitations and competing interpretations about chemical exposures and diabetes』, *Journal of Epidemiology and Community Health*, vol. 71, n° 9, septembre 2017, p. 942.

39   Gregory G. Bond, Daniel D. Dietrich, 『Further thoughts on limitations, uncertainties and competing interpretations regarding chemical exposures and diabetes』, *Journal of Epidemiology and Community Health*, vol. 71, n° 9, septembre 2017, p. 943, 〈frama.link/Q0MHFdTe〉.

40   Daniel D. Dietrich, 『Don't mar legislation with pseudoscience』, *Nature*, vol. 535, n° 7612, juillet 2016, p. 355.

41   IAWM, Monsanto, 『2015 Glyphosate Expert Panel』, 14 juin 2016, 〈frama.link/CN3fmvSQ〉.

42   International Life Sciences Institute, 『Leadership and Financial Support』, 〈frama.link/eN6Eva42〉.

43   Leonardo Trasande *et al.*, 『Endocrine disruptors : refereed science to guide action on EDCs』, *Nature*, vol. 536, n° 7614, aout 2016, p. 30.

44   IAWM, *Nature*, 23 juillet 2016, 〈frama.link/azcUkTYA〉.

45   Daniel D. Dietrich, 『Allowing pseudoscience into EU risk assessment processes is eroding public trust in science experts and in science as a whole : the bigger picture』, *Chemico-Biological Interactions*, vol. 257, septembre 2016, p. 1-3.

46   Nature, 『Editorial criteria and processes』, 〈www.nature.com/nature/for-authors/editorial-criteria-and-processes〉.

47   Rebecca Walton, Email a l'auteur, 『RE : *Nature* review and conflict of interests policy for correspondence』, 5 septembre 2016.

48   Nature, 『Other types of submissions』, 〈frama.link/SuGQy5DNw〉.

49   Rebecca Walton, Email a l'auteur, 『RE : *Nature* review and conflict of interests policy for correspondence』, 29 mars 2018.

50   Voir par exemple celle de *Nature* : 『Competing interests』, 〈www.nature.com/authors/policies/competing.html〉.

51   COMMITTEE ON PUBLICATION ETHICS, 『Flowcharts』, ⟨frama.link/p_egGawG⟩.

52   ID., 『Guidelines for retracting articles』, ⟨frama.link/E1F-XtRT⟩.

53   Mathias GIREL, *Science et territoires de l'ignorance*, Quae, Versailles, 2017.

54   Lisa A. BERO, Stanton A. GLANTZ, Mi-Kyung HONG, 『The limits of competing interest disclosures』, *Tobacco Control*, vol. 14, n° 2, avril 2005, p. 118-126.

55   Susan R. FORSYTH *et al.*, 『Conflicts of interest and critiques of the use of systematic reviews in policymaking : an analysis of opinion articles』, *Systematic Reviews*, novembre 2014, vol. 3, n° 1, p. 122.

56   Phil FONTANAROSA, Howard BAUCHNER, 『Conflict of interest and medical journals』, *loc. cit.*

57   Thomas F. BABOR, Peter G. MILLER, 『McCarthyism, conflict of interest and *Addiction*'s new transparency declaration procedures』, *Addiction*, vol. 109, n° 3, mars 2014, p. 341-344.

58   NEW ENGLAND JOURNAL OF MEDICINE, 『About NEJM』, ⟨frama.link/Y3zS9GWz⟩.

59   BMJ JOURNAL, JOURNAL OF EPIDEMIOLOGY AND COMMUNITY HEALTH, 『About』, ⟨frama.link/nyw6rF3_⟩.

60   Stéphane HOREL, 『Science and conflicts of interest : ties to industry revealed』, *loc. cit.*

61   SPRINGER, 『Archives of Toxicology』, ⟨frama.link/L-G2A_3j⟩.

62   CEFIC LONG-RANGE RESEARCH INITIATIVE (LRI), search [hermann+bolt], ⟨frama.link/c9qGNjoH⟩ ; IAWM, EUROPÄISCHE FORSCHUNGSVEREINIGUNG FÜR UMWELT UND GESUNDHEIT IM TRANSPORTSEKTOR, 『Research Advisory Board』, 13 juin 2016, ⟨frama.link/HmSswwAN⟩.

63   TK SENGUPTA, 『Philip Morris USA External research program monitor evaluation/ Amendment request. Development and application of an *in vitro* system for detection and quantitation of urothelial genotoxicity of tobacco smoke-specific constituents utilizing classical genotoxic endpoints and cdna expression profiling』, Philip Morris, 29 mai 2003, Bates n° 3001640139, ⟨frama.link/GDybu0N3⟩.

64   ELSEVIER, 『*Toxicology Letters*, Editorial Board』, 5 juin 2015, ⟨frama.link/9jpHvMEJ⟩.

65   Wolfgang DEKANT, 『Declaration of interests, Scientific Committee on Consumer Safety Health and Environmental Risks Emerging and Newly Identified Risks』, *loc. cit.*

07 유사과학을 위한 기업, 학술지 그리고 연구소

1   ELSEVIER, 『Regulatory Toxicology and Pharmacology』, ⟨frama.link/_wCsq51Y⟩.

2   2 James C. LAMB *et al.*, 『Critical comments on the WHO-UNEP *State of the Science of Endocrine Disrupting Chemicals, 2012*』, *loc. cit.*

3   David MICHAELS, Email à l'auteur, *loc. cit.*

4   David MICHAELS, *Doubt is their Product*, *op. cit.*, p. 60.

5   CENTER FOR PUBLIC INTEGRITY, *Science for Sale*, février-mai 2016, ⟨frama.link/tmLToUT4⟩ ; Jie Jenny ZOU, 『Brokers of junk science?』, Center for Public Integrity, 18 février 2016, ⟨frama.link/wEwspAJP⟩ ; et David HEATH, communication à l'auteur, 26 février 2018.

6   David HEATH, 『Meet the "rented white coats" who defend toxic chemicals』, Center for Public Integrity, 8 février 2016, ⟨frama.link/YArXDJYD⟩.

7   Gio Batta GORI, Wolfgang DEKANT, 『Deepening uncertainty on how the EU may regulate supposable endocrine disruptors』, *Regulatory Toxicology and Pharmacology*, vol. 81, novembre

2016, p. 8-9.

8   Alan R. Boobis *et al.*, 「Classification schemes for carcinogenicity based on hazard-identification have become outmoded and serve neither science nor society」, *Regulatory Toxicology and Pharmacology*, vol. 82, décembre 2016, p. 158-166.

9   Alan R. Boobis *et al.*, 「Response to Loomis *et al.* Comment on Boobis *et al.*」, *Regulatory Toxicology and Pharmacology*, vol. 88, aout 2017, p. 358-359.

10   James S. Bus, 「IARC use of oxidative stress as key mode of action characteristic for facilitating cancer classification : glyphosate case example illustrating a lack of robustness in interpretative implementation」, *Regulatory Toxicology and Pharmacology*, vol. 86, juin 2017, p. 157-166.

11   Dana Loomis *et al.*, 「Classification schemes for carcinogenicity based on hazard identification serve science and society」, *Regulatory Toxicology and Pharmacology*, vol. 88, août 2017, p. 358-359.

12   None, 「Correspondence about publication ethics and *Regulatory Toxicology and Pharmacology*」, *International Journal of Occupational and Environmental Health*, vol. 9, n° 4, 2003, p. 386-391.

13   The International Society of Regulatory Toxicology and Pharmacology, 「The Journal」, ⟨frama.link/RuAZ7Euu⟩.

14   IAWM, ISRTP, 「Sponsors to be announced soon」, 26 septembre 2010, ⟨url.ca/jh434⟩.

15   The International Society of Regulatory Toxicology and Pharmacology, 「Annual Business Meeting」, 14 décembre 1998, ⟨frama.link/0jb46h5R⟩.

16   IAWM, Keller and Heckman, 「About the firm」, 3 juillet 1998, ⟨frama.link/FUUKAeBF⟩ ; et 20 février 2018, ⟨frama.link/19U2FoSz⟩.

17   The International Society of Regulatory Toxicology and Pharmacology, Homepage, ⟨frama.link/-jzQH25D⟩.

18   Regulatory Toxicology and Pharmacology, Sciencedirect search [Borgert], ⟨frama.link/5d5T9V1G⟩.

19   Sourcewatch, 「Gio Batta Gori」, ⟨url.ca/j5pjc⟩.

20   Clayton Velicer, Gideon St Helen, Stanton A. Glantz, 「Tobacco papers and tobacco industry ties in *Regulatory Toxicology and Pharmacology*」, *Journal of Public Health Policy*, vol. 39, n° 1, février 2018, p. 34-48.

21   Elsevier, 「*Regulatory Toxicology and Pharmacology* editorial board」, ⟨frama.link/28qDHpwW⟩.

22   Stéphane Horel, 「Cancer au travail : la Commission européenne complice de l'industrie」, *Le Monde,* 24 février 2017, ⟨frama.link/_1-gZS2H⟩.

23   Clayton Velicer, Gideon St Helen, Stanton A. Glantz, 「Tobacco papers and tobacco industry ties in *Regulatory Toxicology and Pharmacology*」, *loc. cit.*

24   Larousse, 「Société savante」, ⟨frama.link/C-pJBJZ5⟩.

25   Wikipedia, 「Liste de sociétés savantes scientifiques en France」.

26   Society for Neuroscience, 「Volunteer leadership」, ⟨frama.link/jkvw2TVX⟩.

27   Humboldt-Universität zu Berlin, Institut für Biologie, 「Prof. Dr. Gerhard Scholtz」, ⟨frama.link/eEWtpGoy⟩.

28   Keller and Heckman, 「David G. Sarvadi」, ⟨frama.link/MppQ6HyX⟩.

29 ACADEMICS REVIEW, 『Purpose』, ⟨frama.link/kPmJ5St3⟩.

30 LinkedIn, 『Jay Byrne』, ⟨frama.link/ZBH65aJM⟩.

31 Stacy MALKAN, 『Monsanto's fingerprints all over *Newsweek*'s hit on organic food』, US Right to Know (USRTK), 23 janvier 2018, ⟨frama.link/Abz2VPGG⟩.

32 EUROPEAN FOOD INFORMATION COUNCIL, 『À propos de l'EUFIC』, ⟨frama.link/2rvwyq7w⟩.

33 FONDS FRANCAIS POUR L'ALIMENTATION ET LA SANTÉ, 『Les membres du réseau』, ⟨frama.link/5c_-RXWo⟩.

34 INSTITUT BENJAMIN DELESSERT, 『L'Institut. Qui était Benjamin Delessert?』, ⟨frama.link/xNanWcE7⟩.

35 John D. CAMERON, 『Man-made mineral fibres : medical research-CIRFS/EURIMA initiative』, *The Annals of Occupational Hygiene*, vol. 20, n° 2, octobre 1977, p. 149-152.

36 Thomas DEPECKER et Marc-Olivier DÉPLAUDE, 『Contre les consuméristes. La Fondation française pour la nutrition dans les années 1970』, conférence 『Intérets agro-industriels et santé publique』, EHESS, 17 mai 2018.

37 Yancui HUANG, Indika EDIRISINGHE, Britt M. BURTON-FREEMAN, 『Low-income shoppers and fruit and vegetables : what do they think?』, *Nutrition Today*, vol. 51, n° 5, septembre-octobre 2016, p. 242-250.

38 Cité par Kari HAMERSCHLAG, Anna LAPPE, Stacy MALKAN, *Spinning Food. How Food Industry Front Groups and Covert Communications are Shaping the Story of Food*, Friends of the Earth, juin 2015, ⟨frama.link/2n5Ag076⟩.

39 Thomas F. BABOR, Peter G. MILLER, 『McCarthyism, conflict of interest and *Addiction*'s new transparency declaration procedures』, *loc. cit.*

40 ILSI, 『Mission and operating principles』, ⟨frama.link/vxB2XJA9⟩.

41 THE TOXICOLOGY FORUM, 『About us』, ⟨frama.link/Jt_sM47f⟩.

42 THE TOXICOLOGY FORUM, 『History of the Toxicology Forum (January 2018)』, ⟨frama.link/d9LNEp26⟩.

43 COCA-COLA JOURNEY STAFF, 『Coca-Cola honors 10 young scientists from around the world』, 4 février 2015, ⟨frama.link/CDzfJwzf⟩.

44 ILSI, 『Leadership and financial support』, ⟨frama.link/eN6Eva42⟩.

45 『International Life Sciences Institute (ILSI) 2012 major donor list』, USRTK, ⟨frama.link/N3asXnmh⟩.

46 ILSI, 『One ILSI』, ⟨frama.link/qomN1qEV⟩.

47 ILSI EUROPE, 『Scientific portfolio. An integrated overview of ILSI Europe's scientific activities』, janvier 2017, ⟨frama.link/Rx6bA_xW⟩.

48 ILSI EUROPE, 『The executive and scientific director of ILSI Europe, Diána Bánáti, reported to the general assembly today on last year's achievements. ILSI Europe published a record number of 17 peer-reviewed publications in 2017. @ILSI_ Europe's h-index has now risen to 83』, Twitter, 26 mars 2018, ⟨frama.link/MgjaaoqH⟩.

49 ILSI, 『Leadership and financial support』, *loc. cit.*

50 ILSI NORTH AMERICA, *2017 Annual Report*, ⟨frama.link/n5qZAUh5⟩.

51 ILSI, *Joint Meeting of the ILSI and ILSI-NF Boards of Members*, 20 janvier 1990, Paradise Island, Bahamas, Bates n° 509903208-509903362.

52 PESTICIDES ACTION NETWORK EUROPE, *A Toxic Mixture? Industry Bias Found in EFSA Working*

Group on Risk Assessment for Toxic Chemicals, 19 décembre 2012, ⟨frama.link/9cv1-TmR⟩.

53   George STIGLER, 『The theory of economic regulation』, *The Bell Journal of Economics and Management Science*, vol. 2, n° 1, printemps 1971, p. 3-21.

54   Albert CAMUS, *Sur une philosophie de l'expression. Poésie 44*, janvier-février 1944.

55   Denis COSNARD, 『Gaz de schiste : ne dites plus "fracturation", mais "massage de la roche"』, *Le Monde*, 22 janvier 2013, ⟨frama.link/ejQ3saGH⟩.

56   *Ibid.*

57   George ORWELL, *1984, op. cit.*

58   Mathias GIREL, 『Agnotologie, mode d'emploi』, *loc. cit.*

59   Stéphane FOUCART, 『Mettre la science de notre côté : les leçons du tabac』, *loc. cit.*

60   Stéphane HOREL, *Intoxication, op. cit.*

61   David MICHAELS, *Doubt is their Product, op. cit.*, p. IX.

62   Elisa K. ONG, Stanton A. GLANTZ, 『Constructing "sound science" and "good epidemiology" : tobacco, lawyers, and public relations firms』, *American Journal of Public Health*, vol. 91, n° 11, novembre 2001, p. 1749-1757.

63   Cité par Sheldon RAMPTON, John STAUBER, 『How Big Tobacco helped create "the Junkman"』, *PR WATCH, Public Interest Reporting on the PR/Public Affairs Industry*, vol. 7, n° 3, 3e trimestre 2000, ⟨frama.link/1VtATkBt⟩.

64   Sheldon RAMPTON, John STAUBER, *Trust Us, we're Experts, op. cit.*

65   Entretien avec Jean-Charles Bocquet, 15 avril 2015.

66   Sheldon RAMPTON, John STAUBER, 『How Big Tobacco helped create "the Junkman"』, *loc. cit.*

67   DESMOG, 『Steven J. Milloy』, ⟨frama.link/xsUpjNsn⟩.

68   IAWM, ⟨Junkscience.com⟩, Home page, 8 décembre 2012, ⟨frama.link/c37TBzN8⟩.

69   Naomi ORESKES et Erik M. CONWAY, *Les Marchands de doute, op. cit.*

70   Liza GROSS, 『Seeding doubt. How self-appointed guardians of "sound science" tip the scales toward industry』, *The Intercept*, 15 novembre 2016, ⟨frama.link/aM__e6tw⟩.

71   MONSANTO, 『Rooted in science』, ⟨monsantoblog.eu/rootedinscience⟩ ; CORPORATE EUROPE OBSERVATORY, 『What the Monsanto Papers tell us about corporate science』, 1ᵉʳ mars 2018, ⟨frama.link/h3dwp9Yr⟩.

08 몬산토 페이퍼, 일등석을 타고 떠나는 유령열차 여행

1   Email de Donna Farmer a John DeSesso, 『First half』, 18 novembre 2010, Bates n° MONGLY00919381 – MONGLY00919445, ⟨frama.link/NtsZwgSC⟩.

2   Amy LAVIN Williams, Rebecca E. WATSON, John M. DESESSO, 『Developmental and reproductive outcomes in humans and animals after glyphosate exposure :a critical analysis』, *Journal of Toxicology and Environmental Health, Part B : Critical Reviews*, vol. 15, n° 1, 2012, p. 39-96.

3   Le socle de ce chapitre est un volet de la série des *Monsanto Papers* publiée dans *Le Monde* : Stéphane FOUCART et Stéphane HOREL, 『*Monsanto Papers*, désinformation organisée autour du glyphosate』, *Le Monde*, 4 octobre 2017, ⟨frama.link/-Z1sFGAb⟩

4   INTERNATIONAL AGENCY FOR RESEARCH ON CANCER, *IARC Monographs on the Evaluation of Carcinogenic Risks to Humans, Preamble*, 4 septembre 2015, ⟨frama.link/Uc-GQgj4⟩.

5   Email de Donna Farmer a John DeSesso, *loc. cit.*

6   COMMITTEE ON PUBLICATION ETHICS (COPE), 「Suspected ghost, guest or gift authorship」, ⟨frama.link/vugRRpPH⟩.

7   INSTITUTE OF MEDICINE OF THE NATIONAL ACADEMIES, 「Conflict of interest in medical research, education, and practice」, National Academy of Sciences, Washington DC, 2009.

8   INTERNATIONAL COMMITTEE OF MEDICAL JOURNAL EDITORS ARCHIVES, 「Recommendations for the conduct, reporting, editing, and publication of scholarly work in medical journals」, décembre 2016, ⟨frama.link/-G998BnC⟩.

9   Alastair MATHESON, 「How industry uses the ICMJE guidelines to manipulate authorship – and how they should be revised」, *PLoS Medicine*, vol. 8, n° 8, aout 2011, DOI e1001072.

10   John C. BESLEY *et al.*, 「Perceived conflict of interest in health science partnerships」, *PloS One*, vol. 12, n° 4, avril 2017, DOI e0175643.

11   Sergio SISMONDO, Mathieu DOUCET, 「Publication ethics and the ghost management of medical publication」, *Bioethics*, vol. 24, n° 6, juillet 2010, p. 273-283.

12   Gerald MARKOWITZ et David ROSNER, *Deceit and Denial*, *op. cit.*, p. 106.

13   David HEALY, Dinah CATTELL, 「Interface between authorship, industry and science in the domain of therapeutics」, *British Journal of Psychiatry*, vol. 183, juillet 2003, p. 22-27.

14   Sergio SISMONDO, 「Ghost management : how much of the medical literature is shaped behind the scenes by the pharmaceutical industry?」, *PLoS Medicine*, vol. 4, n° 9, septembre 2007.

15   Stephanie NGAI *et al.*, 「Haunted manuscripts : ghost authorship in the medical literature」, *Accountability in Research*, vol. 12, n° 2, avril-juin 2005, p. 103-114.

16   Sergio SISMONDO, 「Ghost management : how much of the medical literature is shaped behind the scenes by the pharmaceutical industry?」, *loc. cit.*

17   Peter JUNI *et al.*, 「Risk of cardiovascular events and rofecoxib : cumulative metaanalysis」, *The Lancet*, vol. 364, n° 9450, décembre 2004, p. 2021-2029.

18   Stéphane HOREL, 「Browsing a corporation's mind」, *Journal of Public Health Policy*, vol. 39, n° 1, février 2018, p. 12-14.

19   Stéphane HOREL, *Intoxication*, *op. cit.*

20   Marie-Béatrice BAUDET, 「Les gens de Monsanto, la multinationale de l'agrochimie」, *Le Monde*, 18 avril 2018, ⟨frama.link/FqoBE85K⟩.

21   GMO ANSWERS, 「Monsanto. Donna Farmer, Ph.D.」, ⟨frama.link/0ZN168DV⟩.

22   LINKEDIN, 「William F (AG/1000) Heydens」, ⟨frama.link/BQbhdvxt⟩.

23   Email de William F. HEYDENS, 「RE : Post-IARC Activities to support glyphosate」, 11 mai 2015, Bates n° MONGLY01023968-MONGLY01023969.

24   *Ibid.*

25   Carey GILLAM, 「Of mice, Monsanto and a mysterious tumor」, *Environmental Health News*, 7 juin 2017, ⟨frama.link/SaB3aQnq⟩.

26   MONSANTO, 「Glyphosate : IARC」, *loc. cit.*

27   Email de William F. HEYDENS, 「RE : IARC Planning」, 19 février 2015, Bates n° MONGLY00977267-MONGLY00977268.

28   IAWM, MONSANTO, 「Monsanto 2015 Glyphosate expert panel」, 15 décembre 2015, ⟨frama.link/SGheXFNv⟩.

29 『An independent review of the carcinogenic potential of glyphosate』, *Critical Reviews in Toxicology*, vol. 46, sup. 1, p. 3-20, septembre 2016, 〈frama.link/FENHNNPF〉.

30 Roger O. McClellan, 『Curriculum Vitae』, 〈frama.link/rwRuggBt〉.

31 Email de Roger McClellan a Ashley Roberts, 『Re : Need for telephone conversation/Followup』, 5 juillet 2016, Bates n° MONGLY02356274 – MONGLY02356273.

32 Gary M. Williams *et al.*, 『A review of the carcinogenic potential of glyphosate by four independent expert panels and comparison to the IARC assessment, *Critical Reviews in Toxicology*, vol. 46, sup. 1, septembre 2016, p. 3-20.

33 *Ibid.*

34 Échanges d'emails entre John Acquavella et William Heydens, 『Re : John, Glyphosate Expert Panel Poster at 2015 SRA Annual Meeting』, 3 novembre 2015, Bates n° MONGLY01030787-MONGLY01030793.

35 John Acquavella, 『Invoice august 2015』, 31 aout 2015, Bates n° MONGLY03934897–MONGLY03934898.

36 Email de Roger McClellan a Ashley Roberts, 『Re : Need for telephone conversation/Followup』, *loc. cit.*

37 Email de William Heydens a Ashley Roberts, 『RE : summary article』, 9 février 2016, Bates n° MONGLY01000676 – MONGLY01000729.

38 Monsanto, 『Glyphosate : IARC』, 23 février 2015, *loc. cit.*

39 European Glyphosate Taskforce, 〈frama.link/zJtHxJsj〉.

40 Helmut Greim *et al.*, 『Evaluation of carcinogenic potential of the herbicide glyphosate, drawing on tumor incidence data from fourteen chronic/carcinogenicity rodent studies』, *Critical Reviews in Toxicology*, vol. 45, n° 3, mars 2015, p. 185-208.

41 Email de David Saltmiras, 『Glyphosate activities』, 4 aout 2015, Bates n° MONGLY01723742.

42 Stéphane Horel, *Intoxication*, *op. cit.*, p. 252-253.

43 Jack Ewing, 『10 Monkeys and a beetle : inside VW's campaign for "Clean Diesel"』, *The New York Times*, 25 janvier 2018, 〈frama.link/6ncLEE9N〉 ; Andreas Muller, 『Die dubiosen Abgasversuche an Menschen und Affen』, *Stuttgarter Zeitung*, 28 janvier 2018, 〈frama.link/cY1JMae0〉.

44 Simon Marks, Joshua Posaner, 『Monkeygate doctor says car firms were not kept in dark』, *Politico*, 31 janvier 2018, 〈frama.link/_X1pb3FM〉.

45 IAWM, EUGT Organization, 『Research advisory board』, 13 juin 2016, 〈frama.link/HmSswwAN〉.

46 Helmut Greim, Email a l'auteur, 『Re : *Le Monde* – again I comment』, 22 février 2017.

47 Parlement europeen, *event* de Cristian Busoi, 『How the European Parliament will address the endocrine disruptors and go beyond the Plant Protection Products and Biocidal Products Regulations?』, 26 septembre 2017.

48 IAWM, Eurotoxis, 『About us』, 27 mars 2016, 〈frama.link/qTcXea0j〉.

49 Entretien avec Helmut Greim, 16 septembre 2017.

50 Email de William F. Heydens, 『RE : IARC Planning』, *op. cit.*

51 Gary M. Williams, Robert Kroes, Ian C. Munro, 『Safety evaluation and risk assessment of the herbicide Roundup and its active ingredient, glyphosate, for humans』, *Regulatory Toxicology and Pharmacology*, vol. 31, n° 2, avril 2000, p. 117-165.

52   David Brusick *et al.*, 『Genotoxicity expert panel review : weight of evidence evaluation of the genotoxicity of glyphosate, glyphosate-based formulations, and aminomethylphosphonic acid』, *Critical Reviews in Toxicology*, vol. 46, sup. 1, septembre 2016, p. 56-74.

53   Stéphane Foucart et Stéphane Horel, 『*Monsanto Papers*, désinformation organisée autour du glyphosate』, *loc. cit.*

54   IAWM, Monsanto, 『Monsanto did not ghostwrite the Williams *et al.* (2000) glyphosate paper』, 14 mars 2017, 〈frama.link/tb2NHXjt〉.

55   Larry D. Kier, David J. Kirkland, 『Review of genotoxicity studies of glyphosate and glyphosate-based formulations』, *Critical Reviews in Toxicology*, vol. 43, n° 4, avril 2013, p. 283-315.

56   PubMed search 『Kier L[Author]』, 〈frama.link/41k5u07P〉.

57   Email de William F. Heydens, 『RE : IARC Planning』, *loc. cit.*

58   Email de William F. Heydens, 『RE : Genotox Review』, 13 juillet 2012, Bates n° MONGLY02145917-MONGLY02145930.

59   Email de David Saltmiras, 『RE : Genotox Review』, 13 juillet 2012, Bates n° MONGLY02145917-MONGLY02145930.

60   『Monsanto manuscript clearance form, global regulatory』, 29 février 2012, Bates n° MONGLY02117800-MONGL Y02117804.

61   Entretien avec David Kirkland, 15 mai 2017.

62   Email de David Saltmiras, 『RE : Genotox Review』, *loc. cit.*

63   Sergio Sismondo, 『Ghost management : how much of the medical literature is shaped behind the scenes by the pharmaceutical industry?』, *loc. cit.*

64   Janice E. Chambers *et al.*, 『Human and ecological risk assessment of a crop protection chemical : a case study with the azole fungicide epoxiconazole』, *Critical Reviews in Toxicology*, vol. 44 n° 2, février 2014, p. 176-210.

65   PubMed search 『munro ic + williams gm』, 〈frama.link/FPNopSAh〉.

66   R.J. Reynolds, 『Memorandum of R.J. Reynolds Tobacco Company concerning premier, new cigarette that heats, but does not burn, tobacco』, 7 septembre 1988, Bates n° 506912055-506912126, 〈frama.link/cACJ5zmm〉.

67   Elisa K. Ong, Stanton A. Glantz, 『Constructing "sound science" and "good epidemiology": tobacco, lawyers, and public relations firms』, *loc. cit.*

68   Federal Focus, *Principles for Evaluating Epidemiologic Data in Regulatory Risk Assessment*, aout 1996, Bates n° 2065386542-2065386612, 〈frama.link/VRMaedrt〉.

69   PubMed search 『Williams gm kroes r』, 〈frama.link/ES8L6U8c〉.

70   Robert Kroes, Gary M. Williams, John H. Weisburger, 『Early appearance of serum α-fetoprotein during hepatocarcinogenesis as a function of age of rats and extent of treatment with 3′-methyl-4-dimethylaminoazobenzene』, *Cancer Research*, vol. 32, n° 7, juillet 1972, p. 1526-1532.

09 폐 박사님과 디젤 교수님

1   Stéphane Mandard, 『Le pneumologue Michel Aubier condamné à six mois de prison avec sursis』, *Le Monde*, 5 juillet 2017, 〈frama.link/3YYTMaxv〉.

2   SÉNAT, 『Commission d'enquête sur le cout économique et financier de la pollution de l'air』, 15 juillet 2015, ⟨frama.link/5ZDfAx9r⟩.

3   *Ibid.*

4   Bruce M. OWEN, Ronan R. BRAEUTIGAM, *The Regulation Game. Strategic Use of the Administrative Process*, Ballinger Pub. Co., Cambridge, 1978 (cité par Marion NESTLE, *Food Politics, op. cit.*).

5   Sharon BOYSE, 『Note on a special meeting of the UK industry on environmental tobacco smoke, London, February 17, 1988』, Bates n° 2063791176-2063791180, ⟨frama.link/d_kmsHae⟩.

6   IAWM, THE WEINBERG GROUP, 『Design and implement advocacy strategies』, 9 novembre 2006, ⟨frama.link/cf2HWdvC⟩.

7   Stéphane FOUCART, *Populisme climatique, op. cit.*, p. 175.

8   Ben GOLDACRE, *Bad Pharma. How Medicine is Broken, and how we Can Fix it*, Fourth Estate, Londres, p. 312-313.

9   Wolfgang DEKANT, Email a Anne Glover, 『Draft regulation on "endocrine disruptors"』, *loc. cit.*

10   COMMISSION EUROPEENNE, Anne Glover, note à Karl Falkenberg, 『Endocrine disruptors』, 20 juin 2013 (cité par Stéphane HOREL, 『Petits arrangements bruxellois entre amis du bisphénol A』, *TerraEco*, 25 septembre 2014).

11   Stéphane HOREL, *Intoxication, op. cit.*, p. 174.

12   Alan R. BOOBIS *et al.*, 『Classification schemes for carcinogenicity based on hazard-identification have become outmoded and serve neither science nor society』, *loc. cit.*

13   TRUVEN HEALTH ANALYTICS, 『Mapping a pathway to hard to reach KOLs』, consulté le 17 mars 2016 sur le site ⟨www.heartbeatexperts.com⟩ et disparu depuis, ⟨frama.link/dRFvmZok⟩.

14   ORGANISATION MONDIALE DE LA SANTE, ACTION INTERNATIONALE POUR LA SANTE, *Comprendre la promotion pharmaceutique et y répondre. Un manuel pratique*, 2009.

15   Lynette REID, Matthew HERDER, 『The speakers' bureau system : a form of peer selling』, *Open Medicine*, vol. 7, n° 2, avril 2013.

16   LA TROUPE DU RIRE, *Pourquoi garder son indépendance face aux laboratoires pharmaceutiques?*, avril 2016, ⟨frama.link/dq_zsuEa⟩.

17   ASSISTANCE PUBLIQUE-HÔPITAUX DE PARIS (AP-HP), *Les Conflits d'intérets au sein de l'AP-HP*, 14 avril 2016, p. 24.

18   SMART PHARMA, *KOL Management*, 2014.

19   Stéphane FOUCART, *Populisme climatique, op. cit.*

20   Naomi ORESKES et Erik M. CONWAY, *Les Marchands de doute, op. cit.*

21   *Ibid.*, p. 399.

22   Cité par Stéphane FOUCART, *Populisme climatique, op. cit.*, p. 271.

23   COLLECTIF, 『Laureates letter supporting precision agriculture (GMOs)』, *Support Precision Agriculture*, 29 juin 2016, ⟨frama.link/_VXGY_C1⟩.

24   Stéphane FOUCART, 『Greenpeace est-elle vraiment coupable de "crime contre l'humanité"?』, *Le Monde*, 4 juillet 2016, ⟨frama.link/azANCH4a⟩.

25   Philip STARK, 『Science is supposed to be "show me" not "trust me"_Nullius in verba_, Nobel

prize or not⌋, Twitter, 30 juin 2016, ⟨frama.link/wLk0s1Ek⟩.

26   Philip STARK, ⌈We all due respect, science is about evidence not authority. What do they
      know of agriculture? Done relevant research?⌋, Twitter, 30 juin 2016, ⟨frama.link/-susnthx⟩.

27   Stéphane FOUCART, ⌈Greenpeace est-elle vraiment coupable de "crime contre l'humanité"?⌋,
      loc. cit.

28   EUROPEAN CHEMICALS AGENCY (ECHA), ⌈CV de Helmut Greim⌋, 2013.

29   ⌈Professor Sir Colin Berry, Curriculum vitae⌋, ⟨frama.link/6v5GNShS⟩.

30   ⌈Dr Gio Batta Gori⌋, 1992, Bates n° 87204480-87204501, ⟨frama.link/YaZXxkEN⟩.

31   IAWM, INTERNATIONAL EPIDEMIOLOGY INSTITUTE, 1er avril 2016, ⟨frama.link/fW9ZLXXE⟩.

32   IAWM, INTERNATIONAL EPIDEMIOLOGY INSTITUTE, ⌈Scientific activities and capabilities⌋, 30
      octobre 2014, ⟨frama.link/SFrEjRzF⟩.

33   Robert E. TARONE, ⌈On the International Agency for Research on Cancer classification of
      glyphosate as a probable human carcinogen⌋, *European Journal of Cancer Prevention*, vol. 27,
      n° 1, janvier 2018, p. 82-87.

34   EUROPEAN JOURNAL OF CANCER PREVENTION, ⌈Editorial board⌋, consulté le 26 mars 2018,
      ⟨frama.link/wVaoEj51⟩.

35   Entretien avec Robert Tarone, 3 juillet 2017.

36   U.S. HOUSE OF REPRESENTATIVE COMMITTEE ON SCIENCE, SPACE, AND TECHNOLOGY, ⌈Full
      Committee Hearing. In Defense of scientific integrity examining the IARC monograph
      program and glyphosate review⌋, 6 février 2018, ⟨frama.link/88TTmXxd⟩.

37   CAMPAIGN FOR ACCURACY IN PUBLIC HEALTH RESEARCH, ⌈House science hearing highlights
      myriad of troubling issues with IARC monographs program⌋, 6 février 2018, ⟨frama.
      link/4DA_6JWj⟩.

38   U.S. HOUSE OF REPRESENTATIVE COMMITTEE ON SCIENCE, SPACE, AND TECHNOLOGY, *Witness
      Disclosure Requirement. "Truth in Testimony". Required by House rule XI, Clause 2(g)(5)*,
      ⌈Robert E. Tarone⌋, 1ᵉʳ février 2018, ⟨frama.link/67UHFHWr⟩.

39   Gregory G. BOND, Daniel D. DIETRICH, ⌈Human cost burden of exposure to endocrine
      disrupting chemicals. A critical review⌋, *loc. cit.*

40   ⌈Trasande-led human health impact and cost estimates attributed to endocrine disrupting
      chemical exposure completely unfounded, researchers show⌋, ⟨EndocrineScience.org⟩, 20
      mai 2017 (page consultée le 9 juin 2017). L'auteur tient à disposition une copie de la page
      Web effacée et du ⌈communiqué de presse⌋.

41   Entretien avec Jim Mandler, 14 septembre 2017.

42   Échange d'emails avec Maria Schorpp, université de Constance, 15-19 septembre 2017.

43   Steven B. ABRAMSON, NYU School of Medicine, NYU Langone Medical Center, lettre a
      Maria Schorpp, 19 juillet 2017.

44   Échange d'emails avec Anne Kolton, American Chemistry Council, 19-22 septembre 2017.

45   Gregory BOND, Email a l'auteur ⌈EDC Cost study⌋, *loc. cit.*

46   Tres bref entretien avec Daniel Dietrich, 26 septembre 2017.

47   Entretien avec David Kirkland, 15 mai 2017.

48   ⌈Curriculum Vitae David J. Kirkland⌋, ⟨frama.link/8KMJcPQR⟩.

49   Larry D. KIER, David J. KIRKLAND, ⌈Review of genotoxicity studies of glyphosate and
      glyphosate-based formulations⌋, *loc. cit.*

50   David MICHAELS, Email a l'auteur, *loc. cit.*

51   Cité par Ray MOYNIHAN, 『Key opinion leaders : independent experts or drug representatives in disguise?』, *British Medical Journal*, vol. 336, n° 7658, juin 2008, p. 1402-1403.

52   *Ibid.*

53   U.S. CONGRESS, COMMITTEE ON FINANCE, *Staff Report on Sanofi's Strategic Use of Third Parties to Influence the FDA (Print 112-20)*, mai 2011, ⟨frama.link/JeZuFwsD⟩.

54   Susanna R. BOHME, 『Expression of concern : false claim to be free of conflicts in asbestos biopersistence debate』, *International Journal of Occupational and Environmental Health*, vol. 18, avril-juin 2012, p. 85-88.

55   Robert N. PROCTOR, *Golden Holocaust, op. cit.*, p. 263.

56   *Ibid.*

57   UNITED STATES DISTRICT COURT NORTHERN DISTRICT OF OHIO EASTERN DIVISION, Case n° 1 : 03-Cv-17000, 『Report of David Garabrant, M.D., M.P.H.』, ⟨frama.link/rhzb0-gb⟩.

58   UNITED STATES DISTRICT COURT NORTHERN DISTRICT OF CALIFORNIA, 『Videotaped deposition of John Acquavella』, MDL n° 2741, Case n° 16-md-02741-VC, 7 avril 2017.

59   Entretien avec Helmut Greim, 17 mai 2016.

60   Entretien avec David Kirkland, *loc. cit.*

10 보답의 함정

1   Dino BUZZATI, 『Le Corrupteur』, *Il Nuovo Corriere della Sera*, 25 avril 1954 (repris dans *Nouvelles inquietes,* 10/18, Paris, 2003).

2   Stéphane HOREL, *Les Médicamenteurs, op. cit.*

3   Cité par Adrianne FUGH-BERMAN, Shahram AHARI, 『Following the script : how drug reps make friends and influence doctors』, *PLoS Medicine*, vol. 4, n° 4, avril 2007.

4   Dana KATZ, Arthur L. CAPLAN, Jon F. MERZ, 『All gifts large and small : toward an understanding of the ethics of pharmaceutical industry gift-giving』, *The American Journal of Bioethics*, vol. 10, n° 10, été 2010, p. 11-17.

5   Colette DEJONG *et al.,* 『Pharmaceutical industry-sponsored meals and physician prescribing patterns for Medicare beneficiaries』, *JAMA Internal Medicine*, vol. 176, n° 8, aout 2016, p. 1114-1122.

6   Alan R. BOOBIS *et al.*, 『Classification schemes for carcinogenicity based on hazard-identification have become outmoded and serve neither science nor society』, *loc. cit.*

7   ILSI EUROPE, 『About us』, consulté le 4 mars 2018, ⟨frama.link/Gq_QKZ4f⟩.

8   ILSI HEALTH AND ENVIRONMENTAL SCIENCES INSTITUTE, 『Governance』, consulté le 4 mars 2018, ⟨frama.link/jwK2LMws⟩.

9   ILSI HEALTH AND ENVIRONMENTAL SCIENCES INSTITUTE, *SEC form 990*, 2015.

10   ILSI HEALTH AND ENVIRONMENTAL SCIENCES INSTITUTE, *Activities report 2016-2017*, ⟨frama.link/xBALH4LM⟩.

11   ILSI HEALTH AND ENVIRONMENTAL SCIENCES INSTITUTE, *Activities report 2015-2016*, ⟨frama.link/U6S21wdK⟩.

12   Entretien avec Alan Boobis pour Corporate Europe Observatory, 20 septembre 2013.

13   TIMES HIGHER EDUCATION, 『World University Rankings 2018』, ⟨frama.link/nNNd6WE4⟩.

14   IMPERIAL COLLEGE, 「Professor Alan Boobis OBE」, ⟨frama.link/rT7mAXgF⟩.

15   WIKIPEDIA, 「Propagande」, ⟨frama.link/bPx_1JAE⟩.

16   GMO ANSWERS, ⟨https://gmoanswers.com/⟩.

17   GMO ANSWERS, 「About GMO Answers」, ⟨frama.link/hU1qysUj⟩.

18   *Ibid.*

19   GMO ANSWERS, 「Meet the experts who answer your questions」, ⟨frama.link/uMVSGY_M⟩.

20   GMO ANSWERS, 「Donna Farmer」, ⟨frama.link/0ZN168DV⟩.

21   ACADEMICS REVIEW, 「Purpose」, *loc. cit.*

22   GMO ANSWERS, 「Myths vs. Facts」, ⟨frama.link/mp1Zjmz5⟩.

23   MONSIEUR WALO, célebre voyant médium africain, circa 2016.

24   COUNCIL FOR BIOTECHNOLOGY INFORMATION, *SEC form 990*, 2016 ; et voir NORTH AMERICAN MEAT INSTITUTE, 「Public relations firms with crisis management capabilities」, ⟨frama.link/w5kwFtWT⟩.

25   IAWM, JEDCO CONSEIL, 「A white paper posted by Edouard Peter and Michael McKay」, 15 aout 2005, ⟨frama.link/m4FYRqb0⟩.

26   「International Life Sciences Institute (ILSI) 2012 major donor list」, *loc. cit.*

27   SCIENCE MEDIA CENTRE, 「Expert reaction to carcinogenicity classification of five pesticides by the International Agency for Research on Cancer (IARC)」, ⟨frama.link/-7XB3Wf6⟩.

28   Paolo BOFFETTA *et al.*, 「Atrazine and cancer : a review of the epidemiologic evidence」, *European Journal of Cancer Prevention*, vol. 22, n° 2, mars 2013, p. 169-180.

29   IAWM, MONSANTO, 「2015 Glyphosate expert panel」, *loc. cit.*

30   SCIENCE MEDIA CENTRE, 「Funding」, ⟨frama.link/gCHnUhek⟩.

31   Mićo TATALOVIĆ, 「UK's Science Media Centre lambasted for pushing corporate science」, *SciDevNet*, 14 mai 2014, ⟨frama.link/jZuD-XUk⟩.

32   SENSE ABOUT SCIENCE, 「Making sense of chemical stories」, 19 mai 2014, ⟨frama.link/8ksr5JLv⟩.

33   Liza GROSS, 「Seeding doubt. How self-appointed guardians of "sound science" tip the scales toward industry」, *loc. cit.*

34   MONSANTO, 「Glyphosate : IARC」, *loc. cit.*

35   AMERICAN COUNCIL ON SCIENCE AND HEALTH, 「Our team」, ⟨frama.link/_P9S_KRA⟩.

36   AMERICAN COUNCIL ON SCIENCE AND HEALTH, Home page, ⟨www.acsh.org/⟩.

37   Andy KROLL, Jeremy SCHULMAN, 「Leaked documents reveal the secret finances of a pro-industry science group」, *Mother Jones*, 28 octobre 2013, ⟨frama.link/x_WynXj1⟩.

38   Peter HARNIK, *Voodoo Science, Twisted Consumerism. The Golden Assurances of the American Council on Science and Health*, Center for Science in the Public Interest, janvier 1982, Bates n° 521021383, ⟨frama.link/BaWfncM3⟩.

39   Cristin E. KEARNS, Laura A. SCHMIDT, Stanton A. GLANTZ, 「Sugar industry and coronary heart disease research. A historical analysis of internal industry documents」, *loc. cit.*

40   Hank CAMPBELL, 「Mon Dieu ! Fringe site *Le Monde* attacks our scientists, and then we had real media links too」, American Council on Science and Health, 5 juin 2017, ⟨frama.link/3adooZRr⟩.

41   Kari HAMERSCHLAG, Anna LAPPE, Stacy MALKAN, *Spinning Food*, *op. cit.*

42   JOURNEES FRANCOPHONES DE NUTRITION, 『Exposition and Partenariat』, consulté le 5 mars 2018, 〈frama.link/vH5qyzD3〉.

43   IAWM, JOURNEES FRANCOPHONES DE NUTRITION, 『Remerciements aux sponsors』, 5 mars 2018, 〈frama.link/-e4qq6ZF〉.

44   CERIN, 『Qui sommes-nous?』, consulté le 5 mars 2018, 〈frama.link/2QdrRmVT〉.

45   INTERNATIONAL SWEETENERS ASSOCIATION, 『Members』, consulté le 5 mars 2018, 〈frama.link/wjhcbAQS〉.

46   Monique ROMON, Email a l'auteur, 3 avril 2018.

47   JOURNEES FRANCOPHONES DE NUTRITION, 『Programme scientifique』, 〈frama.link/KdQ0xd1H〉.

48   LINKEDIN, 『Joane Husson』, 〈frama.link/c7osWC0C〉.

49   SOCIETE FRANCAISE DE NUTRITION, 『Bourses et prix de la SFN』, 〈frama.link/jSdU64es〉.

50   Monique ROMON, Emails a l'auteur, mars-avril 2018.

51   SOCIETY OF TOXICOLOGY (SOT), 『Historical archive of SOT awardees』, 〈frama.link/mNbqTQuw〉.

52   SOT, *SEC form 990*, 2015.

53   SOT, 『SOT global partners』, 〈frama.link/r7AEZ-A0〉.

54   SOT, 『Historical archive of SOT awardees』, *loc. cit.*

55   SOCIETY OF ENVIRONMENTAL TOXICOLOGY AND CHEMISTRY (SETAC), 『Global partners and affiliate members』, 〈frama.link/1Q1Vf_2a〉.

56   SETAC GLOBE, 『Summary of the SETAC Pellston Workshop° on endocrine-active substances』, 〈frama.link/JTJaG7rV〉.

57   SETAC, 『Integrated environmental assessment and management editorial board』, 〈frama.link/PKPwZTQw〉.

58   ENDOCRINE SCIENCE MATTERS, 『Publications result from SETAC workshop on endocrine-active substances by Lisa Ortego』, 〈frama.link/bCpc3UXL〉.

59   Lorenz R. RHOMBERG *et al.*, 『A critique of the European Commission document, *State of the Art Assessment of Endocrine Disrupters*』, *loc. cit.*

60   Jennifer LYNCH, Emails a l'auteur, 『Re : SETAC Pellston Workshop on endocrineactive substances』, 9 juin 2017.

61   UNITED NATIONS ENVIRONMENT PROGRAM, 『Concept paper on SETAC Pellston Workshop on EDCs』, AG/EDC/1NF 3.4, Geneve, 25-26 septembre 2015, 〈frama.link/FAaQbvhR〉.

62   JEDCO CONSEIL, 『A white paper posted by Edouard Peter and Michael McKay』, *loc. cit.*

63   POWERBASE, 『Centre for the New Europe』, 〈frama.link/_5to_Sae〉.

64   Robert N. PROCTOR, *Golden Holocaust*, *op. cit.*, p. 124-161.

65   Jonathan DAYTON, Valerie FARIS, *Battle of the Sexes*, États-Unis/Royaume-Uni, 2017.

66   Daniel G. AARON, Michael B. SIEGEL, 『Sponsorship of national health organizations by two major soda companies』, *American Journal of Preventive Medicine*, vol. 52, n° 1, 2017, p. 20-30.

67   Robert B. CIALDINI, *Influence. Science and Practice*, Pearson Education, Boston, 5e éd., 2009.

68   ART NOT OIL, 〈www.artnotoil.org.uk〉.

69   COLLECTIF, 『Cut ties with BP, composers and music researchers tell Royal Opera House』, *The Guardian*, 2 juillet 2015, 〈frama.link/41oXgpnn〉.

70   COLLECTIF, 『British Museum must sever its links with BP』, *The Guardian*, 3 avril 2016, 〈frama.link/0ag5bnLp〉.

71 350.ORG et OBSERVATOIRE DES MULTINATIONALES, 『Total : une "stratégie climat" en trompe-l'oeil』, janvier 2017, ⟨frama.link/yGfQF5j1⟩.

72 Olivier PETITJEAN, 『Comment le Louvre et les grands musées passent sous l'influence de l'industrie pétroliere』, 13 janvier 2017, *Basta !*, ⟨frama.link/vaUCEcbb⟩.

11 이건 공공연구 탈취다

1 INTERNATIONAL AGENCY FOR RESEARCH ON CANCER, *IARC Monographs on the Evaluation of Carcinogenic Risks to Humans, Preamble, op. cit.*

2 Vytenis ANDRIUKAITIS, Lettre a Richard Garnett, 4 avril 2016, ⟨frama.link/2T_206nh⟩.

3 Richard GARNETT, Lettre a Vytenis Andriukaitis, 4 avril 2016.

4 GLYPHOSATE TASK FORCE, 『Terms of disclosure of studies and confidential data in the context of the glyphosate renewal approval proceeding ("reading room rules")』, aout 2016, ⟨frama.link/fpH0NHxX⟩.

5 Michele RIVASI, 『La saga du glyphosate, a la recherche des études secretes』, Les Blogs du *Huffington Post*, 28 septembre 2016, ⟨frama.link/7fHPm1Y4⟩.

6 ORGANISATION DE COOPERATION ET DE DEVELOPPEMENT ECONOMIQUES (OCDE), 『OECD series on principles of good laboratory practice (GLP) and compliance monitoring』, ⟨frama.link/P9yY1Gv6⟩.

7 OCDE, *Les Principes de l'OCDE de bonnes pratiques de laboratoire (tels que révisés en 1997), op. cit.*

8 Robert N. PROCTOR, *Golden Holocaust, op. cit.*, p. 218.

9 David C. VOLZ, Kevin C. ELLIOTT, 『Mitigating conflicts of interest in chemical safety testing』, *Environmental Science and Technology*, vol. 46, n° 15, 27 juillet 2012, p. 7937-7938.

10 Kevin C. ELLIOTT, 『Financial conflicts of interest and criteria for research credibility』, *Erkenntnis*, vol. 79, n° 5, juin 2014, p. 917-937.

11 John PETERSON MYERS *et al.*, 『Why public health agencies cannot depend on good laboratory practices as a criterion for selecting data : the case of bisphenol A』, *Environmental Health Perspectives*, vol. 117, n° 3, mars 2009, p. 309.

12 Kevin C. ELLIOTT, 『Financial conflicts of interest and criteria for research credibility』, *loc. cit.*

13 Jennifer ABBASI, 『Scientists call FDA statement on Bisphenol A safety premature』, *JAMA*, vol. 319, n° 16, 24 avril 2018, p. 1644-1646.

14 John PETERSON MYERS *et al.*, 『Why public health agencies cannot depend on good laboratory practices as a criterion for selecting data : the case of bisphenol A』, *loc. cit.*

15 COMMISSION EUROPEENNE, 『Q and A on the new chemicals policy』, REACH MEMO/06/488, 13 décembre 2006, ⟨frama.link/NKCQYWs7⟩.

16 Frédéric SIMON, 『EFSA boss : trust in integrity of science has a cost』, *loc. cit.*

17 EUROPEAN FOOD SAFETY AUTHORITY (EFSA), 『Annual accounts financial year 2016』, ⟨frama.link/Y18wA7vd⟩.

18 David B. RESNIK, Kevin C. ELLIOTT, 『Taking financial relationships into account when assessing research』, *loc. cit.*

19   Sheldon KRIMSKY, *Science in the Private Interest. Has the Lure of Profits Corrupted Biomedical Research?*, Rowman & Littlefield, Lanham, 2003.

20   Kevin C. ELLIOTT, 「Financial conflicts of interest and criteria for research credibility」, *loc. cit.*

21   Marcia ANGELL, *La Vérité sur les compagnies pharmaceutiques, op. cit.*

22   David C. VOLZ, Kevin C. ELLIOTT, 「Mitigating conflicts of interest in chemical safety testing」, *loc. cit.,*

23   Thomas GUILLEMAUD, Eric LOMBAERT, Denis BOURGUET, 「Conflicts of interest in GM Bt crop efficacy and durability studies」, *loc. cit.*

24   Sergio SISMONDO, Mathieu DOUCET, 「Publication ethics and the ghost management of medical publication」, *loc. cit.*

25   Marion NESTLE, 「Corporate funding of food and nutrition research : science or marketing?」, *loc. cit.*

26   CORPORATE EUROPE OBSERVATORY et Stéphane HOREL, *Unhappy Meal. The European Food Safety Authority's Independence Problem*, 23 octobre 2013, 〈frama.link/AxhDDr2A〉.

27   COMMISSION EUROPEENNE, 「Interdire le glyphosate et protéger la population et l'environnement contre les pesticides toxiques」, Initiative citoyenne européenne, 25 janvier 2017, 〈frama.link/0WcqJY9R〉.

28   Frédéric SIMON, 「EFSA boss : trust in integrity of science has a cost」, *loc. cit.*

29   John C. BESLEY *et al.*, 「Perceived conflict of interest in health science partnerships」, *PloS One*, vol. 12, n° 4, avril 2017, DOI e0175643.

30   Sheldon KRIMSKY, *Science in the Private Interest, op. cit.*

31   *Ibid.*

32   Mark PARASCANDOLA, 「A turning point for conflicts of interest : the controversy over the National Academy of Sciences' first conflicts of interest disclosure policy」, *Journal of Clinical Oncology*, vol. 25, n° 24, aout 2007, p. 3774-3779.

33   John C. BESLEY *et al.*, 「Perceived conflict of interest in health science partnerships」, *loc. cit.*

34   Dariush MOZAFFARIAN, 「Conflict of interest and the role of the food industry in nutrition research」, *JAMA*, vol. 317, n° 17, 2017, p. 1755-1756.

35   William J. BROAD, 「Billionaires with big ideas are privatizing American science」, *New York Times*, 15 mars 2014, 〈frama.link/9qNVAucb〉.

36   Jeffrey MERVIS, 「Data check : US government share of basic research funding falls below 50 %」, *Science Magazine*, 9 mars 2017.

37   MINISTÉRE DE L'ENSEIGNEMENT SUPÉRIEUR, DE LA RECHERCHE ET DE L'INNOVATION, *L'État de l'enseignement supérieur et de la recherche*, n° 10, avril 2017, 〈frama.link/RF6Dw3Hw〉.

38   Annie THÉBAUD-MONY, 「Lettre à Cécile Duflot」, 31 juillet 2012, 〈frama.link/yp9qYar8〉.

39   Tania RABESANDRATANA, 「One of the most powerful science policy jobs in Brussels changes hands」, *Science Magazine*, 23 février 2018, 〈frama.link/AtNZw_M2〉.

40   COMMISSION EUROPEENNE, *Horizon 2020*, 〈https://ec.europa.eu/programmes/horizon2020/〉.

41   AGENCE NATIONALE DE LA RECHERCHE (ANR), 「Plan d'action 2018」, 〈frama.link/KbF0dBE5〉.

42   Stephen GARDNER et CORPORATE EUROPE OBSERVATORY, *EU Research Funding. For who's Benefit?*, décembre 2011, 〈frama.link/G4b3Pc0F〉.

43   CORDIS, 「EURRECA Project harmonising nutrient recommendations across Europe with

special focus on vulnerable groups and consumer understanding⌟, ⟨frama.link/smzsXWhq⟩.

44   ILSI Europe, ⌈25 years towards public health⌟, janvier 2012, ⟨frama.link/K91fPu9F⟩.

45   ILSI Europe, ⌈ILSI Europe's 2018 activity document⌟, septembre 2017, ⟨frama.link/vogtGa-q⟩.

46   *Ibid.*

47   ILSI Europe, ⌈25 years towards public health⌟, *loc. cit.*

48   *Ibid.*

49   IAWM, ⌈ULTRACHOC⌟, 22 décembre 2014, ⟨frama.link/fJHpb3f_⟩.

50   CORDIS search [Nestle], ⟨frama.link/fKGwE2DY⟩.

51   CORDIS search [Sanofi], ⟨frama.link/ffEkCZgw⟩.

52   CORDIS search [BASF], ⟨frama.link/DKtwyzTE⟩.

53   Welcomeurope, ⌈Who are we?⌟, ⟨frama.link/apZgZP5R⟩.

54   Sylvain Laurens, *Les Courtiers du capitalisme*, Agone, Marseille, 2015, p. 140-147.

55   Commission europeenne, CORDIS, ⌈Cefic long range research initiative : invitation for grant applications⌟, ⟨frama.link/VWgXRM-d⟩.

56   Emma Davies, ⌈Long-range forecasts⌟, *Chemical Watch. Global Business Briefing*, février 2013.

57   Commission europeenne, ⌈Factsheet on industrial participation⌟, 23 octobre 2013, ⟨frama.link/urwdeH8B⟩.

58   Commission europeenne, ⌈European technology platforms⌟, ⟨frama.link/w3cRyznu⟩.

59   FABRE TP, ⟨www.fabretp.eu⟩.

60   FABRE TP, ⟨www.fabretp.eu/eu-projects.html⟩.

61   GMSAFOOD, ⟨www.gmsafoodproject.eu⟩.

62   European Environment Agency (EEA), *Late Lessons from Early Warnings. The Precautionary Principle 1896-2000, op. cit.* ; *Late Lessons from Early Warnings. Science, Precaution, Innovation, op. cit.*

63   Steffen Foss Hansen, David Gee, ⌈Adequate and anticipatory research on the potential hazards of emerging technologies : a case of myopia and inertia?⌟, *Journal of Epidemiology and Community Health*, septembre 2014.

64   Cité par Robert K. Merton, ⌈The Matthew effect in science. The reward and communication systems of science are considered⌟, *Science*, vol. 159, n° 810, 1968, p. 56-63.

65   Philippe Grandjean, ⌈Late Science for precautionary decision-making⌟, *in* European Environment Agency (EEA), *Late Lessons from Early Warnings. Science, Precaution, Innovation, op. cit.*, p. 655-674.

66   Stéphane Foucart, *La Fabrique du mensonge, op. cit.*, p. 18.

67   Collectif, ⌈Public research should benefit society, not big business. An open letter on the common strategic framework for EU research and innovation funding⌟, 29 juin 2011, ⟨frama.link/a-eX1PkK⟩.

68   Lisa Bero, Quinn Grundy, ⌈Why having a (nonfinancial) interest is not a conflict of interest⌟, *PLoS Biology*, vol. 14, n° 12, décembre 2016, DOI e2001221.

69   Stéphane Foucart, *La Fabrique du mensonge, op. cit.*, p. 160-216.

70   Naomi Oreskes et Erik M. Conway, *Les Marchands de doute, op. cit.*

12 이해충돌의 리히터 규모

1   EFSA, 『Comité scientifique et groupes scientifiques』, ⟨frama.link/oWd2t58J⟩.

2   『Décret n° 2013-413 du 21 mai 2013 portant approbation de la charte de l'expertise sanitaire prévue a l'article L. 1452-2 du code de la santé publique』, ⟨frama.link/4G76gXvR⟩.

3   Laura MAXIM et Gérard ARNOLD, 『Entre recherche académique et expertise scientifique: des mondes de chercheurs』, *Hermes*, n° 3, 2012, p. 9-13.

4   Jerome P. KASSIRER, Marcia ANGELL, 『Financial conflicts of interest in biomedical research』, *loc. cit.*

5   Mark PARASCANDOLA, 『A turning point for conflicts of interest : the controversy over the National Academy of Sciences'first conflicts of interest disclosure policy』, *loc. cit.*

6   Peter JUNI *et al.*, 『Risk of cardiovascular events and rofecoxib : cumulative metaanalysis』, *The Lancet*, vol. 364, n° 9450, décembre 2004, p. 2021-2029.

7   Irene FRACHON, *Médiator 150 mg, combien de morts?, op. cit.*

8   Paul BENKIMOUN et Mathilde DAMGE, 『Combien de morts imputer au Mediator?』, *Le Monde*, 11 juillet 2016, ⟨frama.link/QBoAc3pa⟩.

9   Anne JOUAN, 『La grande générosité de Servier envers un expert』, *Le Figaro*, 19 décembre 2011, ⟨frama.link/Qs8BTc2k⟩.

10 Stéphane HOREL, Annick REDOLFI, *Les Médicamenteurs*, France 5, 2009.

11 CONSEIL SUPERIEUR DE LA SANTÉ, *Position du Conseil supérieur de la santé relative a la problématique de la déclaration des intérêts et de la gestion des conflits d'intérêts des experts actifs dans les organes d'avis scientifiques*, CSS n° 8891, 7 novembre 2012, ⟨frama.link/kWw14A82⟩.

12 FORMINDEP, *Conflits d'intérets. Un risque sanitaire*, janvier 2015, ⟨frama.link/N9jW9To1⟩.

13 COUR DES COMPTES, *La Prévention des conflits d'intérets en matiere d'expertise sanitaire*, 23 mars 2016, ⟨frama.link/K7QfP5Cm⟩.

14 HAUTE AUTORITE DE SANTE, *Guide des déclarations d'intérets et de gestion des conflits d'intérets*, 15 mars 2017, ⟨frama.link/qpEwRUZ7⟩.

15 Mathias GIREL, *Science et territoires de l'ignorance, op. cit.*, p. 43.

16 EFSA, 『Decision of the executive director implementing EFSA's policy on independence and scientific decision-making processes regarding declarations of interests』, Decision n° EFSA/2012/05/LRA, 21 février 2012, ⟨frama.link/xPeGwYoT⟩.

17 TRANSPARENCY INTERNATIONAL, 『What is corruption?』, ⟨frama.link/YrPXS1f-⟩.

18 Martin HIRSCH, *Pour en finir avec les conflits d'intérets*, Stock, Paris, 2010, p. 36.

19 Matthew S. MCCOY, Ezekiel J. EMANUEL, 『Why there are no "potential" conflicts of interest』, *JAMA*, vol. 317, n° 17, mai 2017, p. 1721-1722.

20 David RESNIK, *The Price of Truth, op. cit.*, p. 111.

21 Lisa BERO, Quinn GRUNDY, 『Why having a (nonfinancial) interest is not a conflict of interest』, *loc. cit.*

22 INSTITUTE OF MEDICINE OF THE NATIONAL ACADEMIES, 『Conflict of interest in medical research, education, and practice』, *loc. cit.*, p. 46.

23 Dennis F. THOMPSON, 『Understanding financial conflicts of interest』, *loc. cit.*

24 『Loi n° 2013-907 du 11 octobre 2013 relative a la transparence de la vie publique』, ⟨frama.

link/9EJtkpqG⟩.

25 HAUTE AUTORITÉ DE SANTÉ, *Guide des déclarations d'intérêts et de gestion des conflits d'intérêts*, *op. cit.*

26 『Décret n° 2013-413 du 21 mai 2013 portant approbation de la charte de l'expertise sanitaire prévue a l'article L. 1452-2 du code de la santé publique』, *loc. cit.*

27 Khaled SHAWWA *et al.*, 『Requirements of clinical journals for authors? Disclosure of financial and non-financial conflicts of interest : a cross sectional study』, *PLoS One*, vol. 11, n° 3, mars 2016, DOI e0152301.

28 Lisa BERO, 『Addressing bias and conflict of interest among biomedical researchers』, *JAMA*, vol. 317, n° 17, mai 2017, p. 1723-1724.

29 *Ibid.*

30 Dennis F. THOMPSON, 『Understanding financial conflicts of interest』, *loc. cit.*

31 EFSA, 『EFSA publishes *Implementing Rules for Independence Policy*』, 5 mars 2012, ⟨frama.link/VhafrYmp⟩.

32 IAWM, INTERNATIONAL DAIRY FEDERATION, 『IDF events』, 10 décembre 2013, ⟨frama.link/ZgHyhdm5⟩.

33 Odd Andre KARLSEN *et al.*, 『Integrative environmental genomics of cod (*Gadus morhua*) : the proteomics approach』, *Journal of Toxicology and Environmental Health*, Part A 74.7-9, 2011, p. 494-507.

34 NOVARTIS, 『Welcome to Sportclub Novartis』, ⟨frama.link/-rnSJw9e⟩.

35 INTERNATIONAL SOCIETY FOR ZINC BIOLOGY, 『ISZB-2014 Photo album』, Facebook, ⟨frama.link/uhUhQstr⟩.

36 María Paz NUNEZ, 『Corte Suprema ratifica multas por colusión en caso pollos』, *La Tercera*, 29 octobre 2015, ⟨frama.link/pCYcnX58⟩.

37 LINKEDIN, 『Linda Teuschler』, ⟨frama.link/VDQJpAnD⟩.

38 CORDIS, 『CAMPYBRO Report Summary』, ⟨frama.link/g0xMA5cV⟩.

39 L'International Probiotic and Prebiotic Association (ISAPP) est domiciliée au 502 Mace Blvd., Suite 12, Davis, California, 95618, États-Unis, qui se trouve etre le siege de la California Dairy Research Foundation (fondation californienne pour la recherche laitiere) (voir CORPORATE EUROPE OBSERVATORY et Stéphane HOREL, *Unhappy Meal*, *op. cit.*).

40 IAWM, MEDIANILLA, 『Deer for sale』, 18 juin 2016, ⟨frama.link/nE3VMSqb⟩.

41 ANSES, 『Avis n° 2012-2 du 19 septembre 2012 du comité de déontologie et de prévention des conflits d'intérets de l'Agence nationale de sécurité sanitaire de l'alimentation, de l'environnement et du travail relatif a l'appartenance aux comités d'experts spécialisés de l'ANSES de membres exerçant des responsabilités au sein d'une structure de type "association" ou "fondation"』, ⟨frama.link/ccbQ3pKZ⟩.

42 Frédéric SIMON, 『EFSA boss : trust in integrity of science has a cost』, *loc. cit.*

43 CORPORATE EUROPE OBSERVATORY et Stéphane HOREL, *Unhappy Meal*, *op. cit.*

44 David MICHAELS, *Doubt is their Product*, *op. cit.*, p. 256.

45 INTERNATIONAL AGENCY FOR RESEARCH ON CANCER, *IARC Monographs on the Evaluation of Carcinogenic Risks to Humans, Preamble*, *op. cit.*

46 CORPORATE EUROPE OBSERVATORY et Stéphane HOREL, *Unhappy Meal*, *op. cit.*

47 Allen LICHTER *et al.*, 『Harmonizing reporting on potential conflicts of interest : a common

disclosure process for health care and life sciences』, *National Academy of Sciences*, Discussion paper, 27 novembre 2012, 〈frama.link/L_2yDTpz〉.

48　Merrill GOOZNER *et al.*, 『A common standard for conflict of interest disclosure in addiction journals』, *Addiction*, vol. 104, n° 11, novembre 2009, p. 1779-1784.

49　INTERNATIONAL COMMITTEE OF MEDICAL JOURNAL EDITORS (ICMJE), 『Uniform disclosure form for potential conflicts of interest』, 〈frama.link/ysHJF5z0〉.

50　Lisa BERO, 『Addressing bias and conflict of interest among biomedical researchers 』, *loc. cit.*

51　DOLLARS FOR DOCS, 〈https://projects.propublica.org/docdollars〉.

52　BASE TRANSPARENCE SANTE, 〈frama.link/aJC6Zd-j〉.

53　Estelle SAGET, 『Cadeaux des labos aux médecins : un décret explosif』, *L'Express*, 28 septembre 2012, 〈frama.link/s9uzRSwJ〉.

54　COLLECTIF EUROPE ET MEDICAMENTS, 『Cadeaux des labos : le recul du gouvernement?』, 25 octobre 2012, 〈frama.link/Eb50ZSSJ〉.

55　FORMINDEP, 『Loi "Sunshine" : quatre ans et toujours pas appliquée』, 8 février 2016, 〈frama.link/xv9BGnSC〉.

56　COUR DES COMPTES, *La Prévention des conflits d'intérets en matiere d'expertise sanitaire, op. cit.*, p. 12.

57　REGARDS CITOYENS, 『Lumiere sur Sunshine. Ce que les labos donnent a nos médecins』, juin 2014, 〈www.regardscitoyens.org/sunshine〉.

58　Rozenn LE SAINT, 『L'hôpital, objet de convoitises des labos』, *Alternatives économiques*, 9 janvier 2018, 〈frama.link/NjdVx9wr〉.

59　Adam G. DUNN *et al.*, 『Conflict of interest disclosure in biomedical research : a review of current practices, biases, and the role of public registries in improving transparency』, *loc. cit.*

13 스파이 임무를 수행 중인 작은 두더지 이야기

1　CORPORATE EUROPE OBSERVATORY et Stéphane HOREL, *Unhappy Meal, op. cit.*

2　ILSI Europe, Newsletter n° 49, février 2003, 〈frama.link/3asPhj2K〉.

3　CORPORATE EUROPE OBSERVATORY et Stéphane HOREL, *Unhappy Meal, op. cit.*

4　*Ibid.*

5　David DEMORTAIN, 『Expertise et conflits d'intérets : le cas de l'EFSA et de la toxicologie』, École des hautes études en sciences sociales, Séminaire 『Conflit d'intérets et santé publique』, 27 février 2017.

6　EFSA, 『Feu vert pour la nomination des scientifiques de l'Autorité européenne de sécurité des aliments』, 30 avril 2003, 〈frama.link/0AKQfXpP〉.

7　CORPORATE EUROPE OBSERVATORY et Stéphane HOREL, *Unhappy Meal, Annex*, 〈frama.link/AxhDDr2A〉.

8　『Reglement (CE) n° 178/2002 du Parlement européen et du Conseil du 28 janvier 2002 établissant les principes généraux et les prescriptions générales de la législation alimentaire, instituant l'Autorité européenne de sécurité des aliments et fixant des procédures relatives a la sécurité des denrées alimentaires』, 〈frama.link/HeZDn5AL〉.

9　WORLD HEALTH ORGANISATION, *Guidelines for Declaration of Interests (WHO Experts)*, 2017, 〈frama.link/fcwUUQhh〉.

10   Cour des comptes, *La Prévention des conflits d'intérets en matiere d'expertise sanitaire, op. cit.*, p. 49.

11   *Ibid.*, p. 13.

12   *Ibid.*, p. 35-36.

13   Naomi Oreskes *et al.*, ⌈Viewpoint : why disclosure matters⌋, *Environmental Science and Technology*, vol. 49, n° 13, 12 juin 2015, p. 7527-7528.

14   Cité par Donald G. McNeil, ⌈Tough-talking journal editor faces accusations of leniency⌋, *The New York Times*, 1er aout 2006, ⟨frama.link/_BqdoPDY⟩.

15   Catherine DeAngelis, ⌈The influence of money on medical science⌋, *JAMA*, vol. 296, n° 8, 7 aout 2006, p. 996-998.

16   European Court of Auditors, *Management of Conflict of Interest in Selected EU Agencies*, Special report n° 15, octobre 2012, ⟨frama.link/qJYuip6C⟩.

17   Corporate Europe Observatory et Stéphane Horel, *Unhappy Meal, op. cit.*

18   Assemblée nationale, *Rapport d'information déposé par la commission des affaires européennes sur la prévention des conflits d'intérets dans l'Union européenne et présenté par Mmes Danielle Auroi et Nathalie Chabanne, députées*, n° 4391, 18 janvier 2017, ⟨frama.link/jAQ9q738⟩.

19   Bundesinstitut für Risikobewertung (BfR), ⌈Members of BfR committee for pesticides and their residues⌋, ⟨frama.link/3bH0EwSz⟩.

20   Corporate Europe Observatory, ⌈Recruitment errors⌋, 11 juin 2017, ⟨frama.link/s7VyBbC9⟩.

21   Parlement europeen, ⌈Deuxieme rapport concernant la décharge sur l'exécution du budget de l'Autorité européenne de sécurité des aliments pour l'exercice 2010 (C7-0286/2011 – 2011/2226 (DEC)⌋, 2 octobre 2012, ⟨frama.link/AAKP2MgZ⟩.

22   Parlement européen, ⌈Résolution du Parlement européen du 18 avril 2018 contenant les observations qui font partie intégrante de la décision concernant la décharge sur l'exécution du budget de l'Autorité européenne de sécurité des aliments pour l'exercice 2016 (2017/2159 (DEC)⌋, ⟨frama.link/M9QZxfsS⟩.

23   Corporate Europe Observatory, ⌈Conflicts of interest scandals at EFSA : a nonexhaustive chronology of recent events⌋, juin 2017, ⟨frama.link/K2jfaSRB⟩.

24   LinkedIn, ⌈Anne-Laure Gassin⌋, ⟨frama.link/8MMvz61C⟩.

25   LinkedIn, ⌈Barbara Gallani⌋, ⟨frama.link/1gtNnN6p⟩.

26   Collectif, ⌈Conflicts of interest at the European Food Safety Authority : enough is enough!⌋, 2 mars 2016, ⟨frama.link/pw1f4H-Z⟩.

27   Stéphane Horel, *Les Médicamenteurs, op. cit.*, p. 190.

28   George Loewenstein, Sunita Sah, Daylian M. Cain, ⌈The unintended consequences of conflict of interest disclosure⌋, *JAMA*, vol. 307, n° 7, février 2012, p. 669-670.

29   *Ibid.*

30   Paul Scheffer, *Quelle formation a l'indépendance est-elle possible pour les étudiants en médecine, par rapport a l'influence de l'industrie pharmaceutique?*, these de sciences de l'éducation, École doctorale Sciences sociales, Laboratoire EXPERICE, université Paris-8, 24 mai 2017, ⟨frama.link/d1EDYSLU⟩.

31   Sénat, *Les Conditions de mise sur le marché et de suivi des médicaments. Médicament : restaurer la confiance*, Rapport d'information n° 382 sur les conditions de mise sur le marché et de suivi des médicaments, Commission des affaires sociales, 8 juin 2006, ⟨frama.link/

ENqQdrw4⟩.

32　Stéphane Horel, *Les Médicamenteurs, op. cit.*, p. 151.

33　Cité par Pascale Pascariello, 『Les petits arrangements de la nouvelle présidente de la Haute Autorité de santé』, *Mediapart*, 7 mars 2016, ⟨frama.link/JKv3-gNr⟩.

34　Entretien avec Philippe Nicot, 11 novembre 2014.

35　Formindep, *Conflits d'intérets. Un risque sanitaire, op. cit.*

36　『EFSA's executive director : "If we exclude everyone who receives money from industry, we won't have many experts left"』, *GMO Safety*, 9 mai 2011, lien disparu (cité dans Corporate Europe Observatory et Stéphane Horel, *Unhappy Meal, op. cit.*).

37　Darren Zinner *et al.*, 『Participation of academic scientists in relationships with industry』, *Health Affairs*, vol. 28, n° 6, novembre-décembre 2009, p. 1814-1825.

38　EFPIA, 『Patients need medicines – not to die in safety』, 7 avril 2015, ⟨frama.link/KKHwfbWs⟩.

39　Cour des comptes, *La Prévention des conflits d'intérets en matiere d'expertise sanitaire, op. cit.*, p. 11.

40　Corporate Europe Observatory et Stéphane Horel, *Unhappy Meal, op. cit.*

41　Institut national de veille sanitaire, *Comité d'éthique et de déontologie (CED). Rapport annuel*, 2014, ⟨frama.link/rMVp-e_J⟩.

42　Center for Science in the Public Interest, Merrill Goozner *et al.*, 『A common standard for conflict of interest disclosure』, juillet 2008, ⟨frama.link/YtsLTtv-⟩.

43　Michael A. Steinman, Michael G. Shlipak, Stephen J. McPhee, 『Of principles and pens : attitudes and practices of medicine housestaff toward pharmaceutical industry promotions』, *The American Journal of Medicine*, vol. 110, n° 7, mai 2001, p. 551-557.

44　Stéphane Horel, *Les Médicamenteurs, op. cit.*, p. 89-90.

45　United States District Court Northern, District of California, 『Videotaped deposition of John Acquavella』, *loc. cit.*

46　Leon Festinger, *A Theory of Cognitive Dissonance*, Stanford University Press, Stanford, 1957.

47　Audrey Garric, 『Les saigneurs des abattoirs』, *Le Monde*, 28 juin 2016, ⟨frama.link/CGXUp4Ww⟩.

48　Susan Chimonas, Troyen A. Brennan, David J. Rothman, 『Physicians and drug representatives : exploring the dynamics of the relationship』, *Journal of General Internal Medicine*, vol. 22, n° 2 février 2007, p. 184-190.

49　Ambroise Martin, 『Intérets et conflits d'intérets en nutrition』, *Cahiers de nutrition et de diététique*, vol. 45, n° 1, février 2010, p. 10-17.

50　Agence française de sécurité sanitaire des aliments (Afssa), 『Déclaration d'intérets d'Ambroise Martin』, octobre 2008.

51　Institut Benjamin Delessert, 『Prix』, consulté le 7 avril 2018, ⟨frama.link/s13xCmp7⟩.

52　『Prix de recherche en nutrition Ajinomoto. Le Pr Ambroise Martin, lauréat 2005』, *Le Quotidien du médecin*, 16 janvier 2006, ⟨frama.link/7S734ygN⟩.

53　『6-NDA dietetic products, nutrition and allergies 2012-2015』 (cité *in* Corporate Europe Observatory et Stéphane Horel, *Unhappy Meal, op. cit.*).

54　Daniel S. Goldberg, 『COI bingo』, *British Medical Journal Blogs*, 24 aout 2015, ⟨frama.link/YgRLY2b-⟩.

55　Bernard Guy-Grand, 『Vous avez dit scandale?』, *Cahiers de nutrition et de diététique*, vol. 51, n° 4, septembre 2016, p. 161-162.

56   *Ibid.*

57   CORPORATE EUROPE OBSERVATORY et Stéphane HOREL, *Unhappy Meal, op. cit.*

58   Henry Thomas STELFOX *et al.*, 「Conflict of interest in the debate over calciumchannel antagonists」, *New England Journal of Medicine*, vol. 338, n° 2, janvier 1998, p. 101-106.

59   Brian HODGES, 「Interactions with the pharmaceutical industry : experiences and attitudes of psychiatry residents, interns and clerks」, *Canadian Medical Association Journal*, vol. 153, n° 5, septembre 1995, p. 553.

60   Citée par Pascale PASCARIELLO, 「Les petits arrangements de la nouvelle présidente de la Haute Autorité de santé」, *loc. cit.*

61   Mustapha MEKKI, 「La lutte contre les conflits d'intérêts : essor de la transparence ou regne de la méfiance?」, *Pouvoirs*, vol. 147, novembre 2013, p. 17-32.

62   Pierre LE COZ, 「Le conflit d'intérêts : nouvelle figure du péché originel?」, *Études*, avril 2016, p. 51-60.

63   Paul SCHEFFER, *La Formation a l'indépendance des médecins par rapport a l'influence de l'industrie pharmaceutique*, these de sciences de l'éducation, Université Paris-8, École doctorale Sciences sociales, Laboratoire EXPERICE, 24 mai 2017.

64   Échange d'emails entre l'auteur et David Spiegelhalter (extraits), 29-30 juin 2017.

65   HERGE, *Le Temple du soleil*, Casterman, Bruxelles, 1948.

66   ILSI HEALTH AND ENVIRONMENTAL SCIENCES INSTITUTE, 「Governance」, *loc. cit.*

67   Entretien avec Alan Boobis, 20 avril 2017.

68   Frédéric SIMON, 「EFSA boss : trust in integrity of science has a cost」, *loc. cit.*

69   Mark PARASCANDOLA, 「A turning point for conflicts of interest : the controversy over the National Academy of Sciences' first conflicts of interest disclosure policy」, *loc. cit.*

70   Kenneth J. ROTHMAN, 「The ethics of research sponsorship」, *Journal of Clinical Epidemiology*, vol. 44, supp. 1, 1991, p. 25-28.

71   Kenneth J. ROTHMAN, 「Conflict of interest. The new McCarthyism in science」, *loc. cit.*

72   Kenneth J. ROTHMAN, Cristina I. CANN, 「Judging words rather than authors」, *Epidemiology*, vol. 8, n° 3, mai 1997, p. 223-225.

73   Jeanne E. LOUGHLIN, Kenneth J. ROTHMAN, Nancy A. DREYER, 「Lymphatic and haematopoietic cancer mortality in a population attending school adjacent to styrene-butadiene facilities, 1963-1993」, *Journal of Epidemiology and Community Health*, vol. 53, n° 5, mai 1999, p. 283-287.

74   LE TÉLÉPHONE SONNE, 「Santé : en finir avec les conflits d'intérêts」, France Inter, 12 mai 2016, ⟨frama.link/ySUppeNX⟩.

75   Robert STEINBROOK, Jerome P. KASSIRER, Marcia ANGELL, 「Justifying conflicts of interest in medical journals : a very bad idea」, *British Medical Journal*, vol. 350, juin 2015.

76   76 Lisa ROSENBAUM, 「Reconnecting the dots, reinterpreting industry-physician relations」, *New England Journal of Medicine*, vol. 372, n° 19, mai 2015, p. 1860-1864.

14 공공정책결정 하도급 업체

1   FÉDÉRATION FRANÇAISE D'ATHLÉTISME, 「Guide de mise en place Opération Kinder + Sport

Athletics Day』, page 『Inscription』 du site ⟨athle.fr⟩, consultée le 15 novembre 2017, ⟨frama.link/bgyzAun0⟩.

2   ATHLE, 『Kinder + Sport Athletics day : un succès à savourer』, 24 octobre 2017, ⟨frama.link/84Avp4_y⟩.

3   Robert LUSTIG, 『Sugar is the "alcohol of the child", yet we let it dominate the breakfast table』, *The Guardian*, 4 janvier 2017, ⟨frama.link/cVh6rGvn⟩.

4   *Ibid.*

5   ORGANISATION MONDIALE DE LA SANTÉ, 『Obésité et surpoids』, 18 octobre 2017, ⟨frama.link/D02yC4m4⟩.

6   CENTERS FOR DISEASE CONTROL, 『Prevalence of obesity among adults and youth : United States, 2011-2014』, *CHS Data Brief*, n° 219, novembre 2015, ⟨frama.link/s4Y-nLFA⟩.

7   MINISTÈRE DE L'ÉCONOMIE ET DES FINANCES, 『Obésité : quelles conséquences pour l'économie et comment les limiter?』, *Lettre Trésor-Eco*, n° 179, septembre 2016, ⟨frama.link/GUyvG6HU⟩.

8   ASSOCIATION NATIONALE DES INDUSTRIES ALIMENTAIRES (ANIA), 『L'étiquetage alimentaire : expérimentation visant à améliorer l'étiquetage nutritionnel』, 8 juillet 2016, ⟨frama.link/bF8vBjCH⟩.

9   Marion NESTLE, 『Corporate funding of food and nutrition research : science or marketing?』, *loc. cit.*

10   Marion NESTLE, *Food Politics*, *op. cit.*, p. 21.

11   David STUCKLER, Marion NESTLE, 『Big food, food systems, and global health』, *PLoS Medicine*, vol. 9, n° 6, 2012, DOI e1001242.

12   Pepita BARLOW *et al.*, 『Science organisations and Coca-Cola's "war" with the public health community : insights from an internal industry document』, *Journal of Epidemiology and Community Health*, 14 mars 2018.

13   Lori DORFMAN *et al.*, 『Soda and tobacco industry corporate social responsibility campaigns : how do they compare?』, *PLoS Medicine*, vol. 9, n° 6, juin 2012, DOI e1001241.

14   *Ibid.*

15   FERRERO, 『Acces au sport』, ⟨www.ferrero.fr/acces-au-sport⟩.

16   FERRERO, *Corporate Social Responsibility Report*, 2016, ⟨frama.link/eb-s3ocz⟩.

17   FERRERO BELGIUM, 『Du berceau italien a la Belgique』, ⟨frama.link/3xfZnkTg⟩.

18   FERRERO, 『Chiffres clés』, ⟨frama.link/WPL_1zFP⟩.

19   FERRERO CSR PROJECT, KINDER + SPORT, 『Joy of moving』, ⟨frama.link/pSCzq2p_⟩.

20   MCDONALD'S, 『McDo Kids Sport. Dossier de presse tournée 2016』, avril 2016 ⟨frama.link/0wyfLJza⟩.

21   MCDONALD'S, 『McDo Kids Sport』, consulté le 20 juin 2014, ⟨www.mcdonalds.fr/mcdokidssport⟩.

22   VIVONS EN FORME (VIF), 『L'association. Mission』, ⟨frama.link/PrFhnvVU⟩.

23   FÉDÉRATION FRANÇAISE D'ATHLÉTISME, 『Guide de mise en place Opération Kinder + Sport Athletics Day』, *loc. cit.*

24   *Ibid.*

25   FERRERO, 『Acces au sport』, *loc. cit.*

26   Nicole FERRONI, 『Pas assez de flashs pour Richard Ferrand』, 31 mai 2017, ⟨frama.link/

ZaUoTBxU⟩.

27 MINISTÈRE DES SOLIDARITÉS ET DE LA SANTÉ, 『Les signataires des chartes d'engagements de progres nutritionnels』, ⟨frama.link/KRq4aAgu⟩.

28 OPEN FOOD FACTS, 『Miel Pops, Kellogg's, 400 g』, ⟨frama.link/AcGUBT4_⟩.

29 KELLOGG'S, 『Charte d'engagement volontaire』, 1ᵉʳ décembre 2010, ⟨frama.link/KQgzYqug⟩.

30 CONSEIL SUPÉRIEUR DE L'AUDIOVISUEL, 『Charte visant a promouvoir une alimentation et une activité physique favorables à la santé dans les programmes et les publicités diffusés à la télévision』, février 2009, ⟨frama.link/y-ysKH3Q⟩.

31 Stéphane HOREL, Brigitte ROSSIGNEUX, *Les Alimenteurs*, France 5, 2012.

32 EU PLEDGE, Homepage, ⟨www.eu-pledge.eu/⟩.

33 FERRERO, 『Code d'éthique 2010』, ⟨frama.link/_TVNEXj0⟩.

34 *Ibid.*

35 ORGANISATION MONDIALE DE LA SANTÉ, 『Réduire l'impact de la commercialisation des aliments et des boissons non alcoolisées destinés aux enfants』, 2010-2012, ⟨frama.link/nKR9YN-8⟩.

36 CORPORATE EUROPE OBSERVATORY, 『A red light for consumer information』, 10 juin 2010, ⟨frama.link/Z_QTM72k⟩.

37 Carlos A. MONTEIRO, Fabio S. GOMES, Geoffrey CANNON, 『The snack attack』, *American Journal of Public Health*, vol. 100, n° 6, juin 2010, p. 975-981.

38 CONFÉRENCE MINISTÉRIELLE EUROPÉENNE DE L'OMS SUR LA LUTTE CONTRE L'OBÉSITÉ, 『Charte européenne sur la lutte contre l'obésité』, EUR/06/5062700/8, 15-17 novembre 2006, ⟨frama.link/1XoFq3R6⟩.

39 Michael MOSS, *Sucre, sel et matieres grasses. Comment les industriels nous rendent accros*, Calmann-Lévy, Paris, 2014.

40 PloS COLLECTIONS, *Big Food*, ⟨http://collections.plos.org/big-food⟩.

41 ORGANISATION MONDIALE DE LA SANTÉ, 『Margaret Chan director-general of the World Health Organization opening address at the 8ᵗʰ Global Conference on Health Promotion』, Helsinki, 10 juin 2013, ⟨frama.link/yfZeg5_G⟩.

42 David ROSNER, Gerald MARKOWITZ, 『The chemical industry is the Big Tobacco of the 21st century』, *Mother Jones*, 29 avril 2013, ⟨frama.link/rQknHXLy⟩.

43 Cité par Jamie Lincoln KITMAN, *L'Histoire secrete du plomb*, Allia, Paris, 2005, p. 54.

44 Gerald MARKOWITZ, David ROSNER, *Deceit and Denial, op. cit.*, p. 121.

45 *Ibid.*, p. 95.

46 *Ibid.*, p. 151.

47 Annie THÉBAUD-MONY, *La Science asservie. Santé publique : les collusions mortifères entre industriels et chercheurs*, La Découverte, Paris, 2014, p. 11.

48 HAUT CONSEIL DE LA SANTÉ PUBLIQUE (HCSP), *Pour une politique nationale nutrition santé en France, PNNS 2017-2021*, coll. 『Avis et rapports』, septembre 2017, ⟨frama.link/m544_Pgv⟩.

49 ASSOCIATION PHYTO-VICTIMES, 『Jean-Marie Desdions débouté dans sa procédure contre Monsanto!』, 10 janvier 2017, ⟨frama.link/XfUt2gna⟩.

50 Paul FRANCOIS, *Un paysan contre Monsanto*, Fayard, Paris, 2017.

51 Jonathan LANDAIS, 『Ils ont fait l'actu en Berry : un agriculteur du Cher perd son combat judiciaire contre Monsanto』, *France Bleu Berry*, 25 décembre 2017, ⟨frama.link/00GmTW8S⟩.

52 Elsa Dorlin, *Se défendre. Une philosophie de la violence*, Zones, Paris, 2017, p. 9-15.

53 Josette Roudaire, propos recueillis par Aude Massiot et Coralie Schaub, 『C'est un crime d'indifférence. Qu'est-ce qu'on en a a foutre que des ouvriers meurent?』, *Libération*, 7 novembre 2017, 〈frama.link/UhW7Evcs〉.

54 Voir le film de Pierre Pézerat, *Les Sentinelles*, France, 2017.

55 Annie Thébaud-Mony, *La Science asservie, op. cit.*

56 Groupement d'intérêt scientifique sur les cancers d'origine professionnelle en Seine-Saint-Denis GISCOP 93, 〈https://giscop93.univ-paris13.fr/〉.

57 Annie Thébaud-Mony, 『Lettre à Cécile Duflot』, 31 juillet 2012, 〈frama.link/yp9qYar8〉.

58 Jukka Takala, *Eliminating Occupational Cancer in Europe and Globally*, Working Paper 2015-10, ETUI, 2015.

59 Rémy Slama, *Le Mal du dehors. L'Influence de l'environnement sur la santé*, Quae, Versailles, 2017.

60 Emmanuel Henry, *Ignorance scientifique et inaction publique*, Presses de Sciences Po, Paris, 2017, p. 21.

61 *Ibid.*, p. 8 et 25.

62 Gerald Markowitz, David Rosner, *Deceit and Denial, op. cit.*, p. 202.

63 『A frank statement to cigarette smokers』, *loc. cit.*

64 Jamie Lincoln Kitman, *L'Histoire secrete du plomb, op. cit.*, p. 81.

65 David Ozonoff, cité par John S. Dryzek, *The Politics of the Earth. Environmental discourses*, Oxford University Press, Oxford, 2005, p. 87.

66 European Environment Agency (EEA), *Late Lessons from Early Warnings. Science, Precaution, Innovation, op. cit.*, p. 13.

67 *Ibid.*, p. 61.

68 Julian Peto et al., 『The European mesothelioma epidemic』, *loc. cit.*

69 Haut Conseil de la santé publique, 『Repérage de l'amiante, mesures d'empoussierement et révision du seuil de déclenchement des travaux de retrait ou de confinement de matériaux contenant de l'amiante』, juin 2014, 〈frama.link/Dov3G0yX〉.

70 Benoît Hopquin, 『N'y aura-t-il jamais de proces de l'amiante?』, *Le Monde*, 3 juillet 2017, 〈frama.link/VNmAXPdo〉.

71 Les Entreprises du médicament (LEEM), 『Une décision inappropriée, qui appelle de toute urgence a de nouvelles procédures pour restaurer l'équité et la transparence du système』, 16 juillet 2015, 〈frama.link/KY3NUVEn〉.

72 Organisation mondiale de la santé, 『Margaret Chan Director-General of the World Health Organization Opening address at the 8th Global Conference on Health Promotion』, *loc. cit.*

73 Jukka Takala, *Eliminating Occupational Cancer in Europe and Globally, op. cit.*

74 Stéphane Horel, 『Cancer au travail : la Commission européenne complice de l'industrie』, *Le Monde*, 24 février 2017, 〈frama.link/_1-gZS2H〉

75 *Ibid.*

76 Leonard Levy, 『Declaration of interests for members and invited experts of the Scientific Committee on occupational exposure limits』, 15 mars 2017, 〈frama.link/U8d-RQRv〉.

77 Paul Harrison et al., 『Regulatory risk assessment approaches for synthetic mineral fibres』,

Regulatory Toxicology and Pharmacology, vol. 73, n° 1, octobre 2015, p. 425-441.

78 SCIENTIFIC COMMITTEE ON OCCUPATIONAL EXPOSURE LIMITS (SCOEL), *Methodology for the Derivation of occupational exposure Limits*, Key Documentation (version 7), Commission européenne, juin 2013, ⟨frama.link/96eLLKKz⟩.

79 EUROPEAN COMMISSION, *Minutes of the Plenary Meeting of the Scientific Committee on Occupational Exposure Limits, 10-11 juin 2015*, ⟨frama.link/yZvFD9XV⟩.

80 EUROPEAN COMMISSION, 「Commission staff working document. Impact assessment accompanying the document Proposal for a Directive of the European Parliament and of the Council amending Directive 2004/37/EC on the protection of workers from the risks related to exposure to carcinogens or mutagens at work (COM(2017) 11) (SWD (2017) 8」, 10 janvier 2017, ⟨frama.link/_Y2QmuUt⟩.

81 UNITED STATES CONGRESS, *Air Pollution 1966. Hearings Before a Subcommittee on Air and Water Pollution of the Committee on Public Works*, Eighty-ninth Congress, second session, on S. 3112... S. 3400... and Contamination of the Environment from Lead and other Substances, 7-9 et 14-15 juin 1966, ⟨frama.link/3SqbRgw8⟩.

15 혼잡한 이해관계

1 NOVE, 「Charles Laroche」, ⟨frama.link/9urJ6jZn⟩.

2 Entretien avec Leo Trasande, *loc. cit.*

3 Sylvie DUQUENOY, Stéphanie DE SMEDT, 「L'Europe : le business ou la santé?」, RTBF, 16 novembre 2017, ⟨frama.link/ptF3hdu_⟩.

4 Stéphane HOREL, 「Perturbateurs endocriniens : ultimes manoeuvres à Bruxelles des scientifiques liés à l'industrie」, *Le Monde*, 20 mai 2016, ⟨frama.link/jyV_etUy⟩.

5 REGISTRE DE TRANSPARENCE DES INSTITUTIONS EUROPÉENNES, 「European Risk Forum」, consulté le 20 mai 2016, ⟨frama.link/Q7ye85m2⟩.

6 EUROPEAN RISK FORUM, 「People」, ⟨frama.link/WL0ZCs5u⟩.

7 EUROPEAN RISK FORUM, 「Events」, ⟨frama.link/T3aNKvQq⟩

8 CORPORATE EUROPE OBSERVATORY et Stéphane HOREL, *Unhappy Meal, op. cit.*

9 CORPORATE EUROPE OBSERVATORY, 「Recruitment errors」, *loc. cit.*

10 CORPORATE EUROPE OBSERVATORY, *Chemical Conflicts. Inadequate Independence Policies for EU's Expert Risk Assessors*, 25 septembre 2014, ⟨frama.link/P2vPAG0n⟩.

11 Margaret ATWOOD, 「Rachel Carson's *Silent Spring*, 50 years on」, *The Guardian*, 7 décembre 2012, ⟨frama.link/T-pVb7Kz⟩.

12 COMMISSION EUROPEENNE, Anne Glover, note a Karl Falkenberg, 「Endocrine disruptors」, *loc. cit.*

13 Anne GLOVER, Email a l'auteur, 25 avril 2018.

14 CORPORATE EUROPE OBSERVATORY et Stéphane HOREL, *Unhappy Meal, op. cit.*

15 ORGANISATION MONDIALE DE LA SANTE, *Rapports des comités du Conseil exécutif. Rapport du Comité permanent des organisations non gouvernementales*, EB136/40, 31 janvier 2015, ⟨frama.link/awQbRSM8⟩.

16 *Ibid.*

17 COMMITTEES ON TOXICITY, MUTAGENICITY, CARCINOGENICITY OF CHEMICALS IN FOOD,

CONSUMER PRODUCTS AND THE ENVIRONMENT, *Annual Report 2016*, ⟨frama.link/UbnThTSX⟩.

18   *Ibid.*

19   *Ibid.*

20   Entretien avec David Kirkland, *loc. cit.*

21   Andrzej RYS, Note to Paola Testori-Coggi, Director General DG SANCO, 『Scientific committees, potential conflict of interest』, 20 décembre 2012.

22   *Ibid.*

23   Vytenis ANDRIUKAITIS, 『Safe food and healthy choices. STOA workshop : foodrelated health risks and technologies to increase food safety』, 20 octobre 2016, ⟨frama.link/8d0aUCwe⟩.

24   Arūnas VINČIŪNAS, 『Missing point on #glyphosate – intent of destruction of world's best food safety system by few obscurely financed activists and NGOs. Transparency for everyone is needed. #showyourmoney』, Twitter, 27 novembre 2017, consulté le 30 novembre 2017. Tweet effacé depuis.

25   Bart STAES, 『Should you as top civil servant not try to be a bit more neutral and serve the general public instead of the Glyphosate Task Force? #StopGlyphosate』, Twitter, 30 novembre 2017, ⟨frama.link/nv_UTUu0⟩.

26   Stéphane HOREL, 『Are criticism (by civil society and MEPs) and reporting (by the media) synonyms for 'attack', according to you? Or are you alluding to other 'attacks'?』, Twitter, 30 novembre 2017, ⟨frama.link/DhrCWz3N⟩.

27   Arūnas VINČIŪNAS, 『False statements, alluding to be bias, under pressure or paid by are not criticism, these are attacks. And maybe you noticed mail bombs sent to #EFSA – inspired by such false statements?』, Twitter, 30 novembre 2017, ⟨frama.link/nv_UTUu0⟩.

28   Marta PATERLINI, 『Italy investigates explosive letter sent to European food safety agency』, *Science*, 9 juin 2016, ⟨frama.link/6RpSFsY1⟩.

29   Stéphane HOREL, 『So MEPs, NGOs, scientists and journalists – including me – did "false statements, alluding to be bias, under pressure or paid by" and should be held responsible for explosive letters sent to EFSA? Let me know if I misunderstood』, Twitter, 30 novembre 2017, ⟨frama.link/DhrCWz3N⟩.

30   Cité par Robert N. PROCTOR, *Golden Holocaust, op. cit.*, p. 283.

31   Serge MICHELS, Marie-Hélene WESTPHALEN, *Le Marketing de la peur. Ondes, pesticides, pilules, aspartames... Agir et communiquer pour redonner confiance*, Eyrolles, Paris, 2014, p. 47-48.

32   EUROPEAN COMMISSION, *Impact Assessment. Defining Criteria for Identifying Endocrine Disruptors in the Context of the Implementation of the Plant Protection Pproducts Regulation and Biocidal Products Regulation*, Bruxelles, 15 juin 2016, ⟨frama.link/1GgU5wL-⟩.

33   WHO-UNEP, *State of the Science of Endocrine Disrupting Chemicals 2012, op. cit.*

34   James C. LAMB *et al.*, 『Critical comments on the WHO-UNEP *State of the Science of Endocrine Disrupting Chemicals 2012*』, *loc. cit.*

35   EUROPEAN COMMISSION, *Impact Assessment, op. cit.*, p. 227-229.

36   Gerhard J. NOHYNEK *et al.*, 『Endocrine disruption : fact or urban legend?』, *loc. cit.*

37   David MICHAELS, *Doubt is their Product, op. cit.*, p. 9.

38   BRITISH CHAMBER OF COMMERCE EU AND BELGIUM, 『Industrial Competitiveness task force briefing : Karin Nienstedt and Laura Fabrizi, Policy Officers Unit E4 Pesticides and Biocides

at DG SANTE on "Endocrine disruptors"』, 〈frama.link/gV3DTukm〉 ; Fabrizi L [Author] + Boobis A [Author], 〈frama.link/naKp_GhD〉.

39　Correspondance entre la DG SANCO de la Commission européenne et Gio Batta Gori, novembre 2014-janvier 2015.

40　David MICHAELS, Email a l'auteur, *loc. cit.*

41　LINKEDIN, 『Lorenz Rhomberg』, 〈frama.link/GHqefdcP〉.

42　EFSA, 『EFSA@EXPO : weighing evidence, assessing uncertainty』, 24 septembre 2015, 〈frama.link/Z3XAwuGM〉.

43　Eric LIPTON, 『Why has the EPA shifted on toxic chemicals? An industry insider helps call the shots』, *The New York Times*, 21 octobre 2017, 〈frama.link/yx-7eHdQ〉.

44　Lorenz R. RHOMBERG *et al.*, 『A critique of the European Commission document *State of the Art Assessment of Endocrine Disrupters 2012*』, *loc. cit.*

45　EFSA, 『2nd Scientific Conference shaping the future of food safety, together proposal to derogate from EFSA's expert compensation guide to invite private sector speakers』, 19 février 2015.

46　『EFSA's 2nd Scientific Conference shaping the future of food safety』, *EFSA Journal*, vol. 14, S1, juin 2016, 〈frama.link/BtGwo9qM〉.

47　SOCIETY OF TOXICOLOGY (SOT), 『Lorenz R. Rhomberg receives 2017 SOT Arnold J. Lehman award』, 〈frama.link/1yrVYWM2〉.

48　EFSA, SCIENTIFIC COMMITTEE AND EMERGING RISKS UNIT, 『Minutes of the 3rd meeting of the Scientific Committee working group on genotoxicity (Statement on genotoxicity of chemical mixtures)』, 20 avril 2018, 〈frama.link/XHF5b3y6〉 ; EFSA, SCIENTIFIC PANEL ON FOOD CONTACT MATERIALS, ENZYMES, FLAVOURINGS AND PROCESSING AIDS (CEF), 『Minutes of 32nd meeting of the working group on genotoxicity』, 9 mars 2018, 〈frama.link/3HDkdwoJ〉.

49　EFSA, 『Annual declaration of interests (adoi), David Kirkland, 26 janvier 2017』, 〈frama.link/j2xAbsve〉.

50　Alvise ARMELLINI, 『EU food agency boss : glyphosate opponents prefer ideology to facts』, *DPA*, 12 décembre 2017, 〈frama.link/ynknA1df〉.

51　Isabelle ORY, 『Glyphosate : "On mélange science et politique"』, *Le Figaro*, mercredi 29 novembre 2017.

52　Philip W. MILLER, 『Lettre a la conférence des présidents』, 29 aout 2017, 〈frama.link/b_v0C4bM〉.

53　Bernhard URL, 『Don't attack science agencies for political gain』, *Nature*, vol. 553, n° 7689, 24 janvier 2018, p. 381-381.

54　Marco MENSINK, 『Don't attack science agencies for political gain. @Cefic @EU_ECHA』, Twitter, 26 janvier 2018, 〈frama.link/qykeKykX〉.

55　MONSANTO, 『IARC's report on glyphosate』, *Monsanto News*, 21 avril 2017, 〈frama.link/3f8r7Qyj〉.

16 거꾸로 된 세계 여행

1　HILL + KNOWLTON STRATEGIES, 『Our expertise』, 〈frama.link/TA1faUD8〉.

2　REGISTRE DE TRANSPARENCE DES INSTITUTIONS EUROPÉENNES, 『Hill and Knowlton International

Belgium』, 31 janvier 2018, 〈frama.link/FqQDVq0C〉.

3   Alain DELCAYRE, 『La Commission européenne choisit Hill and Knowlton Paris』, *Stratégies*, 17 janvier 2017, 〈frama.link/4aUNLFhc〉.

4   WIKIPEDIA, 『Colin-maillard』, 〈frama.link/p4cdUNB5〉.

5   Cité par Jennifer ABBASI, 『Scientists call FDA statement on Bisphenol A safety premature』, *loc. cit.*

6   Lynn S. MCCARTY, Christopher J. BORGERT, Ellen M. MIHAICH, 『Information quality in regulatory decision making : peer review versus good laboratory practice』, *Environmental Health Perspectives*, vol. 120, n° 7, février 2012, p. 927-934.

7   Isabelle ORY, 『Glyphosate : "On mélange science et politique"』, *loc. cit.*

8   PAN EUROPE, GÉNÉRATIONS FUTURES, *Missed and Dismissed. Pesticide Regulators Ignore the Legal Obligation to Use Independent Science for Deriving Safe exposure levels*, septembre 2014, 〈frama.link/YduZc96X〉.

9   Stéphane FOUCART, 『Déballer le "paquet pesticides"』, *Le Monde*, 20 septembre 2014, 〈frama.link/M-5brE_6〉.

10   Stéphane FOUCART et Stéphane HOREL, 『Glyphosate : révélations sur les failles de l'expertise européenne』, *Le Monde*, 26 novembre 2017, 〈frama.link/tricherie〉.

11   『Monsanto manuscript clearance form, global regulatory』, 29 février 2012, Bates n° MONGLY02117800 – MONGL Y02117804.

12   BAUM, HEDLUND, ARISTEI AND GOLDMAN, PC, 『#5 Q and A : Dr. Tarazona and Dr. Guyton EU Parliament hearing on glyphosate』, Youtube, 12 octobre 2017, 〈frama.link/hjboc1Q_〉.

13   Isabelle ORY, 『Glyphosate : "On mélange science et politique"』, *loc. cit.*

14   Kenneth J. ROTHMAN, 『Conflict of interest. The new McCarthyism in science』, *loc. cit.* ; Kenneth J. ROTHMAN, 『The ethics of research sponsorship』, *Journal of Clinical Epidemiology*, vol. 44, supp. 1, 1991, p. 25-28.

15   Paul LEONARD, 『Industrial science and conflict of interest』, *Agrobusiness Intelligence*, 30 novembre 2015, 〈frama.link/USbb3JC-〉.

16   EUROPEAN RISK FORUM, 『People』, 〈www.riskforum.eu/people.html〉.

17   Paul LEONARD, 『Industrial science and conflict of interest』, *loc. cit.*

18   ACSH STAFF, 『Conflict rules at journals introduce bias』, American Council on Science and Health, 3 mars 2000, 〈frama.link/L7BEFy2Z〉.

19   Christopher J. BORGERT, 『Conflict of interest or contravention of science?』, *Regulatory Toxicology and Pharmacology* vol. 48, n° 1, juin 2007, p. 4-5.

20   SOCIETY OF TOXICOLOGY, *Principles for Research Priorities in Toxicology*, 2008, 〈frama.link/JqjZdNvg〉.

21   James W. CONRAD Jr., Richard A. BECKER, 『Enhancing credibility of chemical safety studies : emerging consensus on key assessment criteria』, *Environmental Health Perspectives*, vol. 119, n° 6, juin 2011, p. 757-764.

22   『IARC's glyphosate publication. Another organisation captured by NGO activist shills』, *The Risk-Monger*, 31 mars 2015, 〈frama.link/aePxpjKy〉.

23   Tracey BROWN, 『It's silly to assume all research funded by corporations is bent』, *The Guardian*, 15 mai 2016, 〈frama.link/-vHrhvtm〉.

24   Isabelle ORY, 『Glyphosate : "On mélange science et politique"』, *loc. cit.*

25   Voir notamment Åke BERGMAN et al., ⌈Manufacturing doubt about endocrine disrupter science. A rebuttal of industry-sponsored critical comments on the UNEP/WHO report *State of the Science of Endocrine Disrupting Chemicals 2012*⌋, *loc. cit.* ; et Leonardo TRASANDE et al., ⌈Dismissing manufactured uncertainties, limitations and competing interpretations about chemical exposures and diabetes⌋, *loc. cit.*

26   Herman AUTRUP et al., ⌈Principles of pharmacology and toxicology also govern effects of chemicals on the endocrine system⌋, *Toxicological Sciences*, vol. 146, n° 1, juillet 2015, p. 11-15.

27   *Ibid.*

28   Daniel R. DIETRICH, Jan G. HENGSTLER, ⌈Conflict of interest statements : current dilemma and a possible way forward⌋, *Archives of Toxicology*, septembre 2016, p. 2293-2295.

29   *Ibid.*

30   Kenneth J. ROTHMAN, ⌈The ethics of research sponsorship⌋, *loc. cit.*

31   Lisa BERO, Quinn GRUNDY, ⌈Why having a (nonfinancial) interest is not a conflict of interest⌋, *loc. cit.*

32   Dennis F. THOMPSON, ⌈Understanding financial conflicts of interest⌋, *loc. cit.*

33   Stéphane HOREL, Pascale SANTI, ⌈Scandale autour de l'étiquetage alimentaire⌋, *Le Monde*, 8 juillet 2016, ⟨frama.link/Q2stUwsx⟩.

34   ANIA, ⌈Présentation de l'ANIA. Nos chiffres clés⌋, ⟨frama.link/s8bubxyp⟩.

35   Jeanne LENZER, ⌈When is a point of view a conflict of interest?⌋, *British Medical Journal (Online)*, vol. 355, novembre 2016, bmj.i6194.

36   Mélissa MIALON, ⌈Industrie agroalimentaire et santé publique : sur les traces de l'industrie du tabac?⌋, conférence ⌈Intérêts agro-industriels et santé publique⌋, EHESS, 17 mai 2018.

37   ⌈Endocrine science : will the real "manufacturers of doubt" please stand up?⌋, *American Chemistry Matters*, 13 décembre 2016, ⟨frama.link/FEyfT-dc⟩.

38   Trevor BUTTERWORTH, ⌈The wrongs of righteous research⌋, *Forbes*, 3 décembre 2010, ⟨frama.link/WKamR9yd⟩ ; Geoffrey KABAT, ⌈Challenging the "White hat bias". What's at stake with the subpoena of EPA data⌋, *The Breakthrough*, 8 octobre 2013, ⟨frama.link/gX6a1oxy⟩.

39   AMERICAN BEVERAGE ASSOCIATION, ⌈Simplifying nutrition isn't so simple⌋, 14 avril 2015, ⟨frama.link/L5Aa0v4t⟩.

40   Gregory G. BOND, Daniel D. DIETRICH, ⌈Further thoughts on limitations, uncertainties and competing interpretations regarding chemical exposures and diabetes⌋, *loc. cit.*

41   Mark B. COPE, David B. ALLISON, ⌈White hat bias : examples of its presence in obesity research and a call for renewed commitment to faithfulness in research reporting⌋, *International Journal of Obesity*, vol. 34, n° 1, 1ᵉʳ décembre 2009, p. 84.

42   UAB SCHOOL OF HEALTH PROFESSIONS, ⌈Mark Cope⌋, consulté le 20 mai 2018, ⟨frama.link/QQhZ0eq-⟩.

43   Stéphanie SAUL, ⌈Conflict on the menu⌋, 16 février 2008, *The New York Times*, ⟨frama.link/HLTeC0Rk⟩.

44   Kevin FOLTA, ⌈Merchants of doubt : US Right to Know's latest smear targets public-service-focused Canadian scientist⌋, Genetic Literacy Project, 11 mai 2017, ⟨frama.link/HasoJN8q⟩.

45   Jean-Charles Bocquet, Jean-François Proust, 『ForumPhyto : Une page se tourne…』, ForumPhyto, 14 mars 2018, 〈frama.link/wc5PVE5T〉.

46   『Perturbateurs endocriniens : ou sont les marchands de doute?』, *ForumPhyto*, 5 décembre 2016, 〈frama.link/wPgwtEJV〉 ; Collectif, 『Perturbateurs endocriniens : halte a la manipulation de la science』, *Le Monde*, 29 novembre 2016, 〈frama.link/37XpSQAm〉.

47   Isabelle Ory, 『Glyphosate : "On mélange science et politique"』, *loc. cit.*

48   EFSA, 『EFSA's policy on independence』, 21 juin 2017, 〈frama.link/h5dw2Mse〉

49   『Unintended consequences』, *Nature*, vol. 531, n° 7592, 2 mars 2016, 〈frama.link/XwTRrQew〉.

50   Tobacco Tactics, 『Preventing the government-funded charity sector lobbying government』, 〈frama.link/C1w54YmM〉.

51   Christopher Snowdon, 『The sock doctrine. What can be done about State-funded political activism?』, Institute of Economic Affairs, Discussion paper n° 53, 〈frama.link/kTQm8_w5〉.

52   *The Nanny State index 2017*, 〈http://nannystateindex.org/〉.

53   IAWM, 『The Nanny State index 2017』, 22 juin 2017, 〈frama.link/LwXtf6-6〉.

54   Corporate Europe Observatory, 『Big Tobacco and right-wing US billionaires funding anti-regulation hardliners in the EU』, 20 juillet 2017, 〈frama.link/6HJ9rs3K〉.

55   IAWM, PlasticsEurope, 『Safety of plastics : let's talk about it』, 17 octobre 2013, 〈frama.link/tWAPaztL〉 ; PlasticsEurope, *Safety of plastics : let's talk about it. Summary report*, 5-6 novembre 2013, 〈frama.link/FaBox-mJ〉.

56   Chem-Academy, 『Endocrine disruptors』, 〈frama.link/ceVJEVkL〉.

57   Commission europeenne, 『Consultations』, 〈https://ec.europa.eu/info/consultations_fr〉.

58   Stéphane Horel, *Intoxication, op. cit.*, chapitre 14.

59   Commission of the European Communities, 『Towards a reinforced culture of consultation and dialogue. General principles and minimum standards for consultation of interested parties by the Commission』, COM (2002) 704 final, 11 décembre 2002, 〈frama.link/Yb6ZTUfB〉.

60   Stéphane Horel, *Intoxication, op. cit.*, chapitre 14.

61   SmokeFreePartnership, *The Origin of EU Better Regulation. The Disturbing Truth*, 1er février 2010, 〈url1.ca/m2crf〉.

62   European Commission, 『Public consultation on defining criteria for identifying endocrine disruptors in the context of the implementation of the plant protection product regulation and the biocidal products regulation』, juillet 2015, 〈frama.link/6yRJrsGF〉.

63   Corporate Europe Observatory et Stéphane Horel, *A Toxic Affair. Season Finale*, 9 juin 2016, 〈frama.link/adehAHDU〉

64   Médiateur européen, 『Special report of the European Ombudsman in strategic inquiry OI/2/2017/TE on the transparency of the Council legislative process』, 15 mai 2018, 〈frama.link/nU46RwTR〉.

65   Hubert Mandery, CEFIC, lettre a Janez Potočnik, 『Community strategy and criteria for identifying endocrine disruptors』, 24 juin 2013 (révélé dans : Stéphane Horel, *Endoc(t)rinement, op. cit.*).

66   Philip W. Miller, 『Lettre a la conférence des présidents』, *loc. cit.*

67 Simon Leys, *Orwell ou l'horreur de la politique*, Hermann, Paris, 1984.

68 Emmanuel Henry, *Ignorance scientifique et inaction publique*, op. cit., p. 8.

69 Valentin Behr, Sébastien Michon, 『La porosité entre champ politique et mondes économiques』, *Savoir/Agir*, vol. 3, n° 41, septembre 2017, p. 41-48.

70 Collectif, 『Stoppons la vision manichéenne des lobbys』, *Le Monde*, 30 juin 2017, 〈frama.link/gzs3PkN2〉.

71 Cité par Dean Schillinger, Michael F. Jacobson, 『Science and public health on trial : warning notices on advertisements for sugary drinks』, *JAMA*, vol. 316, n° 15, octobre 2016, p. 1545-1546.

72 Edward L. Bernays, *Public Relations*, op. cit., p. 158.

73 Naomi Oreskes et Erik M. Conway, *Les Marchands de doute*, op. cit., p. 404.

부록: 이해관계확인서

1 『Décret n° 2013-413 du 21 mai 2013 portant approbation de la charte de l'expertise sanitaire prévue a l'article L. 1452-2 du code de la santé publique』, loc. cit.

2 David B. Resnik, Kevin C. Elliott, 『Taking financial relationships into account when assessing research』, *Accountability in Research*, 2013, vol. 20, n° 3, p. 184-205.

3 Stéphane Horel, *Intoxication*, op. cit.

4 Corporate Europe Observatory et Stéphane Horel, *Unhappy Meal*, op. cit.

5 Corporate Europe Observatory et Stéphane Horel, *A Toxic Affair*, op. cit. ; et

6 Corporate Europe Observatory et Stéphane Horel, *A Toxic Affair. Season Finale*, op. cit.

7 Corporate Europe Observatory, 『Recruitment errors』, loc. cit.

8 Colloque 『Désintoxiquons notre santé de l'emprise des lobbys : pour une autre politique du médicament en France et en Europe』, loc. cit.

9 Helsinki Chemicals Forum, *Programme*, 14-15 juin 2018, 〈frama.link/MH95276r〉.

에필로그: 로비토미에 오신 것을 환영합니다, 웰컴 투 디스트럼피아

1 Haines *vs.* Liggett Group Inc., 975 F. 2d 81,1992 〈frama.link/B-jdm3qu〉. J'emprunte cette citation à Robert Proctor, qui l'emploie comme exergue en ouverture de la troisième partie de *Golden Holocaust*, p. 264.

2 Gerald Markowitz, David Rosner, Entretien avec l'auteur, 22 avril 2018.

3 Mark Achbar, Jennifer Abbott, *The Corporation*, Canada, 2004.

4 Collectif, *DSM-IV-TR. Manuel diagnostique et statistique des troubles mentaux*, Masson, Paris, 2003, p. 812-813.

5 Edward Bernays, *Propaganda*, op. cit.

6 Naomi Oreskes, Erik M. Conway, *Les Marchands de doute*, op. cit., p. 386.

7 Gerald Markowitz, David Rosner, *Deceit and Denial*, op. cit., p. 146.

8 『Glyphosate : une bonne leçon de démocratie』, *Le Monde*, 26 octobre 2017, 〈frama.link/6DuosA4C〉.

9 Frank Vibert, *The Rise of the Unelected. Democracy and the New Separation of Powers*, Cambridge University Press, Cambridge, 2007.

10   Colin CROUCH, *Post-Democracy*, Polity Press, Cambridge, 2004.

11   『Five minutes with Colin Crouch : "A post-democratic society is one that continues to have and to use all the institutions of democracy, but in which they increasingly become a formal shell"』, London School of Economics, 5 février 2013, 〈frama.link/jLGJEef3〉.

12   Yves SINTOMER, 『L'ere de la postdémocratie?』, *La Revue du crieur*, n° 4, juin 2016, p. 20-36.

13   Mike LOFGREN, 『Introduction to "the Deep State"』, 〈frama.link/AKUPUrBo〉.

14   Gerald MARKOWITZ, David ROSNER, *Deceit and Denial, op. cit.*, p. 300.

15   Selda ULUCANLAR, Gary J. FOOKS, Anna B. GILMORE, 『The policy dystopia model : an interpretive analysis of tobacco industry political activity』, *PLoS Medicine*, vol. 13, n° 9, septembre 2016, DOI e1002125.

16   Bruce MILLER, *A Handmade's Tale*, États-Unis, 2017.

17   Margaret ATWOOD, *La Servante écarlate*, Pavillons poche, Paris, 2017, p. 498.

18   Alfonso CUARON, *Children of Men*, Royaume-Uni, États-Unis, 2006.

19   Denis DELBECQ, 『Aux États-Unis, un refuge pour les données en danger』, *Le Monde*, 27 février 2017, 〈frama.link/SjF4BbPz〉.

20   COLLECTIF, 『Marchons le 22 avril "pour signifier l'immense danger que représente la mise au pas des sciences"』, *Le Monde*, 15 février 2017, 〈frama.link/XcGQGtjP〉.

21   Stéphane FOUCART, Anne PELOUAS, 『Le Canada accusé de détruire son patrimoine scientifique』, *Le Monde*, 9 janvier 2014, 〈frama.link/CCJoZA6K〉.

22   François TRUFFAUT, *Fahrenheit 451*, Royaume-Uni, 1966.

23   Ray BRADBURY, *Fahrenheit 451*, Folio SF, Paris, 2000.

24   Gretchen GOLDMAN, Christina CARLSON, Yixuan ZHANG, *Bad Chemistry. How the Chemical Industry's Trade Association Undermines the Policies that Protect us*, Center for Science and Democracy at the Union of Concerned Scientists, Cambridge, juillet 2015, 〈frama.link/CrP4KUTc〉.

25   Eric LIPTON, 『Why has the EPA shifted on toxic chemicals? An industry insider helps call the shots』, *The New York Times*, 21 octobre 2017, 〈frama.link/yx-7eHdQ〉.

26   LINKEDIN, 『Liz Bowman』, 〈frama.link/BueFPZmF〉.

27   Eric LIPTON, 『Why has the EPA shifted on toxic chemicals? An industry insider helps call the shots』, *loc. cit.*

28   Sharon LERNER, 『Scott Pruitt's policy director at EPA met with hundreds of industry representatives, emails show』, *The Intercept*, 〈frama.link/6TB65n6c〉

29   DESMOG, 『Myron Ebell』, 〈frama.link/fEqvMEBd〉.

30   Coral DAVENPORT, 『EPA chief doubts consensus view of climate change』, *The New York Times*, 9 mars 2017, 〈frama.link/5QsqzVzV〉.

31   Steve MILLOY, 『Thanks to all my fellow climate skeptics whose decades of commitment and courage made this headline possible.』, Twitter, 10 mars 2017, 〈frama.link/65sHTK-z〉.

32   Marianne LAVELLE, 『EPA official, after years of work to thwart the Agency's mission, returns to carry out Trump agenda』, *Inside Climate News*, 16 février 2017, 〈frama.link/VEqVL-3_〉.

33   Stéphane FOUCART et Stéphane HOREL, 『*Monsanto Papers* : la guerre du géant des pesticides contre la science』, *Le Monde*, 2 juin 2017, 〈frama.link/CCJoZA6K〉.

34   Sharon LERNER, 『House Science Committee wants to investigate a government scientist for doing science』, *The Intercept*, 22 janvier 2018, 〈frama.link/5zeamVJV〉.

35   Lisa Friedman, 『The EPA says it wants research transparency. Scientists see an attack on science』, 26 mars 2018, ⟨frama.link/0Wks8xjQ⟩.

36   Sharon Lerner, 『Trump's pick for EPA safety chief argued kids are less sensitive to toxins』, *The Intercept*, 3 octobre 2017, ⟨frama.link/k6MxMPAo⟩.

37   Gio Batta Gori, Lettre a John Barrasso, non datée, ⟨frama.link/r8EuHSGt⟩.

38   Sophie Chapelle, Maxime Combes, 『Naomi Klein : "Trump est une nouvelle sorte de politicien : il est la fusion de l'homme et de la grande entreprise", *Observatoire des multinationales*, 20 novembre 2017, ⟨frama.link/z78ut12p⟩.

39   Stefan Zweig, *Le Monde d'hier. Souvenirs d'un Européen*, Les Belles Lettres, Paris, 2017.

로비스트 그들은
우리를 어떻게 세뇌하는가

초판 인쇄 | 2021년 5월 5일
초판 발행 | 2021년 5월 10일

지은이 | 스테판 오렐
옮긴이 | 이나래
펴낸이 | 조승식
펴낸곳 | 돌배나무
공급처 | 북스힐
등록 | 제2019-000003호
주소 | 서울시 강북구 한천로 153길 17
전화 | 02-994-0071
팩스 | 02-994-0073
홈페이지 | www.bookshill.com
이메일 | bookshill@bookshill.com

ISBN 979-11-90855-19-8
정가 25,000원